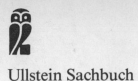

Ullstein Sachbuch

D0989118

Bernhard Bauer

Ullstein
Synonymen-Lexikon

Ullstein Sachbuch

Ullstein Sachbuch
Ullstein Buch Nr. 34633
im Verlag Ullstein GmbH,
Frankfurt/M – Berlin

Originalausgabe
(Neuauflage von UB 34080)

Umschlagentwurf:
Horst Kraus
Alle Rechte vorbehalten
© 1969 by Verlag Ullstein GmbH,
Frankfurt/M – Berlin
Printed in Germany 1990
Druck und Verarbeitung:
Ebner Ulm
ISBN 3 548 34633 2

April 1990

CIP-Titelaufnahme
der Deutschen Bibliothek

Bauer, Bernhard:
Ullstein-Synonymen-Lexikon / Bernhard
Bauer. – Orig.-Ausg., (Neuaufl. von
UB 34080). – Frankfurt/M; Berlin:
Ullstein, 1990
  (Ullstein-Buch; Nr. 34633:
  Ullstein-Sachbuch)
  ISBN 3-548-34633-2
NE: HST; GT

Gebrauchsanweisung

1. *Kursiv (schräg)* gedruckte Wörter verweisen darauf, daß sie als Stichwörter vorkommen und man bei diesen weitere Auskunft finden kann: *erwähnen* = siehe unter »erwähnen« nach. Manchmal sind nur Teile von Wörtern kursiv gedruckt: dies bedeutet gelegentlich auch, daß nur der *kursiv* gedruckte Teil verändert wird; un*zweckmäßig* = siehe unter »zweckmäßig« nach, dort stehen Wörter, die, mit der Vorsilbe un- versehen, Wahlwörter zu »unzweckmäßig« ergeben.

2. Es hätte den Umfang des *Synonymen-Lexikons* unnütz ausgedehnt, auch alle jene Wörter aufzunehmen, die aus anderen abgeleitet oder zusammengesetzt werden können. So fehlen vor allem die zahlreichen Bildungen auf -ung, -heit, usw., wenn sie in der Bedeutung nicht sehr vom Grundwort abweichen. Allgemein gilt der Rat, an das Grundwort zu denken und es aufzusuchen, wenn man ein abgeleitetes oder zusammengesetztes Wort nicht findet.

3. Fremdwörter sind nur in geringem Umfang angeführt. Wer deutsche Ausdrücke für ein Fremdwort sucht, ohne ein deutsches Wort für dieses zu kennen, das er dann im Wahlwörterbuch nachschlagen kann, sei auf das *Fremdwörter-Lexikon* Ullstein Buch Nr. 34611 verwiesen.

4. Abkürzungen oder Zusammenschreibungen dürften ohne weiteres verständlich sein. Das Zeichen ~ ersetzt immer (buchstäblich) das fettgedruckte Stichwort: **bitter:** gallen~ = gallenbitter. Der Bindestrich ersetzt Wortteile, die mehreren Wörtern gemeinsam sind: ausreißen, -ziehen = ausreißen, ausziehen. In Klammern Stehendes kann wegbleiben oder zugesetzt werden: (ein)laden = einladen, laden. Daß ein Wort dabei in einem Fall mit großem, im anderen mit kleinem Anfangsbuchstaben geschrieben wird, ist nicht gekennzeichnet: Abfall(en) = Abfall, abfallen. Bei unterschiedlichen Wörtern gleicher Schreibung, deren Bedeutung nur die Betonung unterscheidet, ist die betonte Silbe durch einen Punkt markiert: ụmgehen, umgẹhen.

5. Bedeutungsunterschiede der Wörter kann dieses Lexikon nicht nennen; es kann auch nicht angeben, welcher Stilebene ein Wort angehört (gehobene Sprache, Umgangssprache, vulgäre Sprache). Um wenigstens vor groben Mißgriffen zu warnen, steht hinter einem Wort, das erheblich vom Gebrauch der Umgangssprache abweicht (sei es nach oben oder nach unten), ein Ausrufezeichen; dieses gilt allein für das unmittelbar vorhergehende Wort und sagt darüber nichts weiter aus, als daß man vorsichtig damit umgehen muß.

A

A: von A bis Z: *ganz.* das A und O: die *Hauptsache.*

aalen, sich: sich *(behaglich) strecken,* sich's bequem machen; *genießen.*

Aas: Kadaver, Luder. Lock~, Lockspeise, Köder. Raben~, *Scheusal. Lump. schlaues ~. dummes ~.* kein ~: niemand.

aasen: *verschwenden.*

aasig: *faul(ig). sehr.*

ab: *abwärts. fort. los.* zurück... ab (gebrochen, -gerissen), los. ab(gespannt), *müde.* ab und zu: *manchmal.*

abarbeiten, sich: sich *mühen.* abgearbeitet: *müde.*

Abart: Eigen-, Spiel-, Unterart, *Abweichung,* -wandlung. *besonder,* Variation, Variante. *Ausnahme.*

abbalgen: (ab)*häuten.*

abbauen: *abtragen.* ausbeuten. *entlassen. vermindern. nachlassen.*

abberufen: zurückrufen.

abbestellen: kündigen. *absagen.*

abbiegen: *abwenden. abweichen.*

Abbild: -klatsch, Spiegel(-), Ebenbild, Gegen-, Seitenstück, Wiedergabe, -holung. Nachahmung, -bildung. Echo, Widerspiel, Abguß, Kopie.

abbinden: abschnüren. *ausziehen.*

abbitten: sich *entschuldigen.*

abblasen: *beend(ig)en.*

abblättern: sich *lösen*

abblitzen: -fahren. eine Abfuhr erleiden; (schroff) ab-, zurückgewiesen werden; scheitern; übel ankommen. ~ lassen: *abweisen.*

abblühen: *verblühen. welk.*

abbrechen: (ab)*lösen. abtragen. unterbrechen.* (be)*enden.* sich (ab)*lösen.*

abbrennen: *verbrennen.*

abbringen: *ablenken. abmahnen,* ausreden. *abspenstig* machen; verleiden, entfremden. *schrecken.*

Abbruch: *abbrechen.* ~ tun: *schaden.*

ABC: Abece, Alphabet, Anfangsgründe, Fibel, Elemente, Einmaleins.

Abdachung: *Gefälle.*

abdanken: *entlassen.* abgehen, ab-, zurücktreten; sich zurückziehen; *ausscheiden, verzichten;* den Abschied nehmen; sein Amt niederlegen; den Dienst quittieren; seinen Rücktritt erklären; sich zur Ruhe setzen.

abdecken: *abräumen. abnehmen.* zahlen, begleichen, -reinigen, *tilgen.*

abdrehen: abwürgen, zudrehen, *abstellen,* (sich) *abwenden.*

abdringen: *abnötigen.*

Abdruck: Abzug, -klatsch.

Abend: ~rot, ~röte, ~sonne, ~himmel, ~glanz, ~gold, ~stille, ~ruhe, ~frieden. *dämmern.* Nacht. Feier~, Lebens~, Herbst, Reife-, Spätzeit. ~seite, Sonnenuntergang, Westen.

Abendland: *Europa.*

Abenteuer: *Ereignis. Wagnis.* Jagd~, Kriegs~, Reise~; Liebes~, Affäre; galantes ~; Seitensprung. ~lich: nicht geheuer; unsicher. *kühn.*

Abenteurer: Glücksritter, Hochstapler, Spieler, Spekulant, Waghals.

aber: (je)*doch,* allein, da-, hingegen, dafür, demgegenüber, freilich, allerdings, sondern. aber aber; sag, hör mal; nanu; nicht doch.

Aberglaube: Wahn.

aberkennen: *absprechen.*

abermals: *wieder.*

Aberwitz: *Wahnsinn.*

abfahren: fort-, wegbringen, -schaffen. davon-, los-, wegfahren, ab-, losbrausen, -brummen. abgehen, -reisen, -dampfen, -segeln, auslaufen, starten; Fahrt, Reise antreten; verlassen. bergab, zu Tal fahren. ~ lassen, *abweisen.*

Abfahrt: Abgang, Abschied.

Abfall(en): *Gefälle; abwärts* fallen; (ab)*sinken;* sich abdachen; *schräg,* steigen. *Anfall,* Abgang, Ausschuß, *Rest-* übrigbleiben. *Kehricht.* sich *lösen. zurückbleiben. nachlassen. abweichen,* ver-

lassen, abspringen; sich *abwenden;* nicht mehr mitmachen; *Bruch, abtrünnig, Verrat.* sich *auflehnen.* ~ lassen: *abweisen.*

abfällig: -lehnend, -sprechend, ab-, geringschätzig, mißfällig, tadelnd, ungünstig, verächtlich. *verurteilen.*

abfassen *(fassen):* **verfassen.**

abfertigen: bedienen. *abfinden. abführen,* erledigen. zum Schweigen bringen. *abweisen.*

abfangen: auffangen. *abwenden.*

abfinden: -fertigen, -gelten, -speisen, *befriedigen,* entschädigen, aus-, bezahlen. sich ~ mit: in Kauf nehmen; sich zufriedengeben; sich *fügen; dulden.*

Abfindung: -lösung, Abstand, Abstandsgeld, -summe.

abflauen: *nachlassen.*

Abfluß: -laß, -lauf, -leitung, -zug, -zucht, Ausfluß, -guß, -laß, -gang, -tritt, -mündung, Entwässerung, Siel, ~kanal, ~rinne, ~graben.

Abfuhr: *Niederlage. abweisen.*

abführen: *ableiten.* abliefern. *fortschaffen. verhaften.* besiegen; kampfunfähig machen; widerlegen, abfertigen, -trumpfen; Abfuhr erteilen; ab-, zurück-, zurechtweisen, heimleuchten.

abfüllen: (ab)*zapfen.*

Abgabe: Ausgabe, -lieferung, überlassen, Verkauf. Beitrag, Umlage, Gebühr, Steuer, Zoll.

Abgang: Abfahrt. Verbrauch. Verlust, Schwund.

abgängig: vermißt, *fehlen.*

abgeben *(geben):* **übergeben,** -lassen. sich trennen. *darstellen;* sich eignen; werden (können). sich ~, *beschäftigen;* umgehen mit.

abgebrannt: -gewirtschaftet, verarmt, heruntergekommen; ohne Geld, einen Pfennig; blank, pleite, im Druck; in der Klemme; *arm.*

abgebraucht: *abgedroschen.*

abgebrochen: *zusammenhanglos.*

abgebrüht: ausgekocht, hartgesotten, *gerissen. gefühllos,* blasiert.

abgedroschen: -gebraucht, -genutzt, -gegriffen, -geleiert, breitgetreten, *fade.*

abgefeimt: *gerissen.*

abgegriffen: *schäbig. abgedroschen.*

abgehackt: *zusammenhanglos.*

abgehen: -schreiten. *ablaufen. abweichen. abzweigen.* abtreten; sich entfernen; *ablassen* von. *abfahren. ausscheiden.* sich *lösen.* verkauft werden; sich verkaufen (lassen). *mangeln.* nicht ~ ohne: *müssen.* sich nichts ~ lassen: sich nichts versagen; *genießen.*

abgeklärt: *gelassen.*

abgelebt: *vergangen.*

abgelegen: abseitig, -seits, entlegen, *fern,* unzugänglich, *einsam.*

abgelten: *begleichen.*

abgeneigt: *Abneigung.*

Abgeordneter: (Ab) Gesandter, Sendbote, Unterhändler. Rat, (Volks) Vertreter, Parlamentarier; Mitglied des *Parlaments.*

abgerissen: unterbrochen. *zusammenhanglos. schäbig.*

Abgesang: *Ausklang.*

abgeschieden: *abgelegen, einsam. tot.*

abgeschmackt: *schal. albern, Kitsch.*

abgeschnitten: *abschneiden. einsam.*

abgespannt: *müde.*

abgestanden: *schal.*

abgewinnen: im Spiel abnehmen. Vorsprung ~, herausholen. abringen. Geschmack ~: sich befreunden. *gefallen.*

abgewirtschaftet, ausgespielt haben; am Ende, heruntergekommen sein; *Bankrott, erledigt.*

abgewöhnen: austreiben. sich ~: auf die Gewohnheit *verzichten.*

abgezehrt: *mager.*

Abglanz: Widerschein, Spiegelung, Reflex. Nachhall, Rest.

Abgott: Götze, Idol, *Liebling.* Abgötterei, Götzendienst, -verehrung.

abgöttisch: *leidenschaftlich.*

abgrenzen: *begrenzen, trennen.* abstecken, -zäunen, umreißen.

Abgrund: *Tiefe.* Kluft, Graben, Schranke. *Leere.* Hölle. *Verderben.*

Abgunst: Neid, *neidisch.*

abhaken: *ankreuzen.*

abhalten: fernhalten, *abwehren, hindern. veranstalten.*

abhanden: *fort, verlieren.*

abhängen: (her)*abnehmen.* abkuppeln. *beruhen.* sich *richten.*

abhängig: untertan, -tänig, -worfen,
ausgeliefert, Knechtschaft, Sklaverei,
Joch, Pantoffel, Einfluß, Herrschaft,
Bindung, verantwortlich, -pflichtet,
-bunden, gebunden, unfrei, -selbständig,
untergeordnet, bedingt, -stimmt, -grün-
det, angewiesen. geneigt, *Gefälle.*

abhärten: *gefühllos,* widerstandsfähig
machen; kräftigen, stählen, ertüchtigen.
abstumpfen, verhärten.

abhauen: abschlagen, (-)trennen,
kappen. sich *davonmachen.*

abheben: *abnehmen.* sich∼: sich *unterscheiden*; einen Gegensatz bilden.

abhelfen: Abhilfe schaffen; steuern,
ändern. (Schaden) *beheben.*

abhetzen, sich: sich *mühen.*

abhold: *Abneigung.*

abholzen: *fällen.*

Abhub: *Rest, Abschaum.*

abirren: sich *verirren. abweichen.* vom
Thema ∼, *abschweifen.*

abkanzeln: *schelten.*

abkapseln: *abschließen.*

abkarten: *vereinbaren.*

abklappern: ablaufen, *-suchen.*

Abklatsch: Abzug, -druck, *Abbild.*

abknöpfen: *abnehmen.*

Abkomme: *Nachkomme.*

abkommen: *abweichen.* sich *verirren.*
vom Thema ∼, *abschweifen.*

Abkommen: *vereinbaren.*

abkühlen: ernüchtern. sich∼: *erkalten.*

Abkunft: *Ursprung.*

abkuppeln: *abhängen.*

abladen: *entladen.*

ablassen: -laufen, entweichen lassen;
(ent)leeren, -wässern, ableiten, (ab)
zapfen. überlassen. nachlassen. ∼, abstehen, -gehen von, Abstand nehmen;
aufgeben, -hören, (unter)*lassen, verzichten*; sich *abwenden.*

Ablauf: Verlauf, *Folge,* Geschehen.

ablaufen: -gehen, -klappern, -suchen.
abrollen, ab-, verfließen, -laufen, -rinnen.
geschehen. ausgehen, -laufen, enden, *verfallen.* ∼ lassen: *abweisen.*

Ableben: *Tod.*

ablegen: -nehmen, -streifen, -werfen,
-schütteln; sich entledigen, befreien.
ausziehen. lassen; hinter sich bringen.
(ab)leisten, machen, bestehen.

Ableger: *Sproß.*

ablehnen: *abweisen,* -schlagen; ab-
schlägig bescheiden; abwinken, -wehren,
ausschlagen, verschmähen, -werfen, *verzichten. verweigern.* sich verbitten, verwahren, ∼d verhalten, wenden gegen,
weigern; Widerstand leisten; von sich
schieben; *absagen,* die kalte Schulter
zeigen; etwas husten, niesen; pfeifen auf,
sich zurückhalten; nicht *billigen*; sich
(schön) bedanken; taub sein, dagegen
sein; nicht mögen; nicht ausstehen,
haben, leiden, riechen, vertragen können; nichts hören, wissen, zu tun haben
wollen; verabscheuen, *verachten, tadeln,*
sich *abfällig* äußern.

ableiten: -führen, -lassen. herleiten,
zurückführen, *begründen. beziehen. folgern. ablenken.*

ablenken: *abbringen,* -biegen, -wen-
den, -leiten, -ziehen, zerstreuen. *beirren.
ausweichen. unaufmerksam.*

ablesen: *entnehmen.*

abliefern: *übergeben.*

ablösen (*lösen*): (aus)*wechseln, folgen.*

Ablösung: *Abfindung.*

abmachen: *abnehmen. festmachen.
vereinbaren. erledigen. einverstanden.*

abmagern: *abnehmen,* ein-, zusam-
men-, vom Fleisch fallen.

abmahnen: -raten, -reden, widerraten, *abbringen.*

abmatten: *ermüden.*

Abnahme: *Kauf.* Schwund, Rück-,
Niedergang. *Verlust. abnehmen.*

abnehmen: (ab)pflücken, *lösen,* abhängen. *ablegen,* -heben, -decken, -setzen,
entfernen. wegschnappen, abknöpfen,
abspenstig machen, abjagen, rauben, entreißen, abnötigen. *kaufen. entnehmen.
sinken, nachlassen,* schrumpfen, (dahin)
schwinden, sich *vermindern*; (dahin-,
zusammen)schmelzen; zur Neige gehen;
zurückgehen; sich verschlechtern,
-schlimmern; *abmagern.*

Abnehmer: *Kunde.*

Abneigung: (*Ab*) *Scheu, Widerstreben, -wille,* Antipathie, abgeneigt, -hold, *ablehnen,* verschlossen, unzugänglich; nicht geneigt, willens; *Unlust. mißfallen,* Verstimmung, Kühle, Kälte, *Feindschaft.*

abnorm: (von der Norm, Regel) abweichend; unregelmäßig, regelwidrig. *ungewöhnlich. ungesund.* Abnormität, *Mißgebilde.*

abnötigen: (ab)verlangen, abdringen, -ringen, -pressen, erzwingen.

abnutzen: -nützen, -tragen, -treten, -wetzen. verbrauchen, -schleißen. abgenutzt, *schäbig.*

abordnen: beauftragen, (ent)senden, kommandieren, delegieren.

Abordnung: *Vertreter.*

abpassen: -gleichen, -stimmen, anpassen; in Einklang bringen, setzen; einrichten. *abmessen.* abwarten, *auflauern;* Hinterhalt legen.

abprallen: zurückprallen, *abspringen.*

abraten: *abmahnen.*

abräumen: -decken, -tragen, *forträumen.* den Tisch frei machen.

abrechnen: *abziehen. rächen.*

Abrechnung:(Rechnungs)Ausgleich, (-)Abschluß, Bilanz, Zahltag, Kassensturz, Rechenschaft. Rache.

Abrede: *leugnen. vereinbaren.*

abreden: *abmahnen.*

Abreibung: *Prügel.*

abreißen: *-rupfen,* -trennen, losreißen, -brechen. *abtragen. aussetzen. enden. abgerissen.*

abrichten: *lehren,* zähmen, dressieren.

abriegeln: *abschließen.*

abringen: *abnötigen.* abgewinnen.

Abriß: Auf-, Umriß, Skizze, Entwurf, *Plan,* Bild. (kurze) Übersicht, Darstellung, Schilderung, Beschreibung, Abhandlung, Leitfaden, Auszug.

abrollen: *ablaufen.*

abrücken: *abziehen.* sich *abwenden; widerrufen.*

abrunden: *ergänzen.*

absagen: *ablehnen.* abbestellen, -schreiben, ausladen. abblasen; rückgängig machen. abschwören, *verzichten,* sich *abwenden.*

Absatz: Grund-, Unterlage, (-)Gestell, -teil, Fuß(gestell), Sockel. Sohle, Hacken, Stöckel. *Abschnitt. Verkauf.*

abschaffen: *beseitigen.* weggeben.

abschalten: -drehen, -sperren, -stellen, ausschalten, -drehen, -knipsen, -machen, löschen.

Abschattung: *Tönung.*

abschätzig: *abfällig.*

Abschaum: -hub, Auswurf, *Gesindel.*

abschäumen: *klären.*

Abscheu: Ekel, Schauder, *Abneigung.*

abscheulich: abscheuerregend, verabscheuenswert, *scheußlich, widerwärtig. schändlich, schlecht,* übel.

Abschied: *Scheiden,* Lebewohl, Ade, ~sbesuch, ~sgruß, ~sstunde. *Abfahrt,* Weggang. den ~ geben: *entlassen.*

abschlagen: (-)trennen, kappen. abhauen, -klopfen. *abwehren. ablehnen.*

abschließen: *schließen. trennen. begrenzen.beend(ig)en. festmachen. ergänzen.* sich ~, absondern, -sperren, einpuppen, -spinnen, ab-, ein-, verkapseln, verbergen, -kriechen, -graben; *einsam* leben; sich abseits halten; die Gesellschaft, Welt fliehen, meiden; allen Verkehr abbrechen. sich *abwenden.*

Abschluß: *Ende,* Ergebnis. Vollzug. *Rand.* ~ treffen: *vereinbaren.*

abschneiden: *trennen.* (ab)*kürzen.* das Wort ~: unterbrechen. gut, schlecht ~, bestehen.

Abschnitt: Teil(stück),(Bruch) Stück, (Teil) Strecke. An-, Bestand-, Bruchteil, Ausschnitt, Segment, Sektor, Glied, Abteilung. Einzelheit. Absatz, Kapitel, Artikel, Paragraph, Vers, Stelle, Punkt.

abschnüren: abbinden. *trennen.*

abschreiben: kopieren, vervielfältigen. *spicken! abziehen. aufgeben.*

Abschrift: Durch-, Zweitschrift, Durchschlag, Doppel, Duplikat, Kopie.

abschüssig: *schräg.* steil, *jäh.*

abschütteln: sich *entledigen.*

abschweifen: abspringen, vom Thema abkommen, abirren; den Faden verlieren; nicht bei der Stange bleiben; vom Hundertsten ins Tausendste kommen; sich verlieren, verirren.

Abschweifung: Abstecher, Exkurs, *Ausflug.* Unterbrechung.

abschwenken: -drehen, *abweichen. übergehen.*

abschwören: *absagen,* sich *abwenden.*

absehen: -lauschen, -lernen, *nachahmen.* überblicken. *ahnen.* seinen Blick richten; es auf etwas ∼, abgesehen haben; Absichten haben; *streben.* ∼ von, *ausschließen, vernachlässigen, -zichten.* abgesehen von: *ohne.*

Abseite: *Kehrseite.*

abseitig: *abgelegen, abwegig,* entlegen, unberührt, fern(liegend), *ungewöhnlich.*

abseits: *seitwärts.* ∼ stehen: nicht *mitmachen.*

absetzen: -legen, -stellen, niedersetzen. *abnehmen.* entwöhnen. entfernen, -heben, -thronen, fortjagen, *entlassen. abziehen.* einen Absatz, eine Pause machen; abbrechen; sich unterbrechen; *aufhören. verkaufen.* sich ∼, (ab-, vom Gegner) lösen, zurückziehen.

Absicht: Rücksicht, Beziehung. Absehen, Augenmerk, Ziel, Zweck, Vorhaben, -satz, Anschlag, *Plan, Gedanke,* Berechnung, Sinnen (und Trachten), *Wille,* Begehr(en), *Verlangen,* Tendenz, Politik, Taktik. Unternehmen, -fangen.

absichtlich: *ausdrücklich.* berechnend, berechnet, bewußt, wissentlich, planmäßig. vorbedacht, (wohl)weislich; mit *Absicht,* Bewußtsein, Überlegung, (Vor)Bedacht, Vorsatz, Fleiß; willentlich, geflissentlich, vorsätzlich, willkürlich. *eigens;* (jetzt) erst recht; zum Trotz.

absichtslos: *unabsichtlich.*

absitzen: absteigen. Strafe *verbüßen.*

absolut: (an und) für sich (betrachtet); an sich; ohne Zusammenhang; losgelöst. *unbedingt, völlig.* allgewaltig, selbstherrlich. *ewig.*

absonderlich: *seltsam.*

absondern: *trennen.* ausscheiden, -dünsten, -schwitzen, von sich geben; entlassen, freisetzen, abscheiden, -spalten, vereinzeln. sich ∼, *abschließen,* sich selbständig machen; sich verselbständigen; eigene Wege, seinen (eigenen) Weg gehen. abgesondert: *einsam. einzeln.*

Abspannung: *müde, Müdigkeit.*

abspeisen: *abfinden. abweisen.*

abspenstig, abwendig machen; entfremden, *ausspannen,* weglocken, abnehmen, -jagen, wegschnappen!

absperren: *(ab)schließen. abstellen.*

abspielen, sich: *geschehen.*

Absprache: *vereinbaren.*

absprechen: -erkennen, entziehen, bestreiten. *abfällig. vereinbaren.*

abspringen: sich abdrücken, -schnellen. abprallen, sich *lösen. abschweifen. abfallen.*

Abstand: Entfernung, Zwischenraum, *Lücke,* Distanz, *Unterschied. Abfindung.* ∼ nehmen; verzichten.

abstechen: sich *unterscheiden.*

Abstecher: *Ausflug.* Seitensprung. Abschweifung.

abstecken: *abgrenzen,* -zirkeln, umreißen, -schreiben, *entwerfen.*

abstehen: *vorspringen. aufgeben.*

absteigen: absitzen. *einkehren.*

abstellen: *absetzen.* beiseite-, *unterstellen. beseitigen.* abschalten, -drehen, -sperren; zum Schweigen bringen.

absterben: *vergehen, tot.*

Abstieg: *Niedergang.*

abstimmen: *stimmen. anpassen.*

abstoßen: hobeln. zurück-, von sich stoßen, weisen; sich entledigen. *verkaufen.* etwas ∼des haben: *mißfallen, widerwärtig, unfreundlich.*

abstottern: *abzahlen.*

abstreichen: -streifen. Abstriche machen; zurückstecken.

abstreifen: -streichen. *ablegen, entfernen. häuten.*

abstreiten: *bestreiten.*

Abstriche machen: (zusammen) streichen, *kürzen. zurückstecken.*

Abstufung: (Ab) *Tönung.*

abstumpfen: (ab-, er)töten, *abhärten, betäuben. mildern.* abgestumpft, *stumpf,* übersättigt.

abteilen *(teilen):* abzweigen, -spalten. *gliedern.*

Abteilung: *Teil, Gruppe,* Sektion. Station. *Gattung.*

abtragen: *abräumen.* abbrechen,

-bauen, ein-, ab-, niederreißen, niederlegen, schleifen; dem Erdboden gleichmachen; (ein)ebnen, zerstören. *abnutzen*, auftragen. *tilgen*.

abträglich: *ungünstig*.

abtreten: *überlassen. abdanken.* ab-, schiefgetreten.

abtrotzen: *erzwingen*.

abtrünnig: *treulos*, fahnenflüchtig, Verräter, abgefallen, anders-, irr-, ungläubig, Ketzer, häretisch, Apostat, Renegat, *aufsässig, abfallen*.

abtun: *erledigen*.

aburteilen: *verurteilen*.

abwälzen: von sich schieben; sich *befreien. zuschieben*.

abwandeln: *ändern*, variieren. *Abart. Abweichung*.

abwärts: nach unten; nieder, her-, hinab, her-, hinunter, berg-, tal-, fluß-, stromab(wärts), talwärts, *unterhalb*.

Abwechslung: *Wechsel. Unterhaltung*. abwechslungsreich, *vielfältig*.

Abweg: Neben-, Seitenweg, -pfad. Irr-, Umweg. Umschweife, Fehl-, Irrgang; falscher Weg; sich *verirren*. entgleisen; aus dem Gleis kommen; auf die abschüssige Bahn geraten; straucheln. *verkommen*.

abwegig: abseitig, fremd; weit hergeholt; ausgefallen, *schrullig. falsch. unverständlich*.

abwehren: (sich) (er)wehren; verteidigen, abschlagen, -weisen, -schmieren! *abwenden*, auffangen, -halten, parieren; von sich ab-, fernhalten; zurückschlagen, -stoßen, -treiben, -weisen, *vereiteln*; zu Fall bringen; nieder-, zu Boden schlagen; niederhalten. *verneinen, ablehnen*. Widerstand, Gegenwehr.

abweichen: -biegen, -gehen, -lenken, -schwenken, -drehen, -fallen; die Richtung ändern. *ausweichen*. abirren, -kommen; eigene Wege gehen. *auffallen, verstoßen*. sich *unterscheiden*.

Abweichung: (Ab-, Ver-) Änderung, *Unterschied. Abart.* Übergang, Nuance, Tönung. Neuerung. regelwidrig. *Zwiespalt. Abweg. Verstoß. Ausnahme*.

abweisen: -stoßen. *abwehren, -lehnen*,

zurück-, von sich weisen, stoßen. anlaufen, abfahren, -fallen, -blitzen lassen; Abfuhr erteilen; abfertigen, -speisen, -wimmeln! heim-, wegschicken; einen Korb geben; *unfreundlich, verschlossen*.

abwenden: *abspenstig* machen. abbiegen, -fangen, -kehren, -lenken. *abwehren*. sich ~: den Rücken wenden, (zu)kehren, zeigen; abrücken; die Hand abziehen; *preisgeben*; sich abkehren, -schließen, zurückziehen, lösen, lossagen, -machen, trennen, abgewöhnen; brechen mit; *abfallen*, -sagen, -schwören, (ver)*lassen*, verwerfen. sitzenlassen.

abwerfen (*werfen*): *ablegen*, -schütteln. (Nutzen) ~: sich *lohnen*.

abwerten: *entwerten*.

abwesend: nicht da, anwesend, zu Hause; fort, weg, ausgegangen, -geflogen; auf Reisen; verreist, abgereist, entfernt, *fehlen. unaufmerksam*.

Abwesenheit: *Mangel*. Alibi.

abwickeln (*wickeln*): *durchführen*.

abwimmeln: *abspeisen. abweisen*.

abwinken: *verneinen, ablehnen*.

abwürgen: abdrehen. *ersticken*.

abzahlen: auf *Teilzahlung* kaufen; in Raten (be)zahlen; abstottern!

abzäunen: *abgrenzen*.

abziehen: -rechnen, (-)streichen, -setzen, -schreiben; (ver)*mindern, ohne*. *ausschließen. ablenken.* (ab)*zapfen. schärfen. häuten. vervielfältigen*. ab-, ausrücken, -marschieren. (das Feld) räumen; sich *entfernen. abzüglich*.

abzirkeln: *abstecken*.

Abzug: Fortfall, *Kürzung*, Streichung, Abschlag, -strich, Nachlaß, Rabatt, (Dis) Agio, Skonto. Abfluß. Kamin, Luftschacht. Auszug. Abdruck, Vervielfältigung, Kopie. (Licht) Bild, Foto (grafie), Aufnahme.

abzüglich: abgezogen, ab-, ungerechnet, *ohne*, weniger, minus.

abzweigen: -teilen, (-)*trennen*. abgehen. ausstrahlen.

ach: ah, oh, au, oje, o weh, leider, ach ja, ach nein, ach so, ach was, wirklich? tatsächlich, in der Tat, aber nein, nein so was; denk, sieh (bloß mal) an,

da haben wir's, was Sie sagen; du lieber
Gott, Himmel; Donnerwetter, nanu,
also doch.

Ach und Krach, mit: mit Weh und
Ach, Mühe, (genauer, knapper) Not, Müh
und Not, Aufgebot aller Kräfte, kaum.

Acht: Bann, Ausschluß, ächten, (ver)
bannen; in Acht und Bann, für vogel-
frei, rechtlos erklären; verdammen,
-femen, schwarze Liste, ver-, ausstoßen.

achtbar: *ehrenhaft.*

achten: (ob)achtgeben, *aufmerksam,
Vorsicht,* achthaben, merken, daran denken; sorgen; ein Auge haben; *be(ob)ach-
ten, aufpassen.* ansehen, *schätzen.* ernst,
für voll nehmen; *anerkennen, (ver)ehren.*

ächten: in *Acht* und Bann tun.

achtlos: *unaufmerksam, blind, gleichgültig,* fahrlässig, *leichtsinnig.*

achtsam: *aufmerksam. behutsam.*

Achtung: *achten,* Rücksicht, Ehrfurcht, Respekt. *Ruf.* ~gebietend,
stattlich. ~svoll, *ehrfürchtig.*

ächzen: knarzen, stöhnen, *klagen.*

Acker: ~land, ~flur, Feld(flur), *Erde.*

Adel: ~sbrief, ~sgeschlecht, ~srang,
~skaste, ~sschicht, Oberschicht, Her-
renkaste, -schicht, Junker(tum), blaues
Blut; Ur~, Hoch~, Adliger, Edelmann,
Standesherr; von Rang, Stand; ein(e)
Von; Hoheit, (alt)adelig, feudal, hoch-
geboren. *edel.* Seelen~, Geistes~, (Seelen) Größe, *Würde.*

adeln: (in den Adelsstand) erheben.
ehren, erhöhen. veredeln; Würde verleihen; weihen.

Ader: Puls~, Schlag~, Arterie, Vene,
Blutgefäße. zur ~ lassen: *schröpfen.*
Maser, Linie. Erz~, Erzgang. Wasser~,
Wasserlauf. *Anlage.*

Adresse: *Anschrift.*

Advokat: *Anwalt.*

Affe: Meerkatze, Pavian, Schimpanse,
Gorilla. *Narr, Laffe. Rausch.* Tornister.

Affekt: *Erregung.*

affektiert: *unnatürlich.*

äffen: *narren.*

affig: äffisch, *albern. eitel. unnatürlich.*

Ahle: Pfriem.

Ahn: *Vorfahr.*

ahnden: *strafen. rächen.*

ähneln: *ähnlich* sehen.

ahnen: *voraus*empfinden, -fühlen,
-sehen; (heran)kommen, (-)nahen, auf
sich zukommen sehen, fühlen; eine Ahnung haben; schwanen, (er)raten, *wittern, erwarten.* ~ lassen: *andeuten.*

ähnlich: vergleichbar, -gleichsweise,
verwandt, gleich(artig); etwa wie; der-
gleichen, derlei, solch(ermaßen), gerade
so; nahezu, einigermaßen, annähernd,
erinnern, entsprechend. ~ sehen: ähneln,
gleichen; aussehen wie; nachschlagen,
entsprechen; sich (an)nähern, berühren.
~ machen: anähneln, -ähnlichen, -glei-
chen, -passen, -nähern.

Ahnung: Vorahnung, -gefühl, -ge-
schmack. Vorher-, Voraussicht, -sage.
dunkler Drang; zweites Gesicht; innere
Stimme; innerer, sechster Sinn; *Witterung,* Ahnungsvermögen, *Gefühl, Vorstellung, Vermutung, Verdacht, Hoffnung,*
Furcht.

ahnungslos: *arglos,* stumpf, *unwissend, unbewußt,* -vorbereitet, überrascht.

Akt: Vollzug, Vorgang, -gehen, Verfahren, Schritt, Schlag, Streich. (feier-
liche) Handlung, Feier(lichkeit). *Szene.*

Akt(e): Urkunde, Niederschrift, Protokoll, Beschluß, Vorfügung, Schriftstück. zu den Akten legen; als
erledigt ansehen; nicht beachten; beiseite legen.

Aktion: Tätigkeit. *Unternehmen.*

aktiv: wirksam, lebendig, lebhaft,
beweglich, rege, regsam, munter, zielbewußt, -strebig, tatkräftig, energisch,
fleißig. tätig, diensttuend.

aktivieren: wirksam machen; beschleunigen; zur Geltung, in Gang, in
Schwung bringen.

Aktivismus, -ität: Tätigkeit(sdrang),
Betriebsamkeit, Geschäftigkeit, Unter-
nehmungsgeist, -lust.

Aktualität: Neuheit, Neuigkeit, (Aller) Neuestes, Gegenwärtigkeit, Jetzt,
Heute, Tag, Stunde, Tagesfrage, Ereignis, Forderung des Tages. Dringlich-,
Wichtigkeit.

aktuell: *jetzig, neu. dringlich.*

akut

akut: *jetzig, dringlich,* unmittelbar. *gefährlich.* sich *zuspitzen.*

Akzent: (Haupt-, Hoch-, Sprech-, Wort) Ton; Betonung, Tonzeichen. Tonfarbe, -fall, Aussprache. ~uierung. Gewicht, Nachdruck.

akzentuieren: betonen, hervorheben, unterstreichen, verschärfen.

Alarm(ieren): zu den Waffen, zu Hilfe, Feuer rufen; Lärm schlagen, Sturm(glocke) läuten; zusammentrommeln, wachrufen, (auf)wecken, (-)schrekken, aufscheuchen, beunruhigen, -stürzen, erregen, -schrecken; in Unruhe, Aufregung versetzen; warnen. alarmierend, *gefährlich.*

albern: einfältig, blöd(sinnig), läppisch, flapsig, kindisch, verkindscht, Kinderei, affig, *fade, dumm, närrisch,* lächerlich, abgeschmackt, Fatzke, Hanswurst, *Unsinn.*

All: Welt(all), -gebäude, -raum. Natur, (Makro) Kosmos, Universum, Unendlichkeit.

alle(s): allesamt, jeder(mann), jedweder, jeglicher, männiglich; wer auch immer; groß und klein; jung und alt; hoch und niedrig; reich und arm; Kind und Kegel; Mann und Maus; die ganze Gesellschaft; alles (und jedes); sämtlich, rest-, ausnahmslos; ohne Ausnahme, Einschränkung, Rest; *vollständig.*

allein: ~stehend, mutterseelen~, *einsam, ledig,* einschichtig; ohne *Gesellschaft. einzeln. nur. aber.* von ~ , *selber.*

alleinig: *ausschließlich.*

allemal: *immer.*

allenfalls: gegebenen-, besten-, äußersten-, schlimmstenfalls; höchstens; im äußersten Fall; im Notfall; zur Not; wenn alle Stricke reißen; wenn nötig, erforderlich. aushilfs-, ausnahmsweise, gelegentlich; unter Umständen; *vielleicht;* so Gott will; allfällig, ~ig, etwaig. *endlich.* gerade, (so)eben, höchstens (noch). *wenigstens.*

allenthalben: *überall.*

allerdings: *freilich.*

allerhand: -lei, -art, *manch,* mannigfach, -faltig, vieler-, hunderterlei,

verschieden(artig), kunterbunt, bunt (scheckig), zusammengewürfelt; alles mögliche; solche und solche; etliche, mehrere, ziemlich *viel.*

allerorts, -wärts: *überall.*

all(e)zeit: *immer.*

allgemein: öffentlich, *gemeinsam.* ~gültig, ausnahmslos; ohne Ausnahme; durchgängig, -gehend, -weg, insgemein, schlechthin; samt und sonders; durch und durch; ganz und gar; immer, überall, grundsätzlich; im allgemeinen; gemeinhin; in der, in aller Regel; *gewöhnlich,* herrschend; im ganzen; im großen (und) ganzen; in summa; summa summarum; alles in allem; überhaupt. *ungenau, nichtssagend.*

allgewaltig: *schrankenlos.*

Allmacht: Machtfülle, -vollkommenheit; unbeschränkte Macht.

allmählich: (all)gemach, langsam, unmerklich; nach und nach. nachgerade; mit der Zeit; bei kleinem; um ein kleines; um ein wenig; schritt-, stück-, stufen-, zentimeter-, zoll-, ratenweise; in Raten; Schritt für Schritt; Stück um Stück; Stufe um Stufe.

allseitig: *ringsum.* vielseitig.

Alltag: Werk-, Wochentag. ~sleben, Alltäglichkeit, Gewohnheit.

alltäglich: werk-, wochentäglich. (tag)täglich, fort-, immerwährend, (beständig, regelmäßig) wiederholt, -kehrend; alt; häufig; jahraus jahrein; tagaus tagein; ein und dasselbe; immer dasselbe; *gewöhnlich.*

Alltagsmensch: -gesicht, Dutzend-, Durchschnittsmensch, -gesicht.

Almanach: Kalender, Jahrbuch.

Almosen: *Spende.* Trinkgeld!

Alpdruck: *Angst*(gefühl.)

als: wie, denn, für; zum Beispiel. da, *während,* nachdem. ~ ob: wie wenn; *gleichsam.*

alsbald: *sofort. bald.*

also: *folglich. endlich.*

alt: ältlich, bejahrt; bei Jahren; unjugendlich, -jung, (hoch)betagt, greis, grau-, silberköpfig, -haarig, -lockig, stein~, ur~. altersschwach, abgelebt, hinfällig, taprig, welk. ausgeleiert, klapprig. altertümlich, ur-, vorzeitlich, -geschichtlich. gebraucht. unverändert, gleich. vergangen, -altet. *~vertraut.* ~ genug: *reif.*

Alteisen: *Schrott.*

älter: *früher.* **ältest:** *frühest.*

altern: älter werden; (heran)reifen, -wachsen; zu Jahren, in die Jahre kommen; ergrauen; alt und grau werden; vergreisen, -fallen, -kalken, -kindschen, -knöchern, (ver)welken.

altklug: frühreif, *vorwitzig.*

Ampel: *Lampe.*

Amt: Behörde, Verwaltung, Dienststelle. (Amts) Bezirk. Amtsgewalt. *~s*lokal, Dienstraum. *Regierung. Aufgabe, Beruf. Stellung. Gottesdienst.*

amtlich: behördlich, dienstlich, öffentlich. maßgebend. *urkundlich. zuverlässig, gewiß.*

amüsant: *lustig.*

anbahnen: -knüpfen, -zetteln, einfädeln, -leiten, vorbereiten; in die Wege leiten. sich ~: *entstehen.*

Anbau: Nebengebäude, (Seiten) Flügel, Vorbau. Feldbau, Bestellung, Kultur, Pflanzung.

anbauen: *pflanzen,* sich ~: sich *niederlassen.*

anbeißen: Feuer fangen; eingehen auf; zubeißen, annehmen.

anberaumen: *festlegen.*

anbeten: *verehren.*

Anbetracht: in ~, in *Hinsicht* auf.

anbiedern, sich: sich *anfreunden.*

anbieten: antragen, (dar)bieten, sich erbieten; *Angebot, vorschlagen,* anpreisen, feilbieten, -halten; reisen in; auf den Markt bringen, werfen; verkaufen.

anbinden: *befestigen.* mit einem ~, anbändeln, sich einlassen; Streit suchen, anfangen; es aufnehmen mit. kurz angebunden: *knapp, schroff.*

Anblick: *Bild.*

anbrechen: *anfangen.*

anbringen (*bringen*): *befestigen.* unter-, *vorbringen;* an den Mann bringen. *gebrauchen. verkaufen.*

Anbruch: *Anfang.*

Andacht: Gottesdienst, Gebet, Betstunde. Inbrunst, *fromm,* ergriffen, innig. *aufmerksam. feierlich.*

Andenken: *Erinnerung,* Denkmal. Denkzettel! Geschenk, Angedenken.

ander(er)seits: im *Gegenteil. anders.*

ändern: (ab-, um-, ver)ändern, (-)wandeln, (um)wenden, -modeln, -wechseln, um-, verformen, -kehren, -stellen, umarbeiten, -bilden, -gestalten, -schaffen, -bauen, -ordnen, -stoßen, -stürzen, -krempeln. verdrehen, -fälschen; anders machen; Wandel, Abhilfe schaffen; der Sache abhelfen. sich ~: anders kommen; umschlagen, -springen, wechseln, schwanken, sich mausern; *Wechsel.*

andernfalls: *sonst.*

anders: anderswie; auf andere Art, Weise; sonst(wie); nicht so wie (sonst); andernfalls, -teils, and(r)erseits. *verändert, verschieden. fremd, sonderbar.* ganz ~: unvergleichbar, -lich; grundverschieden, himmelweit verschieden.

anderswo: woanders, **anderwärts,** sonstwo; irgendwo sonst.

anderwärts: -weit(ig), sonst(ig), *anderswo.* anders-, sonstwohin. anders-, sonstwoher; von auswärts.

andeuten: *ahnen* lassen; darauf schließen lassen; umschreiben, -reißen; *Hinweis, (an)zeigen,* sagen.

Andeutung: *Schein. Kleinigkeit.*

Andrang: Zudrang, -lauf, -strom, -zug, Teilnahme, Neugier. Fülle.

andrehen: *einschalten. verkaufen.*

anecken: *anstoßen.*

aneifern: (an)*treiben.*

aneignen, sich: sich zu eigen machen. *nehmen. lernen.*

aneinander...: zusammen..., ver...

aneinandergeraten: *zusammen*stoßen. in Streit, sich in die Haare geraten; sich in die Wolle kriegen.

anerkennen: *billigen, loben. achten,* *würdigen, danken. Beifall,* Dank, Lohn, *Lob. wohlwollend.* *~swert: lobenswert.*

anfachen: *anzünden.*

anfahren: an-, losziehen; sich in Bewegung setzen; starten. anrennen, *rammen.* (an)*liefern. schelten.*

Anfahrt: Zufahrt(sweg).
Anfall: *Angriff.* Schlag~. Fieber~. Husten~. Schwindel~. *Regung.* Wut~, (Zornes)Ausbruch.
anfallen: *angreifen,* über-, *befallen.* abfallen, sich ergeben; herauskommen.
anfällig: empfänglich, empfindlich, -sam, (leicht) verletzlich, -bar, erreg-, reizbar. schwächlich.
Anfang: Spitze.(An)Beginn,An-,Ausbruch, Anlauf, -satz, -tritt, Eintritt, -satz, Auftakt, Eröffnung; erstes Auftreten; erster Schritt; Einleitung. Anstoß, Ausgang(spunkt), *Ursprung.*
anfangen: beginnen. *unternehmen.* in Gang setzen, bringen; in Angriff nehmen; Hand anlegen; eröffnen, aufnehmen; den Anfang machen; den ersten Schritt tun; ansetzen, darangehen, sich anschicken, daranmachen; an die Arbeit gehen; Dienst antreten, übernehmen. das Eis brechen. loslegen, -schießen, einleiten, starten. anbrechen, -gehen, -heben, -laufen, losgehen, einsetzen; in Gang kommen; sich anlassen; erscheinen, auftauchen, tagen, dämmern, grauen. ausgehen von; *entstehen.*
Anfänger: Neuling, Schüler, Abc-Schütze, *Lehrling,* Rekrut, grün, Grünling. *Stümper.*
anfänglich, anfangs: erstens, (zu) erst, zunächst, -vor, -vörderst, ursprünglich, eingangs; zu Anfang, Beginn; früh(er).
Anfangsgründe: *Abc,* Fibel, Elemente, Einmaleins.
anfassen: *handhaben. unternehmen.*
anfechtbar: *zweifelhaft. schwach.*
anfechten: *bestreiten.* Einspruch erheben; Berufung einlegen. (be)*kümmern. versuchen.*
anfeinden: *kämpfen* gegen.
anfertigen: *herstellen.*
anfeuchten: (be)*netzen.*
anfeuern: Feuer machen. (an)*treiben.*
Anflug: (An) Hauch, *Kleinigkeit.*
anfreunden, sich: sich anbiedern, lieb Kind machen wollen; einschmeicheln. *liebgewinnen.*
anfügen: -reihen, -hängen, -legen, -schließen, beifügen, -legen, hinzufügen, -legen, bei-, hinzu-, *ansetzen.*
anführen: *erwähnen. narren.*
Angabe: Anzeige, *Aussage, Auskunft. Vorschrift.* Angeberei, Prahlerei.
angängig: *möglich, zulässig.*
angeben: *reichen.* anstimmen, -schlagen. (aus)*sagen, erwähnen. anzeigen.* beziffern. *prahlen.*
Angebinde: *Geschenk.*
angeblich: *scheinbar.*
angeboren: ererbt, angestammt, *heimisch,* ursprünglich, natürlich.
Angebot: Anerbieten, Antrag, Vorschlag, Einladung, *anbieten.*
angebracht: *rätlich. schicklich.*
angedeihen lassen: zukommen lassen; gewähren, bieten, geben.
angehen: vornehmen. *bitten. betreffen.* anfangen, (auf-, ent)keimen, (-)sprießen. *künftig.* ~, (an)*kämpfen* gegen: *bekämpfen.* es geht (an), genügt, reicht, ist nicht so schlimm.
angehörig: zugehörig. *Sippe.*
Angel: ~haken, ~schnur, ~rute, ~gerät. Widerhaken. Tür~. Gelenk, Zapfen, Haspe, Scharnier. *Hauptsache.* Fuß~, Falle.
angelegen: sich etwas ~ sein lassen, sich *bemühen.*
Angelegenheit: *Fall*, Sache, Handel, *Geschehen.* Anliegen, *Thema.*
angelegentlich: *eifrig, nachdrücklich.* teilnahmsvoll.
angeln: fischen, *greifen, locken,* (ein)fangen, schnappen, *bekommen.*
angemessen: -gebracht, gehörig, -bührend, -bührlich, -ziemend, zustehend, *entsprechend,* anständig, schicklich, ordentlich, richtig, gerecht, (wohl) verdient, *genug. geeignet. rätlich.*
angenehm: annehmbar, -lich, lieb, recht, erfreulich, -wünscht, schätzens-, wünschenswert, schmeichelhaft, *willkommen,* begehrt, -liebt, geschätzt, befriedigend, gut, *fein, gefällig, anmutig,* vergnüglich, unterhaltend, wohl(ig), wohltätig, -tuend, *behaglich,* sympathisch, *reizend, köstlich, Genuß*(reich). sehr ~, sehr erfreut.

angenommen: *wenn.*

angeregt: *lebhaft.*

angesehen: angeschrieben, beleum-(un)det. (hoch) geachtet, geschätzt. *namhaft, einflußreich.*

angesichts: in *Gegenwart* von; vor, gegenüber, bei; in *Hinsicht* auf.

angestammt: *angeboren.*

angewiesen: *abhängig.*

angezeigt: *rätlich.*

angleichen: *anpassen.*

angliedern: *hinzufügen.*

angreifbar: -fechtbar, *schwach.*

angreifen: -gehen, *anfallen*, -packen. einfallen, -brechen. stürmen, losgehen, -schlagen; zu Leibe, drauflos-, draufzugehen; tätlich, handgreiflich werden; die Feindseligkeiten, das Feuer eröffnen; sich auf den Feind stürzen, werfen; vormarschieren, -rücken, -gehen, -stoßen; (be)kämpfen, anfeinden; anbinden mit. beschädigen. *zehren. beleidigen. bekümmern. anklagen. unternehmen. vornehmen.*

Angriff: Sturm(~), An-, Überfall, Attacke, Anschlag, Einfall, -bruch, Zugriff, Vorstoß, Offensive, Feldzug, Unternehmen, *Kampf.*

Angst: Heiden~, Himmel~, Höllen~, Todes~, Scheu, Furcht, Bammel! Schiß! Herzklopfen, *Schauder,* Bokhlom mung, Alp(druck, -drücken), ~blässe, ~schweiß. *Sorge.* Verängstigung, -schüchterung, Panik, ~zustände, Verfolgungswahn, Lebens~.

Angsthase: *Feigling.*

ängstigen: Angst erregen, einjagen; angst, bange machen; drohen, (er) *schrecken, bedrücken,* -ängstigen, -unruhigen, verängstigen, -dattern, -stören, ver-, einschüchtern, *entmutigen. quälen.* sich ~: *fürchten, sorgen.*

ängstlich: furchtsam, feig, bang, bänglich, schreckhaft, angstvoll, *zitternd*; blaß, bleich (vor Angst); erschrocken, -schreckt, *schüchtern, mutlos.* unruhig, -sicher, sorgenvoll, besorgt, *vorsichtig.*

anhaben: (am Leibe) tragen. nichts ~ können: nicht schaden, beikommen.

anhaften: -kleben, -hangen, -hängen;

gehören zu; eigen(tümlich) sein; eignen, zukommen, *bezeichnen,* aufweisen, enthalten, *besitzen.*

Anhalt(spunkt): (An) *Zeichen,* Handhabe, *Stütze, Verdacht.*

anhalten: auf-, fest-, zurückhalten. ab-, unterbrechen, aussetzen, einstellen, stoppen, stopfen, abblasen. *anleiten, mahnen,* gewöhnen. *dauern.* ein-, inne-, stillhalten; stehenbleiben. (sich be) *werben, bitten.*

anhaltend: *unaufhörlich.*

Anhang: -hängsel, Schwanz, *Ergänzung.* Anhänger, Schüler, Jünger, Verehrer, Genosse, Mit-, Nachläufer, Trabant, Apostel, *Gefolge,* Freundeskreis; die Freunde, Getreuen, Kumpane; *Bande.*

anhangen: *anhaften.* folgen; anhänglich, zugetan sein; *lieben.*

anhängen: *befestigen. an-, hinzufügen.* einem etwas ~: an den Hals hängen; unter die Weste schieben; verleumden. *anhaften. nachhängen.*

Anhänger: *Anhang. Anhängsel.*

anhängig: *unerledigt.*

anhänglich: *treu.*

anheben: *anfangen.*

anheimelnd: *gemütlich.*

anheimgeben, -stellen: *überlassen.*

anheischig: sich *erbieten.*

Anhieb: auf ~: *sofort.*

anhimmeln: *verehren.*

anklagen: an-, *beschuldigen*; zur Rechenschaft, Verantwortung ziehen; Rechenschaft fordern; belasten; Angriffe richten gegen; *anprangern, anzeigen*; vor Gericht, vor dem Richter fordern, laden, zitieren; in Anklagezustand versetzen; Anklage erheben; (gerichtlich) belangen, (*ver*)*klagen.*

Anklang: *Echo, erinnern. Beifall.*

anknipsen: *einschalten.*

anknüpfen: *anbahnen. fortsetzen,* *anschließen.* sich *beziehen.*

ankommen: *kommen.* erreichen landen! *befallen. wirken.* auf etwas ~, beruhen, hinauslaufen, -wollen. sich drehen, handeln um; wichtig sein. es darauf ~, beruhen lassen; dabei belassen; abwarten. wagen. ~, aufkommen gegen.

ankreiden: anschreiben, -streichen; sich *merken. vorwerfen.*

ankreuzen: (ab)zeichnen, abhaken, anstreichen.

ankünd(ig)en: *verkünd(ig)en, anzeigen,* vorangehen, *einleiten. vorhersagen.* sich ∼: *bevorstehen.*

Ankunft: Eintreffen, -laufen, Landung, Erscheinen, (An) *Kommen.*

Anlage: Keim. Grundlage, Boden, *Plan*(ung). Ein-, Errichtung, Gestaltung, (Auf) Bau, Anordnung. Anpflanzung, *Garten,* Park(∼), Grün∼, Grünfläche. Konstitution, Veranlagung, Erbgut, -masse, -anlage, Charakter, *Begabung, Neigung, Wesen. Beilage.* ∼vermögen, ∼kapital, Kapital∼, Festlegung, Investition. *Betrieb.*

anlangen: (an)*kommen. betreffen.*

Anlaß: Veranlassung, Anstoß, Gelegenheit, *Ursache. Beispiel.* aus ∼: anläßlich, veranlaßt, angeregt, *gelegentlich, wegen.*

anlassen: -behalten; nicht auszuziehen. anwerfen; (an)laufen lassen; in Gang, Bewegung, Betrieb setzen. sich ∼: *anfangen.*

anlaufen: -steuern. *anfangen. zunehmen, beschlagen.* sich (ver)färben. übel ∼, ankommen, empfangen werden. übel ∼ lassen: *abweisen.*

anlegen: -setzen, -stoßen, aneinanderlegen, *anfügen. anlehnen.* landen. *anziehen. errichten. einrichten, bewerkstelligen. anzünden.* Geld ∼: *aufwenden.* es auf etwas ∼: *beabsichtigen.* Hand ∼: *anfangen. helfen.* Zügel ∼: *beherrschen.*

anlehnen: -legen, -setzen, -stellen; stützen, lehnen, legen usw. gegen; sich ∼: anliegen, -stehen, berühren; sich stützen; folgen, nachahmen.

anleiten: *lehren,* beraten, anhalten. *verleiten.* Anleitung, *Lehre.* Leitfaden, *Führer, Vorschrift, Hinweis.*

anlernen: einarbeiten, *lehren.*

anliegen: (an)*grenzen.* lehnen. eng ∼: (sich) anschließen, sich anschmiegen; passen. *bitten.*

Anliegen: *Angelegenheit. Wunsch.*

Anlieger: *Nachbar.*

anmachen: *befestigen. anzünden.* einschalten. zubereiten. locken.

anmaßen, sich: in Anspruch nehmen; Anspruch erheben, geltend machen; sich unbefugt, unberechtigt an-, zueignen, bemächtigen; es *wagen;* sich herausnehmen, überheben, einbilden; die Stirn haben.

anmaßend: -spruchsvoll, arrogant, *frech, hochmütig,* vermessen, *protzig.* unduldsam.

Anmerkung: (Zwischen-, Rand) Bemerkung, (Rand) Glosse, (Fuß) Note, Notiz, Erläuterung, *Ergänzung.*

Anmut: (Lieb) Reiz, Zauber, Scharm, Schmelz, Wohlklang, -laut.

anmuten: *gefallen.* berühren, vorkommen, erscheinen.

anmutig: *gefällig, angenehm,* hübsch, artig, *schön,* graziös, elegant, scharmant; fesch, *reizend, lieb(lich),* blühend, fein.

annähernd: *ungefähr.*

Annahme: Empfang. Voraussetzung. *Meinung.*

annehmbar: *geeignet, leidlich.*

annehmen: *empfangen. einstellen. voraussetzen, glauben, billigen. eingehen* auf. sich ∼: *sorgen.* angenommen, gesetzt (den Fall) *wenn.*

Annehmlichkeit: Bequemlich-, Gemütlichkeit. *Reiz. Genuß.*

anöden: *Langeweile.*

anordnen (*ordnen*): *befehlen.* (An) Ordnung, Form, Anlage, Gefüge.

anpacken: *greifen. vor-, unternehmen.*

anpassen: angleichen, abstimmen. sich ∼, einrichten, -ordnen, -fügen, nach der Decke strecken; *gewöhnen.* sich (an) schmiegen.

Anprall: *Stoß.*

anprangern: *tadeln.* bloßstellen.

Anrainer: *Nachbar.*

anrechnen: gutschreiben, -bringen; zugute halten. hoch ∼: *danken.*

Anrede: Titel. *Gruß.*

anreden: -sprechen, (be)grüßen, anquasseln! -quatschen! -hauen! *nennen.*

anregen: *beleben,* (an)*reizen. unterhalten.* beeinflussen, *veranlassen. raten. Anlaß,* Beispiel.

anrennen: *rammen. kämpfen.*

anrichten: (zu)bereiten. die Tafel, den Tisch richten, decken. *verüben.*

anrüchig: *zweifelhaft.*

anrücken: *kommen.*

anrühren: (be)*rühren.*

ansagen: *verkünd(ig)en.* vorsagen, diktieren.

Ansager: Sprecher, Ausrufer.

Ansammlung: *sammeln. Auflauf.*

ansässig: orts~, an-, eingesessen, seßhaft, eingeboren, (ein)heimisch, wohnhaft, hiesig.

Ansatz: -lauf, *Anfang, Keim.* Fett~, Fettpolster. Verlängerung.

anschaffen: *befehlen. kaufen.*

anschaulich: sinn-, augenfällig, bildlich, -haft, bilderreich, ausdrucksvoll, lebendig, farbig, sprechend, klar, deutlich, *verständlich,* eindringlich.

Anschauung: *Vorstellung, Meinung.* ~(en): *Denkweise,* Welt~, Glaube(n).

Anschein: *Aussehen,* (Augen)*Schein.* den ~ haben: *aussehen* nach, wie; (er) *scheinen.* sich den ~ geben; Miene machen; zur Schau tragen; so tun, sich stellen als ob; sich verstellen; sich *ausgeben* als, für; etwas vorstellen wollen; *vortäuschen.*

anscheinend: dem Anschein nach; *einspannen. aufbieten.* wie es scheint; wie anzunehmen ist, angenommen werden darf; vermutlich; soviel ich sehe, man sehen kann; beim, auf den ersten Blick; dürfte, wird wohl; es sieht so, danach aus.

anschicken, sich: *Anstalten* machen, treffen; (sich) *vorbereiten.*

Anschlag: Aushang, Plakat; Schwarzes Brett; Bekanntmachung, Ankündigung. Vor~, *Plan.* Attentat, *Angriff. Hinterhalt.* Anschläge, *Ränke.*

anschlagen: *befestigen. verkünd(ig)en.* angeben, -stimmen. ver~, *schätzen. wirken, guttun. gelingen.* anprallen, schlagen gegen. *bellen.*

anschlägig: *klug.*

anschließen: *befestigen.* an-, hinzufügen, anknüpfen. (an)*grenzen.* sich ~: an-, einreihen, bei-, hinzugesellen, mitgehen, begleiten, dazu-, hinzukommen,

-treten, (nach)*folgen, nachher.* ein-, beitreten, sich *verbinden.* übereinstimmen.

anschmiegen, sich: sich anpassen.

anschmiegsam: *weich,* anpassungsfähig, *zutraulich,* zärtlich.

anschneiden: aufrollen. *vornehmen. kommen* auf.

anschreiben: aufschreiben, ankreiden, -streichen, sich *merken.*

Anschrift: Wohnung(sangabe), Adresse, Aufenthalt(sort).

anschuldigen: anschwärzen. *beschuldigen. verleumden.*

ansehen: *besichtigen, -trachten.* einem etwas ~, anmerken, zutrauen. erkennen, (be)*urteilen.* mit ~: zulassen.

Ansehen: *Aussehen. Ruf, gelten.*

ansehnlich: *groß, bedeutend* eindrucksvoll, *stattlich,* stark.

ansetzen: -legen. *anfügen,* -nähen, -flicken, -stücke(l)n, *hinzufügen. anlehnen. befestigen. festlegen. schätzen. entwickeln.* ausholen; Anlauf, -satz nehmen; *anfangen. zunehmen.* sich ~, festsetzen; hängenbleiben; ansammeln.

Ansicht: *Bild. Meinung.*

ansichtig werden: *erblicken.*

Ansinnen: *Verlangen, zumuten.*

anspannen: -schirren, -strängen, *einspannen. aufbieten.*

anspielen: -deuten, (versteckter) *Hinweis, Stichelei,* anzüglich.

anspinnen, sich: *entstehen.*

Ansporn: Stachel, Sporen, Peitsche, Knute, Pfeffer! Beispiel, Vorbild. Triebfeder, Drang, Druck, *Auftrieb.*

Ansprache: Rede.

ansprechen: *anreden.* sich wenden an. *bitten, ergreifen. gefallen, gefällig.*

Anspruch: *fordern. Recht.*

anspruchslos: *bescheiden.*

anspruchsvoll: *anmaßend. heikel.*

Anstalt: *Heim, Schule,* Stift, Internat, Institut, Pensionat. Organisation, *Betrieb.* ~en, *Maßnahme(n).* ~ treffen: sich *anschicken.*

Anstand: An-, Hochsitz. Scham (haftigkeit), -gefühl. Zucht, Tugend, Würde, *Sitte, Benehmen.* Aufschub. Schwierigkeit. *Einwand.*

anständig: *rechtschaffen. sittsam. höflich. angemessen*, ordentlich, *gehörig*, menschenwürdig. *großmütig.*

anstandslos: *ohne weiteres*; mir nichts, dir nichts. *selbstverständlich, unbedenklich, gern.*

anstechen: anzapfen, -stecken.

anstecken: feststecken, an-, festheften, *befestigen. anzünden.* infizieren, übertragen, verseuchen. sich ∼: befallen werden; etwas fangen. *anstechen.*

anstehen: *anlehnen.* sich anstellen; Schlange stehen. *ziemen. zögern.*

anstelle: (an)*statt.*

anstellen: *anlehnen.* in Gang setzen; *einschalten. einstellen. bewerkstelligen. verüben. unternehmen.* sich ∼, *benehmen.* sich *verstellen. anstehen.*

anstellig: *geschickt, begabt, munter.*

anstiften: *veranlassen*, -ursachen. *verüben, Urheber.*

Anstoß: *Ansporn. Ursache. Ärger* (nis). ∼ nehmen: *scheuen. ablehnen,* sich *empören.*

anstoßen: berühren, antippen, stupfen, schubsen, rempeln, anecken. Anstoß geben, erregen; auffallen. entgleisen. mit der Zunge ∼: lispeln. (an)*grenzen.*

anstößig: anstoß-, ärgerniserregend, ärgerlich, skandalös, *unanständig*, verwerflich, empörend.

ansträngen: *anspannen.*

anstreichen: kennzeichnen, *ankreuzen. ankreiden,* sich *merken.*

anstrengen: *aufbieten.* aufreiben, *zehren*, schlauchen, zwiebeln! *belasten, ermüden,* strapazieren. sich ∼, *zusammennehmen, mühen. Mühe.*

Anstrich: Tünche, Farbe, Firnis, Lack, Politur, Schminke, *Färbung. Äußeres. vortäuschen.*

Ansuchen: *Bitte.*

antasten: (be)*rühren.*

Anteil: *Teil.* (An)*Teilnahme.* Beitrag, sich *beteiligen.*

Antlitz: *Gesicht.*

Antrag: *Gesuch, Bitte.* ∼ stellen: beantragen, *fordern.* Vorschlag, *Angebot*, (Be)Werbung, Heirats∼.

antragen: *anbieten.*

antreten: an-, festdrücken, -stampfen, -treten. Dienst ∼, *anfangen*, auf-, übernehmen. sich einfinden, -stellen. sich aufstellen.

Antrieb: (bewegende) Kraft, ∼skraft, ∼sapparat, Kraft(quelle, -anlage), Motor, Trieb(feder), Trieb-, Treibwerk. Auftrieb. Drang, Druck, Dynamik, *Ursache.* aus eigenem ∼: *unaufgefordert.*

Antritt: Übernahme. Amts∼.

antun: *anziehen. erweisen.* zufügen. *bezaubern.*

Antwort: *Echo, Bescheid,* (be)antworten, be-, entgegnen, *erwidern*, dagegenhalten, einfallen, versetzen; Antwort geben; Rede (und Antwort) stehen. quittieren. *einwenden.*

anvertrauen: *übergeben*, -lassen, anheimstellen. (vertraulich) *offenbaren.*

Anwalt: *Vertreter*, (Für)*Sprecher*, Verteidiger. Sachwalter. Treuhänder. Rechts∼, Rechtsberater, -beistand, Advokat, Konsulent, Winkeladvokat! Rechtsverdreher!

anwandeln: *befallen.* einfallen. (be)rühren, durchziehen. (an)*reizen*, verführen, (-)locken. *Regung, Laune.*

anweisen: *zeigen.* vorschreiben, *befehlen. zuweisen.*

anwenden: *gebrauchen*, ausüben. durchführen. übertragen, beziehen, folgern, den Schluß ziehen.

Anwesen: Besitz(ung), Besitz-, Eigentum, Wohn-, Landsitz, -haus, (Bauern)Hof, Gut(shof), Gehöft, Hofstatt.

anwesend: zugegen, gegenwärtig, *da*(bei). vorhanden; zur Stelle; an Ort und Stelle; zur Hand; greifbar. jeweilig, Zeuge, die Umstehenden.

Anwesenheit: Dasein, *Gegenwart*, Vorkommen, *Teilnahme*, Aufenthalt.

anwidern: (an)*ekeln.*

Anwohner: *Nachbar.*

Anwurf: *Tadel.*

anzapfen: -stechen. *verspotten. leihen.*

anzeigen: *zeigen.* ver-, *ankündigen*, (-)melden, *mitteilen.* an-, bedeuten. angeben, -klagen, -schwärzen, bezichtigen, -schuldigen. *verraten.*

anzetteln: anstiften, ins Werk setzen.

anziehen: -legen, -tun, (sich) (an) kleiden, (ein-, um)hüllen; überziehen, -werfen, -streifen, umhängen; hineinschlüpfen, *spannen. gewinnen. locken. gefallen, reizend.* ansaugen. festziehen, -drehen. *erwähnen.* anfahren. Preise ziehen an: sich *verteuern.*

Anziehung(skraft): Schwerkraft, Gravitation. Magnet, Attraktion, Reiz.

Anzug: *Kleid.* im ~ sein: *kommen.* Anzugsvermögen, Beschleunigung.

anzüglich: *anspielen.* spitz(ig), spöttisch, boshaft. *zweideutig.*

anzünden: -fachen, -heizen, -legen, -stecken, -machen, -reiben, -streichen, -brennen; Feuer machen; *entzünden*; in Brand setzen, stecken.

apart: besonders, *reizend.*

Apparat: Gerät, Instrument, Werk, Motor, Getriebe, Maschine(rie), Mechanismus, Mechanik, Kasten! Hilfsmittel, Zubehör. ~ur, Einrichtung, Betrieb, Aufbau, -wand.

Appell: Auf-, Mahnruf, Aufforderung, Anrede, -sprache, Befehlsausgabe. Berufung.

Appetit: (Eß)Lust, *Verlangen.* appetitlich. *lecker.*

Arbeit: *Tätigkeit.* Dienst, (Dienst) Leistung, Beruf. (Brot)Erwerb. ~s-, Betätigungsfeld, ~sbereich, ~sgebiet, Wirkungskreis, *Aufgabe.* Ausführung, *Erzeugnis.* (~s)Verfahren. *Mühe.* die ~ niederlegen: *streiken.*

arbeiten: werke(l)n, wirken, schaffen, machen, tun, sich *beschäftigen,* regen, rühren, *mühen*; wühlen; tätig, in Gang sein; laufen, sich drehen. sich werfen, verziehen, -ändern, gären, aufgehen. *herstellen.*

Arbeiter: Arbeitskraft, -mann, Werktätiger, Arbeitnehmer, Lohn~, Lohnempfänger. Knecht, Handlanger, Taglöhner, Kuli! Arbeitstier!-biene! Hand~, Kopf~, Fach~, Schwer~, Hilfs~, Industrie~, Fabrik~, Bau~, Erd~, Land~, Ernte~, Gelegenheits~, Fremd~, Saison~. ~schaft, ~stand, ~tum, Proletarier, Proleten! Proletariat, vierter Stand.

arbeitsam: arbeitswillig, fleißig.

Arbeitsplatz: (-)*Stelle. Werkstatt.*

arbeitsscheu: *träge.*

arg: *schlimm, böse, unartig.* verrufen. *ärgerlich. schrecklich. sehr.*

Ärger: Unmut, Mißmut, -fallen, -laune, -vergnügen, *Zorn,* gereizt, Verstimmung; schlechte Laune; Leidwesen, Kummer, Verdruß, Stunk! Stank! *Ärgernis.*

ärgerlich: ungehalten, -mutig, -wirsch, falsch! böse, mißmutig, verärgert, -schnupft, -stimmt, *zornig, anstößig, unangenehm,* arg; ein Dorn im Auge; ein Stein des Anstoßes.

ärgern: verdrießen, -stimmen, -schnupfen, -biestern! wurmen! fuchsen! *reizen,* aufbringen, -regen, hochnehmen, zwiebeln! triezen! auf achtzig bringen! ver~, verbittern, *kränken, erzürnen, belästigen, quälen*; Ärger, Anstoß erregen, -wecken, hervorrufen; böses Blut machen; sich ~: ärgerlich sein; sich giften, stoßen, *entrüsten*; einschnappen.

Ärgernis: *Ärger,* Anstoß, Skandal. *Plage.* Greuel, ~erregend, *anstößig.*

Arglist: *Tücke.*

arglos: ohne Arg; ahnungs-, harmlos, *unbedacht,* sorg-, furchtlos, vertrauensselig, *zutraulich,* offen(herzig), einfältig, naiv.

Argwohn: *Verdacht,* argwöhnen, (be) *fürchten, mißtrauisch.* Eifersucht.

Arm: Neben~, Seiten~. Neben-, Seitenlinie, Ausläufer, Zweig, *Teil. Werkzeug. Macht.* ~ in ~, eingehängt, -gehakt, -gehenkelt, untergefaßt, -gehakt, *zusammen.*

arm: unbemittelt, mittel-, besitzlos, bedürftig, notleidend, (~er) Schlucker, Bettler, Hungerleider, Habenichts, verarmt, heruntergekommen, *abgebrannt.* ärmlich, *dürftig, unglücklich.* Armut, Not, Elend, Verarmung, -elendung, *Mangel.*

Armee: *Heer. Menge.*

Arsch: *Gesäß.*

Art: *Wesen*(sart), Sosein, Eigenart, -heit, -schaft, -tümlichkeit, (Charakter)Zug, Charakter(zug), Beschaffenheit, -sonderheit, Individualität, Kon-

stitution, Typ(us), Schlag, Rasse. Manier, *Stil*, Machart, System. *Gattung*,
Sorte. *Form*, *Weise*, Hinsicht. ~ und
Weise. *Geschlecht*. Gemüt(s~), Sinn
(es~), Lebens~, *Benehmen*.

artig: brav, wohlerzogen, *gehorsam*,
sittsam, manierlich, lieb. *höflich*. *anmutig*, *angenehm*. ~keit, *Schmeichelei*.

Artikel: Geschlechtswort. *Abschnitt*.
(Zeitungs-, Zeitschriften) *Aufsatz*. *Ware*.

Arznei(mittel): (Heil)Mittel, (Heil)
Trank, Medikament, Medizin, Rezept,
Gegengift, Pulver, Pille(n), Tablette(n).

äsen: weiden, grasen, fressen.

Ast: *Zweig*. Äste, Astwerk, Geäst.
Auswuchs, Höcker, Buckel.

Asyl: Freistätte, Zuflucht(sort), Hafen, Unterkommen, -schlupf, Schlupf-
winkel, -loch, Versteck. Ruhe. Heim.

Atem: Odem, Atmung, ~züge,
Hauch, Luft. *Leben*, Geist, Seele.

atemlos: leblos, entseelt, tot. still,
leise, tonlos, reg(ungs)los. *aufmerksam*.
hastig, keuchend, erhitzt, abgehetzt.

atmen: Luft, Atem holen, schöpfen,
einziehen; schwer ~: schnaufen, keuchen, japsen. ausstoßen, (-)hauchen,
-strömen. *blasen*. *leben*. *genießen*.

Atmosphäre: Luft(-), Dunst(hülle,
-schicht, -meer, -kreis). Luftdruck(einheit). *Umgebung*, Umluft, Einfluß.
Stimmung.

ätzen: *beizen*, *scharf*.

auch: und, noch, dabei, -neben, darüber (hinaus), außerdem, zudem, überdies, ferner(hin), weiter(hin), des weite-
ren; (so)dann, ebenfalls. ja, gewiß,
sogar, selbst. ~ nicht: nicht einmal.

auf: *aufwärts*. *oben*(~). auf(gebraucht,
-gezehrt), erschöpft, leer, zu Ende, alle!
offen. *wach*. auf..., er...

auf und ab: hin und her, hin und
wieder, auf und nieder, schwankend,
abwechselnd, ungleichmäßig.

aufarbeiten: -frischen, -polieren, erneuern, renovieren. *erledigen*. nachholen.

aufatmen: (sich) *verschnaufen*.

Aufbau: *Bau*. Aufstellung. Gerüst,
-rippe. Apparat. *Plan*, *Gliederung*. *Form*.
Gründung, *Entwicklung*.

aufbauen: *errichten*. *vergrößern*. *ordnen*. sich ~: *beruhen*.

aufbäumen, sich: sich erheben, *auflehnen*. sich auf die Hinterbeine stellen.

aufbauschen: *übertreiben*.

aufbegehren: -trumpfen. (-)mucken,
maulen, murren, (sich) mucksen, sich
auflehnen; *trotzen*. *aufbrausen*.

aufbessern: *auffrischen*. *Zulage*.

aufbewahren: *verwahren*. *lagern*, horten, sammeln, *sparen*.

aufbieten: verkünd(ig)en. anstrengen, -spannen, einsetzen; auf die Beine
bringen; (*ein*)*berufen*.

aufblasen: *blähen*.

aufblühen: sich *entfalten*.

aufbrauchen: *verzehren*.

aufbrausen (*brausen*): *auffahren*,
-begehren, (über)kochen, -schäumen,
platzen; außer sich, aus dem Häuschen
geraten; aus der Haut fahren; sich vergessen, *erzürnen*; *heftig*.

aufbrechen: erbrechen, (auf)sprengen,
(-)knacken, *öffnen*. losgehen, -ziehen;
sich aufmachen, auf den Weg machen,
in Bewegung setzen; *fortgehen*. (auf)
platzen.

aufbringen: *öffnen* (können). in
Umlauf bringen; einführen. auftreiben,
be-, herbeischaffen, zusammenbringen,
-kratzen! erschwingen. kapern. *erzürnen*.
aufgebracht, *zornig*.

aufbürden: -laden, -halsen, -packen,
zuschieben; in die Schuhe schieben.

aufdecken: *enthüllen*.

aufdrängen: -dringen, -nötigen, -zwin-
gen, -reden, -schwatzen. sich ~, einmischen, -mengen, vordrängen; seine
Nase hineinstecken. *auffallen*.

aufdrehen: öffnen.

aufdringlich: zudringlich, *lästig*.

aufeinander: gegeneinander. übereinander, *schichten*.

Aufenthalt: Wohnung, (Wohn)Ort,
(-)Sitz, (-)Stätte, Standort. Einkehr,
Besuch, Anwesenheit. Verspätung, -zöge-
rung, -hinderung, Halt, Stockung, Stillstand. Rast(ort). Pause. ohne ~: *schnell*.

auferlegen: *vorschreiben*.

auffahren (*auf*): *auftischen*. in die

Höhe fahren, schnellen, schießen, springen; hoch-, in die Höhe gehen. *aufbrau-*
sen. erschrecken. zusammenstoßen.

Auffahrt: Rampe. Bergfahrt. (Auf-,
Fest)Zug, Schaufahrt, Korso.

auffallen: -schlagen, -prallen. sich
bemerkbar machen; Aufsehen erregen,
hervorrufen; die Aufmerksamkeit auf
sich ziehen. *wahrnehmen*; in die Augen
fallen, springen, stechen; bestechen;
sich aufdrängen; blenden, frappieren,
überraschen. abweichen; aus der Rolle,
dem Rahmen fallen; aus der Reihe tanzen; *anstoßen*, befremden.

auffallend: -fällig, aufsehenerregend,
ungewöhnlich. deutlich, merklich. beachtlich, -merkenswert, -tont, aufdringlich,
grell, gesucht, herausfordernd, -geputzt.
besonder, sonderbar.

auffangen: (ab)*fangen, aufhalten.*

auffassen: *begreifen.* (be)*urteilen.*

Auffassung: Vorstellung. *Meinung,
Einstellung.* ~sgabe, *Verstand.*

auffliegen: *platzen.*

auffordern: *bitten.* aufrufen. *reizen.
mahnen,* appellieren.

auffrischen: -bessern, erneuern. aufrollen, -rühren, -wärmen, wiederholen,
erinnern.

aufführen: *errichten. spielen,* veranstalten. aufzählen, *erwähnen.* sich ~,
benehmen.

auffüllen: *ergänzen.*

Aufgabe: -trag, Obliegenheit, (An)
Forderung, *Pflicht.* Angelegenheit, Sorge,
Dienst, Amt, Platz, Posten, Arbeit.
Beruf(ung), Bestimmung, Rolle, Sen-
dung, Lebens~, Lebensarbeit, -inhalt,
-werk. *Frage.* Haus~, Schul~, Haus-,
Schularbeit, Übung(sstück). Verzicht,
Preisgabe, Räumung.

aufgeben: *verzichten, preisgeben,* (fallen)*lassen*; abschreiben. *aufhören.* abstehen, -lassen, einstellen; die Flinte ins
Korn werfen; das Feld räumen; sich
zurückziehen; verlassen. nicht ~: *durchhalten.* aufliefern, auf die Post geben;
ab*schicken.* Aufgabe stellen, auferlegen.

aufgeblasen: *eitel, prahlerisch.*

Aufgebot: Einsatz, *aufbieten.*

aufgebracht: *zornig.*

aufgehen: sich *entfalten*, erschließen,
öffnen, auftun; aufspringen. (auf)*platzen. wachsen,* (an)*schwellen.* arbeiten. ~,
eingehen, verschwinden, sich *lösen* in;
sich vereinigen mit; sich hingeben, (auf)
opfern, *verbrauchen.*

aufgelegt: *Laune. ausgemacht.*

aufgeräumt: *heiter.*

aufgeregt: unruhig, zitterig, zappelig,
rappelig, kribbelig, nervös, *hastig, fieberhaft, heftig; außer sich; reizbar, begeistert.*

aufgeschlossen: empfänglich, *offen.*

aufgeschmissen: *erledigt. Not.*

aufgeweckt: *munter. klug.*

aufgreifen: *aufnehmen.*

aufgrund: *wegen.*

aufhaben: tragen.

aufhalsen: *aufbürden.*

aufhalten: anhalten, auffangen,
stauen, bremsen, verzögern, (ver)*hindern.*
Einhalt gebieten. sich ~: bleiben, (ver)
weilen, ver-, zubringen; leben, sich *befinden.* sich *beschäftigen.* sich *empören.*

aufheben (*heben*): *verwahren.* aus-
heben. streichen, *widerrufen,* für ungültig
erklären; außer Kraft setzen; kassieren,
(auf)*lösen, beseitigen. ausgleichen.*

aufheitern, -hellen: *erheitern, -hellen,*
lichten.

aufhetzen: -reizen, -wiegeln, -wühlen,
-peitschen, -putschen, -stacheln, *empören,* (ver)*hetzen,* scharfmachen.

aufholen: auf-, herankommen. nachholen, einholen, -bringen.

aufhören: (*be*)*enden,* ein-, innehalten,
lassen; einen Strich drunter, einen Punkt,
Schluß machen; nicht mehr mitmachen;
abspringen. *aufgeben. aussetzen.* ein-,
zusammenpacken!

aufklaren: sich *erhellen.*

aufklären: *erhellen,* hineinleuchten;
Licht (hinein)bringen; *enthüllen. herausbekommen, erklären. unterrichten.*

Aufklärung: *Aufschluß, Auskunft.*

aufknüpfen (*knüpfen*): (auf)hängen.

aufkommen (*auf*): sich erheben,
entstehen. sich *ausdehnen.* sich *erholen.*
haften für; bestreiten, tragen. *versorgen.
aufholen.* ankommen gegen.

aufladen: *laden. aufbürden.*

Auflage: *Decke. Unterlage.* Abdruck, Ausgabe. *Bedingung.* Abfindung. *Buße.* Abgabe, Steuer.

Auflager: Stütze, *Gestell.*

Auflauf: *Getümmel,* sich zusammenrotten, -scharen. Menschenauflauf, -ansammlung, Zusammenlauf.

auflaufen: offen, wund laufen. *rammen. zunehmen.*

aufleben: sich verjüngen, *erholen; gedeihen.* wieder ~: sich *erneuern.*

auflehnen: stützen. sich ~: den Gehorsam (auf)kündigen, verweigern; sich widersetzen; *aufbegehren,* sich erheben, empören, aufbäumen; aufstehen, meutern, putschen, *abfallen.*

aufmachen: (*er*)*öffnen.* her-, zurichten. sich ~: *aufbrechen.*

Aufmachung: Ausstattung, *Äußeres.*

aufmerken: *aufmerksam* werden; -schauen, -horchen; die Ohren spitzen; *aufpassen.*

aufmerksam: achtsam, *achten,* wach (sam), hell(hörig); bei der Sache; vertieft, andächtig; ganz Auge, Ohr; gespannt, atemlos. *sorgfältig. Vorsicht. höflich.* ~ machen: *hinweisen, mahnen.*

Aufmerksamkeit: Augenmerk. *Teilnahme, Achtung,* Sorgfalt. *Höflichkeit. Geschenk. Schmeichelei.*

aufmuntern: *ermutigen.*

Aufnahme: Zulassung. *Empfang,* Bewirtung. (Be)Urteil(ung), *Verständnis.* Vermessung. *Foto*(grafie).

aufnahmefähig: *frisch.*

aufnehmen: (*auf*)*heben. anfangen.* übernehmen, aufgreifen, einreihen, -beziehen, hereinnehmen, -lassen, zulassen, beherbergen, unterbringen. *aufsaugen,* (-)schlucken, *fassen, aufzeichnen. fotografieren,* filmen. *wiederholen. leihen.*

aufpacken: -laden, *aufbürden.*

aufpassen: -merken, *aufmerksam* sein; *achten;* die Augen offenhalten, offen halten; seine Augen überall haben. die Ohren spitzen; *beobachten, -wachen,* (-)*hüten.* sich *vorsehen.* Schmiere stehen!

aufplustern, sich: sich (*auf*)*blähen. prahlen.* sich *aufregen.*

Aufprall: *Stoß.*

aufraffen: (auf)*heben.* sich ~: sich aufrappeln, ermannen, *zusammennehmen, entschließen.* sich *erholen.*

aufräumen: *ordnen. durchgreifen. beseitigen.*

aufrechnen: *ausgleichen.*

aufrecht: *senkrecht,* aufgerichtet, -gereckt, steil, (kerzen)gerade. *unbeugsam, männlich.*

aufreden: *einreden.*

aufregen: -rühren, -wühlen. packen, spannen, *erregen,* -hitzen; in Aufregung versetzen *bestürzen. reizen;* auf die Nerven, an die Nieren gehen; aus der Ruhe, Fassung, dem Gleichgewicht bringen; *beunruhigen. empören.* sich ~: außer sich geraten; sich aufplustern!

Aufregung: Wirbel, *Unruhe.* Affekt, *Fieber, Rausch.* Lampenfieber.

aufreiben: wundreiben. *anstrengen. verzehren.* vernichten, *zermürben.* sich ~, übernehmen, -laden, -lasten, -arbeiten. *mühen.*

aufreißen: *öffnen.*

aufreizen: *reizen,* böses Blut machen, Öl ins Feuer gießen; *aufhetzen. reißerisch.*

aufrichten: *aufsetzen;* auf die Beine stellen, bringen. aufpflanzen, *errichten. erheben, stärken, trösten.*

aufrichtig: *wahr*(haftig), wahrheitsliebend, *ehrlich, offen,* rückhaltlos, unverstellt, -geheuchelt, -gekünstelt, -verhohlen, -verblümt, -geschminkt, -umwunden; aus seinem Herzen keine Mördergrube machen.

Aufriß: *Abriß. Plan.*

aufrollen: *anschneiden.*

Aufruf: Appell, *auffordern.*

Aufruhr: *Aufregung,* -sehen. *Lärm. Aufstand.* Gärung, Getümmel, Chaos.

Aufrührer: Rebell, *aufsässig.*

aufrühren: *aufregen. auffrischen.*

aufrütteln: *wecken.*

aufsagen: *vortragen. kündigen.*

aufsässig: abtrünnig, aufrührerisch, -ständisch, meutern, rebellisch, revolutionär, *ungehorsam, frech.*

Aufsatz: Abhandlung, Beitrag, Bericht, Arbeit, Artikel, Essay, Versuch.

aufsaugen: einsaugen, *aufnehmen.* *verzehren.*

aufschauen: *verehren.*

aufschieben: *öffnen. verschieben,* vertagen, aussetzen, stunden. *zögern.*

Aufschlag: *Krempe.* Umschlag, Manschette. An-, Aufprall, Stoß.

aufschlagen: *öffnen. umstülpen. errichten. fallen,* auftreffen, -prallen, -knallen, -krachen. sich *verteuern.*

aufschließen: *öffnen.* erschließen.

Aufschluß: (Auf-, Er)Klärung, Erläuterung, Lösung, Schlüssel, *Ursache.* Belehrung, Klarheit, *Auskunft.* ~reich, *bemerkenswert.*

aufschnappen: (zufällig) *hören.*

aufschneiden: *öffnen. prahlen, übertreiben. lügen.*

aufschrecken *(schrecken):* -stören, hochjagen, *wecken.*

aufschreiben: *aufzeichnen.*

Aufschrift: Inschrift, Bezeichnung.

Aufschub: Vertagung. Stundung, Moratorium, *Frist.* Pause, Verzögerung.

aufschwemmen: (auf)*schwellen.*

aufschwingen, sich: sich *erheben.*

Aufschwung: -stieg, *Entwicklung.*

aufsehen: *verehren.*

Aufsehen: ~ erregen; *auffallen.*

Aufseher: *Wächter.*

aufsetzen: *aufrichten, -stellen,* (auf) schichten, (-)stapeln. entwerfen, *verfassen. sich ~,* geradesetzen.

Aufsicht: (Ob)Hut, Vormund(schaft), Gewahrsam, Kontrolle, *Leitung. Wächter.* beaufsichtigen, -obachten, -wachen, überwachen, aufpassen, gängeln.

aufsitzen: -steigen. *hereinfallen.*

aufsperren: *öffnen.*

aufspielen, sich: sich wichtig tun, machen; sich in die Brust werfen; *prahlen.*

aufspringen: hochspringen, -schnellen. *aufgehen.* (auf)*platzen.*

aufspüren: *finden.*

aufstacheln: *aufhetzen. reizen.*

Aufstand: -ruhr, *Auflehnung,* Empörung, Erhebung, Krawall, Meuterei, Revolte, Rebellion, Revolution, Putsch, Staatsstreich, Bürgerkrieg.

aufstehen: offenstehen; *klaffen.* aufliegen, ruhen, sich *erheben.* früher ~: zuvorkommen, schlauer sein.

aufsteigen *(steigen):* aufsitzen. sich *erheben.*

aufstellen: *errichten.* (er)*nennen.* (an) *ordnen.* unterbringen. aufbieten. (aus) rüsten. *aufsetzen,* anfertigen. sich ~: antreten, sich aufbauen.

Aufstellung: (An)Ordnung, *Plan. Verzeichnis.* (Be)Rechnung.

Aufstieg: *Entwicklung.*

aufstöbern: *finden.*

aufstocken: erhöhen, *vergrößern.*

aufstören: *aufschrecken.*

aufstoßen: *öffnen.*

aufstreben: sich *erheben.*

aufsuchen: *besuchen.*

auftauchen: *auf*steigen. *erscheinen. entstehen.* erwachen, dämmern, einfallen.

auftischen: -tafeln, -tragen, -warten, -fahren; den Tisch, die Tafel decken; auf den Tisch bringen, setzen; vorsetzen, bewirten, servieren.

Auftrag: *Befehl. Aufgabe.* bestellen, Order. *Anstrich, Überzug,* Belag.

auftragen: aufbrauchen, *abnutzen.* auflegen, -streichen. dick ~: *übertreiben. auftischen.* be~: *befehlen. bitten. betrauen.*

Auftraggeber: Besteller, Kunde. Hintermann, Drahtzieher.

auftreiben: *blähen, gedunsen. finden,* auftun, *bekommen, beschaffen.*

auftreten: *öffnen.* sich *benehmen.* sich *ausgeben. erscheinen, vorkommen.*

Auftrieb: -wind, (-)Schwung, Ansporn, Oberwasser.

Auftritt: *Szene. Ereignis. Krach.*

auftun: *öffnen. auftreiben.*

aufwachen: *erwachen.*

Aufwand: *Kosten,* Verbrauch, -zehr. -schwendung, Luxus, *Pracht.* Apparat.

aufwarten: (be)dienen, *auftischen,* Männchen, Diener machen; sich vorstellen; seine Aufwartung, einen (Anstands) Besuch machen. huldigen.

aufwärts: (hin-, her)auf, empor; nach oben; in die Höhe; hoch, bergauf, -an, -wärts, himmelan, -wärts, wolkenwärts. besser, voran.

Aufwartung: Aufwärter, *Diener,* *Kellner.* Aufwärterin, Aufwarte-, Putz-frau, Zugeherin, (Stunden-, Haushalt) Hilfe. *Dienerin.*

aufweisen: *zeigen. enthalten.*

aufwenden: anlegen; zur Verfügung stellen; *ausgeben,* -werfen.

aufwiegeln: *aufhetzen.*

aufwiegen: *ausgleichen,* wettmachen, die Waage halten.

aufwühlen: auf*graben. erregen.*

aufzählen: *aufführen.*

aufzehren: *verzehren.*

aufzeichnen: *aufschreiben,* -nehmen, niederschreiben, -legen, verzeichnen, -merken, eintragen, -schreiben, (ver) buchen, festhalten; zu Papier bringen; bemerken, notieren, protokollieren, regi-strieren. *Niederschrift.*

aufziehen: hochwinden. Fahne ∼: *flaggen.* groß-, heranziehen, auffüttern, -päppeln, hochpäppeln. aufspannen, -kleben. *veranstalten. necken. öffnen.*

Aufzug: *Zug.* Aufziehen. Lift, Fahr-stuhl. Kette, Zettel. *Kleid*(ung). *Szene.*

Auge: Gucker, Fenster, Lichter, Aug-apfel, Augenlicht, Sehvermögen, Ge-sicht(ssinn), (Scharf)Blick, Jäger∼, Adler∼, Falken∼, Luchs∼. Fett∼, Ochsen∼. Bull∼. *Loch, Schlinge. Keim.* im ∼ behalten: ein wachsames ∼ haben; *achten.* in die ∼n fallen: *auffallen.* ins ∼ fassen: *be*(*ab*)*sichtigen.* vor ∼n führen: *zeigen.* aus den ∼n kommen: *entschwin-den.* (große) ∼n machen: *staunen.* die ∼n offenhalten: *aufpassen.* die ∼n öffnen: *aufklären, unterrichten.* die ∼n schließen: *sterben. übersehen.* ein ∼ werfen auf: *begehren.* ein ∼ zudrücken: *dulden.*

Augenblick: Nu, Atemzug, Zeit-punkt, Moment, Sekunde, Minute, Stunde, *jetzt. Gelegenheit.*

augenblicklich: *jetzt. sofort. plötzlich. kurz.* jeweilig.

augenfällig: *anschaulich. offenbar.*

Augenmerk: *Aufmerksamkeit.*

augenscheinlich: *offenbar.*

Augenweide: erfreulicher Anblick; Genuß, Vergnügen, Freude, Labsal.

aus: auswärts; außer Hause; draußen, fort, weg. *fertig. genug* (für jetzt), vorbei, -über, abgetan, geschehen; ∼ der Traum; ex, alle! aus-, heraus-, hervor-, hinaus-, ent-, fort-, weg-. zu Ende. vor, *wegen.* (darauf) aus sein, ausgehen: *beabsichtigen,* sich *bemühen.*

ausarbeiten: *entwerfen,* gestalten, *verfassen.*

ausarten: aus der Art schlagen; ent-arten, -gleisen, abgleiten.

ausbaden: *büßen.*

Ausbau: *Entwicklung.* ∼en: *erweitern.*

ausbauchen: (vor)*wölben.*

ausbedingen, sich: *fordern.* sich *vor-behalten.*

ausbessern: *instand setzen.*

Ausbeute: *Ertrag.*

ausbeuten: abbauen. *ausnutzen,* -plündern, -rauben, *schröpfen.* Raubbau.

ausbilden: *lehren.*

ausblasen: (aus)*löschen.*

ausbleiben: wegbleiben. ausstehen; nicht (mehr wieder)kommen. (ver) säumen. *aussetzen.* ausgeblieben sein: *fehlen. versetzen.*

ausbooten: *landen. verdrängen.*

ausbrechen: *entfernen.* durch-, her-vorbrechen, *ausfallen. entstehen, erschei-nen.* sich *entladen.* sich befreien, *fliehen.*

ausbreiten: *entfalten,* (aus)*dehnen, verbreiten.* sich ∼: sich zerstreuen. *ent-stehen.* sich breitmachen.

Ausbruch: *ausbrechen.* Eruption. Zornes∼, *Anfall. Anfang.*

ausbuchten: *wölben.*

Ausbund: *Inbegriff.*

Ausdauer: Geduld, *beharrlich.*

ausdehnen (*dehnen*): *vergrößern. Fläche.*

ausdenken (sich): *erdenken.*

Ausdruck: Äußerung, Ausspruch, Redensart, Wendung, Satz, Wort, *Sprache. Zeichen. Gesicht,* Bild, Erschei-nung. Stil, Form(ung). Vortrag, Be-tonung, Ton(fall). Gefühl(sausdruck). Nachdruck.

ausdrücken: *äußern, bedeuten.* (be) *zeigen. enthalten. gestalten.*

ausdrücklich: förmlich, *deutlich, nachdrücklich, eigens.*

ausdruckslos: *nichtssagend, langweilig, kalt, tot, gleichgültig.*

ausdrucksvoll: *bedeutend.* gefühl-, salbungs-, schwungvoll.

auseinander: zer... entzwei(t). voneinander. ver-, zerstreut, -sprengt, getrennt, vereinzelt. *trennen.*

auseinandergehen: *scheiden.* sich gabeln. sich *unterscheiden.*

auseinanderlegen,-setzen: *erklären.*

auseinandernehmen: *zerlegen.*

auseinandersetzen: *erklären.* Auseinandersetzung: *Gespräch, Streit.*

auserkoren, -ersehen, -erwählt: *erlesen.*

Ausfahrt: *Tor. Ausflug.*

Ausfall: -bleiben. Versagen. *Verlust.* Ausbruch(sversuch). (Seiten)Hieb, Stich (elei). *Ergebnis.*

ausfallen: *wegfallen.* versagen. *schwinden.* ausbrechen, einen Ausfall machen. *ausfällig* werden; *geraten.*

ausfällig: -fallend, beleidigend, boshaft, *grob.* ~ werden: *beleidigen.*

ausfechten: -kämpfen, -machen, austragen, *entscheiden.* durchfechten. *durchmachen.*

ausfertigen: -stellen, -schreiben.

Ausflucht: *Ausrede.*

Ausflug: (Spazier)*Gang,* Wanderung, (Aus-, Vergnügungs) Fahrt, (kleine) Reise, Streifzug, Abstecher, Rutscher, (Spritz)Tour, Trip.

Ausfluß: *Ausscheidung. Abfluß.* (Aus) *Wirkung.*

ausfressen: -löffeln. anstellen, *begehen. büßen.*

ausführen: -fahren; spazierenfahren, -führen. entwenden. exportieren. *vortragen. verrichten, -wirklichen,* gestalten. *vollziehen.* ausführbar, *möglich.*

ausführlich: *weitläufig.* (ganz) *genau.*

ausfüllen: *erfüllen,* überbrücken.

Ausgabe: Abgabe, Verteilung. *Kosten. Auflage.*

Ausgang: *Öffnung.* Haupt~, Neben~, Seiten~, Not~. Spaziergang. Frei(zeit). *Ausweg. Ende. Ergebnis.* ~spunkt: *Anfang.*

ausgeben (geben): -liefern. *aufwenden,* verausgaben, verbrauchen, auslegen, (be)zahlen. draufgehen, springen lassen; spendieren. *verteilen.* (aus)*reichen.* sich ~, erschöpfen. sich ~ als, für: den Anschein erwecken; auftreten als.

ausgedehnt: *umfänglich.* weit(läufig), geräumig, großräumig. *lang.*

ausgefallen: *ungewöhnlich, abwegig.*

ausgehen: das Haus verlassen; *fortgehen,* spazierengehen. leer ~: mit leeren Händen fortgehen, abziehen; das Nachsehen haben. *anfangen;* seinen Ausgang nehmen; *entspringen. streben. enden. schwinden,* (v)erlöschen. gut ~: *gelingen.* schlecht ~: *mißlingen.*

ausgeklügelt: *sinnreich. spitzfindig.*

ausgekocht: *abgebrüht, gerissen.*

ausgelassen: übermütig, lustig, toll, *unbändig, überschwenglich.*

ausgemacht: -gesprochen, -gewachsen, aufgelegt, eingefleischt, *vollkommen. einverstanden. entschieden, sicher.*

ausgemergelt: *mager.*

ausgespielt haben: abgewirtschaftet haben; am Ende sein.

ausgesprochen: -gemacht, *vollkommen. eindeutig.*

ausgesucht, -gewählt: (-)*erlesen.*

ausgewachsen: vollentwickelt. *erwachsen, ausgemacht.*

ausgezeichnet: *hervorragend.*

ausgiebig: *reichlich.*

Ausgleich: *Gleichgewicht,* -stand, (richtige, goldene) Mitte, Mittel(weg, -straße), Kompromiß, Vermittlung, -söhnung, *Lösung, Vergleich. Entgelt.*

ausgleichen: *schlichten.* begleichen, auf-, verrechnen, ersetzen, aufwiegen, -heben, wett-, wiedergutmachen, *vergelten;* das Gleichgewicht herstellen; ins Gleichgewicht bringen; ausgeglichen, *glatt,* gleichmäßig, ruhig.

ausgleiten: *straucheln, entgleisen.*

ausgraben: -buddeln, *entdecken.*

Ausguck: *Warte.*

Ausguß: *Abfluß.* Tülle, *Schnabel.*

aushalten: aus*dauern,* -harren, sich *behaupten;* Geduld haben; treu, dabei, bei der Sache, bei der Stange bleiben. (v)*ertragen. überstehen. unterhalten.*

aushändigen: (*über*)*geben*.

ausheben: *-graben*, -stechen, -schach-ten, -baggern. aufheben, gefangen-nehmen, *verhaften. einberufen*.

aushecken: *erdenken*.

aushelfen: *helfen. leihen*.

Aushilfe: *Vertreter*.

ausholen: (aus)*fragen*. auslangen, an-setzen, einen Anlauf nehmen.

aushorchen: (aus)*fragen*.

Ausklang: Abgesang, Schwanenlied, -gesang. *Ende*.

auskleiden: -ziehen, entkleiden, -blößen, *nackt*. (aus)*füttern*.

auskommen: -schlüpfen, -kriechen. zurechtkommen, sich *vertragen. reichen. entkommen*.

auskosten: *genießen*.

auskundschaften: *erforschen. suchen*.

Auskunft: *Bescheid. Bericht*. Angabe, Hinweis, Eröffnung, *Aufschluß*, -klä-rung. Ermittlung. *Ausweg*. ~ geben: *unterrichten*.

ausladen: *entladen. absagen*. hervor-ragen, ausschweifen, sich (vor)krümmen, vorbiegen, (-)wölben.

Auslagen: (Un)*Kosten*.

auslassen: -sparen, weg-, beiseite lassen, *übergehen, ausschließen. schmel-zen*. sich ~, *äußern*.

auslaufen: -fließen, -strömen, lecken, (aus)*rinnen. enden. abfahren*, in See stechen; die Anker lichten, Segel hissen.

Ausläufer: Zunge, Spitze, Zipfel.

ausleben, sich: sich austoben, -tol-len, vergnügen; sich nichts versagen, ab-gehn lassen.

auslegen: (aus)*füttern. ausstellen. ausgeben. leihen. erklären, verstehen*.

Auslese: -wahl; das Beste; Blüten-lese, Elite.

auslesen: (aus)*wählen. ausscheiden*.

ausliefern: *aus-, übergeben*. ab-, ver-schicken, -senden. sich ~: *ergeben*.

auslöffeln: *büßen*.

auslösen: *lösen*, freisetzen, *bewirken*, erzeugen.

Auslug: *Warte*.

ausmachen: -tun, -buddeln, -schälen, -kernen, -hülsen. (aus)*löschen. entdecken*,

erfahren. ausfechten. vereinbaren. machen, ergeben. *betragen, kosten, gelten, sein*.

Ausmaß: Maß, Abmessung, Ausdeh-nung, Höhe, Breite, Tiefe, Weite, Größe, Umfang, Fassungskraft, -vermögen, Grad, Menge, Stärke, (An)Zahl.

ausmerzen, -mustern: *ausscheiden*, *beseitigen*, streichen.

Ausnahme: *einmalig, besonder. Ab-art*, -weichung. *selten. Vorbehalt*, Aus-schluß, *ohne*.

ausnahmslos: *vollständig*.

ausnahmsweise: *selten*.

ausnehmen: leeren. ausbeuten, *schröpfen, plündern. ausschließen*. sich ~: *aussehen*, sich machen. ~d, *sehr*. ausge-nommen, *ohne*.

ausnutzen: übervorteilen, *ausbeuten*, -schlachten, mißbrauchen. *genießen*.

auspacken: *enthüllen*.

ausplaudern: -posaunen, *offenbaren*.

ausrechnen: *berechnen*.

Ausrede: sich herausreden, -winden, entschuldigen; Ausflucht, -flüchte, *Aus-weg*, Vorwand, (Not)Lüge, faule ~; Schwindel, *Flausen*.

ausreden: -sprechen, zu Ende reden. *abbringen*. sich ~, *entschuldigen*.

ausreichen: *reichen. zulänglich*.

ausreißen: *-ziehen*, -roden, jäten, ent-fernen. davonlaufen, durchgehen, -bren-nen, ausrücken, -kneifen, -kratzen! Reißaus nehmen; auf und davon gehen, durch die Lappen gehen! stiften gehen! türmen! (ent)*fliehen*.

ausrenken: -kegeln, -kugeln, -drehen.

ausrichten: veranstalten. *erreichen. mitteilen*.

ausrotten: *ausreißen. beseitigen*.

ausrücken: -ziehen, abrücken, aus-, abmarschieren. *ausreißen*.

ausrufen: *verkünden*.

Ausrufer: Ansager.

Ausrüstung: Rüstzeug, Einrichtung, Zubehör, *Gerät. Gepäck*.

Aussage: Angabe(n), Wort(e), *Mit-teilung. Geständnis, Zeugnis*. Satz~, Prä-dikat. *sagen*.

aussaugen: *schröpfen*.

ausschachten: *ausheben*.

ausschalten: *ausschließen, -scheiden,* -booten, *beseitigen,* lahmlegen, kaltstellen, verbannen. *abschalten.*

ausscheiden: *absondern.* auslesen, -merzen. -mustern, -sondern, *-sieben. ausschließen, beseitigen.* abgehen, austreten; sich trennen, zurückziehen; *abdanken.* nicht in Betracht, in Frage kommen; fortfallen.

Ausscheidung: Absonderung, Sekret(ion), Auswurf, -fluß, Schweiß, Schleim, *Speichel,* Eiter.

ausschiffen: *landen.*

ausschlachten: *ausnutzen.*

Ausschlag: Haut~, Hautkrankheit, Flechte, Krätze, Räude, Pickel, Pusteln. *Schwankung.* den ~ geben: entscheiden.

ausschlagen (*schlagen*): (aus)*füttern. ablehnen, -schlagen.* knospen, sprießen.

ausschlaggebend *entscheidend,* maßgebend, tonangebend.

ausschließen: *ausscheiden, -schalten, -stoßen, beseitigen.* auslassen, -nehmen, abrechnen, -ziehen; absehen von; *vernachlässigen. verhindern. leugnen.* ausgeschlossen: *unmöglich.*

ausschließlich: alleinig, einzig, *nur. außer. ganz. ohne.*

Ausschnitt: *Lücke. Teil.*

ausschöpfen: (-)*nutzen.* erschöpfen.

Ausschuß: Rat. *Abfall,* Bruch. Schund, *Ramsch.*

ausschütten: ausgießen. *verteilen.*

ausschweifend: *maßlos. liederlich.*

Ausschweifung: *Laster.*

aussehen: sich ausnehmen; *gleichen. scheinen.*

Aussehen: Ansehen, -blick, *Äußeres.*

außen: außerhalb, äußerlich. auswärts, nach ~. außen-, obenhin, oberflächlich; dem *Anschein* nach.

Außenseite: *Äußeres.*

Außenseiter: *Sonderling.* Uneingeweihter, Dilettant, Laie.

Außenstände: (ausstehende) Forderungen; Guthaben.

außer: ~halb. neben. *ohne.* außer..., un..., nicht..., extra...

außer acht lassen: *vernachlässigen.*

außerdem: überdies, noch, (und)

auch (noch), sonst (noch), ergänzend, nachträglich, zuzüglich, nebenbei; zum Überfluß; *dazu.*

Äußeres: *Form,* Erscheinung, *Anstrich, Schein,* Äußerlichkeit, Aufmachung, Außenseite, Rand, Fassade, Oberfläche, (Ver)Putz, Schale, *Hülle,* Kleid, Fell, Rinde, Kruste, Überzug.

außergewöhnlich: *ungewöhnlich.*

außerhalb: *außen. außer.*

äußerlich: von außen gesehen; auswendig, *oberflächlich,* unwesentlich, zufällig, aufgepfropft, anerzogen. *Äußeres.*

äußern: ausstoßen; laut werden, verlauten lassen; zum Ausdruck, zur Sprache bringen; (aus)*sagen,* ausdrücken, *verkünd(ig)en,* offenbaren, *zeigen.* sich ~: sich auslassen, ergehen. sich *entladen.*

außerordentlich: *besonder, maßlos, hervorragend, unsagbar, sehr.*

außer sich: aus der, außer Fassung; fassungs-, besinnungs-, kopflos. unbändig, rasend, *wahnsinnig, aufgeregt. zornig. bestürzt. begeistert.*

äußerst: entferntest, weitest. *höchst.* das ~e, Letzte, Möglichste, Schlimmste. aufs ~e, auf die Spitze. im ~en Fall: *allenfalls.*

außerstande: *unfähig,* nicht in der Lage; nicht *können.*

aussetzen: preisgeben, überlassen, unterwerfen. *stiften. tadeln.* ausfallen lassen; *unterbrechen, aufschieben. aufhören,* enden, abbrechen, -reißen, ausbleiben, *stocken,* bocken, *anhalten,* streiken, feiern, *ruhen.*

Aussicht: Sicht, (Aus)Blick, Gegend. Zukunft, *Hoffnung,* Chance, ~sreich, *günstig.*

aussöhnen: *versöhnen.*

aussondern: *ausscheiden.*

ausspannen: ab-, ausschirren, -spannen, -strängen; *abspenstig* machen. (sich aus)*ruhen.*

Aussprache: Stimme, Betonung, Tonfall, Akzent. *Beichte. Gespräch,* Debatte, Diskussion.

aussprengen: *verbreiten.*

Ausspruch: *Spruch.* Äußerung, Auslassung, Bemerkung, Wort, Satz.

Ausstand

Ausstand: Streik.

ausstatten: -rüsten, versehen, -sorgen, mitgeben. *ein-, zurichten, schmücken.*

Ausstattung: -steuer, *Mitgift.*

ausstechen: -graben, -höhlen. *übertreffen, besiegen. verdrängen.*

ausstehen: *ausbleiben. (er)leiden.* ~d, *unerledigt.*

aussteigen: sich *zurückziehen.*

ausstellen: -legen, zeigen. *ausfertigen. tadeln.*

Ausstellung: *Schau.*

Aussteuer: -stattung, *Mitgift.*

ausstoßen: *auswerfen, erzeugen.* von sich geben. ausrufen. *ausschließen,* -sperren, *ächten, vertreiben.*

ausstrahlen: *verbreiten.* abzweigen.

ausstrecken: vor-, hin-, entgegenstrecken, hin-, entgegenhalten.

ausstreuen: *verbreiten.*

ausströmen: abfließen, entweichen. (sich) *verbreiten.*

aussuchen: (aus)*wählen.*

austeilen: *verteilen.*

Austrag: Entscheidung, Lösung.

austragen: *ausfechten. verbreiten.*

austreiben: vertreiben. abgewöhnen.

austreten: *ausscheiden.* ab-, aus-, entfließen. über die Ufer treten; überfließen. Hochwasser, Überschwemmung.

austrinken: *leeren.*

Austritt: -fluß, *Abfluß.*

ausüben: *betreiben,* -sorgen, versehen, -richten. *anwenden.*

ausverkauft: voll, (voll)besetzt.

auswachsen, sich: sich *entwickeln.*

Auswahl: *Auszug, -lese,* Zusammenstellung. Wahl.

auswärts: *außen.*

Ausweg: -schlupf, (Not)Ausgang, Hintertür, -törchen, -treppe, Schleichweg, *Lücke,* Rettung, *Hoffnung,* Auskunft, -rede, *Mittel,* Wahl.

ausweichen: beiseite, auf (die) Seite, aus dem Wege gehen; sich (beiseite) drücken; kneifen! ab-, ausbiegen, abschwenken; einen Bogen machen, beschreiben; über-, umgehen, *meiden;* sich entziehen; ausweichend antworten; nicht eingehen auf; mit (leeren) Worten abspeisen; ablenken, hinhalten.

Ausweis: Zeichen, Nachweis, Befund, Zeugnis, Beleg, Urkunde, (Be)*Schein* (igung), Vollmacht. Paß, Ausweis-, Kenn*karte.*

ausweisen: des Landes verweisen; *vertreiben.* für echt erklären, -weisen; beweisen, zeigen.

auswendig: *äußerlich.* im, aus dem Gedächtnis, Kopf; im Schlaf.

auswerfen: *ausstoßen, -spucken. aufwenden. verteilen,* zur Verfügung stellen; ausgeben, aufwenden, *stiften.*

auswischen (*wischen*): (aus)*löschen.* einem eins ~, versetzen; einen Streich spielen. *entkommen.*

Auswuchs: Ast, *Buckel.*

Auswurf: Schleim, Speichel, Ausscheidung, Kot. *Abschaum.*

auszeichnen: *bezeichnen. loben, ehren. vorziehen.* sich ~, hervortun, einen Namen machen; sich bewähren; glänzen; Lorbeeren *ernten;* von sich reden machen; *hervorragen;* vorteilhaft abstechen; sich herausheben.

Auszeichnung: Preis. Orden, Ehrenzeichen, Kreuz, Nadel, Spange. *Lob.*

ausziehen (*ziehen*): *verlängern. fort-,* verziehen, kündigen, packen, *abziehen. ablegen,* -streifen. *auskleiden. schröpfen.*

Auszug: -fahrt, -reise, -wanderung. Ab-, Ausmarsch, Räumung, Weggang. Auswahl, Probe.

Auto(mobil):(Kraft)Wagen, (-)Fahrzeug, Kfz., Lastauto, -wagen, Laster, Transporter, Lkw. Mietauto, -droschke, Autodroschke, Taxi.

Autobiographie: Selbstbiographie, -darstellung, (-)Bekenntnisse, (Lebens) Erinnerungen, Memoiren, Lebenslauf, -beschreibung.

automatisch: *selbsttätig. zwangsläufig. unbewußt.*

B

Baby: (Klein)*Kind.*

Bach: Bächlein, Rinnsal, *Wasser.*

Backe: Wange.

backen: braten, *rösten. kleben.*

Backfisch: *Mädchen.*

Backstein: Ziegel(stein), Klinker.

Backwerk: *Gebäck.*

Bad: Dusche, Taufe. Wannen~, Brause~, Dampf~, Sauna, Luft~, Sonnen~, Moor~, ~eanstalt, Hallen~, Schwimm~, Frei~, Fluß~, See~, ~eort, Kur~, Mineral~, Thermal~.

baden: *tauchen. waschen.* schwimmen.

baff: *fassungslos.*

Bahn: Geleise, Spur, Linie. *Weg, Richtung.* Zug, Eisen~, Straßen~. Streifen, Stoff~, Zelt~, Papier~.

bahnen: (er)*öffnen*, ebnen, an~, *vorbereiten;* den Weg pflastern.

Bahnhof: Haltestelle, Station.

Bai: *Bucht.*

bald: als~; in Bälde, Kürze, kurzem; in absehbarer, nächster Zeit; demnächst, nächstens; dieser Tage; nah, bevorstehend, *künftig, früh, zeitig,* ~igst; so bald wie möglich; ehestens, schleunig(st); über Nacht; *schnell, sofort. fast.*

Balg: *Fell. Leib. Kind. Blase~.*

balgen: *raufen.*

Balken: Pfosten, Stange, Sparren. Quer~, Trag~, Träger, Stütz~, Stütze, Strebe. Gebälk.

Ball: Kugel, Sphäre.

ballen: zusammenziehen, (-)drücken, (-)pressen, knüllen.

Ballen: Bund, Pack(en), Paket.

ballern: *knallen.*

Balsam: Salbe. *Labsal.*

bammeln: hängen, *flattern, schwanken,* zappeln.

banal: *gewöhnlich, abgedroschen, -geschmackt,* trivial.

Banause: *Spießer. dumm.*

Band: Bändel, Borte, Litze, Tresse, *Schnur,* Arm~, Hals~, Haar~, Strumpf~, Ordens~. *Gurt.* Reif. *Streifen.* Fessel. *Verbindung. Buch.*

Bande: *Schar.* Gesellschaft, Blase!

Anhang, Klüngel! Clique, Pack, *Gesindel,* Brut! Bagage! Rassel~, Sau~! Schwefel~! Zigeuner~.

bändigen: (be)zähmen, bezwingen, ducken, *zügeln.*

Bandit: *Räuber, Verbrecher.*

bang: *ängstlich.*

bangen: *fürchten.*

Bank: Sitz~, Polster~, Stein~, Holz~, Eck~, Garten~, Ruhe~. Fuß~, Schemel. Sand~, Untiefe. Bankhaus.

Bankrott: Konkurs, Ruin, zahlungsunfähig, Pleite! *abgewirtschaftet.*

Bann: ~fluch, Kirchen~, Acht. *Zauber(~).*

bannen: *ächten. beschwören. fesseln. locken. vertreiben.* gebannt, *besessen.*

Banner: *Fahne.*

bar: bloß, nackt, *rein. ledig.*

Barbar: *Unmensch. grausam, roh.*

Barke: *Boot.*

barmherzig: *gnädig, mitleidig, gütig,* menschlich, *wohltätig.*

barsch: *bärbeißig, grob, unfreundlich.*

Bart: Backen~, Voll~, Schnauz~, Schnurr~, Spitz~, Knebel~, Bärtchen, Stoppeln, Borsten; erster Flaum. um den Bart gehen: *schmeicheln.*

basta: *halt.*

basteln: *herstellen.* bosseln, fummeln! flicken. zusammenstoppeln, -stückeln. Bastelei, Flickwerk!

Bastion: *Festung.*

Bau: *Gebäude, Unterkunft.* ~art, ~weise. Auf~, *Gestalt, Gefüge. Anbau.*

Bauch: Leib, Balg! Wanst! Wamme! Wampe! Ranzen! *wölben.*

Baude: *Hütte.*

bauen: mauern, zimmern, *errichten. herstellen.* an~, be~, *pflanzen, Anbau. vertrauen.*

Bauer: *Landwirt. Tölpel. Käfig.*

bäuerlich: ländlich. landwirtschaftlich, Agrar...

baufällig: *morsch.*

baumeln: *schwanken, hängen.*

bäurisch: *ungebildet, plump.*

bauschen: *schwellen.*

beabsichtigen: die *Absicht* haben; (zu tun) (ge)denken; vorhaben, -sehen, bezwecken, *wollen*, planen, *streben*; im Sinne, im Auge haben; ins Auge fassen; im Schilde führen; schielen nach! sich vornehmen, sich in den Kopf setzen; sich mit dem Gedanken tragen; es anlegen auf. *beschließen. wohlbedacht.*

beachten: (be)folgen, *beherzigen, berücksichtigen;* sich richten nach; beobachten, bedenken, (ein)halten, aufmerksam. *Teilnahme.*

beachtlich: *bedeutend, wesentlich, sehr.* sehenswert, -würdig.

beanspruchen: Anspruch erheben, geltend machen, bestehen auf, sich *vorbehalten;* in Anspruch nehmen; *fordern,* (ver)*brauchen, belasten.*

beanstanden: Anstoß nehmen; reklamieren, *tadeln.*

bearbeiten: *zurichten.*

beauftragen: *auftragen,* abordnen. Beauftragter, *Vertreter.*

beben: *zittern.*

Becher: Kelch, Glas, (Trink)Gefäß.

bechern: *zechen.*

Becken: Kessel, Schale, Mulde, Schüssel, Gefäß. Bucht. Tal(∼), *Vertiefung.*

Bedacht, mit ∼: *bedächtig. absichtlich.* ohne ∼: *unbedacht.*

bedächtig, -dachtsam: mit Bedacht; *umsichtig. behutsam. gelassen.*

Bedarf: *Bedürfnis,* Erfordernis, Verbrauch. Zubehör. *notwendig.*

bedauern: (be)*mitleiden;* leid tun; schmerzlich, bereuen, *Reue,* sich *entschuldigen;* bedauerlich, *traurig, unangenehm. leider.*

Bedeckung: Geleit, Schutz. *decken.*

bedenken: *überlegen. beachten. schenken.* sich ∼, besinnen; *zögern.* zu ∼ geben: *vorstellen.*

Bedenken: Skrupel, *Zweifel. Sorge.* Scheu, Hemmung(en), Zögern. Einwand.

bedenkenlos: *unbedenklich.*

bedenklich: *mißtrauisch.* beängstigend, -unruhigend. heikel, kitzlig, verfänglich, mißlich, *schwierig, zweifelhaft, gefährlich,* kipp(e)lig, brenzlig! mulmig! haarig! (ober)faul! nicht geheuer.

Bedenkzeit: Frist.

bedeuten: besagen, (aus)sagen; sagen wollen; ausdrücken, meinen, heißen, *darstellen, enthalten, (an)zeigen, andeuten. gelten.*

bedeutend: bedeutsam, gehalt-, bedeutungsvoll, *wichtig, namhaft,* beachtlich, -merkenswert, *groß,* hervorragend. *stark.* nachdrücklich, eindrucks-, ausdrucksvoll, vielsagend, inhaltsreich, tief, *wesentlich.*

Bedeutung: *Sinn,* Bewandtnis. Belang Einfluß, Tragweite, Gewicht, *Rang,* Wert, Größe.

bedeutungslos: *unwichtig, gering.*

bedienen: *aufwarten. handhaben.* sich ∼: *gebrauchen.*

Bedienung: *Kellner*(in), *Aufwärter*(in). *Mannschaft.*

bedingen: *beeinflussen, bestimmen, verursachen,* voraussetzen, *brauchen.*

bedingt: *abhängig.*

Bedingung: Bestimmung, Auflage, Verpflichtung, Maßgabe. Vor-∼, Voraussetzung, *Grundlage.* Vorbehalt, Klausel. *Ursache.* ∼en, Zustände.

bedingungslos: *unbedingt.*

bedrängen: (be)*drücken. dringen,* zusetzen, heimsuchen, *verfolgen.*

Bedrängnis: *Not, schwierig. Leid.*

bedrohen: *gefährden. gefährlich.*

bedrücken: (nieder)*drücken,* (schwer) lasten, beklemmen, *ängstigen,* (be)*kümmern, betrüben, quälen.*

bedürfen: *brauchen.*

Bedürfnis: Bedarf, Nachfrage, Wunsch. Gebot, *nötig.*

bedürfnislos: *bescheiden.*

beeiden: *schwören.*

beeilen: beschleunigen. sich ∼: schnell, fix machen.

beeindrucken: *ergreifen.*

beeinflussen: bedingen, *lenken, bestimmen, bewegen, verführen,* einseifen! einwickeln! um den Finger wickeln! *durchdringen,* (ein)wirken, anregen.

beeinträchtigen: erschweren, *verschlechtern* belasten, *trüben,* stören, *benachteiligen, beschränken, hindern. her-*

absetzen, entwerten. *untergraben*, verletzen. *schaden*. Eintrag tun; *ungünstig*.

beend(ig)en: enden; ein Ende machen; zu Ende führen, bringen; fertigmachen, *vollenden*, (ab-, be)schließen, erledigen. *aufhören*, abbrechen, -blasen, *einstellen*, unterbrechen.

beengen: *beschränken, einengen. drücken, hindern.*

beerdigen: *beisetzen.*

befähigen: ermöglichen. *lehren.*

Befähigung: *Fähigkeit.*

befallen: *anfallen*, -kommen, -wandeln, überkommen, *ergreifen*. widerfahren, zustoßen, (be)treffen.

befangen: *verlegen, schüchtern. Partei.* besessen.

befassen: *beschäftigen.*

befehden: *kämpfen gegen.*

Befehl: Auftrag, Anordnung, (-)Weisung, Verordnung, -fügung, *Gebot*, -heiß, Diktat, Machtspruch, Bescheid. Kommando, ~sgewalt, Ober~.

befehlen: heißen, *gebieten*, (be)auftragen, anordnen, -weisen, -schaffen, bestimmen, veranlassen, vorschreiben, einschärfen, (auf)*fordern*.

Befehlshaber: *Oberhaupt*. ~isch, *herrisch.*

befeinden: *kämpfen gegen.*

befestigen: *stärken*. anbringen, -stecken, -binden, -heften, -klammern, -schlagen, -nageln, an-, festmachen, -stecken. verankern.

befinden: *urteilen*. sich ~: (da, vorhanden, zu finden) sein; sich vorfinden; vorkommen, bestehen; es gibt; liegen; gelegen sein; wohnen, sitzen, sich *aufhalten*. sich fühlen; (er)gehen.

Befinden: (Gesundheits)*Zustand. Meinung. Willkür.*

beflecken: *beschmutzen.*

befleißigen, sich: sich *bemühen.*

beflissen: bemüht, *eifrig, gefällig.*

beflügeln: *beschleunigen. begeistern.*

befolgen: *beachten.*

befördern: (hin)bringen, (-)schaffen, (-)fahren, *senden*, Transport.

befreien: frei machen, (aus)*lösen*, loseisen, retten. freigeben, -lassen, -stellen,

entlassen, -binden, -heben, -ledigen. erlassen, überheben. *erleichtern*, -lösen, sich ~, *entledigen*; von sich abwälzen.

befremden: *verwundern*, -stören, auffallen, *seltsam.*

befreunden, sich: *liebgewinnen*, sich *verbinden*. Geschmack finden; *gefallen.*

befriedigen: zufriedenstellen, genügen, genugtun, aus-, erfüllen, *beruhigen, abfinden. gefallen*. ~d, *gut*. befriedigt, *zufrieden*, Genugtuung.

befruchten: -stäuben, -samen, -springen, decken.

befugen: *berechtigen. zuständig.*

Befund: *Ergebnis. Zeugnis.*

befürworten: *empfehlen.*

begaben: *schenken.*

begabt: veranlagt, befähigt, ausgestattet, anstellig, talentiert, fähig, geschickt, *klug.*

Begabung: *Anlage(n)*, (Geistes)Gaben, Talent, Kopf, *Fähigkeit(en)*.

begeben, sich: *gehen, fahren, besuchen. geschehen*. sich *fügen*. ~heit, Begebnis, *Geschehnis.*

begegnen: entgegenkommen, (zusammen)*treffen, kreuzen. widerfahren. antworten.*

begehen: *verüben. veranstalten*, feiern.

begehren: *wünschen; sich sehnen; fordern*. begehrt, *beliebt.*

begehrlich: *gierig.*

begeistern: hin-, mit-, fortreißen, beflügeln. beseelen, -rauschen, *beglücken*, überwältigen, ent-, verzücken, faszinieren, *gewinnen*. (an)*treiben, erregen*. wirken, einschlagen, zünden. sich ~: entbrennen, -flammen, sich verlieben. begeistert sein; schwärmen.

begeistert: *eifrig, leidenschaftlich, verzückt*. schwärmen. Feuer und Flamme.

Begeisterung: Hingabe, *Leidenschaft, Feuer*, Schwung, Eifer. *Freude*. Beifall, Jubel.

Begier(de): Begehren, *Wunsch, Gier*, Kitzel, Brunst, *Leidenschaft.*

begierig: *gierig. neugierig.*

Beginn: *Anfang, Ursprung.*

beglaubigen: bescheinigen, beurkunden, *bestätigen, beweisen*, Unterschrift.

begleichen: ausgleichen, abgelten, (ab-, be)zahlen. bereinigen, *tilgen.*

begleiten: geleiten, mitgehen, -kommen, folgen. Begleitung, Begleiter, Gesellschaft, *Gefährte, Gefolge.*

beglücken: glücklich machen; beseligen, -zaubern, (er)*freuen.* segnen, wohltun. *begeistern.*

begnadigen: verzeihen, Strafe schenken, erlassen, nachlassen; Gnade für Recht ergehen, Gnade walten lassen.

begnügen, sich: sich bescheiden, zufriedengeben; zufrieden sein; es dabei belassen, bewenden lassen; es genug sein lassen; vorliebnehmen.

begraben: *beisetzen.* einsargen. *Friedhof. vergessen. vergangen.*

begreifen: *verstehen,* (ein)sehen, (auf-, er)*fassen, erkennen,* -messen, auf-, eingehen, einleuchten, dämmern; sich überzeugen; bewußt werden; ein Einsehen haben; *lernen,* mit(be)kommen, -kriegen, fressen! schlucken! kapieren, schalten! *verarbeiten,* (nach)*fühlen.*

begreiflich: *verständlich, natürlich.*

begrenzen: abgrenzen, -schließen, -stecken, -zäunen, trennen, isolieren. *umgeben, beschränken.* begrenzt, endlich.

Begriff: *Gedanke,* Idee, Sinn, Wesen, *Meinung,* Vorstellung, *Gefühl.* abstrakt, unanschaulich.

begründen: *gründen.* ableiten, aufzeigen. rechtfertigen, *erklären, stützen, beweisen.* begründet, *triftig.*

begrüßen: *empfangen. gefallen.*

begünstigen: (be)*fördern,* Vorschub leisten; erleichtern. *vorziehen.*

begütert: *reich.*

begütigen: *beruhigen,* entwaffnen, versöhnen, trösten.

behäbig: wohlhabend. *behaglich.* beleibt, *dick.*

behagen: *gefallen,* (Wohl)Behagen, *Freude, genießen.*

behaglich: *angenehm, gemütlich,* wohnlich, bequem, zufrieden, behäbig, mollig. sich *aalen.*

behalten: (auf)*bewahren.* behaupten. sich merken. für sich ∼: *verbergen.*

Behälter: Behältnis, Kiste, Kasten,

Lade, Truhe, Schrein, Kassette, Schatulle, Etui, *Schachtel,* Büchse, Dose, *Hülse,* Gehäuse. Koffer. Korb. *Faß, Gefäß,* Kessel, Tank.

behandeln: umgehen mit. *durchnehmen.* bearbeiten. kurieren, verarzten, *Pflege.* schlecht ∼: *quälen.*

behängen: *schmücken.*

beharren: verharren, (dabei, fest) *bleiben,* festhalten an; (fest) stehen zu; nicht auf-, nachgeben, lockerlassen; sich nicht abbringen lassen; *bestehen* auf.

beharrlich: (an-, aus)dauernd, *stetig,* nimmermüde; nie erlahmend; unaufhörlich, -ablässig, -entwegt, -ermüdlich, -verdrossen, -beirrbar, -beirrt, -nachgiebig, -beugsam, -erbittlich, -erschütterlich, -verbrüchlich, fest, eisern, standhaft, treu, *hartnäckig,* zäh, *zielbewußt,* entschlossen, geduldig, *fleißig.* nicht lockerlassen; sich nicht *abbringen* lassen; bei der Stange bleiben.

behaupten: (be)*halten.* (aus)*sagen.* sich ∼: sich *halten,* durchsetzen; stand-, *durch-,* aushalten, (fest) bleiben, nicht *weichen, nachgeben.*

beheben: *beseitigen.* dem Schaden abhelfen; *heilen, instand setzen.*

Behelf: *Ausweg,* Not∼, Notlösung, Ersatz, (∼s)*Mittel,* Notnagel. sich ∼en, einrichten (so gut es geht).

behelligen: *belästigen,* -mühen.

behend: *schnell, gewandt.*

beherbergen: aufnehmen, unterbringen; Obdach geben.

beherrschen: *überragen. meistern.* zurückhalten, *zügeln, bezwingen.* sich ∼, fassen, *zusammennehmen,* nichts anmerken lassen; an sich halten; das Gesicht wahren; beherrscht, *ruhig, Fassung.*

beherzigen: *beachten,* (be)*folgen,* sich merken, zu Herzen nehmen.

Behörde: *Amt. Verwaltung.*

behutsam: *sacht,* zart, *schonend,* achtsam, *vorsichtig, sorgfältig.*

bei: an, hinzu.

beibringen: *bringen, beschaffen. mitteilen, erklären;* glauben machen; *lehren,* zufügen, versetzen.

Beichte: *Geständnis.*

beichten: *gestehen, offenbaren,* sich, sein Gewissen erleichtern.

beide: alle ~; alle zwei.

beieinander: zusammen, nebeneinander, *grenzen.*

Beifall: Lob, Anklang, *billigen,* Begeisterung, *Jubel,* ~ssturm.

beifügen: *hinzufügen.*

beigeben: *hinzufügen. nachgeben.*

beikommen: (zu) *fassen* (kriegen), *meistern.* nicht ~, nichts anhaben können; nicht fertig werden mit.

Beil: Axt.

Beilage: Beiblatt, Anlage, *Ergänzung, Zugabe.*

beiläufig: *nebenbei, nebensächlich. ungefähr.* zufällig, gelegentlich.

beilegen: *hinzufügen. zuschreiben.* einen Streit ~, *schlichten.*

Beileid: *Teilnahme.*

beimengen: *hinzufügen.*

beimessen: *zuschreiben.*

beimischen: *hinzufügen.*

Bein: Ge~, Knochen.

beinahe: *fast.*

beipflichten: *billigen.*

Beirat: *Ratgeber.*

beirren: irremachen, *verwirren, entmutigen;* von seinem Weg abbringen.

beisammen: *zusammen, nahe.*

Beischlaf: -wohnen; schlafen mit; begatten, (Geschlechts)Verkehr.

Beisein: *Gegenwart.*

beiseite: *seitwärts. fort...*

beiseite legen: auf die Seite, zu den *Akten* legen. *sparen.*

beisetzen: bestatten, -erdigen, -graben; zu Grabe tragen; zur letzten Ruhe betten; einäschern, ein-, verscharren!

Beispiel: (Schul)Fall, *Muster,* Anregung, Anlaß. Vertreter. ~, Schule machen. zum ~: beispielshalber, -weise, etwa (so), vergleichsweise, nämlich.

beispielhaft: *musterhaft.*

beispiellos: *ungewöhnlich, -vergleichlich;* noch nie dagewesen.

beispringen: *helfen.*

beißen: *kauen,* knabbern, nagen, knacken. *jucken, schmerzen.*

beißend: bissig, *scharf.*

Beistand: -stehen, -springen, *Hilfe, helfen, Helfer.*

beistimmen: *billigen.*

Beitrag: -steuer, Scherflein, *Spende.* Abgabe, Gebühr, Umlage. sich *beteiligen;* Zuschuß, Anteil, Hilfe.

beitreiben: *einziehen.*

beitreten: seinen Beitritt erklären, sich *anschließen.*

Beiwerk: *Ergänzung.*

beiwohnen: *teilnehmen. Beischlaf.*

beizeiten: (früh-, recht)*zeitig.*

beizen: ätzen, brennen, *jucken.*

beiziehen: *hinzuziehen.*

bejahen: ja sagen; nicken. *bestätigen, billigen. zugeben.*

bejahrt: *alt.*

bejammern: *bereuen.* (be)*mitleiden.*

bejubeln: beklatschen, feiern.

bekämpfen: *kämpfen* gegen.

bekannt: *vertraut,* all~, wohl~, stadt~, welt~, ruchbar; in aller Munde; *berühmt, angesehen. berüchtigt.* offenbar.

bekanntgeben, -machen: *verkünden. vorstellen.*

Bekanntschaft: Kenntnis, Vertrautheit *Verbindung.*

bekannt werden: ruchbar werden; sich verbreiten; durchsickern.

bekehren: *überzeugen.* sich ~: sich anders besinnen; sich wandeln; umkehren, -schwenken, -fallen, -kippen; in sich gehen; sich zu Herzen nehmen. Sinneswandel, -änderung, -wechsel.

bekennen: *gestehen, offenbaren, versichern.*

Bekenntnis: (Ein)*Geständnis.* Glaube, Lehre, Religion, Konfession, Glaubensbekenntnis, -gemeinschaft, -gemeinde, Kirche, *Sekte.*

beklagen (*klagen*): *bereuen.* (be)*mitleiden. bedauern.* ~swert, bedauerlich, *traurig*

bekleiden: *kleiden. auskleiden.*

beklemmen: *bedrücken.* beklommen, *ängstlich. unheimlich.*

bekommen: *erlangen,* -halten, empfangen, beziehen. ab~, mit~, kriegen, davontragen; sich zuziehen; fangen!

bekömmlich **36**

erben, *erwischen. einheimsen.* zufallen,
-fließen; zuteil werden. (wohl)~: guttun, anschlagen, helfen, *bekömmlich.*

bekömmlich: zuträglich, *heilsam,*
gesund, gut. *guttun.* vertragen.

beköstigen: speisen, bewirten, verköstigen, -pflegen.

bekräftigen: bestärken, *bestätigen,
versichern, hervorheben.*

bekunden: *aussagen. beweisen.* (er)
zeigen. erkennen lassen.

beladen: auf-, einladen. *belasten.*

Belang: *Bedeutung,* Interesse.

belangen: verantwortlich machen;
zur Rechenschaft ziehen.

belanglos: *unwichtig, gering.*

belasten: beladen, -packen, -schwe-
ren, (be)*kümmern, verdrießen.* aufladen,
-bürden, -halsen; zur Last legen; *beschuldigen.* beanspruchen, anstrengen,
mitnehmen. *beeinträchtigen.*

belästigen: lästig fallen; anöden,
stören, *quälen,* beschweren, behelligen,
bemühen.

belaufen, sich: *betragen.*

beleben: *erfrischen, stärken. wecken.*
anregen, *ermuntern. beseelen.*

Beleg: Grund-, Unterlage, Zeugnis,
Beweis, (-)Material.

belegen: besetzen, -mannen. reservieren. *beweisen.*

Belegschaft: Mannschaft, Besatzung.
Werks-, Betriebsangehörige, (Mit)Arbei-
ter, Angestellte, Personal, Leute.

belegt: *heiser.*

beleibt: *dick.*

beleidigen: *schmähen. verletzen.* beleidigt, eingeschnappt, verschnupft.

beleuchten lichten, -scheinen, an-
strahlen, erleuchten, -hellen, *erklären,*
Beleuchtung, *Licht.*

belieben: *gefallen,* sich *herbeilassen.*

Belieben: *Willkür.*

beliebig: nach *Belieben; willkürlich,
unbegrenzt.*

beliebt: gern gesehen; (wohl)gelitten,
gut angeschrieben; willkommen, (hoch)
geschätzt, (-)geachtet, volkstümlich,
gefeiert, populär, gesucht, -fragt, begehrt, -vorzugt, in Gunst, *gängig.*

bellen: kläffen, bläffen, belfern, anschlagen; Laut geben. husten.

belohnen: *ehren.*

belustigen: erheitern, *vergnügen.*

bemächtigen, sich: (Besitz) ergreifen; (in Besitz) *nehmen;* an sich
reißen; die Hand legen auf; *erobern,*
rauben.

bemängeln: *tadeln.*

bemannen: *belegen. Mannschaft.*

bemänteln: beschönigen, *verdecken.*

bemerken: *merken. sagen. schreiben.*

bemerkenswert: *bedeutend,* -zeich-
nend, merkwürdig, beachtens-, erwäh-
nens-, sehens-, hörens-, lesens-, wissens-
wert, lehr-, aufschlußreich, *wichtig,*
interessant.

Bemerkung: *Ausspruch.* Glosse.

bemessen: abmessen, (-)stufen,
staffeln. zumessen, -teilen.

bemittelt: *reich.*

bemühen: in Anspruch nehmen;
bitten, behelligen, -lästigen. sich (be)
mühen, (be)*streben,* befleißigen, -eifern;
sich anlegen sein lassen; bemüht, be-
strebt sein; sein Bestes, möglichstes tun,
versuchen; alles aufbieten; ringen, sich
bewerben; sich *reißen* um.

Bemühung(en): *Eifer.* Einsatz, Anstrengung, Tätigkeit, *Dienst(e).*

benachteiligen: zurücksetzen. übervorteilen. *beeinträchtigen.*

benehmen, sich: sich (ver)halten,
betragen, (auf)führen, gebaren, gebärden, (ge)haben, geben, anstellen; auftreten; so tun.

Benehmen: *Verhalten,* Betragen,
(Lebens)Art, (-)Wandel, (guter) Ton,
Anstand, Erziehung, Kinderstube, Bildung, Benimm! Umgangsformen, Manieren, *Getue!*

Bengel: Schlingel, Range, *Schelm,*
Flegel, *Bursche, Laffe,* Lause~, Laus-
bub(e), *Junge.*

benötigen: *brauchen.*

benutzen, -nützen: *gebrauchen.*

beobachten: (zu)sehen, (er)*blicken.*
(be)*lauern;* ins Auge fassen; im Auge
behalten; nicht aus den Augen lassen;
beachten. Beobachtungsstand: *Warte.*

bequem: *handlich. behaglich.* gemächlich. (nach)*lässig. leicht.*

beraten: (be)ratschlagen, be-, durchsprechen, *erörtern,* sich beraten.

Berater: *Ratgeber.*

berauschen: erregen, *begeistern, -zaubern,* -nebeln, *betäuben.* sich ∼: sich betrinken; *Rausch.* sich *freuen.*

berechnen: aus- errechnen, kalkulieren. anrechnen, bewerten, *schätzen.* ∼d, *schlau, wohlbedacht.*

berechtigen: befugen, *erlauben,* ermächtigen; Vollmacht erteilen; *Recht,* Konzession. berechtigt, *zulässig. verständlich,* -zeihlich.

bereden: *zu-, überreden.*

beredsam: beredt, wortgewandt, *redegewandt,* Redekunst, Rede-, Rednergabe. Mundwerk!

Bereich: *Gebiet,* Raum, Blickfeld, Reichweite, Ausdehnung. *Umgebung. Teil*(∼), Zweig.

bereichern: *vergrößern.* verschönen. sich ∼: ein Vermögen erwerben.

bereinigen: *begleichen. schlichten.* (aus)*bügeln. klären.*

bereit: griff∼, verfügbar; zur Hand. reif, *fertig. gefällig. willens.* ∼halten, ∼legen, ∼stellen, *vorbereiten.*

bereiten: zu-∼, (an)machen, (-)richten, herstellen, *verursachen.*

bereits: schon, (schon) längst.

bereuen: *bedauern,* -klagen, -jammern, -weinen, *verfluchen,* sich *schämen.* es reut, gereut mich.

Berg: ∼rücken. (∼)*Gipfel.* Fels, *Gebirge,* Höhen(züge).

bergen: hüllen; in Sicherheit bringen; retten, flüchten. *hüten. enthalten.*

Bericht: *mitteilen, erzählen.* (Tätigkeits)∼, Rechenschaft, Auskunft. Referat, Vortrag. Report(age).

berichtigen: richtigstellen, *verbessern,* korrigieren.

bersten: *platzen.*

berüchtigt: verrufen, -schrien; übel berufen, beleum(un)det; schlecht; in schlechtem Ruf sein, stehen.

berücken: *bezaubern.*

berücksichtigen: Rücksicht, Bedacht nehmen; in Rechnung stellen; Rechnung tragen; zugute halten; *beachten,* würdigen. rechnen mit; zählen auf. unter Berücksichtigung: in *Hinsicht.*

Beruf: Beschäftigung, *Gewerbe,* Fach, Laufbahn. *Aufgabe, Arbeit.*

berufen: entbieten, ein∼, (zusammen) rufen, *laden,* versammeln. beauftragen, -ordern, -stimmen, -stellen, ernennen, einsetzen, wählen. sich ∼, *beziehen* auf; geltend machen; (her)anziehen.

Berufung: *Aufgabe.*

beruhen: ruhen, stehen, fußen, zurückgehen; sich stützen auf; wurzeln, gründen; begründet sein in; abhängen. sich aufbauen. (auf sich ∼) lassen.

beruhigen: *begütigen,* -schwichtigen, -sänftigen, -friedigen. *lindern,* stillen, entspannen, glätten, (ab)kühlen, *einschläfern;* zum Schweigen bringen. sich ∼: *nachlassen, verstummen, einschlafen.* sich fassen, trösten.

beruhigt: *sorglos.*

berühmt: *bekannt,* -liebt, gefeiert, populär, *namhaft, Ruhm.*

berühren: anfassen, -rühren, an-, betasten. (an)grenzen. (be)*treffen. Zusammenhang. andeuten.* anmuten, *rühren.*

besagen: *bedeuten.*

besänftigen: *beruhigen.*

Besatzung: *Mannschaft.*

beschädigen: angreifen, *verletzen,* mitnehmen. beschädigt, *schadhaft.*

beschaffen: an-, heran-, herbei-, verschaffen, (bei)*bringen,* ein-, heranholen, besorgen. versorgen, -mitteln, -helfen, zuschieben, -schanzen. *erwerben, auftreiben,* sich eindecken.

Beschaffenheit: *Art,* Qualität, *Eigenschaft,* Zustand.

beschäftigen: befassen; zu tun, zu denken geben; zu schaffen machen. verwenden, *einstellen.* sich ∼, betätigen, abgeben; umgehen; sich aufhalten, einlassen, verlegen, (be)kümmern, *widmen,* zuwenden; tun, *betreiben,* vor-, *durchnehmen.* eingehen, sich einlassen auf; *nachgehen;* sich *versenken; arbeiten* an.

Beschäftigung: *Tätigkeit, Beruf,* Geschäft, Handwerk.

beschämen: bloßstellen, demütigen.
~d, peinlich, *traurig.* beschämt, *verlegen, reuig.*

beschatten: *überwachen, verfolgen,* be*lauern.*

beschaulich: *Muße.* zurückgezogen, *besinnlich.*

Bescheid: Antwort, *Auskunft, Nachricht.* ~ wissen: (sich aus)*kennen.*

bescheiden: *einfach, gering, dürftig.* genügsam, anspruchs-, bedürfnislos, eingeschränkt, sparsam, *mäßig.* zahm, *schüchtern,* zurückhaltend, unauffällig, -aufdringlich, *sittsam.*

bescheinigen: quittieren.*beglaubigen.*
Bescheinigung: Schein, *Zeugnis, Ausweis.* Unterschrift.

bescheren: (be)*schenken.*

beschimpfen: *schmähen.*

beschlagen: besohlen. (sich) ~: sich betauen; feucht werden; anlaufen, sich be-, überziehen; schwitzen.

beschlagen: *kundig.*

beschlagnahmen: einziehen, konfiszieren; die Hand legen auf.

beschleunigen: -eilen, -flügeln, Geschwindigkeit steigern. *Anzug*(skraft). (voran)*treiben,* fördern.

beschließen: sich entschließen, schlüssig werden; *beabsichtigen.* entscheiden. *vereinbaren.*

beschmutzen: schmutzig machen; besudeln, -schmieren, -flecken, -klekkern! verdrecken, -unreinigen. *schänden.*

beschneiden: *schneiden. kürzen,* be*schränken.* kappen.

beschönigen: -mänteln, *entschuldigen,* verharmlosen.

beschränken: -grenzen, einschränken, -engen. *Vorbehalt.* mäßigen, *hemmen,* beeinträchtigen, vermindern. sich ~: *sparen.* sich zurückziehen auf.

beschränkt: *knapp. dumm,* engstirnig, vernagelt, borniert, kurzsichtig. (etwas) zurückgeblieben!

beschreiben: bekritzeln, vollschreiben. *schildern.*

beschuldigen: die Schuld geben; zeihen, bezichtigen, *anklagen,* -schwärzen, *belasten, vorwerfen,* verdächtigen.

beschwatzen: *zu-, überreden.*
Beschwerde: *Mühe. Leiden, Übel.* Klage. *Einspruch,* Reklamation, beanstanden; Anstoß nehmen; tadeln.

beschweren: *belasten. belästigen.* -drücken. sich ~, (be)*klagen.*

beschwerlich: *mühevoll. lästig,* ~keit, *Plage.*

beschwichtigen: *beruhigen, betäuben.*

beschwören (*schwören*): bannen. bit*ten. mahnen.* herauf~, *erzeugen. Zauber.*

beseelen: *beleben, -geistern. vergeistigen, lebendig, seelenvoll.* verschönen.

beseitigen: beiseite, weg-, fort-, aus dem Wege räumen, schaffen, schieben; *abschaffen,* -stellen, *aufheben;* aufräumen mit; *umstoßen, ausschalten, entfernen,* erledigen, ausrotten, -merzen, vernichten, umlegen, *töten.*

besessen: gebannt, erfüllt, begeistert, verzückt, leidenschaftlich, verrannt, -narrt, *verrückt. triebhaft, gierig.*

besetzen: sich *bemächtigen;* einnehmen, *belegen.* besetzt: *voll.*

besichtigen: -sehen; in Augenschein nehmen; (sich) ansehen, -schauen; Einblick nehmen; durch-, einsehen. *betrachten,* mustern.

besiegeln: *bestätigen. entscheiden.*

besingen: *rühmen.*

besinnen, sich: sich *erinnern,* bewußt werden; zu sich, zur Besinnung kommen; *überlegen. zögern.* sich sammeln; in sich gehen; Einkehr halten.

besinnlich: nachdenklich, versonnen, beschaulich, geruhsam, *ruhig.*

Besinnung: *Bewußtsein.* Sammlung, Einkehr. *Vernunft.* ~slos, *Ohnmacht.*

Besitz: Eigentum, *Habe, Vermögen,* Reichtum, *Schatz,* Schätze, Vorrat, ~tum, ~ung, Land~, Grund~; Grund und Boden; *Anwesen.*

besitzen: sein eigen nennen; (zu eigen, in Händen, inne)haben, gehören, *gebieten. anhaften.*

Besitzer: Eigner, Eigentümer, Inhaber. Grund~, (-)Herr. Hausherr, -wirt.

besitzlos: *arm.*

besonder: *eigen*(artig), speziell, individuell, ausgeprägt, unvergleichbar,

-lich, *einmalig, außerordentlich, -gewöhn-lich, auffallend,* ungemein, *hervorragend,* bemerkenswert. gesondert, *Ausnahme.*

Besonderheit: *Abart.* Eigenheit, -tümlichkeit, *Merkmal.*

besonders: sonderlich, insbesondere, insonderheit; im besonderen; in erster Linie; vor allem, allen Dingen; vorab, -wiegend, -nehmlich, -züglich, -zugsweise, zumal, namentlich, hauptsächlich, extra, *eigens,* apart, speziell. *sehr.*

besonnen: *umsichtig, gelassen.*

besorgen: (be)*fürchten. beschaffen. unternehmen. erledigen. ausüben.*

bespitzeln: b*elauern, überwachen.*

besprechen: sich ~; (sich) *beraten;* diskutieren, verhandeln. beurteilen, kritisieren, rezensieren.

Besprechung: *Gespräch.* Kritik, Rezension. schlechte ~: *Tadel.*

besser: eher, lieber, leichter. *gut.*

bessern: *heben,* läutern. *verbessern.* sich ~, *erholen.*

Besserwisser: Naseweis, *Rechthaber,* Schulmeister.

Bestand: (Fort)Dauer. *Vorrat,* Masse.

beständig: *ständig, dauerhaft, unaufhörlich.*

bestärken: bekräftigen, ermuntern, *bestätigen.*

bestätigen: bejahen, zustimmen, genehmigen. *bestärken. beweisen,* rechtfertigen, erhärten. unterschreiben, quittieren. besiegeln. sich ~: *zutreffen.*

bestatten: *beisetzen.*

bestechen: *gewinnen. auffallen.* schmieren!

bestechlich: *feil.*

bestehen: (vorhanden, da)*sein;* existieren, leben, walten, herrschen, (an) *dauern,* überstehen; sich *halten; beharren.* pochen auf. abschneiden. sich zusammensetzen; zusammengesetzt sein; gebildet werden; *enthalten.*

bestellen: auftragen; in Auftrag geben; (an)*fordern;* kommen lassen; (vor)*laden, berufen. mitteilen. anbauen.*

bestenfalls: *allenfalls, wenigstens.*

Bestie: (wildes, reißendes) Tier, Bestie, Untier. *Unmensch.*

bestimmen: *festsetzen. befehlen. entscheiden. berufen, wählen. beeinflussen, veranlassen. bezeichnen.*

bestimmt: *deutlich,* greifbar. *fest, sicher, zweifellos, unbedingt. nachdrücklich. wirklich, wahrlich.*

Bestimmung: *Aufgabe,* Ziel. *Schicksal. Bedingung, Vorschrift.*

bestreiten: abstreiten, *leugnen.* anfechten, streitig machen; *verwehren.* widersprechen.

bestricken: *bezaubern.*

bestürmen: *bitten.*

bestürzen: *verblüffen,* -stören, -dattern! *überraschen, erschrecken,* -schüttern, niederschmettern. bestürzt, *fassungslos. aufregen. Schrecken.*

Besuch: *Teilnahme, Andrang.* Gastspiel, -rolle. *Gast.*

besuchen: einen Besuch, seine Aufwartung machen; einen Besuch abstatten; an-, einkehren, vorsprechen, vorbei-, hereinkommen; sich blicken lassen; aufsuchen, sich begeben.

besudeln: *beschmutzen.*

betagt: *alt.*

betasten: *berühren,* -fühlen, -fingern, -fummeln!

betätigen: *handhaben;* in Bewegung setzen; in die Tat umsetzen; sich ~, *beschäftigen;* tätig sein; *wirken, Tätigkeit.*

betäuben: einschläfern, abstumpfen, -töten, *lähmen.* übertäuben, beschwichtigen, *berauschen.*

beteiligen, sich: *Teilnahme,* Anteil, mitmachen, -tun, -wirken, -arbeiten, -halten, (-)helfen, -spielen, -gehen, -ziehen, *beitragen,* -steuern, zuschießen. einsteigen, sich *einmischen.*

beteuern: *versichern.*

betiteln: *nennen.*

betonen: *versichern.* hervorheben, *besonders* erwähnen, hinweisen. akzentuieren, *Ton.*

betören: *bezaubern.*

Betracht: *Hinsicht.*

betrachten: ins Auge fassen; begucken, -äuge(l)n, anblicken, *mustern,* messen. *besichtigen,* (zu)*sehen,* beobachten, an-, beg*affen! urteilen, überlegen.*

beträchtlich: *groß*, erheblich, *mächtig*, tüchtig, gut, *merklich*.

Betrag: Summe, Preis. Posten.

betragen: sich belaufen auf; (aus) machen, ergeben, sich ~, *benehmen*.

betrauen: (-)auftragen, -vollmächtigen, *übertragen*.

betreffen: *treffen*. an~, an(be)langen, angehen, berühren; zusammenhängen, zu tun haben mit; sich beziehen, erstrecken auf; sich drehen, handeln um; zum Inhalt, Gegenstand haben. *befallen*.

betreffend: *bezüglich*, fraglich.

betreiben: *ausüben, nachgehen*; sich *beschäftigen* mit.

betreten: *eintreten*. den Fuß setzen auf; beschreiten, -gehen; sich *begeben*.

betreten: betroffen, *verlegen*.

betreuen: *pflegen, hüten*, verwalten.

Betrieb: Anlage, -stalt, Werk, Fabrik, *Werkstatt*, Unternehmen, -ung, Geschäft, Firma, Haus. Verkehr. Treiben, Rummel! *Trubel*.

betriebsam: *rege*.

betroffen: *verlegen. Opfer*.

betrüben: *bedrücken, schmerzen*. sich ~, *grämen*.

betrüblich: *traurig, unangenehm*.

Betrübnis: *Leid, Unglück*.

betrübt: *traurig*.

Betrug: *Täuschung*, Schwindel(ei), Humbug, Fälschung, *Lüge*, Heuchelei. Schiebung, Unterschlagung, -schleif, Nepp! Gaunerei, Betrügerei(en), Gaukelei, Pfusch!

betrügen: *täuschen*, hintergehen, *hineinlegen*, einseifen! leimen! prellen, (an-, be)schwindeln, (-)lügen, (be)schummeln, (-)mogeln, pfuschen, begaunern, -tuppen! *übervorteilen*. betrogen: *Opfer*.

Betrüger: Schwindler, Blender, *Gauner*, Gaukler, Scharlatan, Hochstapler, Bauernfänger, Fälscher, Falschspieler, -münzer, Heuchler, Lügner, Schauspieler, *unredlich*.

betrügerisch: *falsch*.

betrunken: -rauscht, -zecht, -nebelt, -schwipst, -duselt, angetrunken, -geheitert, -gesäuselt, blau, (stern-hagel)voll, stock~, (stock)besoffen! hat schwer geladen; *Rausch*.

Bett: ~gestell, ~lade, ~statt, ~stelle, Schlafgelegenheit, Lager, *Unterlage*.

betteln: fechten! schnorren! nassauern! *bitten*.

betten: *legen*.

bettlägerig; *krank*.

Bettler: *arm*.

beugen: neigen. *biegen. ducken*. abwandeln, flektieren, deklinieren, konjugieren. sich ~: sich *bücken*. sich *fügen*.

Beule: *Geschwulst*. sich beulen, *wölben*.

beunruhigen: *aufregen*, stören, *verwirren, ängstigen*, (be)*kümmern*; Angst, Sorge, Kummer, Unruhe machen.

beurteilen: *urteilen*.

Beute: Fang, Raub, Prise.

Beutel: Sack, Säckel, Tasche, Börse, Futteral. Blase, Tüte.

beuteln: *schütteln, schlagen*.

bevölkern: bewohnen. *Volk*.

bevollmächtigen: *Vollmacht*. Bevollmächtigter: *Vertreter*.

bevor: ehe.

bevorstehen: sich ankündigen; vor sich haben; *kommen*, winken. lachen. drohen. *künftig*.

bewachen: *aufpassen*. sichern.

bewahren: *behalten*, sichern, (be)*schützen*, erhalten.

bewähren: erproben. beweisen. sich ~, *auszeichnen*; (die Probe) bestehen; seinen Mann stellen; durchhalten. taugen. *zuverlässig. gewöhnlich*. gut.

bewahrheiten: *bestätigen*. wahr machen; *erfüllen, verwirklichen*.

bewältigen: *bezwingen*, (-)*meistern*, lösen. *zurücklegen, vollbringen*.

bewandert: *kundig*.

bewandt: beschaffen. es hat die Bewandtnis: es steht, verhält sich um, mit.

bewegen: regen, *rühren*. (an)*treiben, schieben. beeinflussen, veranlassen*. sich ~: *kommen*, gehen; sich ergehen; wandern, laufen, fahren, rollen, gleiten, huschen, fliegen, *fließen*, wogen, *schwanken*, rucken, rücken, zucke(l)n; (sich) mucksen; wimmeln. ~d, *eindringlich*. bewegt, *unruhig*.

beweglich: *lebhaft, gewandt.* veränderlich, wandelbar.

Bewegung: *Gebärde.* Ortsveränderung. Gang, *Lauf,* Fahrt, *Fluß.* Schwung. Unruhe. Verkehr.

bewegungslos: *regungslos.*

beweinen: *bereuen.* (be)*mitleiden.*

Beweis: *Beleg.* Argument. (An)*Zeichen, Gewähr. schlüssig.*

beweisen: er-, *nachweisen,* begründen, -legen, erhärten, *beglaubigen,* -stätigen, -wahrheiten, -zeugen, -kunden; zeugen von; (auf-, er)*zeigen.*

bewerben, sich: *werben.* nachsuchen, einkommen, vorsprechen, *Antrag.*

bewerkstelligen: zustande, zuwege bringen; *vollbringen.* anlegen, -stellen, (-)packen, einrichten, *verfahren,* drehen! drechseln! fingern! deichseln! hinkriegen! ermöglichen.

bewilligen: *genehmigen.*

bewirken: *vollbringen, erreichen.* fügen, *verursachen,* bedingen, bilden, herbeiführen, *auslösen, erregen, erzeugen,* zeitigen; zur Folge haben; nach sich ziehen; mit sich bringen.

bewirten: *auftischen, beköstigen.*

Bewohner: *Einwohner.* Insasse, *Mieter,* Haus~, Hausgenosse.

bewundern: (an-, be)*staunen, verehren, rühmen.* ~swert, *hervorragend.*

bewußt: *wissen. absichtlich.* sich ~ werden: *begreifen.*

bewußtlos: *Ohnmacht. unbewußt.*

Bewußtsein: *Geist, Verstand,* Inneres, *Ich,* Besinnung, Gefühl, Empfindung. *Wissen.*

bezähmen: *bezwingen.*

bezaubern: be-, verhexen, antun; angetan haben; berücken, -stricken, -rauschen, -tören, blenden, *begeistern,* entzücken, *gewinnen,* -fallen, verführen, umgarnen, ~d, *reizend.*

bezeichnen: -stimmen, (-)*nennen, kennzeichnen.* (An-, Kenn)*Zeichen,* Charakter. ~d, *eigentümlich,* bemerkenswert. *Inschrift.*

bezeigen: *zeigen.* erweisen, antun.

bezeugen: *beglaubigen. schwören.* (er)*zeigen. beweisen.*

bezichtigen: *beschuldigen.*

beziehen: in Beziehung setzen; *verbinden,* ab-, herleiten. *überziehen. bekommen, kaufen. anwenden.* sich ~: Bezug nehmen; hinweisen, zurückkommen, anknüpfen; sich *berufen,* stützen; *erwähnen. betreffen.* sich bewölken.

Beziehung: *Verhältnis.*

beziehungslos: losgelöst, *fremd. nichtssagend.*

beziehungsweise: oder, vielmehr

beziffern: *angeben. schätzen.*

Bezirk: *Kreis, Gebiet.*

Bezug: -ziehung, -treff, *Hinsicht, Zusammenhang. Kauf.* Überzug, Hülle. ~ nehmen; sich *beziehen. bezüglich.*

Bezüge: *Einkommen.*

bezüglich: in bezug auf; mit, unter Bezug auf; in *Hinsicht* auf; betreffend, -treffs; in betreff; was (an)betrifft; angehend, -langend, entsprechend, gemäß, nach, laut.

bezwecken: *beabsichtigen.*

bezwingen: (-)siegen, (-)zähmen, beherrschen, *bewältigen,* überwältigen, -winden; Herr werden; *unterwerfen, -drücken, bändigen. erobern.*

bieder: *wacker, rechtschaffen,* Bieder-, Ehrenmann.

biegen: beugen, krümmen, schweifen, *krumm.*

biegsam: *geschmeidig.*

Biene: *Imme.* -nstock, (~n)Schwarm.

Biest: Tier, Bestie! *Scheusal.*

bieten: reichen. an~, vorschlagen. *versprechen.* dar~, *zeigen.* bringen. *gewähren,* geben.

Bild: ~nis, Abbild(ung), *Kopie, Gemälde,* Darstellung, Zeichnung, Skizze, *Foto(grafie). Gestalt,* Erscheinung, Anblick, -sicht. *Gleichnis. Vorstellung. Szene.* Vor~, Ur~, In~, Denk~, Idee.

bilden: *formen,* zusammensetzen, (aus)machen, abgeben, *erzeugen. entwickeln. errichten.* aus~, heran~, erziehen, *lehren,* ~d, *lehrhaft. sein. sich* ~: *entstehen.*

bildhaft: *anschaulich.*

bildlich: figürlich, gleichnishaft, sinn~, übertragen, allegorisch, symbolisch, metaphorisch.

Bildung: *Gestalt*(ung). *Art. Kultur.*

billig: *gerecht.* wohlfeil, preiswert, -günstig, *mäßig,* spott~, (halb, fast) umsonst, geschenkt; wertlos, minderwertig, *schlecht.* nichtssagend. *dürftig.*

billigen: ja sagen; bejahen; gutheißen, genehmigen, annehmen, beipflichten; bei-, zu-, übereinstimmen, unterschreiben; einverstanden sein; nichts dagegen haben; einwilligen, anerkennen, zugeben; gelten lassen; *zulassen. Beifall,* Einverständnis.

Bindemittel: Binder, *Kleister.*

binden: knüpfen, heften, schnüren, nesteln, knoten, flechten, wickeln, winden, schlingen, schnallen, gürten, befestigen, *fesseln.* leimen, kitten. verpflichten. *Verbindung.*

Binder: *Bindemittel. Schlips.*

binnen: *innerhalb.*

Binsenwahrheit: Gemeinplatz, selbstverständlich.

bis: bis zu; bis an; bis dahin; bis dann; inzwischen. ~ auf: *ohne.*

bisher: -lang; bis jetzt; *früher.*

bißchen: ein *wenig.*

Bissen: *Imbiß. Stück.*

bissig: *scharf*(züngig). bärbeißig. *boshaft.* spöttisch. zänkisch.

bisweilen: *manchmal.*

Bitte: Für~, Verwendung. *Wunsch,* An-, Ersuchen, *Gesuch.* (auf)fordern.

bitten: ersuchen, angehen, -halten, -sprechen, -rufen, (-)flehen. bemühen, -stürmen, -schwören, *drängen,* betteln; sich wenden an; er~, *wünschen,* nachsuchen, einkommen um, (auf)*fordern,* beauftragen, (ein)*laden.* ~, sich verwenden für. Fürbitte, -sprache.

bitter: herb, *scharf,* gallen~, gallig. *schmerzlich, unangenehm.* hart.

Bitterkeit: *Groll.*

blähen: auf~, aufblasen, (-)*schwellen,* (-)treiben, *vergrößern. gedunsen.* sich (auf)~, aufplustern; *prahlen.*

blaken: *schwelen.*

blank: *sauber. glatt. glänzend. nackt. abgebrannt.*

Blase: *Beutel. Bande.*

blasen: atmen, hauchen, p(r)usten, schnauben, fauchen. pfeifen, tuten, dudeln. schmettern. *wehen.*

blaß: bläßlich, *bleich,* fahl, verschossen, *farb-. kraftlos,* blutlos, -arm, -leer, *matt,* zart.

Blatt: (~, Stück) Papier; Bogen, Blättchen, Zettel, Wisch! *Zeitung, Zeitschrift.* Spielkarte.

blau: bläulich, hell~, licht~, zart~, pastell~, kornblumen~, vergißmeinnicht~, veilchen~, grau~, stahl~, tief~, dunkel~, preußisch~, schwarz~, ultramarin. *betrunken.*

blechen: (be)*zahlen.*

Bleibe: *Unterkunft.*

bleiben: *übrig~;* ver~. (ver)*weilen,* (fort)*bestehen.* ver-, beharren, festhalten. *aushalten.* ~lassen: *unterlassen.*

bleich: gebleicht, verblichen, -schossen. wachs~, kreide~, schreckens~, (toten-, leichen)*blaß, (-)fahl,* wächsern. milchig, käsig, käse~, weiß.

bleiern: *schwer. unbeweglich. grau.*

blenden: *leuchten. verblüffen. bezaubern. täuschen.* ~d, *hell, grell. prächtig.*

Blendwerk: *Trug, Gespenst.*

Blick: Auge. Aussicht. ~feld, *Umkreis.* ~punkt. ~winkel, *Standpunkt.*

blicken: sehen, schauen, gucken, äugen, lugen, kieken! linsen! peilen! schielen, *spähen,* glotzen! *blitzen.*

blind: erblindet, stock~, augen-, blicklos; nicht sehen (können); *stumpf, achtlos, leichtsinnig, zufällig, triebhaft, zwangsläufig, unbewußt.*

Blindgänger: *Versager.*

blindlings: auf gut Glück; aufs Geratewohl; *zufällig. unbesonnen.*

blinke(r)n: *glänzen. blinzeln.*

blinzeln: zwinkern, blinke(r)n, plinke(r)n, *flimmern.*

blitzen: zucken, *funke(l)n. wettern. blicken.*

Block: Klotz, Kloben, Klumpen, Masse. Kasten. Notiz~, Schreib~, Skizzen~, Zeichen~. Häuser~, Wohn~. Gruppe. blockieren, *sperren.*

blöde: *schüchtern, ungeschickt. albern, dumm,* blöd-, schwachsinnig, verblödet,

vernagelt, *irr.* Blödsinn, Unsinn. Blöd-
heit, Blödigkeit, Verblödung, Schwach-,
Stumpfsinn.

blond: hell~, flachs~, stroh~, pla-
tin~, (stroh)gelb, falb, rot~, tizian~,
dunkel~, ~kopf, ~ine.

bloß: *bar, nackt. nur.*

Blöße: *Mangel, Schwäche, Lücke.*

bloßlegen: *enthüllen,* freilegen.

bloßstellen: preisgeben, anprangern,
entlarven. beschämen; lächerlich machen.

bluffen: *täuschen.*

blühen: prangen, *gedeihen, gesund.*

Blume: Blüte. Duft. Würze. Arom(a).

Blut: *Sippe. Rasse.*

Blutbad: (Massen)*Mord.*

Blüte: Blume, Glanz. ~zeit, Höhepunkt. Rosen-, Maienzeit. die Besten.

Bluttat: *Mord.*

Bö: *Wind.*

Bock: Widder, Hammel, Schöps,
Ziegen~, Geiß~, Schaf~, Reh~. Sün-
den~. Gestell. Säge~. Kutsch~. *Fehler.*

bocken: stoßen. *trotzen. aussetzen.*

bockig: bockbeinig, *störrisch.*

Boden: (~)Fläche. *Grund.* am ~:
unten, danieder. zu ~: nieder. *Erde,*
Acker(~), Erd~. Fuß~, Diele, Estrich.
Dach~, Speicher. auf dem ~: zuunterst.

bodenlos: abgründig, *tief.*

bodenständig: *heimisch.*

Bogen: Biegung, Krümmung, Kurve.
Spitz~, Rund~. Papier(~), Brief(~),
Druck~, *Blatt.*

Bohle: *Brett.*

bohnern: *wichsen.*

bohren: drillen. stechen, *graben,*
wühlen. *drängen. schmerzen.*

Bollwerk: *Festung, Wall.*

Bombast: *Schwulst.*

Boot: Kahn, Nachen, Gondel, Barke,
Schifflein, -chen, Nußschale, Schlauch~,
Ruder~, Einer, Zweier, Vierer, Achter,
Falt~, Paddel~, Kanu, Kajak, Kana-
dier, Ausleger(~), Einbaum. Segel~,
Renn~, Motor~, Dampf~, Pinasse,
Barkasse, Jolle, Zille, Schaluppe, Ret-
tungs~, Fischer~.

Bord: *Rand. Brett. Regal.*

borgen: *leihen.*

Borke: Rinde. Kruste, Schorf.

Born: Quelle, Brunnen.

Börse: *Beutel.*

Borste: *Haar.* Stachel. borstig, struppig, rauh. unrasiert.

Borte: *Band.*

Böschung: (Ab)*Hang.*

böse: *sündhaft.* schlimm, *übel, schlecht,*
arg, bösartig, *Teufel. gefährlich, unheimlich. ärgerlich, zornig.* giftig. *boshaft.*
feindlich, lieb-, herzlos, unfreundlich.
~wicht, *Sünder, Verbrecher.*

boshaft: *böse,* (heim)tückisch, *gemein,*
gehässig, giftig, bissig, hämisch, *spitz(ig),
ausfällig.* Bosheit, *Niedertracht.*

bosseln: *schlagen. basteln.*

Bote: Überbringer, Mittelsmann,
Send~, Botschafter. Austräger, ~n-
junge, Laufjunge, -bursche.

botmäßig: *untertan. gehorsam.*

Botschaft: *Nachricht.* ~er: *Bote.
Vertreter.*

Bottich: Bütte, Zuber, *Gefäß.*

boxen: *stoßen, schlagen.*

brachliegen: *ruhen.*

Brand: *Feuer. Heizung.*

branden: anschlagen, -prallen, -stür-
men, (sich) brechen; schäumen, *fluten.*

brandmarken: *tadeln.*

brandschatzen: (aus)plündern.

Brandung: Gischt.

Branntwein: Schnaps, Fusel, Alko-
hol, Aquavit, Korn, Kirsch(wasser) usw.

braten: rösten, schmoren, brutzeln.

Brauch(tum): (Volks)Sitte, Gebräu-
che, -wohnheit, -pflogenheit, Weise,
Übung, *üblich,* Regel, Herkommen, Überlieferung, Mode.

brauchbar: *geeignet, nützlich,* praktisch. Hand und Fuß haben.

brauchen: bedürfen, -nötigen; nötig
haben; angewiesen sein; nicht *entbehren*
können; nicht auskommen ohne; (er)
fordern, beanspruchen, *bedingen,* kosten.

braun: hell~, rot~, Siena, reh~,
brünett, kastanien~, Umbra, dunkel~,
bräunlich, gebräunt, bronzen, (sonn)
verbrannt.

bräunen: *rösten.*

Brause: Dusche. (~)Limonade.

brausen: tosen, stürmen, *rasen*, sausen, rauschen, schwirren, lärmen. zischen, schäumen, *sprudeln, wallen, gären.* duschen.

Braut: Verlobte, Zukünftige.

Brautschatz: *Mitgift.*

brav: *artig, sittsam. rechtschaffen,* wacker, tapfer.

brechen: ab~, (-)knicken, (-)pflücken. *speien.* auf~, zer~, auseinander~, sprengen, knacken. verletzen, nicht (ein)halten. *platzen,* splittern, zerschellen, -fallen, entzweigehen; in Scherben, kaputtgehen; (ab-, zer)bröckeln. ~ mit: sich *abwenden, entzweien.*

Brei: Mus, Papp, Teig, Kleister, Schleim, Schlamm, *Matsch, Mischung.* Mehl~, Grieß~, Reis~, Hafer~, Milch~.

breiig: *dickflüssig.*

breit: *weit,* breiten, *dehnen*; sich ~machen, ausbreiten, *festsetzen.*

breitschlagen: *überreden.*

Bremse: *Hindernis.*

bremsen: *hemmen,* verlangsamen, drosseln, aufhalten, stoppen. *mäßigen.*

brennen: ver~, (ver)sengen, *rösten. jucken,* beizen, *schmerzen.* in Flammen stehen; *flammen, glühen. gieren.* ~d, *heiß, scharf, grell.*

Brennpunkt: *Mitte.*

brenzlig: *bedenklich.*

Bresche: *Lücke.*

bresthaft: gebrechlich.

Brett: Latte, Diele, Bord, Planke, Bohle. Tafel.

Brief: *Schreiben.* ~lich, schriftlich.

bringen: (her)an~, (her)bei~, holen, *beschaffen.* liefern, *befördern, übergeben.* bieten. (zu)*führen,* ver~, *versetzen.* gereichen zu. dar~, spenden. an sich ~: *erwerben.* es zu etwas ~: vorwärtskommen, Erfolg haben.

Brise: *Wind.*

bröckeln: krümeln, *brechen.*

Brocken: (Bruch)*Stück. Block.* Kloß, Klumpen, Knollen.

brodeln: *wallen,* gären. kochen.

Brodem: *Dampf.*

Brosame: *Krume.*

Bruch: *Moor.*

Bruch: Knick, Knacks, Riß, Sprung. Abfall. Trennung. *Zwiespalt.* Verletzung.

brüchig: *lose,* morsch.

Bruchstück: *Stückwerk.*

Bruchteil: *Teil. Kleinigkeit.*

Brücke: Steg, Übergang, -führung, Verbindung.

brüderlich: *einträchtig.*

Brühe: Suppe, *Flüssigkeit.*

brüllen: *schreien,* Gebrüll, *Geschrei.*

brummen: *summen,* singen. *knurren.* (in *Haft*) sitzen.

brummig: *mürrisch.*

Brunnen: Born, Zisterne, Wasser. Quelle. ~trog. Spring~, Wasserkunst.

Brunst: Brunft. *Begierde.* In~, (in) brünstig, *leidenschaftlich.*

Brust: Busen, Büste. *Gemüt.*

brüsten, sich: *prahlen.*

Brut: *Nachkommen. Sippe. Bande.*

brüten: *grübeln.* aus~, *erdenken.* drücken, lasten. schwül.

brutteln: *knurren.*

brutzeln: *braten.*

Bub: *Junge.*

Bube: *Schuft,* bübisch, *gemein.* ~nstück, *Niedertracht.*

Buch: Band, Schrift, Wälzer! Schinken! Schwarte! Scharteke! Schmöker!

buchen: *aufzeichnen.*

Büchse: *Behälter. Gewehr.*

buchstabieren: lesen, entziffern.

buchstäblich: *genau.*

Bucht: Becken, Bai, Meerbusen, Golf, Förde, Fjord, Haff. Einbuchtung.

Buckel: Rücken, Höcker, Auswuchs, Ast. *Höhe, Hügel.* ~ig, *krumm, uneben,* sich *wölben.*

bücken, sich: sich (ver)beugen, (-)neigen, ducken.

buddeln: *graben.*

Bude: *Hütte. Laden. Raum.*

büffeln: *lernen.*

bügeln: plätten. *glätten.* glatt~, aus~, bereinigen, wiedergutmachen.

buhlen: *werben.*

Bühne: Rampe, Rampenlicht, Bretter, *Schauplatz,* Theater.

Bummel: (Spazier)*Gang.* ~n: *spazieren. nichts tun. säumen, langsam.*

Bummelei: *Schlendrian.*
Bund: Bündel, Gebinde, Busch(en), Strauß, Büschel, Garbe. Ballen, Packen. *Gurt.* Bündnis, Kreis, Bruderschaft, *Vereinigung,* Liga.
bündeln: *packen.*
bündig: *kurz. eben. schlüssig.*
bunt: (~)*farbig,* (~)*scheckig,* (~)schillernd, kunterbunt, *vielfältig. ungleich.*
Bürde: *Last. Leid.*
Burg: *Festung.*
bürgen: (sich) verbürgen; ein-, geradestehen, gut sein, haften, aufkommen, gewährleisten; Brief und Siegel geben; sichern, *Gewähr.*
Bürger: *Einwohner.* Spieß~, *Spießer.* ~lich, weltlich, zivil.
Bürgermeister: Schultheiß, Schulze, (Orts)Vorsteher.

Bursche: *Junge, Jüngling, Bengel, Kerl,* Milchbart! Grünschnabel! Lauf~, *Bote. Diener.*
bürsten: aus~, ab~, *putzen.*
Bürzel: Sterz, Schwanz.
Busch: Strauch, Staude, Stock. ~werk, Gebüsch, -sträuch, -strüpp, Dickicht, Hecke, *Gehölz.*
Büschel: *Bund.* Flocke.
Busen: Brust, Büste. *Gemüt.*
Buße: Sühne, Strafe, Auflage.
büßen: ab~, sühnen, entgelten, ausbaden, -fressen! herhalten müssen; die Zeche bezahlen; (die Suppe) auslöffeln; die Folgen tragen. *begleichen.* leiden.
bußfertig: *reuig.*
Büste: Brust, Busen.
Bütte: Bottich, Zuber, *Gefäß.*
Büttel: (Gerichts)Diener, *Scherge.*

C

Camp: (Zelt)*Lager.*
Champagner: Sekt, Schaumwein.
Chance: Glück(sfall). *Gelegenheit. Aussicht*(en).
Chaos: Wirrwarr, *Aufruhr, Wirbel.* Zerrüttung, Desorganisation.
Charakter: *Art*(ung), *Form, Wesen, Merkmal,* Typ(us), Temperament, *Gesinnung.* Persönlichkeit. *unbeugsam.*
charakterisieren: *kennzeichnen.*

charakteristisch, unterscheidend, *eigen*(tümlich), echt.
charakterlos: *ehrlos.*
Chef: *Oberhaupt. Meister.*
Chiffre: *Zeichen. Gleichnis.*
Chronik: Annalen, Jahrbuch, Jahrbücher, Tagebuch.
Clique: *Bande.* Cliquen-, Vetternwirtschaft, ~nwesen.
Clown: *Hanswurst.*

D

da: *hier.* dort, an jener Stelle. *anwesend,* gekommen. *vorhanden,* auf der Welt. daselbst, allda. *daheim.* da und da; da und dort; *hier* und da. *dann.* zu dieser Zeit; in dieser Lage; unter solchen Umständen. damals. weil. *während.*
dabei: *anwesend. nebenan. dazu.*
Dach: (~)Giebel, (~)First, Zinne. Obdach, *Unterkunft.*
dadurch: damit. *deshalb.*

Dafürhalten: *Meinung.*
dagegen: im Gegenteil; dafür, *aberdoch.* ~ sein: widersprechen. *ablehnen.*
dagegenhalten: entgegenhalten. *antworten. vergleichen.*
daheim: in seinen vier Wänden; zu Hause; anwesend, da. *heimisch.*
daher: *deshalb.*
dahin: *fort. vergangen.*
dahingestellt: *unentschieden.*

dahinterkommen: *erkennen.*

damalig, damals: da(zumal); in, zu jener Zeit; *einst*(ig).

damit: daß. *gleichzeitig.*

dämlich: *dumm, albern.*

Damm: Deich, (Schutz)Wall, ab-, eindämmen, *einschränken.*

Dämmer(ung): Dämmerlicht, -schein, -stunde, Halbdunkel, -licht; erstes, letztes Licht; Zwielicht, *Morgen, Abend,* Schummer(stunde).

dämm(e)rig: schumm(e)rig, *dunkel.*

dämmern: schummern, *tagen, dunkeln. duseln. begreifen.*

Dampf: Dunst, Brodem, Schwaden, Nebel. ~ machen: (an)*treiben.*

dampfen: *kochen, schwitzen.*

dämpfen: *dünsten.* (ab)*schwächen, mäßigen, unterdrücken.*

danach: *nachher. folglich.*

daneben: *nebenan. dazu. falsch.* ~greifen, ~treffen, ~hauen, *fehlen,* sich *irren;* Mißgriff. ~gehen, *mißlingen.*

danieder: am Boden.

Dank: Anerkennung, *Lohn, Entgelt.*

dank: *wegen. mittels.*

dankbar: -erfüllt, erkenntlich, verbunden, *vorteilhaft.*

danken: Dank sagen, abstatten, wissen; seinen Dank aussprechen, -drükken; dankbar sein; sich be~, erkenntlich zeigen; *vergelten.* hoch anrechnen. *verzichten. verdanken. lobenswert.*

dann: nun; in d(ie)em Augenblick. *nachher.* dann und wann: *manchmal.*

dann und wann: *manchmal.*

darangehen: *anfangen, unternehmen.*

daransetzen: *wagen.*

darauf: *nachher.*

darben: Mangel leiden; das Nötigste *entbehren; hungern.*

Darbietung: *Vorstellung.*

darbringen: *opfern.*

darlegen: -stellen, *zeigen, erklären, vortragen.*

Darm: Därme, *Eingeweide.*

darstellen: veranschaulichen, -körpern, -leiblichen. *bedeuten,* abgeben, *vorstellen,* vertreten, repräsentieren, (die Rolle *spielen;* mimen, *zeigen, zeichnen,*

schildern, *darlegen.* Darstellung(sweise), *Stil.* Wiedergabe.

Darsteller: Schauspieler, Mime, Mitwirkender.

dartun: *zeigen, beweisen.*

darüberstehen: erhaben sein über; nicht berührt werden von.

darum: *deshalb.*

darunter: dazwischen, mittendrin.

Dasein: Bestehen, Vorhandensein, *Gegenwart,* Existenz. Leben(sunterhalt)·

daß: *indem.* so daß. damit.

dasselbe: das gleiche; das nämliche; nichts anderes; kein Unterschied.

Dauer: *Zeit.* Fort~, Bestand.

dauerhaft: beständig, langlebig, *ewig. fest.*

dauern: an~, anhalten, (fort)währen; kein Ende nehmen; nicht aufhören; sich *hinziehen,* fortsetzen. bleiben, bestehen (bleiben), fort-, weiterleben, -wirken. be~, (be)reuen. rühren, leid tun.

dauernd: *unaufhörlich.* nachhaltig.

Daune: Eider~. Bett-, Flaumfeder.

davon: *fort.*

davonbleiben: *meiden.*

davonkommen: *überstehen.*

davonmachen, sich: *fortgehen,* sich fortstehlen, -schleichen, verziehen, (-) drücken, -kriechen, -krümeln! trollen! (fort)scheren! packen! sich auf die Socken, aus dem Staub machen; sich dünnmachen! verschwinden, -duften! abhauen! -dampfen! -schieben! -kratzen! -schrammen! -ziehen. *ausreißen.*

davontragen: *bekommen.*

dazu: ferner(hin), weiter(hin), hierauf, obendrein, *außerdem.*

dazumal: *damals.*

dazwischen: darunter, mittendrin.

dazwischentreten: sich *einmischen. stören.*

Decke: *Fell.* Einband(~). Tisch~. Bett~, Stepp~, Woll~, Woilach. Zimmer~.

Deckel: Klappe, Verschluß.

decken: ab~, be~, zu~, ver~, über~, überziehen, -säen. -spannen. -dachen, -wölben, -lagern. (ver)*bergen, schützen.* sich ~: *übereinstimmen.*

deftig: *derb.*

dehnen: aus~, spannen, recken, *strecken,* spreizen, weiten, erweitern, (aus)ziehen, längen, verlängern, *hinziehen, (aus)breiten,* schwellen. dehnbar, *geschmeidig.*

Deich: *Damm.*

deichseln: *bewerkstelligen.*

Delle: *Vertiefung.*

demnach: *folglich.*

demütig: demutsvoll, ergeben, *ehrfürchtig, unterwürfig, flehentlich.*

demütigen: *ducken. verletzen.*

denkbar: *möglich. höchst.*

denken: nach~, *überlegen. meinen,* sich *vorstellen.* (be)*urteilen.* sich *erinnern. beabsichtigen.*

Denkmal: -stein, (Gedenk)Stein. *Erinnerung,* Andenken.

Denkweise: Betrachtungsweise, *Anschauung(en),* Geistesrichtung, Denk-(ungs)art, *Gesinnung.*

denkwürdig: *wichtig.*

Denkzettel: (warnendes) Andenken, (böse) Erinnerung. Mahnung, Warnung.

denn: *etwa.*

dennoch: *doch.*

derart, -gestalt, -maßen: *so.*

derb: *stark, rauh, grob*(schlächtig), ungeschlacht, *plump,* drall, stramm, kernig, knorrig, urwüchsig, deftig, saftig, handfest, herzhaft, heftig, kraß, drastisch, *deutlich.*

derselbe: *gleich.*

derzeit: *jetzt.*

desgleichen: *ebenfalls.*

deshalb: -wegen, daher, -durch, -rum, dieserhalb; aus diesem Grunde; insofern, *folglich.*

desto: um so (viel).

deuten: *zeigen. erklären.*

deutlich: (klipp und) klar; gewiß, *bestimmt,* genau, eindeutig. *offen,* unzweideutig, -verkennbar, -mißverständlich, *zweifellos.* vernehmlich, *verständlich, anschaulich, merklich, offenbar.*

dicht: undurchdringlich, -lässig, -sichtig, unzugänglich, *unwegsam.* eng, fest (gefügt), *zu. nahe.*

dichten: ab~, stopfen.

Dichter: Poet, Sänger, Dichterling! Reimeschmied! *Schriftsteller.*

dichthalten: *schweigen.*

Dichtung: Dichtwerk, Gedicht, Poesie. Drama. Epos, *Erzählung.*

dick: stark, massig, feist, fett, fleischig, pausbäckig, füllig, *üppig,* ~lich, rundlich, mollig, ~leibig, (wohl)beleibt, gut-, wohlgenährt, voll(schlank), behäbig, ~wanst! Fettwanst! Schmerbauch! *stattlich, umfänglich.* prall, *gedunsen, satt.* dickflüssig. ~ werden, zunehmen, (an)schwellen.

dickfellig: *unempfindlich.*

dickflüssig: breiig, schleimig, teigig, zäh(flüssig), seimig, stockig.

Dickicht: Gestrüpp, *Busch*(werk).

Dickkopf: *Eigensinn.*

Diele: *Brett. Vorraum.* (Fuß)*Boden.*

dienen: aufwarten. *frönen. nützen.* taugen; dienlich, dazu dasein, herhalten, ersetzen, vertreten.

Diener: Bedienter, Kammer~, Haus~, (Haus)Knecht, Bursche, Aufwärter, Lakai! dienstbarer Geist; *Gesinde.* Sklave, Helfer.

Dienerin: Schaffnerin, Magd, (Kammer)Zofe, Aufwartung. *Hausgehilfin.*

dienern: sich *verbeugen.* sich *ducken.*

dienlich: *geeignet.*

Dienst: *Arbeit, Aufgabe.* Hilfe, *Gefälligkeit,* ~e, Leistungen.

Dienstboten: *Gesinde.*

Dienstmädchen: *Hausgehilfin.*

Dienstmann: (Gepäck)Träger.

dieserhalb: *deswegen.*

diesig: dunstig, *trübe.*

diesseits: auf dieser Seite; hier. diesseitig, *irdisch,* (diese) *Welt.*

Ding: *Sache,* Gebilde, Körper, Gegenstand, Seiendes.

dingen: *einstellen.* mieten. *werben.*

dingfest machen: *verhaften.*

Dirne: *Mädchen. Hure.*

doch: *aber,* dagegen, jedoch, dennoch, trotzdem; *trotz* allem; indes(sen), (dessen-, dem)ungeachtet, nichtsdestoweniger, -trotz, gleichwohl, jedenfalls,

Dohne: (Roßhaar-)Schlinge.

doktern: *kurieren.*
dolmetschen: *übersetzen, erklären.*
Dom: Münster, Kathedrale, *Kirche.*
Kuppel.
Donner: *Gewitter.* (~)*Schall, Lärm.*
~n, *wettern, dröhnen.*
Doppel: *Abschrift.* ~deutig, *zwei-*
deutig, ~züngig, *falsch.*
doppelt: zwei-, zwiefach, zweimal,
zwiefältig, ver~. noch mal so.
Dorf: *Ort.*
Dorn: Spitze, Stachel. *ärgerlich.*
dornig: *leid-, mühevoll.*
dörren: trocknen, rösten.
dort: *da*(selbst).
Dose: *Behälter.*
dösen: duseln, träumen, *schlafen.*
Drache: Ungeheuer, Bestie. Haus~.
Draht: Kabel, Telegraf.
Drahtzieher: Hintermann, Auftraggeber. Anstifter, Urheber.
Drall: Dreh(ung).
drall: stramm, *derb.*
Drang: *Druck.* Wille, *Verlangen,*
Neigung.
drangeben: *opfern.*
drängen: drängeln, *drücken,* schieben, zwängen, bohren, *dringen* in. be~,
bearbeiten, *zureden,* -setzen; keine Ruhe
geben; (an)*treiben,* nötigen, *bitten. stre-*
ben. eilen. sich ~: *wimmeln;* gedrängt
voll. sich *reißen* um.
Drangsal: *Not.*
drankriegen: *hineinlegen.*
draufgehen: *Verbrauch. umkommen.*
Draufgänger: *kühn, kämpferisch.*
draufsetzen: *versetzen.*
draufzahlen: *zuschießen.*
draußen: *außen.*
Dreck: *Schmutz,* Unrat, *Kehricht.*
Kot, Mist, *Schlamm. Kleinigkeit.* Quark.
dreckig: *schmutzig.*
Dreh: Drall. *Kniff.*
drehen: *winden.* wenden, kehren,
kippen, schwenken, wirbeln, schrauben,
rollen, zwirbeln, kurbeln, leiern, drechseln, *bewerkstelligen. schalten.* sich ~:
kreisen, (um)laufen, *tanzen.* sich ~ um:
betreffen.
dreist: *frech.*

dreschen: *schlagen.*
Drift: Abtrift, Versetzung. treiben.
Drill: Schliff, Schleiferei, ~en, *üben,*
schleifen, schinden, schlauchen! zwiebeln! hochnehmen.
dringen: vor~. ein~, *gelangen.* ~ in,
drängen.
dringend: *nachdrücklich.* (vor)dring-
lich, drängend, brennend, unaufschiebbar, (brand)eilig, *wichtig, notwendig.*
drohen: *ängstigen.* an~, be~; unter
Druck setzen; die Hölle heiß machen;
warnen. *nahen.* ~d, bedrohlich, *gefähr-*
lich, unheimlich. be~, *gefährden.*
dröhnen: *schallen,* tosen, donnern,
grollen, *lärmen.*
drollig: schnurrig, putzig, possierlich,
spaßig, -haft, ergötzlich, ulkig, lächerlich, komisch, *lustig.*
Droschke: Kutsche, Wagen.
drosseln: *bremsen,* lähmen, (ver)min-
dern, verringern, herabsetzen, mäßigen.
drüben: *jenseits.*
Druck: (An)Spannung. *Gewicht.*
Zwang, Drang, *Not.* Alp~. *Veröffent-*
lichung. Abdruck, Abzug.
drucken: *vervielfältigen.* drucksen,
herum~, *zögern.*
drücken: schieben, drängen, pressen,
stauchen, kneten, quetschen, kneifen,
klemmen, zwängen, würgen. be~, einengen. *bedrücken,* (be)*kümmern.* lasten,
brüten. sich ~: *ausweichen, meiden.* sich
(heimlich) *entfernen.* ~d: *schwer, dumpf.*
beängstigend, *lästig.*
Drücker: Tür~, 'Tür) Klinke, (-) Griff.
drucksen: *zögern.*
ducken: (nieder)beugen, erniedrigen,
demütigen, unterdrücken, -werfen,
bändigen, kuschen. sich ~, bücken;
den Kopf einziehen; *kriechen,* sich
fügen. Duckmäuser.
dudeln: blasen, flöten. leiern.
Duft: (Wohl)*Geruch,* Hauch, Blume,
Bukett. ~en, riechen. ~ig, *zart.*
dulden: (er)*leiden, hinnehmen,* sich
fügen. sich gefallen, über sich ergehen
lassen; *zulassen, billigen.*
duldsam, Duldung: *Nachsicht,* tolerant, liberal.

dumm: stock~, sau~! dämlich!
doof! *blöde,* Dumm-, Stroh-, Holz-,
Hohl-, Flach-, Schwach-, Schafskopf,
Trottel, Idiot, Tor, Tölpel, Simpel, Gim-
pel, Dummrian, Dussel, (Einfalts)Pinsel,
Narr, Esel, Rindvieh, (Horn)Ochse,
Kalb, Schaf, Hammel, Kamel, Riesenroß!
Närrin, Törin, Gans, Pute, dumme Person, dummes Aas. begriffsstutzig, *beschränkt,* geistesarm, einfältig, harmlos,
unwissend, -gebildet. unbegabt, talent-
los. unerfahren, -reif; ~er, grüner Junge.
ungeschickt, töricht, *unbesonnen,* -klug,
gedanken-, (ge)hirn-, geistlos. *albern,*
närrisch. *sinnlos, verrückt. unangenehm.*
    Dummheit: Torheit, Unverstand,
-vernunft, Unsinn, Fehler, Eselei,
Streich, Possen.
    dumpf: ~ig, feucht, schimmlig,
modrig, stockig, muffig, ungelüftet.
hohl, tief, *dunkel,* gedämpft, erstickt,
stumpf. schwül, (nieder)drückend, er-
stickend, beengend, -klemmend, bleiern.
    Dung, Dünger: Mist.
    dunkel: stock~, (stock)finster, duster,
düster. halb~, *trübe,* unbe-, unerleuch-
tet, licht-, sonnenlos, *dämm(e)rig,* näch-
tig, schattig, *schwarz. unklar, -gewiß,*
-bewußt, dumpf, *voll. unbegreiflich,* Geheimnis. *unheimlich.*
    Dünkel: *Hochmut, eitel.*
    dünken: *scheinen.*
    dünn: haar~, hauch~, schleier~,
spinnweb~, (haar)*fein,* zart, durchsichtig, -scheinend. schmal, *mager. gering,* schwach, spärlich, schütter. fadenscheinig. *lose.* wässerig. sich ~machen,
davonmachen.
    Dunst: *Dampf, Qualm.* ~kreis,
~hülle, ~schleier. *trübe.* blauen ~ vormachen: *täuschen.*
    dünsten: dämpfen, schmoren. aus~,
schwitzen.
    durch: hin~. *fertig. mittels.* von
(seiten), seitens. durch und durch: *ganz.*
    durcharbeiten: *durchnehmen.*
    durchaus: durch und durch; durch-
weg, -gängig, *ganz. unbedingt, schlechterdings,* rundweg.
    durchblättern: *durchsehen.*

    durchblicken: durchsehen. ~ lassen:
erkennen lassen; zu verstehen geben.
    durchbohren: *durchdringen,* -ste-
chen, -stoßen, -löchern.
    durchbrechen: *durchdringen.*
    durchbrechen: *unterbrechen.*
    durchbrennen: *ausreißen.*
    durchbringen: *verschwenden.* sich ~,
durchschlagen.
    Durchbruch: Gasse.
    durchdrehen: den Kopf verlieren;
fassungslos, verrückt werden.
    durchdringen: -brechen, -kommen,
-sickern; sich durchsetzen, -schlagen;
sein Ziel erreichen; ans Ziel gelangen;
siegen. Erfolg haben. ~d, *wirksam.*
    durchdringen: -bohren, -stechen,
-stoßen, -brechen, -ziehen, -queren,
-kreuzen, -setzen, beeinflussen, färben
tränken, (durch)nässen. durchdrungen:
erfüllt, voller.
    durchdrücken: *durchsetzen.*
    durcheinander: *wirr.*
    durcheinanderbringen, -werfen:
mischen. verwirren.
    durchfallen: sitzenbleiben.
    durchfechten: *durchsetzen. ausfech-
ten. durchmachen.*
    durchfinden, sich: durchkommen,
sich zurechtfinden.
    durchforschen: *untersuchen.*
    durchführbar: *möglich.*
    durchführen: -setzen. abwickeln,
erledigen. *verrichten, bewerkstelligen, vollbringen, -enden, -ziehen, verwirklichen.
veranstalten.*
    Durchgang: *Durchlaß,* Gasse.
    durchgängig: *allgemein. ganz.*
    durchgehen: *ausreißen. durchsehen.*
~ lassen, *zulassen.* ~d, *ganz.*
    durchgreifen: aufräumen,. zuschla-
gen, kurzen Prozeß machen. ~d, einschneidend, bedeutend.
    durchhalten: *aushalten;* nicht *auf-
geben, nachlassen,* weich werden; sich
nicht *abbringen* lassen; nicht irremachen,
unterkriegen lassen; dabeibleiben; sich
behaupten. durchstehen.
    durchhecheln: *klatschen* über.
    durchkämmen: durchsuchen.

durchkämpfen: *durchsetzen.* sich ~, durchschlagen; durchbrechen, -dringen.

durchkommen: *durchdringen. überstehen.* sich *durchfinden.*

durchkreuzen: *durchqueren. vereiteln.*

Durchlaß: Durchgang, -fahrt, Gasse. Tor(weg). *Öffnung,* Durchschlupf.

durchlässig: porig, porös, *leck.*

durchlesen: *durchsehen.*

durchleuchten: röntgen. genau, näher, bei Licht besehen.

durchlöchern: -bohren, -stechen, -brechen, -stoßen.

durchmachen: *erleben,* (-)*leiden,* aus-, durch-, überstehen, durchfechten.

durchnehmen: -arbeiten, behandeln, sich *beschäftigen* mit.

durchpauken: *durchsetzen.*

durchqueren: -kreuzen, -streifen. durchschreiten, -dringen, passieren.

durchschauen: *erkennen.*

Durchschlag: *Abschrift.*

durchschlagen: *überzeugen.* sich ~, durchbringen, -kämpfen. ~d, entscheidend, *überzeugend,* zwingend, *wirksam, hervorragend.*

Durchschlupf: -laß, Loch. *Ausweg.* durchschlüpfen, *entgehen.*

Durchschnitt: Querschnitt, Mittel- (maß, -wert). Regel. ~lich, im Mittel; mittelmäßig, gewöhnlich.

Durchschrift: *Abschrift.*

durchsehen: -blicken, -blättern, -lesen, -gehen, -stöbern, (-)mustern, nachsehen, -schlagen, (-)wälzen. besichtigen, *untersuchen.* überfliegen.

durchsetzen: -drücken, -führen, -fechten, -pauken, -kämpfen, erreichen,

-zwingen. sich ~: *durchdringen.* sich behaupten. Geltung erlangen.

durchsetzen: *durchdringen.*

durchsichtig: -scheinend, gläsern, (glas)*klar,* dünn.

durchsickern: *durchdringen. bekannt werden.*

durchstechen: *durchbohren.*

durchstehen: *durchhalten.*

durchstöbern: *durchsehen.* -streifen.

durchstoßen: *durchbohren,* -dringen.

durchstreifen: *durchqueren,* -stöbern.

durchsuchen: *durchsehen.* durchkämmen, -wühlen, alles umkrempeln.

durchtrieben: *gerissen. lose.*

durchweg: *allgemein. durchaus.*

durchziehen: *klatschen* über. mit ~: mit durchschleifen, -schleppen; (durch) *helfen;* durchfuttern.

durchziehen: *durchdringen. furchen.*

dürfen: können, offen-, freistehen; erlaubt, gestattet sein.

dürftig: *gering.* not~, *ungenügend, mager,* bescheiden, karg, kärglich, kümmerlich, kläglich, mies! mickrig! billig, arm(selig), elend, *schäbig,* unansehnlich, windig! nichts dahinter!

dürr: *trocken.* karg, *mager.* klapper~, stock~, spindel~, zaun~.

Durst: Riesen~, Mords~, Brand! *Gier.* dursten, dürsten, *gieren.*

Dusche: Brause(bad).

Dusel: *Schwindel.* (Halb)*Schlaf. Rausch. Glück.*

duseln: *schlafen,* dämmern, (vor sich hin)träumen.

Dussel: *dumm.*

düster: *dunkel. traurig.*

E

eben: waagrecht. *flach.* gleichmäßig. bündig, *glatt. jetzt* (~). *eigens.* (~) erst, (~) jetzt, gerade (vorher, vorhin); just, kaum, *kürzlich.* ~ noch, so~, *leidlich.*

Ebenbild: *Abbild.*

ebenbürtig: *gleich.*

Ebene: Fläche, Flachland, Platte, Plan, Plateau.

ebenfalls: -so, gleichfalls, desgleichen, auch (noch).

Ebenmaß: *Gleichmaß,* Harmonie.

ebenso: *ebenfalls. gleich.*

ebnen: ein~, *schlichten,* planieren, *glätten, bahnen, erleichtern.*

Echo: Widerhall, Antwort, Rückwirkung, Resonanz, Anklang, Verständnis. Nachhall, -klang, -ahmung, Wiederholung, Erinnerung.

echt: wasch~, unverfälscht, -gekünstelt, -gesucht. *rein,* natürlich, ursprünglich, -wüchsig, vollblütig. untrüglich, *wahr,* (ge)treu, wirklich, eigentlich, recht, richtig, charakteristisch, zünftig. gediegen.

Ecke: Winkel. Vorsprung. Zacke, Spitze, Zipfel. Kante.

eckig: *scharf. steif.*

edel: adlig, nobel, (rein)rassig. *Adel,* vornehm, erlaucht. ritterlich, erhaben, ideal. ~mut, *Großmut,* -herzig, Hochsinn, -herzig. *erlesen,* kostbar.

Egoismus: *Selbstsucht.*

Ehe: (~)Bund; Bund fürs Leben; ~band, ~vertrag, Heirat, (eheliche) Verbindung. *Gatte.*

ehe: bevor.

ehedem: -mals, *einst*(mals).

ehelichen: *heiraten.*

ehelos: *ledig.*

ehemalig: *früher.*

Ehepaar: -leute, -partner, Gatten.

eher: *früher, lieber, besser,* vielmehr.

ehern: *hart, fest. frech.*

ehrbar: *ehrenhaft, sittsam.*

Ehre: *Ruhm, Ruf,* Achtung. *Stolz.*

ehren: Ehre erweisen; feiern, achten, *würdigen,* belohnen, verherrlichen, huldigen, auszeichnen; Ehre machen; zur Ehre gereichen; adeln.

ehrenhaft: ehrsam, -bar, ehrenwert, Ehrenmann, achtbar, *rechtschaffen.*

ehrenrührig: *ehrlos.*

ehrenvoll: ruhmvoll, rühmlich, glänzend. schmeichelhaft.

ehrerbietig: *ehrfürchtig.*

Ehrfurcht: Ehrerbietung, Verehrung, Scheu, *Achtung.*

ehrfürchtig: ehrfurchts-, achtungs-, verehrungsvoll, ehrerbietig, *fromm,* scheu, *demütig.*

Ehrgefühl: *Stolz.*

Ehrgeiz: -sucht. *Eifer.* ~ig, Ruhm-

begier, -sucht, Geltungsdrang, hochfliegend, strebsam.

ehrlich: *aufrichtig,* redlich; ohne Falsch; *treu*(herzig); eine ~e Haut; *rechtschaffen.*

ehrlos: -vergessen, ehrenrührig. charakterlos, *Lump, schändlich.*

ehrsam: *ehrenhaft.*

ehrwürdig: erlaucht, *heilig.*

Eid: (~)Schwur, Gelöbnis, Gelübde, (Ehren)Wort, Versprechen.

Eifer: (Bienen-, Ameisen)Fleiß, Bemühen, Bemühung, (Be)*Streben.* Arbeits-, Schaffens-, Tatenlust, -drang, Tatendurst. Hingabe, *Begeisterung,* Feuer(~), Über~, *Hast, eifrig.*

Eiferer: Fanatiker, Frömmler.

eifern: sich *erregen. schimpfen.*

Eifersucht: Eifersüchtelei, -süchtigkeit. *Neid.* Mißtrauen, Argwohn.

eifrig: *fleißig,* tatkräftig, *rege,* strebsam, emsig, dienst~, (dienst)*beflissen,* angelegentlich, begeistert.

eigen: an-, zugehörig. *wesentlich,* eigen-, selbständig, ~gesetzlich, persönlich, *angeboren, heimisch.* ~tümlich, ~artig, ~wüchsig, Sonder..., ausgeprägt, be-, kennzeichnend, charakteristisch, typisch. interessant, *besonder, seltsam.* sich zu ~ machen: sich *aneignen.*

Eigenart: -heit, *Merkmal,* Selbständigkeit, Sonderart, Eigenleben.

Eigenbrötler: *Sonderling.*

eigenhändig: *selbst.*

Eigenheit: -art, *Merkmal.*

Eigenliebe: *Selbstsucht.*

eigenmächtig: *willkürlich,* selbstherrlich, selbständig, auf eigene Faust.

Eigennutz: *Selbstsucht.*

eigens: *besonders,* eben, g(e)rade(zu), *ausdrücklich,* absichtlich.

Eigenschaft: *Merkmal,* Beschaffenheit, Qualität, Sosein.

Eigensinn: -wille. Starrsinn, Rechthaberei, -haberisch. Trotz, *störrisch,* stur, hartköpfig, -mäulig, Dick-, Querkopf, -schädel; Trotz-, Starrkopf. launenhaft, launisch.

eigentlich: *wahr, echt,* wesentlich, ursprünglich. an und für sich; im

Grunde; in Wirklichkeit; bei Licht besehen; strenggenommen, Rechtens; von
Rechts wegen; füglich.

Eigentum: *Besitz.*

eigentümlich: *eigen.*

eigenwillig: *selbständig. eigensinnig.*

eignen: *gehören.* sich ~: *taugen.* geeignet, *fähig, tauglich.*

Eile: *Hast.*

eilen: laufen, rennen, springen, jagen,
hasten, hetzen, rasen, fliegen, flitzen,
spritzen! fegen, preschen, sausen, brausen, stürmen; sich beeilen, sputen;
schnell machen; es eilt, drängt, brennt,
ist (die) höchste Zeit, höchste Eisenbahn.

eilig: eilends, ~st, *schnell*(stens).
flüchtig. *dringend.* eilfertig, *hastig.*

Eimer: Kübel, *Gefäß.*

ein ...: herein ..., hinein ..., dazwischen ...

ein (gewisser): so ein, *irgendein.*

einander: gegen-, wechselseitig.

einarbeiten: anlernen, *lehren.*

einäschern: *verbrennen.*

einbauen *einfügen.* montieren.

einbegreifen: *einschließen.*

einberufen: einziehen, aufbieten,
ausheben, zu den Waffen rufen; mobili-
sieren, zusammenberufen.

einbeziehen: *aufnehmen,* (mit) *einschließen, einordnen.*

einbilden, sich: *glauben;* sich einreden, *täuschen; träumen.*

Einbildung: Vorstellung, Phantasie.
Trug. Hochmut.

einblasen: *vorsagen.*

einbleuen: *einprägen.*

Einblick: -sicht. Überblick, Aufschluß. ~ geben: *zeigen.*

einbrechen: *eindringen.*

einbringen: *ernten.* abwerfen, sich
lohnen; tragen. *nachholen.*

einbürgern: *einführen.* sich ~: *entstehen.* eingebürgert, *herkömmlich.*

Einbuße: *Verlust.* einbüßen, *verlieren.*

eindämmen: *einschränken, zügeln.*

eindecken, sich: sich *beschaffen;*
einen Vorrat anlegen; *kaufen.*

eindeutig: *deutlich.* ausgemacht, -ge-
sprochen, handgreiflich.

eindringen: -brechen, -fallen, -rük-
ken, -marschieren, -ziehen, -sickern, sich
einschleichen, -nisten, *festsetzen.*

eindringlich: *nachdrücklich, inständig,* (herz)bewegend.

Eindruck: Vertiefung. Empfindung,
Gefühl. *Wirkung.* ~ machen: *ergreifen.*

eindrucksvoll: *ansehnlich.* wirksam.
erstaunlich.

einen: *verbinden.*

einengen: -schnüren, -keilen, -klem-
men, -zwängen, be-, verengen, *einschränken,* zusammen*drücken,* -pferchen.

einer: *jemand.*

einerlei: ein und dasselbe; *eintönig,*
Einöde. *gleich*(gültig).

einerseits: (eines)*teils*

einfach: *leicht* (zu begreifen, tun).
verständlich. *gering, schlicht, gewöhnlich,
bescheiden, harmlos,* simpel. ohne Umstände; *geradezu*

einfädeln: *anbahnen.*

einfahren: *ernten.*

Einfahrt: *Tor*

Einfall: -gebung, Erleuchtung, Gedanke, Idee, Geistesblitz, Inspiration.
Laune.

einfallen: *eindringen. einstürzen,* zusammenfallen. *abmagern.* in den Sinn
kommen; aufblitzen, anwandeln, sich
erinnern.

einfältig: *schlicht. dumm, albern.*

einfassen: *umgeben, Rand.*

einfinden, sich: *kommen.*

einflechten: *einfügen.* (nebenbei) *erwähnen;* einfließen lassen.

einflößen: *eingeben,* erfüllen. *erregen.*

Einfluß: -wirkung. *gelten. Macht*
(bereich). ~reich, *wichtig, maßgebend.*

einflüstern: zuflüstern, vorsagen.

einförmig: *gleich(mäßig), eintönig.*

einfriedigen: *umgeben.*

einfügen: ein-, dazwischensetzen,
-legen, -flechten, -flicken, -schalten,
-schieben, -bauen, -reihen, -gliedern,
sich ~, *schicken.*

einführen: -leiten. -bürgern, *verbreiten. vorstellen.*

Einführung: -leitung, Vorrede, -wort.

Eingabe: *Gesuch.*

Eingang: Zugang, -tritt, *Öffnung.*
eingangs: *anfänglich.*
eingeben: -flößen, -träufeln, verabreichen. auf den Gedanken bringen.
eingebildet: von sich eingenommen; *eitel, hochmütig.*
eingeboren: (ein)*heimisch,* (Ur)Einwohner, Urbewohner.
Eingebung: *Einfall.*
eingefleischt: -gewurzelt, gewohnheitsmäßig. vollkommen, unverbesserlich, hoffnungslos.
eingehen: einkommen. ~, *aufgehen,* münden in. (ein)*schrumpfen,* dahinsiechen, verkümmern, (ab)sterben; (zu bestehen) aufhören; erlöschen, *zugrunde gehen. begreifen.* ~ auf: sich beschäftigen; zugreifen, anbeißen, annehmen. Vertrag ~, (ab)schließen.
eingehend: ausführlich, *genau.*
eingenommen: von sich ~; eingebildet, *eitel, hochmütig.*
eingerechnet: *einschließlich.*
Eingeweide: (Ge)Därme, Gekröse, Kaldaunen, Kutteln, Innereien. *Inhalt.*
eingewurzelt: -gefleischt, fest-, tiefsitzend, *herkömmlich.*
eingezogen: zurückgezogen, *einsam.*
eingießen: -schenken, (-)füllen.
eingliedern: *einfügen.*
eingreifen: sich *einmischen.*
Einhalt gebieten: *aufhalten.*
einhalten: *halten, aufhören. beachten.*
einhämmern: *einprägen.*
einhandeln: -tauschen, erhandeln.
einhändigen: (*über*)*geben.*
einheimsen: heimbringen. einstekken, -streichen, -sacken! -sammeln, ernten, *bekommen.*
Einheit: Ganzes, Ganzheit. *Zusammenhang,* Gemeinsamkeit.
einheitlich: *gleich. einmütig.*
einheizen: *zusetzen.* warm machen.
einhellig: *einmütig.*
einholen: *einziehen. beschaffen,* einkaufen. ereilen, *erreichen, nachholen.*
einhüllen: ein-, verkapseln. *einpacken. umgeben.*
einig: einverstanden, *einmütig;* ein Herz und eine Seele; ~keit, Eintracht,

-klang, -vernehmen, -verständnis; gleicher Meinung; Harmonie, Freundschaft. *übereinstimmen.* ~ung, Verständigung, Übereinkunft, (handels)eins.
einige: etliche, welche; ein paar; eine Handvoll; mehrere, verschiedene, manche, wenige, die wenigsten.
einigemal: *manchmal.*
einigen: *verbinden.* sich ~: sich einig werden; (handels) einig, (~) eins werden, *festmachen, vereinbaren.* zusammentreffen, sich vergleichen, *versöhnen.*
einigermaßen: *ungefähr, leidlich.*
einiges: *etwas.*
einkapseln: *einhüllen, abschließen.*
Einkehr: *Besuch. Besinnung.* Reue.
einkehren: *besuchen,* absteigen.
einkeilen: *einengen.*
einkellern: (-)*lagern.*
Einklang: *einig,* Harmonie.
einklemmen: *einengen.*
einkochen: *einmachen.*
einkommen: eingehen, -laufen. einkommen um: *bitten.*
Einkommen: Einnahmen, -künfte, Bezüge, Verdienst, *Lohn.*
einkreisen: *umstellen.*
einladen: (zu sich) *bitten.* (ver)*locken. Angebot.*
Einlage: *Füllung.* Zwischenspiel.
einlassen: sich ~ auf, *beschäftigen* mit; sich ~, abgeben, *verbinden* mit umgehen. *anbinden.*
einlaufen: (an)*kommen. schrumpfen.*
einleben, sich: sich *gewöhnen.*
einlegen: *einfügen. einmachen.*
einleiten: einführen. *anfangen, -bahnen, -kündigen.*
einlenken: *nachgeben.*
einleuchten: *begreifen.* ~d, *glaubhaft.*
einlösen: *erfüllen.* bezahlen. (an-, zurück)kaufen.
einlullen: *einschläfern.*
einmachen: -legen, -kochen, -wecken.
einmal: ein einziges Mal. *einst.*
Einmaleins: *Anfangsgründe.*
einmalig: *einzeln.* unwiederholbar, -nachahmlich, einzig(artig), *unvergleichlich, besonder,* Ausnahme, Unikum.
einmarschieren: *einrücken.*

einmengen, einmischen, sich: dazwischentreten, einschreiten, -greifen; sich ein-, zwischenschalten, beteiligen; sich ins Mittel legen. seine Nase hineinstecken! seine Finger drin haben!

einmummen: *einpacken.*

einmütig: *einig.* einhellig, -stimmig, -trächtig, -heitlich, geschlossen, übereinstimmend, alle ohne Ausnahme.

Einnahme: ~n, Kasse, Erlös. *Einkommen.*

einnehmen: zu sich nehmen; essen, trinken, schlucken. einsammeln, -streichen, (-)kassieren. *besetzen.* (inne)haben. für sich ~: *gewinnen.*

einnicken: *einschlafen.*

einnisten, sich: *eindringen.*

Einöde: Wüste, Wildnis. Einsamkeit. Einerlei.

einordnen: *ordnen.* einräumen. *zuweisen,* -ordnen, einreihen, -stufen, *beur teilen.* einbeziehen.

einpacken: -schlagen, -hüllen, -wickeln, -rollen, -drehen, -schachteln. ein-, vermummen. *aufhören.*

einpauken, -prägen: -schärfen, -bleuen, -hämmern, -trichtern, beibringen, *lehren.* sich einprägen, merken; *lernen.*

einpuppen, sich: sich *abschließen.*

einräumen: -ordnen. *zugeben,* gewähren. *überlassen.*

einrechnen: (mit) *einschließen.*

Einrede: *Widerspruch.*

einreden: *vortäuschen.* auf-, *überreden.* sich ~, *einbilden.*

einreiben: (-)*schmieren.*

einreichen: *vorbringen.*

einreihen: *einordnen.* aufnehmen. zurechnen, -zählen. sich ~: mitmachen.

einreißen: *abreißen. entstehen.* üblich, zur Gewohnheit werden.

einrenken:wiedergutmachen.schlichten, vermitteln.

einrichten: (an)*ordnen,* anlegen, (aus)gestalten, ausstatten, möblieren, installieren. *bewerkstelligen.* sich ~, anpassen. sich ~, behelfen.

Einrichtung: *Anlage. Ausrüstung. Hausrat. Maßnahme.*

einrücken: -marschieren, -ziehen. *eindringen.* einsetzen.

eins: zusammengehörig, verbunden. nicht zu unterscheiden; *gleich(gültig).*

einsacken: *einstecken.*

einsam: *allein,* vereinsamt, -waist. ein-, zurückgezogen, beschaulich, ungesellig, Einsiedler, einschichtig. abgeschnitten. sich *abschließen. abgelegen.* unbewohnt, entvölkert, (menschen)leer; (gott)verlassen, öde.

einsargen: begraben, -erdigen.

Einsatz: *Anfang. Bemühung,* Anstrengung. Aufgebot.

einschachteln: -packen.

einschalten: *einfügen.* andrehen, -knipsen, -machen, -stellen. sich ~, *einmischen.*

einschärfen: *einprägen, mahnen,* befehlen. *hervorheben.*

einschätzen: (be)*urteilen.*

einschenken: *eingießen.*

einschichtig: *einsam. ledig.*

einschieben: *einfügen. Einschub.*

einschlafen: -schlummern, -duseln, -nicken. sich *beruhigen; nachlassen.*

einschläfern: -lullen, -wiegen, -beruhigen, -täuben. *langweilen.*

einschlagen: ein*packen.* Weg ~, betreten; steuern. Erfolg haben; geraten, *wirken.*

einschlägig: *entsprechend.*

einschleichen, sich: *eindringen.*

einschließen: -sperren, (ein-, zusammen)pferchen. *abschließen, umgeben. enthalten,* einbegreifen, -beziehen, mit-, hinzurechnen, -zählen. einschließlich, inbegriffen, zuzüglich.

einschmeicheln, sich: *anfreunden.*

einschnappen: zufallen, -schnappen, sich *ärgern.*

einschneiden: (ein)*kerben. wirken.*

einschneidend: *merklich,* durchgreifend, tiefgehend, *entscheidend. streng.*

Einschnitt: Fuge, Kerbe, Scharte. *Graben.*

einschnüren: *einengen.*

einschränken: *beschränken.*

einschreiten: sich *einmischen.*

Einschub: -schiebung, -schiebsel.

einschüchtern: *entmutigen.*
einsehen: *besichtigen. begreifen.*
einseifen: *beeinflussen, betrügen.*
einseitig: *Partei. schief.* unerwidert.
einsetzen: *einfügen.* einrücken. *aufbieten. berufen. wagen. anfangen.* sich ~, *eintreten* für.
Einsicht: -blick. Erkenntnis, Klarheit. *Verstand. Wissen.*
einsickern: eindringen.
Einsiedler: *einsam.*
einsilbig: *schweigsam.*
einspannen: an-, vorspannen, -schirren. *gebrauchen.*
einsperren: -stecken, -kerkern; ins *Gefängnis* stecken; festsetzen, einlochen! einbuchten! einstecken! hinter Schloß und Riegel setzen.
einspinnen, sich: sich *abschließen.*
einspringen: *(aus)helfen.*
Einspruch: Beschwerde, Protest, Verwahrung, Berufung. *Widerspruch.*
einst: *früher,* damals, ehedem, ehe-, einstmals, vormals, -zeiten, seinerzeit, ~ens, einmal; vor langen Zeiten; vor Jahr und Tag; vor Jahren; in alten, verflossenen Zeiten, Tagen; Anno dazumal; *neulich. künftig.*
einstecken: -sacken, in den Sack stecken. *einsperren. hinnehmen.*
einstehen: *bürgen,* verantworten.
einsteigen: besteigen. sich *beteiligen.*
einstehlen, sich: sich einschleichen.
einstellen: unterstellen. anstellen, -nehmen; in Dienst stellen, nehmen; dingen, (an)heuern, engagieren. *beend(ig)en, abbrechen. aufgeben.* niederschlagen. sich ~: *kommen.* eingestellt sein; sich verhalten, benehmen.
Einstellung: *Standpunkt. Gesinnung.*
einstig: *früher.*
einstimmig: *einmütig.*
einstreichen: -nehmen, *einheimsen.*
einstudieren: *üben.*
einstufen: *einordnen.*
einstürzen: *zusammenbrechen.*
einsteilen: *inzwischen.*
einstweilig: *vorläufig.*
eintauschen: ein-, erhandeln.
einteilen: *gliedern. wirtschaften.*

eintönig: monoton, ein-, gleichförmig, einerlei, *gleichmäßig. langweilig.*
Eintracht: *einig,* Harmonie.
eintragen: *aufzeichnen.* etwas einbringen; sich lohnen; *vorteilhaft.*
Eintrag tun: *beeinträchtigen.*
eintränken: *rächen.*
eintreffen: (an)*kommen. geschehen.*
eintreiben: *einziehen.*
eintreten: betreten, hineingehen, hereinkommen. *münden.* sich anschließen. sich einsetzen; unterstützen, *empfehlen,* vertreten. *geschehen.*
eintrichtern: *einprägen.*
Eintritt: *Anfang.* (Ein)Mündung.
einverleiben, sich: *essen. trinken.* sich aneignen.
Einvernehmen: *einig.*
einverstanden: *einig.* ab-, ausgemacht, topp, (es) gilt, *ja,* gut, schön; von mir aus; meinetwegen; *billigen,* sich *gefallen lassen.*
Einwand: *Widerspruch.* Bedenken.
einwandfrei: *tadellos.*
einwecken: *einmachen.*
einweihen: *mitteilen,* eröffnen.
einwenden, -werfen: *erwidern,* entgegenhalten, -setzen, -treten, *tadeln.*
einwickeln: *beeinflussen.*
einwilligen: *billigen.*
einwirken: *beeinflussen.*
Einwohner: Bewohner, Bürger, *Volk.*
Einwurf: *Widerspruch.*
einzäunen: *umgeben.*
Einzelgänger: *Sonderling.*
einzeln: *einmalig,* vereinzelt. allein, (ab)getrennt, (-)gesondert, lose, stückweise. besonders; für sich; speziell, Einzelfall, Ausnahme. einzeln-, allein-, frei stehend. im ~en: *genau.*
einziehen: ein-, niederholen. bei-, eintreiben, erheben, (ein)kassieren, beschlagnahmen. einberufen, *einrücken.* eindringen.
einzig: ~artig, *einmalig. nur.*
einzwängen: *einengen.*
eisern: *hart. beharrlich. frech.*
eisig: vereist, *kalt.*
eitel: *nichtig.* putz-, gefallsüchtig, geziert, -spreizt, affig, kokett, affektiert.

Gockel! Pfau! Affe! Gans! aufgeblasen, *eingebildet,* selbstgefällig, *hochmütig.*

eitern: *schwären.*

Ekel: *Abscheu. Überdruß. Scheusal.*

ekelhaft: eklig, ekelerregend, unappetitlich, -genießbar, *scheußlich.*

ekeln: Ekel erregen; an~, anwidern, -kotzen! *mißfallen;* genug, über haben; satt sein; zum Hals heraushängen! sich ~: (zurück)schaudern.

elastisch: *geschmeidig.*

Element: (Grund)Stoff. (Bestand) *Teil.* ~e, *Anfangsgründe.*

Elend: *Not, Leid,* Jammer, *Plage, Unglück,* Misere.

elend: *traurig, unglücklich. dürftig, schwach. unwohl. schlecht.*

Eltern: Vater und Mutter; die Alten!

Empfang: Annahme, Aufnahme.

empfangen: an-, entgegen-, *aufnehmen;* in Empfang nehmen; *erhalten.* (be)*grüßen;* willkommen heißen; bewillkommnen.

empfänglich: *anfällig. aufgeschlossen.*

empfehlen: *loben,* (an-, zu)*raten,* befürworten; sprechen, *eintreten,* sich verwenden. grüßen. sich ~: *scheiden.*

empfehlenswert: *rätlich,* gut.

empfinden: *fühlen, wahrnehmen.*

empfindlich: empfindsam, über~, (leicht) reiz-, erregbar, aufgeregt, verletzbar, -lich; dünnhäutig, zart(besaitet), fein(fühlig), sensibel, nervös, kitzlig, heikel, zimperlich, wehleidig, weichlich, pimpelig! *merklich, heftig.*

empfindsam: *empfindlich. gefühlvoll.*

Empfindung: Eindruck, Gefühl, Wahrnehmung.

empfindungslos: *unempfindlich.*

empor: *aufwärts.*

empören: auf-, erregen, *erzürnen.* sich ~: Anstoß nehmen; sich aufhalten, ereifern, *auflehnen.* empört, zornig, *Zorn.*

emporragen: *überragen.*

emporsehen: *verehren.*

emsig: *eifrig.*

Ende: (Ab)Schluß, Schlußpunkt, Punkt(um), *fertig.* Ausgang, -klang, Kehraus. Ziel. Ergebnis. Abbruch. Grenze. *Rest.* hinten Hinterteil, Schwanz.

Nichts, *Tod.* Zipfel, *Stück.* am ~ sein: ausgespielt, abgewirtschaftet haben.

enden: endigen; zu Ende gehen; ein Ende nehmen; *nachlassen,* (zu bestehen) *aufhören,* ab-, auslaufen, münden. ausgehen, -klingen, *vergehen,* -ebben, -sanden. *ersticken. abbrechen,* -reißen, *eingehen. beend(ig)en.* schließen.

endgültig: letzt(gültig), *unabänderlich;* für immer.

endlich: zeitlich, begrenzt, *vergänglich, irdisch. allenfalls,* schließlich, also. *zuletzt;* im letzten Augenblick; in letzter Minute. spät.

endlos: *unendlich,* -*aufhörlich, lang.*

Energie: Kraft, Nachdruck. Bemühung. Tat-, Spann-, Willenskraft, Arbeits-, Unternehmungslust. Schneid, Feuer, Schwung.

energisch: kräftig, entschieden, -schlossen, streng, bestimmt, zielbewußt, schwungvoll, wirksam.

eng: ~anliegend, *knapp.* be-, eingeengt, (dicht)gedrängt, dicht. innig. ~begrenzt, *schmal.*

engerer: *innerer.* intim.

engherzig, -stirnig: kleinlich, beschränkt, *unduldsam, stur.*

Enkel: Kindeskind. *Nachkomme.*

ent...: *aus...*

entarten: *ausarten, verkommen, Niedergang.* Dekadenz.

entbehren: (ver)missen, entraten. *darben, Mangel* leiden.

entbehrlich: *überflüssig.*

entbinden: *befreien. gebären.*

entblößen: *enthüllen, nackt.*

entdecken: (be)merken, *wahrnehmen,* feststellen, *erfahren,* -kunden, -raten, -kennen. (auf)finden, *ausgraben;* ans Licht bringen. *offenbaren.* Entdeckung, Fund.

entehren: *schänden, schmählich.*

enteignen: *nehmen.*

entfachen: *entzünden.*

entfahren: *entweichen.*

entfallen: *wegfallen. vergessen.*

entfalten: -rollen, -hüllen. *öffnen. entwerfen,* -wickeln. *aus*(einander)*breiten.* sich ~: *aufgehen,* auf-, erblühen, knospen, *wachsen, entstehen.*

entfärben, sich: *erblassen.*

entfernen: *beseitigen,* tilgen. *fortnehmen, -schaffen. abnehmen,* (-)*trennen, -streifen. ausreißen,* -brechen, (-)*ziehen.* sich ∼: *fortgehen, verschwinden.* sich *unterscheiden. Abstand.*

entfesseln: (aus)*lösen.*

entflammen: *entzünden. begeistern.*

entfremden: *abbringen; abspenstig* machen. sich ∼, fremd werden; sich *auseinanderleben; Zwiespalt.*

entführen: *verschleppen.*

entgegen: gegen(über). dagegen. (zu) wider. *gegensätzlich.* im *Gegenteil.*

entgegenhalten: *ausstrecken. antworten. vorwerfen.*

entgegenkommen: -gehen, begegnen. *entsprechen. nachgiebig, gefällig.*

entgegennehmen: *empfangen.*

entgegensehen: *erwarten.*

entgegenstellen, sich: sich *widersetzen.* sich als Hindernis zeigen.

entgegenstrecken: *hinstrecken.*

entgegentreten: *kämpfen* gegen; sich *widersetzen.*

entgegnen: *antworten.*

entgehen: *entkommen,* -weichen, ent-, durchschlüpfen; unbemerkt bleiben. übersehen, -hören, *verpassen.*

Entgelt: Gegenleistung, -wert, Preis, Ersatz, Ausgleich, entschädigen. *Lohn, Dank.* ohne ∼: *unentgeltlich.*

entgelten: *vergelten, büßen.*

entgleisen: *ausgleiten, fehlen,* sich *danebenbenehmen;* aus der Rolle fallen; sich vergessen; *straucheln, Verstoß.*

enthalten: *einschließen,* (um)*fassen,* bergen, hegen, beinhalten, aufweisen. innewohnen. *bedeuten. bestehen* aus. sich ∼: *verzichten.*

enthaltsam: *mäßig. keusch.*

enthaupten: hinrichten, töten.

entheben: *befreien. absetzen.*

entheiligen: *schänden.*

enthüllen: -blößen, -kleiden, -schleiern, aufdecken, frei-, bloßlegen, auspacken. *aufklären, entlarven,* -puppen, *offenbaren. entfalten.*

entkleiden: *enthüllen, ausziehen.* entkleidet, *nackt,* bar, beraubt.

entkommen: auskommen, -wischen, *entgehen,* -rinnen, -wischen, -*fliehen.*

entkräften: *schwächen.* widerlegen. entkräftet, *müde.*

entladen: ab-, ausladen, (ent)leeren, löschen. sich ∼: aus-, losbrechen; sich äußern, lösen, befreien.

entlang: längs, *neben.*

entlarven: *enthüllen, bloßstellen.*

entlassen: freilassen; gehen lassen; fortschicken, verabschieden; den Abschied, Laufpaß geben; kündigen, abdanken, -bauen, *absetzen, hinauswerfen!* ∼ werden: *fliegen!*

entlasten: *erleichtern. rechtfertigen.*

entlaufen: *fortlaufen.*

entledigen: *befreien;* vom Halse schaffen. sich ∼: abschütteln, -legen, -schieben, -wimmeln! *preisgeben.* frei-, loskommen, -werden.

entlegen: *abgelegen. fern.*

entlehnen: *leihen.*

entmenscht: *Unmensch.*

entmutigen: den Mut (be)nehmen; *mutlos machen;* ein-, verschüchtern, niederdrücken, -schlagen, -schmettern, (ab)*schrecken, ängstigen,* beirren.

entnehmen: (ab)*zapfen.* abnehmen, -lesen, *erkennen, folgern.*

entpuppen, sich: sich *enthüllen.*

entraten: *entbehren.*

enträtseln: *herausbekommen.*

entrechten: des Rechts berauben; *rechtlos* machen.

entreißen: *abnehmen.*

entrichten: *zahlen.*

entrinnen: *entkommen.*

entrollen: *entfalten.*

entrücken: *versetzen.* entrückt, *schwärmerisch, verzückt.*

entrüsten: *erzürnen, Zorn.*

entsagen: *verzichten.*

entschädigen: schadlos halten; *abfinden. ersetzen. Buße, Entgelt,* Ersatz.

entscheiden: den Ausschlag geben; bestimmen; das Übergewicht haben; *urteilen, verfügen. ausfechten.* besiegeln, *vollenden.* sich ∼: *beschließen. wählen.*

entscheidend: ausschlaggebend, *Hauptsache. durchschlagend.*

Entscheidung: Entschluß, Wahl, *Urteil.* Krise. *Austrag.*

entschieden: *entschlossen*, fest, erklärt, *unbedingt, nachdrücklich.* ab-, ausgemacht, beschlossen, sicher. *erledigt, unabänderlich.*

entschlafen: einschlafen. *sterben.*

entschleiern: *enthüllen.*

entschließen, sich: *beschließen*, sich aufraffen; den Mut finden.

entschlossen: tatkräftig, energisch. *tapfer, beharrlich,* entschieden, *willens.*

entschlüpfen: *entgehen, -weichen.*

Entschluß: *Entscheidung.* Vorsatz, *Wille. beschließen.*

entschlüsseln: -ziffern, (auf)lösen, *erklären. herausbekommen.*

entschuldigen: *rechtfertigen*, beschönigen, mildern. *verzeihen. Ausrede.* sich ~: um Entschuldigung, Verzeihung bitten; abbitten, bedauern, sein Bedauern ausdrücken; sich (her)ausreden.

entschwinden: *verschwinden. vergessen. vergangen.*

entsetzen: *erschrecken.* sich ~, grau(s)en. Abscheu, Schrecken.

entsetzlich: *schrecklich.*

entsinnen, sich: sich *erinnern.*

entspannen: *beruhigen.* sich ~: (aus)*ruhen.* entspannt, *ruhig, schlaff. Lösung.*

entspinnen, sich: *entstehen.*

entsprechen: *ähnlich. übereinstimmen.* entgegenkommen, *willfahren.*

entsprechend: *angemessen. ähnlich, gleich.* einschlägig, dem~, (dies)bezüglich, *jeweilig,* relativ, verhältnismäßig, vergleichsweise. *passend,* zugehörig. sinngemäß, je nach(dem); analog. *folglich.*

entsprießen, -springen, -stammen, -stehen: *Ursprung.* werden, aufkommen, (auf)keimen; sich *entfalten,* -wickeln, -spinnen; ausbrechen. aus-, hervorgehen, erwachsen; sich ergeben; folgen. *anfangen;* sich anbahnen, -spinnen, einbürgern, aus-, *verbreiten;* einreißen; üblich, zur Gewohnheit werden.

entspringen: (ent)*fliehen.*

entstellen: verunstalten, -unzieren, -stümmeln, -schandeln, *verzerren,* -gewaltigen, -drehen, (-)fälschen.

enttäuschen: -zaubern, ernüchtern. versagen; den Erwartungen nicht entsprechen.

enttäuscht: *unzufrieden.* aus allen Wolken (gefallen); *mutlos.*

Enttäuschung: *Mißerfolg.*

entvölkert: *einsam.*

entwaffnen: die Waffe(n) aus der Hand schlagen; wehrlos machen, *begütigen.* Demobilisierung.

entwässern: trockenlegen.

Entweder-Oder: Ja oder Nein; *Wahl.*

entweichen: ausströmen. entfahren, -schlüpfen, *entkommen*, (-)*fliehen.*

entweihen: *schänden.*

entwenden: (weg)*nehmen, stehlen.*

entwerfen: *entfalten,* ausarbeiten, (aus)malen, (vor)*zeichnen,* umreißen, abstecken, *planen,* gestalten.

entwerten: ungültig machen; außer Kurs setzen. abwerten, *herabsetzen.*

entwickeln: *entfalten,* bilden, treiben, ansetzen. *erweitern. verbessern.* sich ~: *entstehen. wachsen.* sich machen.

Entwicklung: Reifezeit, Wachstum, Fortschritt, -gang, Prozeß. Ausbau, Aufbau, -stieg, -schwung *Zunahme. Folge.*

entwirren: (auf)*lösen*

entwischen: *entkommen.*

entwölken: *erhellen.*

entwürdigen: herabsetzen. *schänden.*

Entwurf: Zeichnung, Plan.

entzaubern: *enttäuschen.*

entziehen: *nehmen. versagen, absprechen.* sich ~: *ausweichen.*

entziffern: *entschlüsseln, lesen.*

entzücken: (er)*freuen, begeistern, -zaubern.* ~d, *reizend, herrlich.* entzückt, *schwärmerisch.*

Entzücken: *Freude.*

entzünden: *anzünden*, entflammen, -fachen, *erregen. Geschwulst.*

entzwei: zer... *kaputt.*

entzweien: *trennen*, verfeinden, -uneinigen, auseinanderbringen; gegeneinander aufbringen, (-)hetzen. sich ~, überwerfen, verzanken. *Streit.*

erachten: *meinen.*

erarbeiten: *erwerben, gewinnen.*

Erbarmen: *Mitleid.*

erbärmlich: *traurig,*schnöde,*schlecht,* *schmählich.*

erbarmungslos: *grausam, streng.*

erbauen: *errichten.* (er)*freuen.*

erbaulich: *fromm.*

Erbe: Erbschaft, -teil, Hinterlassenschaft, Vermächtnis, Überlieferung, Nachlaß. Erbgut, -masse, -anlagen. Nachfolge(r), *Nachkomme.*

erbeben: (er)*zittern. erschrecken.*

erben: *bekommen.* ererbt. *überliefern.*

erbeuten: *erobern.*

Erbgut: *Erbe, Anlage(n).*

erbieten, sich: sich *anbieten,* anheischig machen; sich zur Verfügung stellen; erbötig sein.

erbittern: *erzürnen.* erbittert: *zornig. heftig. hartnäckig.*

erblassen, -bleichen: *blaß* werden; die Farbe verlieren; sich entfärben; *erschrecken.*

erblicken: sehen, sichten; ansichtig werden; zu Gesicht bekommen; *wahrnehmen.* vor Augen kommen.

erbosen: *erzürnen.* erbost, *zornig.*

erbötig: *willig.* sich *erbieten.*

erbrechen: *aufbrechen. speien.*

Erde: Erdreich, (Erd)Boden, *Grund,* Acker(erde, -boden), Scholle, *Land.* Erdball, -kugel, -kreis, Globus. *Welt.*

erdenken, -dichten: ersinnen, -träumen, -finden, (sich) ausdenken; planen, ausbrüten, -hecken. erdenklich, *möglich.*

erdhaft, -nah: *natürlich.*

erdolchen: *erstechen.*

erdreisten, sich: *wagen.*

erdrosseln, -drücken: *ersticken.*

erdverbunden: *natürlich.*

ereifern, sich: sich *erregen, empören.*

ereignen, sich: *geschehen.*

Ereignis: *Geschehen.* Auftritt.

ereilen: *einholen.*

ererbt: angeboren. *überliefert.*

erfahren: kennenlernen; Kenntnis erlangen; Wind bekommen! *hören,* ausmachen, ermitteln, *herausbekommen. erleben.* zu ~ suchen: sich *erkundigen.* geübt, -wiegt, -witzt, *kundig, klug. reif.*

Erfahrung: Beobachtung, Erlebnis, *Kenntnis.* Übung. Lehre, Lebens~.

erfassen *(fassen):* sammeln.

erfinden: *erdenken. lügen. falsch.*

Erfinder: *Urheber.*

erfinderisch: *klug.* schöpferisch.

Erfolg: *Ergebnis, Lohn, Gewinn,* Segen, Preis. Sieg, Gelingen, Triumph, *Glück.* Treffer, *Schlager.* Fortschritt.

erfolgen: ergehen. *geschehen.*

erfolglos: *vergeblich.* unverrichteterdinge; ohne etwas auszurichten.

erfolgreich: *glücklich. gelungen. wirksam.* ~ sein: *durchdringen.*

erfolgversprechend: *günstig.*

erforderlich: *notwendig,* gefordert, -wünscht, -boten, vorgeschrieben, angemessen, gehörig.

erforschen: auskundschaften, erkunden, -gründen, -mitteln, ausmachen, *feststellen, untersuchen, herausbekommen.*

erfrechen, sich: *wagen.*

erfreuen: *freuen, vergnügen. froh.*

erfreulich: *angenehm. günstig.*

erfrischen: kühlen, *laben,* beleben.

erfüllen: eingeben, -flößen. erhören, *befriedigen,* ausfüllen. bewahrheiten; wahr machen; (ein)halten, einlösen, leisten, verwirklichen. erfüllt, *besessen.*

ergänzen: vervollständigen, vollenden, abschließen, (ab)runden. aus-, auf , nachfüllen. *hinzufügen. fortsetzen. Zusatz,* Nachtrag, *Anhang,* Anmerkung, Beilage, -werk.

ergattern: *erwischen.*

ergeben: (aus)machen, *betragen.* sich ~: *geschehen.* sich *zeigen;* entstehen, folgen; (dabei) herauskommen. sich ~: *nachgeben;* sich *fügen.* sich hingeben, ausliefern, überantworten. *frönen.*

ergeben: *treu. gehorsam. demütig.* klaglos, *gelassen.*

Ergebnis: *Folge,* Abschluß, Ausgang, -fall, Befund. Ende, *Wirkung,* Erfolg, *Ertrag. Erzeugnis.* Lösung, Resultat, Bilanz.

ergebnislos: *vergeblich.*

ergehen: es geht mir; sich befinden; (Gesundheits)*Zustand.* erfolgen. sich ~: *spazieren.* (sich) *äußern.* über sich ~ lassen: *dulden.*

ergiebig: (ertrag)reich, *fruchtbar.*

ergießen, sich: *fließen.*
ergötzen: *erfreuen. lustig.*
ergreifen: (er)fassen, sich *bemächtigen. fangen, verhaften.* Eindruck machen; beeindrucken, ansprechen. *erregen,* pakken, erschüttern; ans Herz greifen; zu Herzen gehen; *rühren. befallen.*
ergrimmen: (sich) *erzürnen.* ergrimmt, *zornig.*
ergründen: *herausbekommen.*
erhaben: *hervorragend;* ~e, getriebene Arbeit; Relief. hoch, erhebend, *feierlich, hehr,* großartig, Majestät, unnahbar, *Würde.* ~ sein über: *darüberstehen.*
erhalten: *bekommen, erringen.* aufrecht~, *bewahren,* sichern. *versorgen.* ~ sein: noch vorhanden sein. erhältlich, verfügbar.
erhandeln: *kaufen.*
erhärten: *bestätigen.*
erhaschen: *erwischen,* erraffen.
erheben: *heben.* erhöhen. *einziehen.* sich ~: aufsteigen, -streben; sich aufschwingen, hochschrauben. aufstehen; sich aufrichten, -setzen, -bäumen. (auf) *ragen. aufkommen.* sich *auflehnen.* sich ~ über: *hervorragen.* ~d, *erhaben.*
erheblich: *groß, beträchtlich, wesentlich, sehr.*
Erhebung: *Hügel.*
erheitern: aufheitern, auf-, erhellen. *verschönen,* erfreuen, *vergnügen,*
erhellen: *beleuchten,* aufhellen, entwölken, auf-, erheitern, verklären, *aufklären.* sich ~: aufklaren, *hell* werden.
erhitzen: (er)*wärmen. erregen.*
erhöhen: (er-, empor)*heben.* aufstocken. *vergrößern.* zulegen, *Zulage.*
erholen, sich: (wieder) aufkommen, aufleben, erstarken, *gesunden;* sich bessern, (wieder) aufraffen. auf-, hochrappeln. (sich aus)*ruhen.*
Erholung: Entspannung. *Urlaub. Labsal.*
erhören: *erfüllen. nachgeben.*
erinnern: (ins Gedächtnis) zurückrufen; auffrischen. (ge)*mahnen* anklingen, *ähnlich.* sich ~: (ge)denken, zurück*blicken,* -denken; sich be-, entsinnen; *einfallen.* wiedererkennen.

Erinnerung: Rückblick, -schau, *Gedenken,* Gedanke, Gedächtnis, *Andenken,* Denkmal, (Nach)Ruhm, *Echo.*
erkalten: *kalt* werden; sich abkühlen; gefrieren, erstarren. *nachlassen.*
erkämpfen: *erobern,* -zwingen.
erkennbar: *offenbar.*
erkennen: (er)sehen, *entnehmen,* feststellen; klarsehen; durchschauen, dahinterkommen, herausbekommen, erraten, *begreifen, unterscheiden.*
erkenntlich: *dankbar.*
Erkenntnis: *Einsicht, Gedanke.*
Erker: *Vorbau.*
erklären: -läutern, auslegen, *deuten,* kommentieren; *verständlich* machen; dolmetschen, veranschaulichen, -deutlichen, auseinanderlegen, -setzen, klarmachen, -legen, beibringen, *mitteilen* (aus)*sagen. begründen.* Erklärung, *Aufschluß.* erklärt, *entschieden.*
erklärlich: *verständlich.*
erklecklich: *groß.*
erkranken: krank werden; etwas fangen; sich etwas holen.
erkühnen, sich: *wagen.*
erkunden: *erforschen. entdecken.*
erkundigen sich: wissen wollen; zu *erfahren* suchen; (nach)forschen, (an-, nach)*fragen,* (her)umfragen; sich umhören, *vergewissern.*
erlahmen: *ermüden.*
erlangen: *bekommen, erreichen,* -ringen, -werben.
Erlaß: *Gebot.*
erlassen: nachlassen, *schenken. befreien, verkünden.*
erlauben: *genehmigen,* -währen, ge-, verstatten, freistellen, *berechtigen.* zulassen. -geben, -gestehen, -billigen, (ver)gönnen, *ermöglichen.* sich ~: *wagen.* erlaubt, unbenommen, -verwehrt. *zulässig.*
Erlaubnis: *erlauben.* Unterschrift!
erlaucht: *edel.* ehrwürdig. *erlesen.*
erläutern: *erklären.*
erleben: er-, *widerfahren,* (er)*leiden.*
Erlebnis: *Geschehen. Erfahrung.*
erledigen: fertigmachen, *beend(ig)en,* aufarbeiten, abtun, (ab)machen, besor-

gen, *durchführen, verrichten. beseitigen,*
abschießen! *vernichten.* erledigt: abgetan, *fertig, vergangen.* entschieden. am
Ende; geliefert, aufgeschmissen! verloren; unten durch! nicht mehr zu retten;
erschossen! tot! hin! *Bankrott.*

erlegen: *töten.*

erleichtern: entlasten, *befreien. lee-*
ren. lindern. aufheitern. *begünstigen,*
Gunst. vereinfachen, ebnen, bahnen.

erlesen: aus~, auserkoren, -gesucht,
-gewählt, edel, erlaucht, glänzend, *herr-*
lich, hervorragend, kostbar. selten.

erleuchten: *beleuchten.*

Erleuchtung: *Einfall.*

erliegen: *unterliegen.*

erlisten: erschwindeln, -schleichen.

Erlös: Einnahme. *Ertrag.*

erlöschen: ausgehen. verpuffen. *ver-*
gehen. eingehen.

erlösen: *befreien.*

ermächtigen: *berechtigen.*

ermannen, sich: sich *aufraffen.*

ermäßigen: *herabsetzen. Nachlaß.*

ermatten: *ermüden.*

ermessen: (be)*urteilen. begreifen.*
Meinung. Willkür.

ermitteln: *erforschen, -fahren, fest-*
stellen, ausmachen, *finden.*

ermöglichen: möglich machen; *be-*
werkstelligen. erlauben; Gelegenheit geben, (ver)schaffen; in die Lage versetzen; (ver)*helfen,* befähigen.

ermüden: *müde* machen; ermatten,
-schlaffen, *schwächen, anstrengen. lang-*
weilen. ermüdend, *mühevoll. müde* werden; erlahmen, -matten, -schlaffen,
schlappmachen; *nachlassen.*

ermuntern, -mutigen: aufmuntern,
-richten, -rütteln, (be)stärken, beleben,
trösten, aufheitern, begeistern, -flügeln.
zureden, (an)*raten,* anfeuern, -stacheln,
-regen, (-)spornen, (-)*reizen;* Mut, Hoffnung geben, machen, einflößen, zusprechen; kühn machen; (er)*mahnen.*
loben. *erfreuen.* verjüngen.

ernähren: *nähren. versorgen.*

ernennen: *berufen.*

erneue(r)n: *auffrischen,* wiederbeleben, -herstellen neugestalten, Reform,

Restauration, renovieren, -staurieren,
instand setzen. wiederholen. sich ~: wieder
aufleben, *aufflammen.*

erneut: *wieder(um).*

erniedrigen: *herabsetzen.*

Ernst: Würde. ~haft, ~lich, bit-
ter~, tod~, streng, finster. *nachdrück-*
lich. wirklich.

Ernte: Lese. Schnitt, Mahd. *Ertrag.*

ernten: ab~, ein~, einbringen,
-fahren. pflücken, lesen. mähen, schneiden, heuen. *einheimsen, gewinnen.*

ernüchtern: *enttäuschen,* abkühlen.

erobern: -kämpfen, (-)stürmen. erringen, -beuten, kapern; sich *bemäch-*
tigen; besetzen. *gewinnen.* (sich) *unter-*
werfen; in seine Gewalt bringen.

eröffnen: *öffnen.* erschließen, *offen-*
baren, mitteilen. (be)*gründen, anfangen,*
aufmachen. einweihen.

erörtern: *beraten, überlegen.*

erpicht: *gierig.*

erpressen: *nötigen.*

erproben: *prüfen.* erprobt, bewährt.
zuverlässig.

erquicken: *laben.*

erraffen: *erhaschen.*

erraten: raten, enträtseln, *heraus-*
bekommen, erkennen.

errechnen: *berechnen.*

erregbar: *empfindlich.*

erregen: *bewirken.* einflößen, *er-*
zeugen, (-)*wecken, entzünden. aufregen,*
(-)*reizen,* aufpeitschen, -putschen, (-)*het-*
zen, -wühlen, berauschen, erhitzen, *be-*
geistern, ergreifen.

Erregung: Unruhe, (Auf)*Regung.*
Spannung. (Gefühls)Ausbruch. Affekt,
Wut, Hitze.

erreichen: *erlangen,* -wirken, -zielen,
-trotzen, -zwingen, *durchsetzen* ausrichten, herausholen, -schlagen, -schinden!
landen! *vollbringen,* gewinnen, *gelangen,*
an-, hinkommen, *finden.* erreichbar: in
Reichweite; zugänglich. *möglich.*

errichten: aufrichten, -stellen, -füh-
ren, -bauen, (-)*schichten,* (er)bauen, erstellen, *bilden, gründen.*

erringen: *erlangen,* -reichen, *erobern,*
gewinnen.

Ersatz: *Behelf. Vertreter.* (an)*statt. Entgel.., entschädigen.*

ersäufen: -tränken, *töten.*

Erschaffung: *schaffen,* Schöpfung.

erscheinen: heraus-, hervor-, zum Vorschein, in Sicht *kommen;* zutage treten; sich zeigen; zu sehen sein; vorkommen, auftreten, -tauchen, ausbrechen. *anmuten;* den *Anschein* erwecken. *Ankunft.*

Erscheinung: *Bild, Gestalt,* Phänomen, Etwas. *Gespenst.*

erschießen: niederschießen, ab-, niederknallen, *töten, hinrichten.*

erschlaffen: *ermüden. nachlassen.*

erschlagen: *töten.*

erschleichen: -listen, -schwindeln.

erschließen: *eröffnen,* aufschließen.

erschöpfen: *ausschöpfen. umfassen. verzehren, schwächen.* sich ~, *ausgeben,* verausgaben. *ausgehen.* erschöp.end, *vollständig.* erschöpft, *müde.*

Erschöpfung: Ohnmacht.

erschrecken: schrecken; in Schrekken versetzen; *bestürzen.* (sich) entsetzen; (er)*zittern, erstarren, erblassen;* sich verfärben; stutzen, *auf-,* zusammenfahren. sich *fürchten.* erschreckt, -schrocken, *ängstlich.*

erschüttern: wankend machen; ins Wanken bringen; umwerfen, treffen, *ergreifen. Stoß. Schock.*

erschweren: *beeinträchtigen.*

erschwindeln: -listen, -schleichen.

erschwingen: *aufbringen.* erschwinglich: möglich. *mäßig.*

ersehen: *erkennen.* aus~, (er)*wählen.*

ersetzen: *ausgleichen,* (wieder)gutmachen, erstatten, (rück)vergüten, entschädigen. (aus)*wechseln. vertreten.*

ersichtlich: *offenbar.*

ersinnen: *erdenken.*

ersparen: *sparen. schützen* vor.

ersprießlich: *vorteilhaft.*

erstarken: *zunehmen.* sich *erholen.*

erstarren: *versteinern, erkalten,* (ge)*frieren.* (er)*staunen. erschrecken.* erstarrt, *fassungslos.*

erstatten: wieder~, zurück~, zurückgeben. *ersetzen.*

erstaunen: *staunen. verwundern.*

erstaunlich: staunenswert, *ungewöhnlich, unglaublich, hervorragend,* eindrucksvoll. *verwunderlich,* -wirrend, -blüffend, überraschend.

erste: vorderste. *früheste.*

erstechen: niederstechen, erdolchen, durchbohren, *töten.*

erstehen: *kaufen. entstehen.* auf~.

erstellen: *errichten. herstellen.*

ersterben: *verstummen.*

ersticken: -drosseln, -würgen, abwürgen. *betäuben.* er-, *unterdrücken.* (ab)töten. (er)löschen, *verstummen.*

erstrecken, sich: sich *hinziehen. betreffen.* langen, reichen.

ersuchen: *bitten. Verlangen.*

ertappen: *erwischen.*

erteilen: *geben.*

Ertrag: Rein~. Ausbeute, Ernte, Frucht, Erlös, Lohn. Zins Verzinsung, Rente. *Gewinn, Ergebnis.*

ertragen: (er)*dulden,* (er)*leiden,* aushalten. *hinnehmen.*

erträglich: *leidlich.*

ertragreich: *ergiebig.*

ertränken: -säufen, *töten.*

ertrinken: *versinken.*

ertrotzen: *erreichen.*

ertüchtigen: *kräftigen.*

erübrigen: (er)*sparen.* sich ~: *überflüssig* sein.

erwachen: aufwachen; wach werden; die Augen *öffnen.*

erwachsen: *entstehen.*

erwachsen: aus-, herangewachsen, groß, flügge, mannbar, heiratsfähig, mündig, groß-, volljährig, reif.

erwägen: *überlegen.*

erwähnen: angeben, *anführen,* (her)anziehen, vorbringen, *aufführen, nennen;* sich *beziehen* auf; zitieren. *sagen.*

erwähnenswert: *bemerkenswert.*

erwärmen: *gewinnen.*

erwarten: gewärtigen, entgegensehen; sich versehen; rechnen mit; (sich) spitzen auf! *ahnen, vermuten,* (er)*hoffen,* (be)*fürchten. verlangen,* Ungeduld.

erweichen: *schmelzen. rühren.* sich ~ lassen: *nachgeben.*

erweisen: (er)*zeigen.* antun.
erweislich: es läßt sich *beweisen.*
erweitern: (aus)*dehnen,* verbreitern, *vergrößern,* ausbauen.
Erwerb: (An)Kauf. Brot~, *Arbeit, Gewerbe.*
erwerben: an sich bringen; *beschaffen,* kaufen. *erlangen.* erarbeiten, verdienen, gewinnen.
erwidern: *antworten, vergelten.*
erwirken: *erreichen.*
erwischen: *bekommen,* ergattern, (-)haschen; habhaft werden. ertappen, überraschen, (ab-, auf)*fangen.*
erzählen: schildern, berichten, *mitteilen,* vortragen, *reden.* fabulieren. *handeln* von. herum~, *verbreiten. Geschichte.* Erzählung, Novelle, Roman.
(er)zeugen: (er)schaffen; ins Leben rufen; hervorbringen, -rufen, *bewirken, erregen, auslösen,* (herauf)beschwören. säen, pflanzen, züchten. erzielen, *herstellen,* ausstoßen. gebären, hecken.
Erzeuger: *Urheber, Vater.*
Erzeugnis: -gebnis, Schöpfung, Geschöpf, Leistung, Arbeit, Werk, Produkt, Fabrikat, Ware.
erziehen: *bilden. lehren.* erzieherisch, *lehrhaft.*
erzielen: *erreichen. erzeugen.*
(er)zittern: *erschrecken.*
erzürnen: -bosen, -bittern, -grimmen, empören, entrüsten, auf-, hochbringen, reizen, ärgern; *zornig* machen; in Zorn versetzen. sich ~: *aufbrausen;*

zornig werden; in Zorn, Harnisch geraten; sich verfärben.
erzwingen: *erreichen,* -kämpfen, -trotzen, *abnötigen.* erzwungen: aufgenötigt. *unnatürlich.*
Esse: *Kamin.*
essen: (auf-, ver)zehren; zu sich nehmen; sich (er)nähren, einverleiben; (aus)löffeln, auf~, aus~, leeren, (ver)speisen, tafeln, schmausen, prassen, futtern, (ver-, hinunter-, in sich hinein)*schlucken,* (in sich) hineinstopfen; sich den Bauch vollschlagen! einhauen! *fressen!* vertilgen! -drücken! spachteln! zusprechen, -greifen, -langen; sich nicht nötigen lassen; sich stärken. frühstücken, vespern, nachtmahlen. kauen, knabbern, *naschen. genießen.*
Essen: *Mahl,* Schmaus. *Kost.* Mittag-, Abendessen, -brot.
etliche: *einige.* etliches, *etwas.*
etwa: *ungefähr, vielleicht.* denn. zum *Beispiel.*
etwas: irgend ~, einiges, etliches, *manches. Kleinigkeit.*
Etwas: *Ding, Erscheinung.*
Europa: Abendland, Westen, Okzident, Alte Welt.
ewig: zeitlos, *unendlich,* -sterblich, -vergänglich, *wandelbar,* -zertörbar, *unauslöschlich,* -aufhörlich, (be)*ständig,* dauerhaft. *immer,* in (alle) Ewigkeit.
Ewigkeit: *Jenseits.*
Existenz: *Dasein.* Vorkommen. *wirklich.* Wirklichkeit, Tatsache, Realität.
extra: *besonders. außer* ...

F

Fabel: Erzählung, Handlung(sgerüst). Märchen, *Lüge.*
fabelhaft: *wunderbar.*
fabeln: *reden. lügen.*
Fabrik: *Betrieb.*
Fach: *Lade. Regal.* (~)*Gebiet,* Zweig, Branche, *Beruf.*
fächeln: wedeln. wehen.
fachkundig: Sachkenner, Fachmann,

-größe; vom Fach Bau; sachkundig -verständig, Kenner, Könner, Experte kompetent, zuständig.
fackeln: *zögern.*
fad(e): *schal,* geschmack-, salz-, reiz-, farblos, ungesalzen; schmeckt nach nichts; laff, *flau,* labberig! wässerig. geist-, witz-, saft-, kraftlos. *nüchtern, leer, seicht, abgedroschen. langweilig. albern.*

Faden: *Schnur, Garn,* Faser, Fädchen, *Fussel.*

fadenscheinig: *dünn,* schadhaft, *schäbig,* ver-, zerschlissen.

fähig: imstande; in der Lage; *können. geeignet, geschickt.* taugen. tüchtig, *klug. reif.* zu allem ~, entschlossen.

Fähigkeit: Können, Vermögen, Eignung, *Begabung, Geschick(lichkeit).*

fahl: *blaß, bleich. trübe, grau.*

fahnden: *suchen. verfolgen.*

Fahne: Flagge, Banner, Standarte, Panier. Fähnlein, Fähnchen, Wimpel.

Fähre: Fährschiff, -boot, Trajekt.

fahren: fuhrwerken, kutschieren, *lenken. befördern,* schieben, karren. *wischen,* streiche(l)n. verkehren; sich bewegen, begeben; radfahren, radeln. *reisen. segeln.* gut ~: nicht schlecht dabei ~; sich gut stehen.

fahrenlassen: *preisgeben.*

Fahrgast: Insasse, Mitfahrer, Reisender, Passagier.

fahrig: zerfahren, schußlig, *wirr. unaufmerksam, flüchtig. unruhig.*

Fahrkarte: -schein, Fahrtausweis, Billett.

fahrlässig: *nachlässig, leichtsinnig.*

Fahrt: Bewegung, (Fahr)Geschwindigkeit. Fahrzeit. *Ausflug, Reise.*

Fährte: *Spur.*

Fahrwasser: *Strom.*

Fahrzeug: *Wagen. Schiff.*

falb: gelblich, *blond.* blaßgelb. rötlich.

Fall: Sturz, Zusammenbruch. *Gefälle. Sache, Sachverhalt,* Angelegenheit, *Frage. Beispiel. Geschehen.* im ~(e): *wenn.* auf jeden ~: *sowieso, jedenfalls.*

Falle: Fallstrick, -grube, (-)Eisen, Fangeisen, Leim(rute), Schlinge, Garn, Netz. (Hinter)List, Hinterhalt. in die ~ gehen: *hereinfallen.*

fallen: zu Fall kommen; um~, hin~, (um-, hin)*sinken,* zusammenbrechen, -klappen, hinschlagen, -knallen, (hin-, ab)stürzen, (hin)plumpsen, *stolpern,* purzeln. ins Haus ~: *überraschen.*

fällen: (um)schlagen, (-)hauen, umlegen, -sägen, abholzen. *umwerfen.*

fallenlassen: *aufgeben.*

fällig: zahlbar. *reif!* überfällig.

falls: *wenn.*

falsch: grund~. unrichtig, -zutreffend, irrig, irrtümlich, sinn-, regelwidrig, fehlerhaft, verkehrt, -fehlt. -zerrt, *schief,* unnatürlich, abwegig, daneben! *unangebracht, -zulässig.* unecht, gefälscht, entstellt, unwahr, erfunden, *grundlos,* gelogen, lügnerisch, lügenhaft, (v)erlogen, unwahrhaftig, -aufrichtig, *unredlich,* doppelzüngig, *heuchlerisch,* (be)trügerisch, arg-, hinterlistig, hinterhältig, (heim)tückisch, verschlagen. *treulos.*

fälschen: ver~, *entstellen. Betrug.*

Fälscher: Falschmünzer, *Betrüger.*

fälschlich: *scheinbar. irrtümlich.*

Falte: Falz, Kniff, *Knick.* Furche, Runzel.

falten: fälteln; in Falten legen; zusammenlegen, zusammen~, falzen, knicken, (ver-, zer)knittern, runzeln.

faltenlos: *glatt.*

faltig: faltenreich, furchig, zerfurcht, -klüftet, rissig, runzlig, verrunzelt, schrumplig, verschrumpelt, hutzelig, knitterig, zerknittert, welk, verwelkt.

falzen: *falten.*

Familie: *Sippe, Gattung.* die Meinigen.

fanatisch: *leidenschaftlich.* unduldsam, blindwütig.

Fang: *Beute. Klaue.*

fangen: ein~, (auf-, er)greifen, (ab)fassen, (zu fassen) bekommen; schnappen, (er)*haschen, erwischen, angeln.* beikommen. *hineinlegen.*

Fant: *Laffe.*

Farbe: Farbstoff. *Anstrich, Färbung.*

färben: be*malen,* tünchen, schminken, röten, bräunen, schwärzen. tönen, schattieren. *durchdringen.*

farbig: bemalt, farbenfroh, -freudig, -reich, *bunt,* mehr~, viel~, *anschaulich,* lebendig, malerisch.

farblos: *blaß.* grau (in grau), *fad(e), nichtssagend.*

Färbung: Farbe, Kolorit, (Farb)Ton, Anstrich, Schimmer, *Tönung.*

Farmer: *Bauer.*

Fasching: Fastnacht, Karneval.

faseln: (dummes Zeug) *reden.*
Faser: Fiber, Faden, Haar, Strang,
Sehne. ~ig, fransig.
Faß: Tonne, Bottich, *Gefäß.*
fassen: an~, *berühren.* (er)*greifen,*
(fest)halten, ab~, (ab)*fangen.* ein~,
um~, *umgeben,* -fangen, ein-, umschließen; in sich ~; (ent)halten, aufnehmen (können), messen. auf~, *begrei-*
fen. sich ~, *beherrschen, -ruhigen.* ins
Auge ~: *beobachten. beabsichtigen.*
faßlich: *verständlich.*
Fassung: Ein~, Rahmen. Haltung,
(Selbst)Beherrschung, Gleichmut, *ge-*
lassen, Würde.
fassungslos: *verlegen, betroffen,* überrascht, entgeistert, erschossen! sprach-,
wortlos, stumm, starr, erstaunt, -starrt,
platt! *bestürzt, verblüfft,* -stört, -steinert,
perplex, durcheinander! aus allen Wolken (gefallen); vom Donner gerührt;
baff! paff! sich *wundern.* aus der Fassung geraten: *durchdrehen.* kopflos.
fast: beinahe, nahezu, schier, bald;
um ein Haar; so gut wie; *kaum. ungefähr.*
fasten: *hungern.*
Fastnacht: Fasching, Karneval.
fauchen: schnauben, *blasen,* zischen.
faul: ~ig, verfault, aasig, stinken,
Moder. verdorben, angefault, wurmstichig. *träge,* säumig. *bedenklich.*
faulen: ver~, verwesen, -rotten,
(-)modern; sich zersetzen; *verderben.*
in Fäulnis geraten.
faulenzen: *nichtstun. träge.*
Faxen: Wippchen, *Getue. Unsinn.*
fechten: *kämpfen. betteln.*
Feder: Vogel~, Flaum~, *Daune.* ~n,
Flaum. Spring~, Sprung~. Schreib~.
Schreibweise.
federn: *schnellen.* ~d, *geschmeidig.*
feenhaft: *wunderbar.*
fegen: *putzen. eilen.*
Fehde: *Feindschaft. Kampf.*
Fehlbetrag: *Mangel, Verlust.*
fehlen: ver~. fehlgehen, -schießen,
-greifen, danebengreifen, -hauen, -treten,
-tappen, -treffen; Fehler machen; sich
vertun, -greifen; *verstoßen, entgleisen,*
(sich) *irren. mangeln.* abwesend, -gängig,

weg, verloren, -schwunden, ausgeblieben, nicht vorhanden sein; *vermißt* werden. ausbleiben, schwänzen.
Fehler: Fehl-, Trugschluß, Irrtum,
Fehl-, Mißgriff, Versehen, Schnitzer,
Bock! *Dummheit. Verstoß. Schuld.* Gebrechen, *Mangel,* Schaden, Defekt,
Fleck(en); schwache Stelle. *Laster, Sünde.*
fehlerfrei: -los, richtig. *tadellos.*
fehlerhaft: *mangelhaft. falsch.*
fehlgehen: -schlagen, *mißlingen.* sich
verirren.
Fehlschlag: *Mißerfolg. Versager.*
Fehltritt: *Vergehen. straucheln.*
feien: *schützen.*
Feier: ~lichkeit, ~stunde, Fest(lichkeit). Ehrung.
feierlich: festlich, weihe-, würde-,
salbungsvoll! *erhaben,* getragen, geho-
ben, andächtig.
feiern: begehen. bejubeln. begießen!
ehren, *rühmen. nichts tun.*
feig: *mutlos, ängstlich,* unmännlich.
Feigling: Memme, Angstpeter, -hase,
-meier! Hasenfuß, -herz. *Schwächling.*
feil: (ver)käuflich, bestechlich.
feilbieten: -halten, *anbieten.*
feilen: raspeln. zu~, schärfen. *glätten.*
aus-, zurechtfeilen.
feilschen: (herunter)handeln, scha-
chern, markten.
Feime: *Schober.*
fein: *dünn, zart.* zierlich, *niedlich,*
schmuck, anmutig. angenehm, gut. vor-
nehm. feingemacht, geputzt, piekfein!
geschniegelt (und gebügelt)! geleckt!
Feind: *Gegner,* Widersacher. *Tod~.*
feindlich: gegnerisch, *gegensätzlich,*
unverträglich, feindselig, (spinne)feind,
unversöhnlich, gereizt, *böse, gehässig.*
verfeindet, zerfallen.
Feindschaft: Fehde, *Unfriede(n),*
Krieg. *Zwist, Streit, Zwiespalt, Gegensatz,*
Abneigung, Feindseligkeit, *Haß.* sich
entzweien. kämpfen.
Feinschmecker: *Genießer. heikel.*
feist: speckig, *dick.*
feixen: *grinsen.*
Feld: (~)Flur, *Acker*(land). (~)*Mark.*
Platz, Gebiet.

Fell 66

Fell: Haut, Balg, Decke, Schwarte, Leder, Haar(kleid), Pelz, Wolle, Zotteln, Vlies. das ~ gerben: *prügeln.*

Fels(en): (Ge)Stein. ~wand, Fluh. Berg. (~)*Zacke*, (~)Klippe, (~)Riff.

felsig: steinig. *hart.*

Fenster: (~)*Öffnung.* (~)Scheibe.

Ferien: Urlaub.

Ferkel: *Schwein*(chen).

fern: entfernt, weit (weg); entlegen, abgelegen, getrennt, unerreichbar; über alle Berge. *fremd.*

fernbleiben: *fehlen. meiden.*

ferner: *dazu.* ~hin, *weiterhin.*

fernhalten: *abhalten.*

Ferse: Hacken.

fertig: bereit; fix und ~. es ist soweit. *erledigt.* zu, am Ende; *beendet, aus,* durch. *reif. müde.* ~machen, *erledigen.* ~ sein, nichts mehr zu tun haben wollen mit. ~ werden mit: *verarbeiten.*

fertigbringen: *vollbringen.*

fertigen: *herstellen.*

Fertigkeit: *Geschick.* Übung. Kunst~.

fertigmachen: *beenden.*

fesch: flott, schneidig, schick, scharmant, *reizend.*

Fessel: Band, Bindung. *Hindernis.*

fessellos: *frei.*

fesseln: *binden,* ketten, knebeln. spannen, *packen, gewinnen,* interessieren.

Fest: *Feier,* Lustbarkeit. *Freude.*

fest: *dicht. hart. stramm.* kernig, *kräftig. zäh.* gediegen, solid, haltbar, stabil, massiv, widerstands-, strapazierfähig, unverwüstlich, -zerbrechlich, -zerreißbar, *dauerhaft.* untrennbar, -zertrennlich, *innig,* un(auf)löslich. *unveränderlich,* -verändert, -erschüttert, -erschütterlich. *unbeugsam. zuverlässig.* geregelt. *unbedingt, bestimmt, zuversichtlich.*

fest bleiben: sich *behaupten.*

festhalten: *bleiben* bei.

festigen: *stärken.*

festlegen: -setzen, ansetzen, -beraumen, bestimmen. *vereinbaren. verpflichten,* festnageln!

festmachen: *befestigen.* abmachen, -schließen; sich *einigen. vereinbaren.*

festnehmen: *verhaften.*

festsetzen: *festlegen. verhaften.* sich ~: *eindringen*; sich breitmachen.

feststehen: *sicher* sein.

feststellen: ermitteln, *erfahren, -kennen, entdecken,* verzeichnen, registrieren. sich *vergewissern.*

Festung: Befestigung, Bollwerk, Bastion, Bastei, Fort, Zitadelle, (Hoch) Burg, Stützpunkt, *Wall.*

Fett: Speck. Schmalz.

fett: fettig, schmalzig, speckig, ölig, tranig, schmierig.

fetten: *schmieren.*

Fetzen: *Lumpen.* Schnitzel, Tuch-, Papier)~, *Stück.*

feucht: *naß.* beschlagen. *dumpfig.*

feuchten: an~, be~, (be)*netzen.*

Feuer: Brand, *Flamme.* ~sbrunst. ~schein, Glut, Hitze, Wärme. *Leidenschaft.* ~ und Flamme: *begeistert.*

feuern: *heizen. schießen. werfen.*

feurig: *leuchtend. leidenschaftlich.*

Fibel: Abc(Buch). *Anfangsgründe. Lehrbuch.* Spange.

Fiber: *Faser.*

fidel: *heiter, lustig.*

Fieber: ~anfall, ~schauer, ~rausch, ~wahn, *Hitze, Aufregung.*

fieberhaft: fiebernd, fiebrig, krampfhaft, *aufgeregt.* gehetzt, hastig, *unruhig. ungeduldig.* überspannt, fanatisch.

fiebern: *zittern, gieren.*

Fiedel: Geige, Violine.

Figur: Gestalt, *Form.* Statue.

Filter: *Sieb.*

Filz: *Geiz*hals.

Fimmel: *Tick.*

finden: auf~, aufspüren, -stöbern, *auftreiben,* -gabeln! auskundschaften; ausfindig machen; ermitteln, *herausbekommen,* entdecken, (an)treffen. erreichen; stoßen auf. *meinen,* (be)*urteilen.* sich ~: sich geben; in Ordnung gehen, kommen.

findig: erfinderisch, *klug.* Spürsinn.

Finger: *Werkzeug.* ~fertig, *geschickt.*

fingern: *tasten. bewerkstelligen.*

Fingerzeig: *Wink.*

finster: *dunkel.* lichtscheu. *mürrisch.*

Finte: *Falle. Kniff. täuschen.*

Firlefanz: *Unsinn. Tand.*

Firma: Haus, Gesellschaft, Betrieb, Werk. firmieren: heißen, sich nennen.

Firn: Gletscher.

Firnis: *Anstrich.*

First: Giebel, Dach(stuhl).

fischen: *angeln.*

Fittich: *Flügel.* ~e: *Schutz.*

fix: schnell, *gewandt.*

Fjord: *Bucht.*

flach: *eben,* plan, platt, flächig. niedrig, *seicht.*

Fläche: Ausdehnung, Platz, *Gebiet. Ebene.* Boden(~).

flackern: *zucken,* züngeln, wabern, flammen. ~d, unruhig.

Flagge: *Fahne.* flaggen: Fahne(n) hissen, heißen, setzen, aufziehen.

Flamme: *Feuer,* Lohe.

flammen: brennen, lohen, lodern, flackern. *leuchten.*

flanieren: *spazieren*(gehen).

Flanke: Seite, Flügel.

flatterhaft: *unbeständig. leichtfertig.*

flattern: *fliegen,* gaukeln, bammeln, schlackern, *zittern.*

flau: *fade. matt. lustlos. unwohl. schlapp*machen.

Flaum: *Federn.* Bart. ~ig, *weich.*

Flausen: Wippchen. *Ausrede, Lügen,* Windbeutelei. *Getue, prahlen. Gerede.*

Flaute: (Wind)Stille, Stillte; stille Zeit; Baisse.

flechten: wirken, (ineinander-, ver-, zusammen)flechten, (-)weben, (ver-, zusammen)*binden,* verfilzen. *Geflecht.*

Fleck(en): Sprenkel, Tupfen, Tüpfel, Klecks, Punkt. Schmutz~, Makel, *Fehler,* Schuld, Schandfleck. *Lappen. Ort.*

fleckenlos: *sauber.*

fleckig: gefleckt, *scheckig. schmutzig.*

Flegel: *Bengel, Kerl,* Lümmel, Rüpel, Grobian, Rohling, Rabauke! ~jahre, Pubertät, *Jugend.*

flegelhaft: *Unart.*

flegeln, sich: sich lümmeln, räkeln, rekeln, strecken.

flehen: *bitten.*

flehentlich: demütig, fuß-, kniefällig, *inständig.*

Fleisch: Leib, Körper, sterbliche Hülle. Fruchtfleisch.

Fleischer: Fleischhauer, Metzger, Schlachter, Schlächter.

fleischig: *dick.*

fleischlos: *mager.*

Fleiß: *Eifer.* mit ~: *absichtlich.*

fleißig: *arbeitsam,* tätig. *beharrlich, eifrig.* Sitzfleisch haben.

flennen: *weinen,* klagen.

flicken: *nähen, stopfen, instand setzen.* zusammenbasteln, -stoppeln, -stückeln.

Flicken: *Lappen.*

fliegen: schweben, schwirren, surren, *flattern,* wirbeln, *stieben,* sich schwingen; segeln, wehen, huschen, *eilen.* hinaus~, *entlassen* werden.

fliehen: flüchten; die Flucht ergreifen; flüchtig werden; das Weite suchen; Fersengeld geben; *ausreißen,* -brechen, ent~, entlaufen, -springen, -weichen, -kommen. *meiden.*

Fliese: *Kachel.*

fließen: fluten, *strömen,* rinnen, rieseln, laufen, quellen, sprudeln, strudeln; sich ergießen; *münden.*

fließend: flüssig, geläufig.

flimmern: flirren, schwirren, *zittern. funkeln. blinzeln.*

flink: *schnell. munter.*

Flinte: *Gewehr.*

flirren: *flimmern,* sirren.

flirten: *liebeln.*

flitschen: flutschen, *flitzen.*

Flitter: Schmuck. Tand.

Flitterwochen: Honigmonat, Honigwochen.

flitzen: flitschen, flutschen, (dahin) schießen, *eilen.*

Flocke: Schnee~. Schaum~. Staubflocken, *Fusseln.*

Flöte: Pfeife. flöten, pfeifen, singen.

flott: *fesch, forsch. lustig, unbeschwert.*

Flöz: Lager.

Fluch: *Unheil.*

fluchen: *verfluchen.* schimpfen.

Flucht: *fliehen. Folge.*

flüchten: *bergen. fliehen.*

flüchtig: *fliehen. unbeständig.* fahrig, leicht(hin), *oberflächlich. eilig. kurz.*

Flug: Zug.

Flügel: Schwinge, Fittich. *Seite*. Anbau, Nebengebäude, Seiten~.

flügge: *erwachsen*.

flugs: *sofort*.

Fluh: *Fels*.

flunkern: *lügen. prahlen.* Geflunker, Flunkerei, *Flausen*.

Flur: Feld(~), *Mark*. Tenne, Haus~, Gang, Korridor, *Vorraum*.

Fluse: *Fussel*.

Fluß: Gewässer, Fluß-, Wasserlauf, (Binnen)Wasserstraße, -weg, Strom. (Ab)*Lauf*, Fortgang. *Bewegung*.

flüssig: fließend, geläufig. geschmolzen, *dickflüssig*.

Flüssigkeit: Lösung, Lauge. Brühe, Suppe. Saft, Sirup, Seim. *Getränk*.

flüstern: lispeln, wispern, säuseln, fispeln, fispern, zischeln, tuscheln, nuscheln, murmeln, raunen; *leise*, heiser sprechen.

Flut: *Strom*. (~)Welle. Hoch~, Hochwasser. Schwall. (Un)*Menge*.

fluten: *fließen.* spülen, wogen, *branden*.

flutschen: *flitzen. gelingen*.

Fohlen: Füllen, junges Pferd.

Folge: Ab~, Aufeinander~, Nacheinander, *Reihe*(n~), Flucht. (Fort)Gang, (Ab-, Ver)*Lauf*, Entwicklung. *nachher*; Fortsetzung. ~zeit. Nach~, Nachspiel, -wehen, (Aus-, Nach)*Wirkung, Ergebnis*. Rang~, *Ordnung*. zur ~ haben; nachziehen, nach sich ziehen.

folgen: nach~, nachrücken, ablösen, übernehmen. sich *anschließen; anhangen*. nachkommen, -gehen, -steigen, *verfolgen*. sich richten nach; *nachahmen. gehorchen.* hervorgehen, sich ergeben; *entstehen*. sich überlassen; nachhängen.

folgendermaßen: *so*.

folgenreich, -schwer: weittragend, wichtig. *verhängnisvoll*.

folgerecht, -richtig: konsequent, logisch, *schlüssig*.

folgern: schließen; den Schluß ziehen; ab-, herleiten, ab-, *entnehmen*, urteilen. *anwenden*.

Folgerung: Schluß(folgerung), Weiterung, Konsequenz, Lehre.

folglich: danach, demnach, -gemäß, -zufolge, (-)entsprechend, infolgedessen, so(hin, -mit, -dann, -nach), mithin, *deshalb*; und so; also; daraus ergibt sich, folgt, läßt sich schließen.

folgsam: *gehorsam*.

Folter: Marter, Tortur, rädern; auf die ~ spannen; Schmerz, *Qual*.

foppen: *necken. narren.*

Förde: *Bucht*.

förderlich: *nützlich*.

fordern: verlangen, begehren, *befehlen*, auf~, heischen, zumuten, *bitten, wünschen*, beantragen; dringen auf; sich ausbedingen; (ab)nötigen, ab~, *beanspruchen*, den Anspruch erheben; an~, *bestellen. brauchen.* heraus~. gefordert, *erforderlich*.

fördern: be~, heben, *vorwärts*bringen, *begünstigen*, -schleunigen, *nutzen, unterstützen*. zutage bringen.

Förderung: *Gunst*.

Forke: (Heu-, Mist)Gabel.

Form: Figur, Umriß, Äußeres, Gesicht, (Zu)Schnitt, Prägung, Gepräge, Charakter, Stil, Ausdruck, *Art, Gestalt*, Struktur, Anordnung, *Muster*.

formen: *bilden*, prägen, *gestalten*, modeln, modellieren, meißeln, schnitzen.

förmlich: formell. steif. *ausdrücklich*.

formlos: ungeformt, -gestaltet, gestaltlos, amorph. *zwanglos*.

Formular: Formblatt, Vordruck.

forsch: *flott, munter, kühn*, schneidig, zackig!

forschen: er~, nach~, (unter)suchen, nachspüren; sich *erkundigen*. Forschung, Wissenschaft.

Forst: *Wald*.

fort: ab, weg, beiseite, los, davon, (da)hin, hinweg; von dannen; auf und davon; über alle Berge. abhanden, verloren, futsch! verschwunden, -schollen, ade! nicht da, vorhanden, zu finden. *aus...*, weiter... ~ und ~: *ständig*.

fortan: *künftig*.

fortbringen: *fortschaffen, entfernen.*

fortfahren: *fortsetzen. scheiden.*

fortfallen: *ausscheiden.* unterbleiben.

fortführen: *fortsetzen.*

Fortgang: *Folge.*
(fort)gehen: *aufbrechen, scheiden;* sich entfernen, *davonmachen;* verlassen.
fortjagen: *vertreiben.*
fortlaufen: entlaufen, *-fliehen.*
fortleben: (an)*dauern.*
fortlocken: *abspenstig* machen.
fortnehmen, -räumen, -schaffen: -bringen, *entfernen, abräumen.*
fortschicken: *entlassen.*
fortschreiten: über-, weitergehen, fortfahren. Fortschritte machen; vorwärtsgehen, -kommen; vonstatten gehen; vom Fleck kommen; gedeihen. sich *wandeln.*
Fortschritt: *Zunahme, Entwicklung. Erfolg.* verbessern. Neuerung.
fortsetzen: -fahren, -führen, weiterführen, -machen, -wursteln! *ergänzen,* anknüpfen, verfolgen. *beharren* bei. sich ∼: *dauern.* Folge.
fortstehlen, sich: sich *davonmachen.*
fortwährend: *unaufhörlich.*
Foto: ∼grafie, Lichtbildnerei, Lichtbildkunst. Aufnahme, Schnappschuß. ∼graf, ∼reporter, Lichtbildner. ∼grafieren, aufnehmen; eine Aufnahme machen; knipsen, festhalten. filmen.
Fracht: Fuhre, Schub, *Ladung,* Transport, (∼)Sendung. ∼kosten.
Frage: Au∼, Um∼, Zwischen∼, Quer∼, Streit∼. *Rätsel.* ∼stellung, *Aufgabe,* Problem, *Fall.*
fragen: sich *erkundigen;* be∼, aus∼, aushorchen, -holen, -forschen, -nehmen! -quetschen! -pressen! verhören; ins Gebet nehmen. nicht ∼ nach: *gleichgültig.*
fraglich: *zweifelhaft. betreffend.*
fraglos: *zweifellos.*
fransig: (aus)gefranst, faserig, verschlissen, zerschlissen.
Fraß: Fressen, Schmaus. *Nahrung.*
Fratze: *Gesicht,* Grimasse. Zerrbild, *Scheusal.* ∼nhaft, *häßlich.*
Frau: Dame, *Weib. Gattin.*
frech: übermütig, keck, keß, *kühn, unbedenklich,* kalt(blütig, -schnäuzig). (dumm)dreist, zynisch, *schamlos,* unverschämt, -geniert, -verfroren. trotzig, patzig, pampig! ehern, eisern, aufsässig.

anmaßend, schnippisch, schnoddrig, lose, *vorwitzig, zudringlich,* rücksichtslos, ungezogen, gemein, stark(es Stück), Zumutung; sich mausig machen.
frei: (fessel)*los.* sein eigener Herr, unabhängig, -gehemmt, -gehindert, -belastet, -gestört, -behelligt, -behindert, -beengt, *ledig.* gelöst, zwanglos. *freiwillig. offen.*
freibleibend: unverbindlich.
Freibrief: *Recht.*
freien: auf die Freite gehen; auf Freiersfüßen gehen; *werben.*
freigeben: (frei)*lassen.*
freigebig: mild(tätig). *großzügig,* verschwenderisch. sich nicht lumpen lassen!
Freiheit: *frei*er Wille; freie Entscheidung; Willkür.
freiheitsliebend: freiheitlich, liberal, freisinnig.
freilassen: *lassen. entlassen.*
freilegen: *enthüllen.*
freilich: allerdings, immerhin, zwar, *ja,* natürlich. *doch.*
frei machen: *lösen.*
Freimut: freimütig, *offen*(herzig).
freisetzen: *auslösen.*
Freistatt: *Zuflucht.*
freistehen: *dürfen.*
freistellen: *erlauben. überlassen.*
freiwillig: aus freien Stücken; *zwanglos, unaufgefordert.* selbstgewählt.
Freizeit: Muße(stunde), *Pause.*
fremd: wild∼, stock∼, orts∼. ausländisch. unbekannt, -gewohnt, -gewöhnlich, -verständlich, neu, ∼artig, unbeschriebenes Blatt; *seltsam,* anders, beziehungslos; ohne Beziehung; *fern.*
Fremde: Ferne, (weite) Welt. Ausland, ferne Länder.
Fremder: Ausländer. Gast, Reisender. Fremdling, zugewandert.
Fresse: *Mund. Gesicht.*
fressen: auf∼, (ver)zehren, ver-, hinunterschlingen, *essen. prassen, Fraß, gefräßig. Gelage.* begreifen.
Freude: Glück(sgefühl), (Glück) Seligkeit, Hochgefühl, -stimmung, *Frohsinn,* Wonne, Entzücken, *Vergnügen, Lust, Genuß,* Fest, *Jubel,* ∼ntaumel,

Frohlocken, Begeisterung, -friedigung, (Wohl)*Gefallen*, (-)Behagen, Wohlgefühl.

freudig: *froh.*

freudlos: *traurig.*

freuen: er~; *froh, Freude* machen; erbauen, beglücken, entzücken, vergnügen, erheitern, -götzen, -muntern. *gefallen.* sich ~: *froh* sein; genießen, *frohlocken*, strahlen, lachen, *grinsen!* sich weiden, berauschen.

Freund: (Spiel-, Schul-, Jugend) *Gefährte*, Kamerad, Kumpan, Kumpel, nahestehend, vertraut, befreundet. *Liebhaber, Geliebter.* ~in, *Geliebte.*

freundlich: freundschaftlich, wohlwollend, -meinend, -gesinnt, -gemeint, gutgemeint, *herzlich, liebenswürdig, gefällig, gütig.* heiter.

Freundschaft: (~s)Bund, Bündnis; freundschaftliche Verbindung; Bekannt-, Kameradschaft, Vertraut-, Verbundenheit, Brüderlichkeit, Harmonie, Zuneigung, Wohlwollen, Sympathie, *freundlich, liebevoll.*

Frevel: *Sünde.* Lästerung.

frevelhaft: freventlich, *ruchlos.*

freveln: *verstoßen.*

Friede(n): Verständigung, -söhnung, Harmonie, Ruhe, *gelassen.*

Friedhof: Gottesacker, Kirchhof, Begräbnisstätte.

friedlich: friedfertig, -sam, -liebend, verträglich, -söhnlich, nachgiebig, sanft (mütig), gutmütig, ruhig.

friedlos: *unstet.*

frieren: *schaudern;* kalt sein; (vor Kälte) *zittern.* ge~, zu Eis werden; vereisen, erstarren.

frisch: tau~, *neu*(geboren, -gebakken). *jung,* unverbraucht. aufnahmefähig. *gesund, munter.* unbenutzt. sauber. kalt, kühl.

frischweg: *sofort.*

frisieren: *kämmen. zurechtmachen.*

Frist: Aufschub, (Bedenk)*Zeit*, Ziel, Termin. Bewährungs~, Gnaden~, Galgen~. ~ gewähren, setzen: befristen. ~ verlängern: *aufschieben.*

fristgemäß: *rechtzeitig.*

fristlos: *sofort*(ig).

Frisur: *Haar*(tracht).

froh: fröhlich, ~gemut, hoch-, wohlgemut, *glücklich;* guter Dinge. lebens~, lebenslustig. freudig, erfreut, *freude*-, glückstrahlend, freudetrunken, -voll, -nreich, *heiter, lustig,* munter, vergnügt.

frohlocken: *jubeln,* sich *freuen; Freude.*

fromm: andächtig, erbaulich, gottes-, *ehrfürchtig,* (gott)gläubig, gottergeben, -selig, -geweiht, -gefällig, religiös, *heilig* (mäßig), *tugendhaft. sanft.*

Frömmler: frömmelnd, scheinfromm, -heilig, Mucker, Pharisäer, *Heuchler.* Eiferer, Fanatiker.

Fron: ~dienst, ~arbeit, *Last, Mühe.*

frönen: dienen, huldigen, sich er-, hingeben.

Frost: Kälte, Reif, ~ig, *kalt.* frösteln, *schaudern.*

frotzeln: *necken.*

Frucht: *Ertrag. Folge.*

fruchtbar: -bringend, *ergiebig, üppig.* schöpferisch. *vorteilhaft.*

fruchten: *nützen.*

fruchtlos: *vergeblich.*

früh: (~)*zeitig;* in der, in aller Frühe; ~morgens; am ~en Morgen; zu ~er Stunde; ~ am Tag; bei Tagesanbruch, Sonnenaufgang; vor Tag (und Tau); um die Morgenröte; beim Morgengrauen; in der Morgendämmerung; beim ersten Hahnenschrei. *anfänglich.* zu ~: vorzeitig, voreilig, verfrüht.

früher: eher, vorher, -hin, -dem. *vor*ausgehend, -gegangen, älter, *vergangen,* -flossen, vorig, vor-, einst-, ehe-, damalig, *einst*(ig). sonst(ig); bisher(ig), *anfänglich.*

frühest: erst, ältest, anfänglichst.

Frühling: Frühjahr, Lenz, Maienzeit. Vor~. Frühzeit.

frühreif: *altklug.*

Fuchs: *Schlaukopf.*

fuchsen: *ärgern.*

Fuchtel: *Peitsche. Herrschaft.*

fuchteln: fummeln! *schwenken.*

Fuge: *Spalt, Einschnitt,* Naht(stelle).

fugen: *verbinden.*

fügen: *verbinden. bewirken.*

fügen, sich: sich schicken, ergeben, *abfinden,* beugen, unterwerfen, -ordnen, ducken; *gehorchen, nachgeben, dulden.* sich *gewöhnen.* sich machen, (er)geben, begeben; *geschehen.*

füglich: zu *Recht. eigentlich.*

fügsam: *gehorsam.*

Fügung: *Gefüge. Schicksal.*

fühlbar: *merklich. offenbar.*

fühlen: *tasten.* empfinden, *wahrnehmen.* begreifen. sich ∼: sich befinden. zumute sein. *stolz sein.*

Fuhre: *Fracht.*

führen: *lenken,* lotsen, bringen. an∼; an der Spitze gehen; die Spitze halten; vorangehen. den Vorsitz ∼: *vorstehen.*

Führer: Fremden∼. Wegweiser. Anleitung. Katalog. *Oberhaupt,* Rädels∼, Anstifter.

Fuhrwerk: *Wagen.*

fuhrwerken: *fahren.*

Fülle: Über∼, Überfluß; Hülle und ∼; *Reichtum, Menge,* Andrang, Schwall.

füllen: an∼, auf∼, er∼, aus∼. ein∼, ein*gießen,* vollmachen; -laufen lassen; (voll)*stopfen,* (-)spicken, *füttern. voll.*

Füllen: Fohlen.

füllig: *dick.*

Füllsel, Füllung: Einlage, Futter. Inhalt, Kern, Eingeweide.

fummeln: *tasten.* fuchteln. *basteln.*

Fund: Entdeckung.

Funke(n): Blitz.

funkeln: blitzen, flimmern, *glänzen, leuchten.* Gefunkel, *Licht.*

für: zugunsten. gegen, um, zu. *statt.*

Fürbitte: *Bitte.* Gebet.

Furche: *Falte,* Riefe, *Graben.* Acker∼.

furchen: pflügen, durchziehen. *graben. ritzen.* ge-, zerfurcht, rissig.

Furcht: *Angst.*

furchtbar: *schrecklich.*

fürchten, (sich): bangen, zagen, *scheuen,* (er)*zittern.* grau(s)en, sich entsetzen. sich ängstigen, graulen, gruseln. be∼, besorgen; sich sorgen; *argwöhnen, erwarten.*

furchtlos: *tapfer. gelassen.*

furchtsam: *ängstlich.*

Fürsprache: Fürbitte. *Gunst.*

Fürst: *Herrscher.*

Fusel: *Branntwein.*

Fuß: Sockel, *Grundlage.*

Fussel: Fluse, Flüschen, Faden, Fädchen, Flocke, Flöckchen, Stäubchen.

fußen: *beruhen.*

fußfällig: *flehentlich.*

Fuß(s)tapfen: *Spur.*

futsch: *kaputt. fort.*

Futter: *Nahrung.* Unter∼, Füllung.

Futteral: *Beutel, Hülle. Behälter.*

futtern: *füttern. essen.*

füttern: zu (fr)essen geben; futtern, *nähren, mästen,* (aus-, voll)stopfen. (aus) füllen, (-)wattieren, ab∼, polstern, aus∼, auskleiden, -schlagen, legen, innen verkleiden.

G

Gabe: Portion, Dosis. *Geschenk, Spende,* Segen. *Begabung.*

Gabel: Heu∼, Mist∼, Forke. ∼spitze, Zinke. Wege∼, Gabelung.

gabeln, sich: auseinandergehen; sich verzweigen, -ästeln, *trennen.*

gaffen: *glotzen.* Gaffer, Zuschauer.

gähnen: *klaffen.*

Gang: ∼art, Schritt, Trott, Bewegung, *Lauf.* Fort∼, *Folge.* Spazier∼, Bummel, *Ausflug. Flur. Stollen.*

gangbar: *möglich. gängig.*

gängeln: *leiten,* bevormunden.

gängig: gangbar; (leicht) verkäuflich; beliebt. *gewöhnlich.*

gang und gäbe: *gewöhnlich.*

ganz: *voll*(ständig), ungeteilt, ausschließlich, (ins)gesamt; samt und sonders; total; von A bis Z; mit Haut und Haar, Stumpf und Stiel. *heil.* ∼ und gar; gänzlich; voll und ∼; in jeder *Hinsicht*; weitaus; bei weitem; in Bausch und

Garbe

Bogen; durch die Bank; *durchaus,* überhaupt. im ganzen; (so) ziemlich. das Ganze: Summe, Gesamtheit, Inbegriff. ~heit, *Einheit.* nicht ~: nur *teilweise.*

Garbe: *Bund.*

Gardine: Vorhang.

gären: brodeln, brausen; sich rühren; rumoren, *Unruhe.*

Garn: *Faden,* Zwirn, Twist, Wolle. Netz, *Falle.*

garstig: *scheußlich. schmutzig. Unart.*

Garten: Haus~, Vor~. Schreber~, Nutz~, Obst~, Baum~, Zier~, Blumen~, Stein~. Stadt~, (~)Anlage, Park. Tier~, Zoo(logischer ~).

Gärung: *Aufruhr.*

Gasse: Sträßchen. Durchgang, -bruch.

Gassenhauer: Schlager.

Gast: Besuch(er); die (Ein)Geladenen, *Teilnehmer.* Kostgänger. Stamm~, Kunde. Reisender, Fremder, Fremden~.

gast(freund)lich: gastfrei, gesellig. ~keit, offenes Haus.

Gastgeber: *Wirt.*

Gasthaus: -hof, -stätte, Rasthaus, Hotel, Hospiz, Pension. *Unterkunft. Wirtshaus.*

Gatte: Ehe~, (Ehe)Gemahl, (-)Mann. Gattin, Gemahlin, (Ehe)Frau, Hausfrau, -herrin. (Ehe)Gatten, Eheleute, -paar.

Gatter: *Zaun.*

Gattung: *Art,* Ordnung, *Gruppe,* Klasse, Kategorie, Abteilung, *Geschlecht, Sippe,* Familie.

Gau: *Gebiet.*

Gaukelei: Gaukelspiel, Hokuspokus, Zauber, Betrug.

gaukeln: *flattern.* um~, umspielen. vor~, *vortäuschen.*

Gaukler: Schausteller. Taschenspieler. *Betrüger.*

Gaul: *Pferd.*

Gauner: Erz~, Spitzbube, *Betrüger, Lump,* Verbrecher.

Gaunerei: *Betrug, Niedertracht.*

Geäst: Äste, Zweige, Astwerk.

Gebäck: Gebackenes, Backware, -werk, Kuchen, Torte, Teilchen, Hörnchen, Kipfel, Schnecke, Plätzchen, Leckerli.

Gebärde: (Kopf-, Hand)Bewegung, Geste, *Wink.*

gebaren, gebärden, sich: sich benehmen. Gebaren, *Verhalten.*

gebären: niederkommen, entbinden; entbunden werden; kreißen; zur Welt bringen; *Geburt. erzeugen.*

Gebäude: Bau(werk), Baulichkeit, *Haus.*

geben: *reichen,* langen. her~, *fort~, übergeben,* -eignen, ein-, aushändigen, *verabfolgen, eingeben,* er-, *zuteilen,* zustecken, herausrücken, *überlassen, schenken,* verleihen, gewähren, bieten. *opfern.* mit~, *versehen* mit. *vorkommen. bevorstehen. spielen.* sich ~: sich benehmen. sich *finden.* sich *beruhigen,* sich *fügen.*

Gebet: Andacht. Bitt~, Dank~, Stoß~, Morgen~, Abend~, Tisch~.

Gebiet: *Fläche, Bereich, Gegend,* Feld, Zone, Region, Bezirk, Landesteil, Gau, Distrikt, Kanton. *Fach(~).*

gebieten: *befehlen,* verordnen, -fügen. (be)herrschen, *vorstehen,* schalten (und walten). besitzen.

Gebieter: *Herrscher, Oberhaupt.*

gebieterisch: *herrisch. nachdrücklich.*

Gebilde: Gestalt, *Gegenstand.*

Gebirge: Berg-, Gebirgsstock, -zug, -massiv, Berge, Höhen(zug).

Gebiß: Zähne, Kauwerkzeuge.

geboren: *gebürtig.*

geborgen: *sicher.*

Gebot: *Befehl,* Erlaß, *Vorschrift. Bedürfnis.* An~.

geboten: *erforderlich.*

gebrauchen: *handhaben,* umgehen, (be)*nutzen;* sich bedienen; an-, verwenden, verwerten, anbringen.

gebräuchlich: *üblich.*

gebrechen: *mangeln.*

Gebrechen: Fehler, *Mangel, Schwäche,* Gebresten, (Leibes)Schaden, *Leiden.*

gebrechlich: bresthaft, *schwach.*

Gebresten: *Gebrechen.*

Gebühr: Abgabe. Kosten. Miete. nach ~: *gerecht.*

gebühren: zukommen, -stehen, (ge)ziemen, gehören; sich schicken; verdienen. ~d, *angemessen.*

73 **Gefüge**

gebührlich: *angemessen.*
Geburt: Entbindung, Niederkunft.
gebürtig: geboren, von Herkunft, Herkommen; *stammen. heimisch.*
Geck: *Laffe.*
Gedächtnis: *Erinnerung*(svermögen).
gedämpft: *dumpf, leise.*
Gedanke: Denkinhalt, Sinn, Begriff, *Vorstellung,* Idee, *Meinung. Einfall,* Erkenntnis. *Erinnerung. Absicht.* Vorschlag. *Grille.*
gedankenlos: unbewußt, dumm, leichtfertig.
gedankenvoll: *nachdenklich.*
Gedärm: *Eingeweide.*
gedeihen: *wachsen,* (auf-, er)blühen. *geraten. fortschreiten. Glück.*
gedeihlich: *günstig.*
gedenken: sich *erinnern.* Erinnerung, Gedenkstunde, -tag, -feier, Jahrestag. *beabsichtigen.*
gediegen: *rein. fest.*
Gedränge: *Gewühl.*
gedrängt: *eng. kurz.* haufenweise.
gedrückt: *traurig.*
gedrungen: untersetzt, *stark.*
Geduld: *gelassen,* Langmut, Nachsicht. Ausdauer, *beharrlich.* ~ haben; sich Zeit lassen; *warten, aushalten.* Engels~, Lamms~, Schafs~.
g eduld en, sich: *warten.*
geduldig: ~es Schaf, Lamm; *gelassen. beharrlich.*
gedunsen: aufgetrieben, (auf-, an) geschwollen, verschwollen, auf~, aufgebläht, -geschwemmt, prall, wampig.
geeignet: brauch-, verwendbar, tauglich, dienlich, passend, recht, richtig, *günstig, zweckmäßig,* annehmbar. *fähig.*
Gefahr: Lebens~, Todes~, Krise. Wagnis, Risiko. Klippe.
gefährden: in Gefahr bringen; bedrohen; in Frage stellen.
gefährlich: gefahrbringend, -drohend, -voll, bedrohlich, akut, alarmierend, gespannt, lebens~, tödlich, *unheilvoll.* gewagt, riskant, *kühn. unsicher,* zweischneidig, *bedenklich.* dicke Luft! auf dem Pulverfaß sitzen.
gefahrlos: *sicher.*

Gefährt: *Wagen.*
Gefährte: Begleiter, (Weg-, Reise-, Spiel-, Leidens-, Lebens-, Kampf)Gefährte, (-)Genosse.
Gefälle: Neigung(swinkel), Fall(winkel), Abfall, -dachung, (Ab)Hang, Schräge. *Unterschied.*
gefallen: zusagen, passen, belieben, -hagen, -friedigen, (an)*genehm* sein; Vergnügen machen; etwas übrig haben; *schmecken. gewinnen,* (er)*freuen,* reizen, ansprechen, -muten, -ziehen. Anklang, Gefallen, Beifall finden. Geschmack finden, (ab)gewinnen; sich befreunden; begrüßen; *mögen.* es gefällt: sich *herbeilassen.* sich ~ lassen: *dulden;* einverstanden, zufrieden sein.
Gefallen: *Freude, Lust,* Geschmack. *Gefälligkeit.*
gefällig: *liebenswürdig, höflich,* entgegen-, zuvorkommend, *hilfreich,* hilfsbereit, behilflich, (dienst)beflissen, bereitwillig. angenehm, *anmutig,* -sprechend, geschmackvoll, schmuck, nett, *reizend,* gewinnend.
Gefälligkeit: (Liebes-, Freundschafts-, guter) Dienst; Gunst, Gefallen, Liebe. Entgegenkommen.
Gefallsucht: *eitel,* kokett.
Gefängnis: Zuchthaus, Kerker, Verlies, Kittchen! Loch! hinter Gittern, schwedischen Gardinen; *Haft.*
Gefäß: *Behälter,* Geschirr, Schüssel, Schale, Napf, Tasse, Topf, Tiegel, Hafen, Becken. Glas(~), Becher. Kelch(~). Krug. Eimer, *Kübel,* Zuber, Bottich, Bütte, Faß, Wanne, Mulde.
gefaßt: *gelassen.*
Gefecht: *Kampf, Scharmützel.*
Gefilde: *Landschaft.*
Geflecht: Flechtwerk, Netz(werk), *Gewebe.* Verflechtung.
geflissentlich: *absichtlich.*
Gefolge: Gefolgschaft, Gefolgsleute, Geleit, Begleitung, *Anhang,* Troß.
gefräßig: (starker) Esser; Fresser, verfressen, Vielfraß, *gierig,* (Heiß)Hunger; gesegneten Appetit haben.
gefrieren: erkalten, -starren, frieren.
Gefüge: Fügung, Schichtung, Lage-

rung, Zusammensetzung, (An)*Ordnung*, (Auf)Bau, *Gerüst*, Struktur, Schema, System, Konstruktion.

gefügig: *gehorsam*.

Gefühl: Tastsinn. Empfinden, -ung, Eindruck. Begriff, Bewußtsein, Sinn, Gemüt, Instinkt,*Ahnung*. Fingerspitzengefühl, *Takt*.

gefühllos: *unempfindlich*, empfindungslos, abgestumpft, -gehärtet, -gebrüht, verhärtet, *roh*, *hart*, spröde, *schnöde*, herz-, lieblos, gemütsarm, Fischblut, *gleichgültig*, stumpf(sinnig), kalt (lächelnd, -herzig, -blütig, -schnäuzig).

gefühlvoll: seelenvoll, gefühls-, rührselig, empfindsam, sentimental, Gefühlsdusel, schmalzig! tränenreich, -selig.

gegen: wider, entgegen, gegenüber. (an)*statt*. nach (…hin); zu, für, um. kurz vor. *ungefähr*.

Gegenbewegung: *Widerstand*.

Gegend: *Seite*, *Ort*, Himmelsgegend, -strich, (-)Luft, Land(schaft, -strich). Viertel. *Umgebung*. *Gebiet*, Raum.

gegeneinander: aufeinander. gegenseitig; einer gegen den andern.

Gegengabe, -leistung: *Entgelt*.

Gegensatz: -pol, -teil, Antithese, Kontrast, Widerspruch, -streit, -spiel, *Zwiespalt*, Mißverhältnis, *Unterschied*, Spannung, Gegensätzlichkeit, (Meinungs)Verschiedenheit, *Feindschaft*.

gegensätzlich: entgegen(gesetzt), konträr, (sich) gegenüberstehend, *feindlich*, *unvereinbar*. *verschieden*.

Gegenseite: *Kehrseite*. *Gegner*.

gegenseitig: einander, *umschichtig*.

Gegenspieler: *Gegner*.

Gegenstand: Gebilde, *Ding*. Inhalt, Vorwurf, Thema.

Gegenstück: Seitenstück, *Abbild*.

Gegenteil: *Gegensatz*. umgekehrt,entgegengesetzt; im ~: and(r)erseits, and(e)rerseits.

gegenüber: gegen. ~liegend, entgegen(gesetzt). angesichts.

gegenüberstellen: (miteinander) vergleichen, (gegeneinander) abwägen.

Gegenwart: Heute, Augenblick; der Tag; die Stunde; unsere Zeit; *jetzt*. Da-,

Dabei-, Beisein, Anwesenheit,*Teilnahme*. in ~ von: angesichts, vor.

Gegenwehr: *Widerstand*.

Gegenwert: *Entgelt*.

Gegenwirkung: *Widerstand*.

Gegner: Feind, Widersacher, Gegenspieler, -partei, -seite; die andere Seite, Nebenbuhler, Rivale, Konkurrent.

Gehabe: *Getue*.

Gehaben: *Verhalten*.

Gehalt: *Inhalt*. *Wesen*. Wert. *Lohn*.

gehaltlos: *leer*.

gehaltvoll: *reich*. *bedeutend*.

gehässig: haßerfüllt, feindselig, *boshaft*. schadenfroh.

Gehäuse: *Behälter*, *Hülle*.

geheim: *verborgen*, *heimlich*. ~halten: *verbergen*, (ver)*schweigen*.

Geheimnis: Mysterium, Dunkel (heit). ~voll, mystisch, mysteriös, *unbegreiflich*. *unheimlich*.

Geheiß: *Befehl*.

gehen: (be)schreiten, (-)treten, laufen, marschieren, t(r)ippeln, trotten, latschen! watscheln! zockeln! zuckeln! zotteln! schlurfen! (sich) schleichen! tappen, waten, stapfen, staken, stiefeln, stelzen, stolzieren. schlendern, *spazieren*(~), *wandern*. sich bewegen, *begeben*, *fortgehen*. *gelingen*. (sich) *ergehen*.

Gehilfe: *Geselle*. *Helfer*.

Gehöft: *Hof*.

Gehölz: Holz, Busch, Hain, Wäldchen, Wald.

Gehör: Ohr. ~ finden; erhört werden.

gehorchen: hören, (be)folgen, *willfahren*, parieren; sich *fügen*. unterliegen.

gehören:stammen. *besitzen*. *gebühren*.

gehörig: gehörend, an~, zu~, eigen. *erforderlich*, *angemessen*, anständig, ordentlich, ziemlich, tüchtig, mächtig, kräftig, gründlich, *groß*, *sehr*.

gehorsam: folg-, fügsam, gefügig, willfährig, botmäßig, (gut-, bereit)willig, ergeben, *unterwürfig*. *zahm*. *artig*.

Geifer: Speichel, Sabber! Seiber! Schaum. *Wut*.

Geige: Violine, Fiedel!

geil: *gierig*. *üppig*. *Wollust*.

Geißel: *Peitsche*. *Plage*.

geißeln: *tadeln.*
Geist: *Verstand. Seele.* Atem, *Wesen, Sinn. Witz. Gespenst.*
geistesarm: *dumm.*
geistesgestört, -krank: *irr.*
geistlich: *kirchlich. Priester.*
geistlos: *dumm, fade.*
geistreich: *witzig, klug.*
Geiz: Sparsamkeit, *Habgier.*
geizen: knausern, kargen, *sparen.*
Geizhals: ~kragen, ~teufel, Knauser, Knicker, Filz, geizig, knauserig, knickerig, kniepig! filzig! schäbig. *genau, sparsam.*
Gekröse: *Eingeweide.*
Gelächter: Lachen. Spaß. Hohn~.
Gelage: (Gast)*Mahl.* Trink~, Sauf~, Kneip~, Zech~, Sauferei (usw. *saufen*). Fresserei, Prasserei.
Gelände: *Land,* Gegend, Raum.
gelangen: geraten, verfallen, kommen; landen. (ein-, vor)dringen, *erreichen.* nicht ~: *verfehlen.*
Gelaß: *Raum.*
gelassen: *langsam, ruhig,* bedächtig, -sonnen, gefaßt, -duldig, (gott)ergeben, abgeklärt, *gleichmütig,* unerschütterlich, trocken, *kalt*(blütig), furchtlos. *Ruhe, Fassung,* (seelisches) Gleichgewicht, (Seelen)Friede.
geläufig: *vertraut. flüssig,* gewandt.
gelb: ~lich, ocker-, safran-, schwefel-, bernstein-, honig-, quitte(n)-, zitronen-, elfenbeingelb, -farbig, beige, chamois, *falb*; gelb werden: (ver)gilben.
Geld: ~schein, Banknote. ~Münze, Groschen, Pfennige. (Zahlungs)Mittel, Währung. Bar~, (~)*Vermögen.* Mammon! Moos! Kies! Zaster! Pinke (pinke)! Moneten! Kröten! Knöpfe!
gelegen: zupaß, recht, *willkommen,* günstig.
Gelegenheit: *Anlaß.* Zufall, *Möglichkeit,* Chance. günstige ~: (rechter) Augenblick; die Masche!
gelegentlich: aus Anlaß; bei Gelegenheit; wenn es sich trifft, machen läßt; *allenfalls, manchmal,* beiläufig, *nebenbei.*
gelehrig: *klug.*

Gelehrsamkeit: Wissen.
Geleise: *Gleis, Bahn.*
Geleit: Gefolge, Bedeckung, Schutz. *begleiten.*
Gelenk: *Angel,* Scharnier.
gelenkig: *gewandt.*
Gelichter: *Gesindel.*
Geliebte: Liebchen, Liebste, Liebling, Angebetete, Schatz, Flamme, Freundin, Verhältnis.
Geliebter: Liebhaber, Liebster, Schatz, Freund.
gelingen: -deihen, -raten, glücken, zustande kommen, an-, einschlagen, (gut) gehen; gut ausfallen, -gehen; klappen, flutschen! *vollbringen. erfolgreich.*
gellen: *schallen.* ~d, *grell.*
geloben: *schwören.* Gelöbnis: *Eid.*
gelten: gültig, wirksam; in Kraft, anerkannt, wert sein; Wert haben; wiegen; ins Gewicht fallen; Einfluß, guten Ruf, guten Klang haben; in Ansehen stehen; zählen, ausmachen, bedeuten. ~ lassen: *billigen.*
geltend machen: *beanspruchen.* zur Geltung bringen. *sagen.*
Geltungsdrang: *Ehrgeiz.*
Gelübde: *Eid.*
Gemach: *Raum.*
gemach: *allmählich.*
gemächlich: *langsam. bequem.*
gemacht: *unnatürlich.*
Gemahl: *Gatte.*
Gemälde: Malerei, *Bild,* Öl~. Wand-~, Fresko.
gemäß: nach, laut, zufolge, *bezüglich.*
gemein: *gewöhnlich. frech.* elend, übel, schlecht, verächtlich, nichtswürdig, gewissenlos, *schändlich,* schnöde, niedrig, niederträchtig, abscheulich, *ruchlos,* boshaft, zynisch, schuftig, schurkisch, bübisch, dreckig, schmutzig, *schäbig. unanständig.*
Gemeinde: Land~. Stadt~. *Ort.* Gemeinschaft, *Sekte.*
gemeinhin: *gewöhnlich.*
Gemeinplatz: Binsenwahrheit, Schlagwort, Phrase.
gemeinsam: -schaftlich, *zusammen, verbinden.*

Gemeinschaft: *Verbundenheit. Vereinigung.* Gemeinde.

Gemenge: *Mischung.*

gemessen: *ruhig.* würdevoll.

Gemetzel: *Mord.*

Gemisch: *Mischung.*

gemischt: *ungleich. zweifelhaft.*

Gemüt: Gefühl, *Seele,* Herz, Brust, Busen. Sinn(esart), ~sart, Charakter, Temperament, Wesen.

gemütlich: zwanglos. *behaglich,* anheimelnd, heimelig, traulich, traut. lauschig. geruhsam, *langsam, gutmütig.*

gemütsarm: *gefühllos.*

Gemütsbewegung: *Regung.*

genau: (bis) aufs Haar, auf den Millimeter, aufs Tüpfelchen; haar~, haarfein, -klein, exakt, präzis, *streng, zuverlässig, wörtlich,* (ge)treu(lich). passend, *gezielt.* treffsicher, (zu)treffend. *sorgfältig, gründlich,* eingehend; ins einzelne gehend; im einzelnen; kleinlich, *Pedant,* heikel, pinselig! pingelig! *geizig.* knapp. ~genommen; aus der Nähe betrachtet; bei Licht besehen.

genehm: *angenehm. gefallen.*

genehmigen: *bestätigen,* -willigen, *erlauben, billigen.* Befugnis. Konzession.

geneigt: *schräg. willens. wohlwollend.*

genesen: *gesunden.*

genial: begnadet, schöpferisch. *klug.*

Genick: *Nacken.*

genießen: *essen.* schwelgen, schlemmen; sich's schmecken lassen, wohl sein lassen; sich laben, gütlich tun; sich (er) *freuen, aalen;* sich behaglich, wohl fühlen; sich sonnen. auskosten, -nutzen.

Genießer: Genußmensch, Genüßling, Lüstling, Schlemmer, Feinschmekker, Leckermaul.

Genosse: *Gefährte.* Kollege. Alters~. Standes~. Gesinnungs~, Partei~, Parteifreund, -gänger, *Anhang.*

Genossenschaft: *Bund, Vereinigung.*

genug: genügend, ~sam; zur Genüge; satt(sam), hinlänglich, aus-, hin-, zureichend, angemessen, reichlich. gut. *halt.* ~ haben: *überdrüssig.*

genügen: *reichen.* es geht (an). *befriedigen.* genügend, *genug.*

genügsam: *bescheiden,* zufrieden.

genugtun: *befriedigen.*

Genugtuung: Befriedigung, Triumph, Sühne. Rache.

Genuß: Hoch~, Vergnügen, (Sinnen) *Freude,* Annehmlichkeit, *angenehm.* (Wol)Lust. Labsal, Augenweide, Ohrenschmaus, Leckerbissen. *Nutzen. Nutzung.* Genußmensch, *Genießer.*

Gepäck: Reise~, Koffer, Ausrüstung, *Habe,* (~)Last.

Gepflogenheit: *Brauch.*

Gepräge: *Form. Stil. Stempel.*

Gepränge: *Pracht.*

gerade: geradlinig, *schlicht,* gestreckt, schnur~, pfeil~, direkt, ~aus, ~nwegs, ~zu; der Nase nach; ohne Umschweife. ~heraus: *offen.* kerzen~: *aufrecht.*

geradesetzen: aufsetzen. den Kopf ~: *zurechtweisen.*

geradestehen: *bürgen. verantworten.*

geradewegs, -zu: unmittelbar; ohne weiteres; ohne Umstände, Umschweife, Umwege; *sofort.* einfach, schlankweg, *schlechterdings.*

Gerät: Werkzeug, Instrument, Vorrichtung, Apparat, *Ausrüstung,* ~schaften. Haus~, Hausrat.

geraten: *gelangen.* verfallen, -sinken. ausfallen, *gelingen,* -deihen. außer sich ~: sich *aufregen.*

geräumig: *ausgedehnt, groß.*

Geräusch: Ton. Rauschen, Rascheln, Geraschel, Knistern, Geknister. *Lärm.*

geräuschlos: *still.*

geräuschvoll: *laut.*

gerecht: (recht und) billig, *angemessen,* (wohl)verdient; nach Verdienst, Gebühr. Rechtens, *rechtmäßig,* rechtlich. unparteiisch; ohne Ansehen der Person. *sachlich.*

Gerede: -schwätz, -wäsch, -fasel, -schwafel, Wortschwall, Schnack, Rederei, Phrasen. Gerücht, -munkel, -raune, Klatsch, Tratsch, Nachrede, Fama. Schmus! dummes ~: *Unsinn,* Flausen.

geregelt: *regelmäßig. ordentlich. fest.*

gereichen zu: *bringen.*

gereizt: *feindlich. Ärger. Spannung.*

Gericht: ~shof, Richter. *Rechtsprechung. Speise.*

gerieben: *gerissen.*

gering: ~fügig, klein, *winzig,* schwach, dünn, schmal, *knapp, mäßig, wenig,* dürftig, spärlich, sparsam. *einfach.* bedeutungs-, belanglos, *unwichtig,* -wesentlich, -bedeutend, -beträchtlich, -erheblich, -ansehnlich, -scheinbar, verschwindend, lächerlich, *ungenügend.*

geringschätzen: *mißachten.*

geringschätzig: *abschätzig.*

geringstenfalls: *wenigstens.*

gerinnen: sauer werden; stocken.

Gerippe: (Knochen)Gerüst, Skelett.

gerissen: -rieben, -wieft! durchtrieben, abgefeimt, ausgekocht, abgebrüht. *schlau, geschickt.* nicht zu fassen.

gern: (bereit)*willig, anstandslos, selbstverständlich. ja*; mit Vergnügen; gut und ~; herzlich, von Herzen; liebend ~; für sein Leben ~.

Geröll: (Fels-, Gesteins)Schutt, Kies.

Gerte: Rute, *Zweig.*

Geruch: Duft. Gestank. Geruchssinn, -organ, Riechorgan, Nase, Witterung.

Gerücht: *Gerede. Nachricht.* es geht das ~: man hört; es verlautet.

geruhen: sich *herbeilassen.*

geruhsam: (ge)*ruhig,* müßig, besinnlich. gemütlich.

Gerümpel: *Plunder.*

Gerüst: *Gerippe, Gefüge.* Gestell.

gesamt: *ganz.*

Gesang: *Lied.*

Gesäß: Hintern, Hinterteil, -seite, Steiß(bein), Sterz; verlängerter Rücken! vier Buchstaben! Po(po)! Podex! Arsch!

Geschäft: *Beschäftigung. Handel. Verkauf. Laden*(~), Handlung, (Kauf)Haus, *Betrieb.*

geschäftig: *rege.*

geschäftlich: in Geschäften. kaufmännisch. geschäftsmäßig, *sachlich.*

Geschäftsmann: *Kaufmann.*

Geschäftsträger: *Vertreter.*

geschehen: ab-, verlaufen, vor (sich) gehen, vorfallen, -kommen, passieren, ein-, zutreffen, eintreten, erfolgen, stattfinden, werden, sein; sich begeben, er-eignen, zutragen, abspielen, ergeben, *fügen*; unterlaufen. *widerfahren.* es geschieht, rührt sich, tummelt sich etwas.

Geschehen: Geschehnis, Ereignis, Begebnis, Begebenheit, Her-, Vorgang, Vorfall, -kommnis, (Zwischen)Fall, Erlebnis, Geschichte, Angelegenheit. Handlung, (Handlungs)*Ablauf,* Prozeß, Szene.

gescheit: *klug.*

Geschenk: Gabe, *Spende.* An(ge)denken, -gebinde, Mitbringsel, Aufmerksamkeit, Präsent, *schenken. Gnade.*

Geschichte: *Geschehen.* Erzählung, Bericht, Geschichtswerk, Chronik, Historie. Vergangenheit.

Geschick: *Schicksal.* ~lichkeit, *Fähigkeit,* Fertigkeit, Fixigkeit, Routine, *geschickt. Takt.*

geschickt· fingerfertig, anstellig, gewandt. *gerissen,* glatt. *begabt, fähig, klug.* praktisch, Praktikus, Pfiffikus, Künstler, Allerweltskerl, Tausendkünstler.

Geschirr: *Gefäß.*

Geschlecht: *Gattung, Sippe.* Stamm. Generation. *Ursprung.* ~steile, Scham (teile). ~lich, sinnlich.

geschlossen: *lückenlos. einmütig.*

Geschmack: *Würze.* ~sempfindung, Gaumen, Zunge. Schönheitssinn, *Stil* (gefühl), Kultur, Schick, *Mode. Gefallen.*

geschmacklos: *fade. kitschig,* stillos, *häßlich.* taktlos.

geschmackvoll: *gefällig.*

Geschmeide: Schmuck.

geschmeidig: schmieg-, biegsam, dehnbar, federnd, elastisch, nachgiebig, weich. *gewandt, glatt. schlank.*

Geschmeiß: Ungeziefer. *Gesindel.*

geschniegelt: *fein.*

Geschöpf: Kreatur, (Lebe)Wesen. *Erzeugnis.*

Geschoß: Wurf~, Pfeil, Harpune. Kugel, Granate, Schrapnell, Torpedo, Rakete.

Geschoß: *Stockwerk.*

geschraubt: *unnatürlich.*

Geschrei: -brüll, -johle, -zeter, Zeter~, *Lärm,* Hallo.

Geschütz: Kanone, Haubitze, Werfer, Raketen~.

Geschwafel, -schwätz: *Gerede.* geschwätzig, *redselig. Gespräch.*

geschweige (denn): noch weniger; erst recht nicht; gar nicht zu reden von.

geschwind: *schnell.* ~igkeit, *Tempo.*

geschwollen: *gedunsen. schwulstig.*

Geschwulst, -schwür: (Eiter)Beule, Schwellung, Entzündung, Furunkel, Karbunkel, Schwäre.

Geselle: Gehilfe, *Helfer.*

gesellig: umgänglich, *gastlich.*

Geselligkeit: Gesellschaft, Unterhaltung. Party.

Gesellschaft: Begleitung. *Verein*(igung). Sippe. *Bande. Geselligkeit.* Abend-~, Party. Allgemeinheit, Öffentlichkeit.

Gesetz: Recht. *Vorschrift, Regel,* Norm. *Verfassung.*

gesetzlich: -mäßig; nach dem Gesetz; rechtlich, -mäßig, legal. *zulässig.*

gesetzt: *ruhig.* ~ den Fall: *annehmen.*

Gesicht: (~s)Züge, An~, Antlitz, Larve! Fratze! Fresse! Schnauze! ~sausdruck, *Miene*, Physiognomie. Vorderseite, Front. *Form.*

Gesichtskreis: *Umkreis.* Verständnis, Auffassungsgabe. Weltbild.

Gesichtspunkt: *Standpunkt.*

Gesinde: Haus~, Dienerschaft, Dienstboten, Hausangestellte, (-)Personal; Knechte und Mägde.

Gesindel: Lumpen(~), (Lumpen) Pack, (-)*Bande*, Gelichter, -schmeiß! *Pöbel, Abschaum,* Hefe, Unterwelt.

Gesinnung: *Denkweise*, Sinn, Einstellung, Grundsätze, Charakter.

gesittet: *sittsam. Kultur.*

gesondert: *besonder.*

gesonnen: *willens.*

gespannt: *aufmerksam.* neugierig, *ungeduldig.* an~, *gefährlich.*

Gespenst: Geist, Dämon, Spuk, Erscheinung, Blendwerk, Schreck(~), Schreckbild. ~ern, geistern, umgehen.

gespenstig: -spenstisch, geister-, schattenhaft, unwirklich, *wesenlos.*

Gespinst: *Gewebe.*

Gespräch: Rede, Aussprache, -einandersetzung, Besprechung, -ratung, Gedanken-, Meinungsaustausch, Unter-

haltung, -redung, Rücksprache, Diskussion, Debatte, Zwie~, Streit~, Rund~. Schwatz! Geschwätz! Geplauder, Plauderei.

gesprächig: *mitteilsam.*

gesprächsweise: mündlich; im Gespräch; in der Unterhaltung.

gespreizt: *unnatürlich.*

Gestade: Ufer, Küste, Strand, *Land.*

Gestalt: Erscheinung, *Bild*(ung), Gebilde, Körper, (Auf)*Bau*, Form, Figur, Wuchs, Statur.

gestalten: (aus)*formen*, ausdrücken, -führen, -arbeiten, *machen, herstellen.* entwerfen. aus~, *einrichten.*

Geständnis: Ein~, Aussage, Beichte, (Schuld-, Sünden)Bekenntnis.

Gestank: übler, schlechter Geruch.

gestatten: *erlauben. zulässig.*

Geste: *Gebärde.*

gestehen: ein~, bekennen, beichten, anvertrauen, *offenbaren*, (aus)*sagen*. zugeben; ein Geständnis ablegen.

Gestell: Gerüst, Bock, Auflager, *Unterteil. Regal.*

gestrig: *vergangen*, -altet.

Gestrüpp: *Busch*(werk).

Gesuch: Bitte, Bittschrift, Eingabe, Antrag, Ansuchen, Petition.

gesucht: *selten. unnatürlich.*

gesund: kern~, *heil*, wohl(auf), rüstig, frisch, munter, blühend. *bekömmlich, vernünftig.* Wohlsein, -befinden.

gesunden: (wieder) gesund werden; heilen, genesen, sich *erholen.*

Getöse: *Lärm.*

getragen: *feierlich.*

Getränk: Trank, Trunk, *Flüssigkeit,* Gesöff! Gebräu!

getrauen, sich: *wagen.*

Getreide: Korn. Brot~. Futter~. Weizen, Roggen, Hafer, Gerste.

getreu(lich): *genau.*

Getriebe: (Lauf-, Räder)Werk, Mechanik, Mechanismus. *Gewühl.*

getrost: unbesehen, *zuversichtlich.*

Getue: (albernes, vornehm tuendes) Benehmen, Gehabe; Mache, Flausen, Faxen, Allüren, Mätzchen, Vornehmtuerei, Ziererei.

79 gezwungen

Getümmel: *Aufruhr, Auflauf. Gewühl*, Kampf~.

Gevatter: *Pate.*

Gewächs: *Pflanze.*

gewachsen: *ebenbürtig. meistern.*

gewagt: *gefährlich.*

gewählt: (aus)gesucht, (-)erlesen, *vornehm.*

Gewähr: *bürgen*, Bürgschaft, (Unter) Pfand, *Haftung*, Sicherheit, Garantie, Kaution. *Beweis.*

gewahren: *wahrnehmen.*

gewähren: *erlauben*, einräumen. *schenken.* bieten, geben; zukommen, angedeihen lassen. ~ *lassen.*

gewährleisten: *bürgen.*

Gewahrsam: *Hut. verwahren. Haft.*

Gewalt: *Zwang. Macht. Kraft.*

gewaltig: all~, *mächtig, groß*, unermeßlich, außerordentlich, übermenschlich, enorm. *heftig, sehr.*

gewaltsam: gewalttätig; mit Gewalt; gegen den Willen. *heftig.*

Gewand: *Kleid.*

gewandt: wendig, beweglich, gelenkig, -schmeidig, behend, fix, *geschickt*, -übt. welt~, weltmännisch. sprach~, schreib~, rede~. geläufig. Übung haben. nie verlegen.

gewärtigen: *erwarten.*

Gewäsch: *Gerede.*

Gewebe: *Geflecht*, -spinst, Stoff, Tuch, Zeug, Textilien, Textilwaren. *Leinen. Wolle.* Seide(nstoff).

geweckt: *klug.*

Gewehr: (Schuß-, Feuer)Waffe, Flinte, Büchse, Knarre! Schieß~, Jagd~.

Gewerbe: Erwerb(szweig), Handwerk, *Beruf.*

gewesen: *vergangen.*

Gewicht: Schwere, Schwer~, *Last*, Masse, *Druck*, Wucht, *Kraft, Macht. Nachdruck. gelten, Bedeutung.*

gewichtig: *schwer*(wiegend), *mächtig, stattlich. wichtig.*

gewichtlos: *leicht.*

gewiegt: erfahren. *schlau.*

gewillt: *willens.*

Gewimmel: *Gewühl.*

Gewinn: Verdienst(spanne), *Nutzen,*

Erfolg, Ertrag, Überschuß, Profit. *Zunahme. vorteilhaft.* Preis, Gewinst.

gewinnen: ab~. *erreichen,* -ringen, -werben, ernten, verdienen, *bekommen. überzeugen*; für sich einnehmen; anziehen, *fesseln*, erwärmen, *begeistern*, -stechen, -zaubern, *gefallen, verführen. siegen.*

gewinnend: *liebenswürdig, gefällig.*

Gewinnsucht: *Habgier*, Wucher.

gewiß: *sicher*(lich), bestimmt, *deutlich. ja*, zwar.

gewisse: *manche.*

Gewissen: innere Stimme; *Pflichtgefühl.* schlechtes, böses ~; Schuldgefühl, -bewußtsein. *Reue.*

gewissenhaft: *redlich. zuverlässig. Pflichtgefühl. sorgfältig, genau.*

gewissenlos: *unbedenklich, leichtfertig. gemein.*

gewissermaßen: sozusagen, gleichsam, quasi! nämlich. *ungefähr.*

Gewißheit: (sicheres) *Wissen*, Sicherheit, Bestimmtheit. mit ~: *unweigerlich.*

Gewitter: Un-, Donnerwetter, Ungewitter, Blitz und Donner.

gewittern: *wettern.*

gewitzt: *erfahren. schlau.*

gewogen: *wohlwollend.*

gewöhnen: anhalten, *lehren.* sich (ein)~, einleben, *fügen, anpassen*; vertraut werden.

Gewohnheit: *Brauch.* die ~ haben; gewohnt, gewöhnt sein; pflegen.

gewohnheitsmäßig: *eingefleischt. unbewußt. gewöhnlich.*

gewöhnlich: gewohnt, (all)täglich, üblich, gängig, landläufig, gebräuchlich; im Schwange; gang und gäbe; gewohnheits-, regelmäßig, gemeinhin, *meist. vertraut, herkömmlich*, bewährt. *einfach*, normal, *durchschnittlich, allgemein.* platt, hausbacken, *unbedeutend.* ordinär, unfein, *g. mein.*

Gewölbe: Wölbung, Kuppel, Dom.

Gewühl: -wimmel, -dränge, -tümmel, -triebe, *Trubel*, Menge. Verkehrs~.

geziemen: *gebühren.*

geziert: süßlich, *zimperlich, Getue.*

gezwungen: *zwangsweise. verlegen. unnatürlich.*

Giebel

Giebel: First, Dach(stuhl).

Gier: *Begierde, Verlangen,* (Freß!) Sucht, (Heiß)Hunger, Durst, *Habgier.*

gieren: *verlangen,* hungern, schmachten, lechzen, dürsten, brennen, fiebern, zappeln, sich *sehnen.*

gierig: be~, begehrlich, ver-, *besessen,* lüstern, brünstig, geil! scharf! erpicht, gefräßig, happig! Nimmersatt, unersättlich, -beherrscht, hemmungslos.

gießen: schütten, *spritzen. füllen. leeren. regnen.*

giften: *ärgern.*

giftig: *schädlich. böse. neidisch.*

gilben: ver~; *gelb* werden; (ver) welken.

Gilde: Innung, Zunft, *Verein.*

Gipfel: Spitze, Kuppe, Scheitel, Zenit, (An)Höhe, ~punkt, Höhe-, Wende(punkt), Krise. Sommer, Mittag; das *Höchste.*

girren: *gurren.*

Gischt: Schaum, Brandung.

Gitter: *Zaun.*

Glanz: Hoch~, Schimmer, Schmelz, *Licht,* Glast. Ab~. Blüte, *Pracht, Schmuck, Ruhm.*

glänzen: gleißen, glitzern, *funkeln,* blinke(r)n, schimmern, flimmern, schillern, *leuchten. prunken,* sich *auszeichnen.* ~d: blank, hell, feurig. *prächtig. erlesen. ehrenvoll.*

glanzlos: *matt. ruhmlos.*

Glas: (~)Scheibe. (~)*Gefäß.*

gläsern: *durchsichtig. spröde.* glasig.

Glasur: Überzug. *Schmelz.*

glatt: *eben, schlicht.* spiegel~, blank, geschliffen, poliert. falten-, runzellos. aal~, geschmeidig, schlüpfrig, rutschig, glitsch(r)ig, glibberig, schleimig, seifig, ölig. reibungslos, wie geschmiert! *unbehindert.* ausgeglichen, quitt. *völlig. geschickt.*

glätten: glattstreichen, -walzen, (ein) *ebnen,* bügeln. (ab)schleifen, polieren, feilen, hobeln. *beruhigen.*

Glatze: Kahlkopf.

Glaube: Vermutung, *Meinung.* Überzeugung, (Welt)Anschauung, *Bekenntnis.* Gläubigkeit, *Vertrauen.*

glauben: *meinen;* für wahr, richtig, möglich halten; dafürhalten, annehmen, wähnen, *vermuten;* sich *einbilden. vertrauen;* Vertrauen schenken.

glaubhaft: -lich, -würdig, wahrscheinlich, einleuchtend. *zuverlässig.*

gläubig: recht~, streng~, glaubensstark, *fromm. vertrauensvoll.*

gleich: ~artig, ~förmig, ~mäßig, regelmäßig. *übereinstimmend,* unterschiedslos, ununterscheidbar, derselbe, eins, identisch. einheitlich, -förmig, ähnlich. ~bedeutend, ~lautend. ~stehend, ~gestellt, ~wertig, ~rangig, ebenbürtig, gewachsen; nicht schlechter. ~bleibend, unverändert, alt. *gleichgültig,* einerlei, egal! Jacke wie Hose! gehüpft wie gesprungen! eben, gerade; genauso; so wie. *sofort.*

gleichen: aussehen wie; *übereinstimmen, ähnlich.* nachgeraten, -schlagen.

gleichfalls: *ebenfalls.*

Gleichgewicht: *Ausgleich.* Waage. *Ruhe. Harmonie.*

gleichgültig: *unempfindlich,* -gerührt, -beteiligt, -bewegt, *gefühllos,* lau, *unaufmerksam, gleichmütig,* träge, denkfaul, apathisch, teilnahms-, interesse-, leidenschafts-, ausdruckslos. *unwichtig. gleich,* egal! Wurst! piepe! schnurz! nicht fragen nach; sich nicht *kümmern* um.

Gleichmaß (*gleich*): Eben-, *Regelmaß,* Takt. ausgeglichen, ruhig.

Gleichmut: *gelassen, gleichgültig, unbekümmert.*

Gleichnis: (Sinn)Bild, Zeichen. Vergleich, Symbol, Chiffre, Allegorie, Metapher. ~haft, übertragen.

gleichsam: (gleich)wie; als ob; wie wenn; vergleichsweise, *gewissermaßen.*

gleichtun: *nachahmen.* nachtun; nicht nachstehen; *gleich.*

gleichwertig: *gleich.*

gleichwohl: *doch.*

gleichzeitig: zur selben, gleichen Zeit; im selben, gleichen Augenblick; zugleich, damit, *während*(dem, -dessen), inzwischen; in der Zwischenzeit; unterdessen, mittlerweile, indes(sen); (gerade) da; *zusammentreffen.*

Gleis: Schienen(strang), *Geleise.*

Gleisner: *Heuchler.*

gleißen: *glänzen.*

gleiten: glitschen, schleifen, rutschen, schliddern, schlittern. huschen, schlupfen, schlüpfen, *kriechen,* sich *bewegen.*

Gletscher: Firn, ~eis, ewiges Eis.

Glibber: Gallert, Gelee, Schleim. ~ig, *glatt.*

Glied: (Körper)*Teil.* ~er, ~maßen. *Mitglied.*

gliedern: (ab-, ein)*teilen. ordnen.* sich ~: zerfallen.

Gliederung: (Auf)Bau, Gefüge, Struktur, Organisation, Zusammensetzung, (An)*Ordnung.*

glimmen: *glühen.*

glimpflich: *gnädig.*

glitschen: *gleiten.* glitschig, *glatt.*

glitzern: *glänzen.*

glorreich: *ruhmvoll.*

glosen: *glühen.*

glotzen: starr, glasig, stumpfsinnig, neugierig (drein)*blicken.* an~, (an)stieren, (-)starren, (be)gaffen; die Augen aufreißen; große Augen, Glotzaugen machen; staunen.

Glück: *Freude.* Heil, Segen, Gedeihen, Erfolg, *Wohl.* Dusel! Schwein! ~sfall, Chance, *Zufall.* ~sstern. ~ wünschen: *gratulieren.*

Glucke: Huhn, Henne.

glücken: *gelingen.*

glücklich: (glück)*selig,* -strahlend, über~, *froh,* beglückt, -glückend, -seligt, -günstigt, -neidenswert, sorgenlos, -frei, *zufrieden.* erfolgreich, gesegnet.

Glückskind: -pilz, -vogel; Hans im Glück; Sonntagskind.

Glücksritter: *Abenteurer.*

glühen: *leuchten,* glimmen, glosen, brennen, schwelen. ~ für: verehren. *begeistert* sein. ~d, *heiß.*

Glut: *Feuer, Hitze.*

Gnade: *Gunst, Güte, Nachsicht.* Segen. Geschenk (des Himmels). *begnadigen.*

gnadenlos: *streng.*

gnädig: *barmherzig, gütig, großmütig, nachsichtig,* glimpflich. leutselig, *wohlwollend,* gönnerhaft, herablassend.

Gockel: Hahn, Gickel!

goldig: *reizend.*

Golf: *Bucht.*

Gondel: Boot, Kahn, Nachen.

gönnen: ver~, *erlauben.*

gönnerhaft: *gnädig.*

Gör(e): Range, *Mädchen.*

Gosche: *Mund.*

Gosse: (Straßen)Rinne, Rinnstein.

Gott: Gottheit; das Göttliche; Herrgott; der liebe Gott; Himmelsvater; der himmlische Vater; (Welten)Schöpfer, Weltenlenker; die Vorsehung.

Gottesacker: *Friedhof.*

Gottesdienst: -verehrung, *Andacht,* Messe, (Hoch)Amt, Kirche.

gottesfürchtig: gottselig, *fromm.*

Gotteshaus: *Kirche.*

göttlich: *himmlisch,* heilig. *herrlich.*

gottlos: *ruchlos.*

Götze: *Abgott.*

Grab: Gruft, Grube! ~stätte, Begräbnis(stätte); letzte Ruhe(stätte). ~mal, ~denkmal, ~stein.

grabbeln: kitzeln.

Graben: Rinne, Vertiefung, Senke, Einschnitt, Furche. Straßen~. Schützen~. *Kluft, Schranke.*

graben: schürfen, scharren, kratzen, wühlen, buddeln, schaufeln, schanzen, stechen, bohren (aus)höhlen, *ausheben,* furchen.

Grad: *Rang. Ausmaß* Wärme~, Kälte~, Längen~, Breiten~.

Gram: *Leid, Sorge.*

grämen, sich: leiden; sich (ab)härmen, *quälen,* verzehren, sorgen, (be)*kümmern,* -trüben; betrübt sein; sich zu Herzen nehmen; trauern.

grämlich: *mürrisch.*

Gran: Korn. ein ~: *wenig.*

grandios: *großartig.*

grantig: *mürrisch.*

graps(ch)en: *greifen.*

grasen: weiden, äsen, fressen.

Grashüpfer: *Heuschrecke.*

gräßlich: *schrecklich.*

Grat: Kamm, Fels~.

gratulieren: Glück wünschen; beglückwünschen.

grau: hell~, mittel~, dunkel~, asch~, schiefer~, perl~, tauben~, hecht~, maus~, silber~, eis~, blau~, matt~, blei~, bleifarben, bleiern. *farblos, trübe.*

grauen: *tagen.*

grau(s)en: sich *fürchten,* entsetzen; schaudern; sich graulen.

grauenhaft: grausig, *schrecklich.*

Graupeln: *Hagel*(körner).

grausam: *unmenschlich,* -barmherzig, -erbittlich, viehisch, bestialisch, brutal, roh, *hart*(herzig), *streng, scharf,* arg, entsetzlich.

greifbar: zum Greifen. handgreiflich. -fest, *leibhaftig,* wirklich. *offenbar, merklich.* erreichbar, *vorhanden.*

greifen: er~, zu~, (an-, er-, zu)*fassen,* (an-, zu)packen, nehmen, (hin-, zu) langen, tasten, tappen, graps(ch)en! grabbeln! *haschen,* schnappen, *angeln, fangen. streben.* um sich ~: sich aus-, *verbreiten.*

greinen: jammern, klagen, *weinen.*

greis: *alt*(ersgrau); der Alte; Jubel-, Mummelgreis!

grell: (über)hell, blendend, schrill, schreiend, gellend, laut, knallig, kraß, kräftig, *scharf,* brennend, *heftig,* übertrieben, *auffallend.*

Grenze: Grenzlinie, -marke, -zeichen, -stein, Mark(stein), Scheide(linie), Schranke, Rand, *Ende.*

grenzen: an(einander)~, anrainen; sich anschließen; an(einander)-, *zusammenstoßen,* -liegen; neben(einander), beieinanderliegen; sich berühren; *nahe. Nachbar.*

grenzenlos: *unbegrenzt.*

Greuel: *scheußlich.* Ärgernis. Kitsch. *Verbrechen.*

greulich: *scheußlich, schrecklich.*

grienen: *grinsen.*

griesgrämig: *mürrisch.*

Griff: Handgriff, -habe, Halter, Heft, Stiel, Knauf, *Klinke,* Henkel. Hebel. Griff in, nach: Zugriff.

griffig: *handlich.*

Grille: Zikade, Feld~, Maulwurfs~,

Haus~, Heimchen. Gedanke, *Laune.* ~n, *Sorge.*

Grimasse: Miene, Fratze.

Grimm: *Wut.*

grimmig: *zornig. scharf.*

grinsen: grienen, schmunzeln, feixen, lachen, sich *freuen.*

grob: ~körnig, *rauh, roh,* schroff, barsch, patzig, ruppig, rüpelhaft, unfein, -sanft, -zart, -gehobelt, -geschliffen. *heftig, plump, derb,* rüde, hanebüchen, brutal, *rücksichtslos,* sau~! sack~! *ausfällig. unfreundlich,* -höflich.

Grobian: *Flegel;* (grober) Klotz, Rauhbein.

grölen: *schreien.* singen.

Groll: Bitterkeit, Verbitterung, *Zorn, Haß,* Hader.

grollen: *dröhnen,* grummeln. *knurren.* kollern. *zürnen.*

groß: hoch(wüchsig, -gewachsen), ausgewachsen, *stattlich, riesig, mächtig, viel,* beträchtlich, -deutend, ansehnlich, *reich,* erheblich, -klecklich, ziemlich, wesentlich, gehörig, umfänglich, *ungewöhnlich.* geräumig, *ausgedehnt.*

großartig: grandios, *prächtig, erhaben.* hervorragend.

Größe: *Ausmaß. Bedeutung. Star.*

großenteils: größeren-, größtenteils, *hauptsächlich, meist.*

großjährig: *mündig.*

Großmaul: *Prahler.*

Großmut: *Güte.* großmütig, *großzügig, edel, selbstlos.* (sehr) anständig.

großspurig: *prahlerisch.*

großzügig: weitherzig, nicht kleinlich; *großmütig, freigebig.*

grotesk: verzerrt, phantastisch, *seltsam,* bizarr, fratzenhaft.

Grube: *Vertiefung.* Zeche. *Grab.*

grübeln: sinn(ier)en, tüfteln, brüten, spintisieren; sich den Kopf zerbrechen, zermartern; *überlegen.*

Gruft: Grab(gewölbe).

grün: ~lich, hell~, gelb~, reseda~, gras~, see~, gift~, matt~, tief~, smaragd~, flaschen~, moos~, oliv~, dunkel~, blau~. unreif, *unerfahren.*

Grund: (fester) Boden, *Erde*, Land. *Liegenschaft.* Ab~, Tiefe, Sohle. *Grundlage*, Unterlage, -grund. Hinter~. *Ursache. Vorwand. wegen.*

gründen: be~, stiften, *errichten, eröffnen.* Gründung, Pflanzung, Pflanzstadt. sich *niederlassen.* sich ~ auf: *beruhen auf.*

Grundlage: Grund(stock), Unterbau, -lage, -grund, Sockel, Fuß. (Nähr) Boden, Basis, Fundament. *Bedingung. Beleg. Stütze.*

grundlegend: *wesentlich.*

gründlich: von Grund aus; aus dem Grunde; bis auf den Grund; *tief. genau, sorgfältig. umfänglich. ganz. gehörig.*

grundlos: *tief.* unbegründet, -gerechtfertigt; ohne Grund; aus der Luft gegriffen; nichtig. *falsch.*

Grundriß: *Plan.*

Grundsatz: Prinzip, Axiom, *Regel.* Überzeugung, Grundsätze, *Gesinnung.*

grundsätzlich: *allgemein*, prinzipiell, *wesentlich. jedenfalls.*

Grundstock: *Grundlage.*

Grundstück: *Liegenschaft.*

Gruppe: (Ab)Teil(ung), *Schar*, Schub. *Reihe*, Kreis, Block, Lager, Partei. *Gattung*, Zweig.

gruppieren: *ordnen.*

gruselig: schauerlich, unheimlich.

gruseln: sich *fürchten. schaudern,* Schauer, Gänsehaut.

Gruß: Begrüßung, Willkommen (sgruß). *Abschied*(sgruß). Anrede. Empfehlung. Grußbotschaft.

grüßen: (zu)winken, (zu)nicken. sich *verbeugen.* die Hand geben, reichen, bieten, drücken, schütteln. den Hut ziehen, lüften. be~, *empfangen.*

gucken: *blicken.*

gültig: *gelten.*

Gunst: *Gnade*, Wohlwollen, Huld. (Zu)*Neigung*, Fürsprache, Förderung. Be-, Vergünstigung, Protektion. Erleichterung, Zugeständnis. *Gefälligkeit. Vorzug, beliebt.* Volks~, *Ruhm.*

günstig: *nützlich, vorteilhaft,* erfreulich, glücklich, gedeihlich. hoffnungs-, verheißungsvoll, aussichtsreich, erfolg-, vielversprechend, rosig. *gut. geeignet. gelegen. wohlwollend.*

Günstling: *Liebling.*

Gurgel: Kehle, Schlund, Hals.

gurren: girren, ruck(s)en.

Gurt: *Band*, Bund, Gürtel, Riemen.

gurten: *binden.*

Gut: *Habe. Anwesen.* Wert. *Ware.*

gut: *empfehlenswert, wertvoll, hervorragend, fein.* befriedigend, *angenehm, bekömmlich. günstig, richtig. tadellos. beträchtlich, reichlich. rechtschaffen. gütig.* nicht schlecht, nicht übel, nicht uneben, nicht ohne! *genug. einverstanden.* so ~ wie: *fast.*

Gutachten: *Urteil. urteilen.*

Gutbefinden, -dünken: *Meinung. Willkür.*

gutbringen: *anrechnen.*

Güte: Wert, Qualität. *Gnade, Milde,* Großmut. Liebenswürdigkeit. *gütig.*

gutheißen: *billigen.*

gutherzig: *gütig, gutmütig.*

gütig: *gnädig*, mild, *liebevoll, freundlich,* gut(herzig), herzensgut; eine gute Haut; *hilfreich. wohltätig.*

gütlich tun, sich: *genießen.*

gutmachen: wieder~, sühnen, *ersetzen.* ein-, nachholen.

gutmütig: -herzig, *mitleidig*, weich, *nachgiebig, friedlich,* gemütlich.

gutschreiben: *anrechnen.*

guttun: wohltun, (wohl)bekommen, *bekömmlich*, anschlagen, helfen, *stärken.*

H

Haar: *Faser*, Borste. Behaarung, Wolle, *Fell.* Zottel(n), Locke(n). Kopf~, (~)Schopf, Mähne, Tolle. ~tracht, Frisur. *Bart~.* um ein ~: *fast.*

haarig: *rauh. unglaublich. bedenklich. unangenehm.*

haarklein: (haar)*genau.*

haarlos: *kahl.*

Haarspalter: *Pedant. spitzfindig.*

haarsträubend: *unglaublich. schrecklich.* treibt einem die Haare zu Berge.

Habe: *Besitz*, (Sieben)Sachen, (Hab und) Gut; Sack und Pack; Gepäck. Habseligkeiten, *Plunder!*

haben: inne~, einnehmen, besitzen, halten. hegen, pflegen, unterhalten. *bekommen* ~. sich ~: sich *zieren.* sich *benehmen.*

Habenichts: *arm.*

Habgier: Hab-, Gewinnsucht, Raffgier, (Geld)Gier, Geldhunger. Geiz, Wucher.

habhaft werden: *erwischen.*

hacken: *hauen*, picken.

Hacken: Ferse. Absatz.

Hader: Groll. Feindschaft, *Streit.*

hadern: *streiten. zürnen.*

Hadern: Fetzen, Lumpen, Lappen.

Hafen: *Gefäß.*

Haff: Bucht.

Haft: Gewahrsam, Freiheitsentzug, Arrest, *Gefängnis.* in ~: sitzen, brummen! eingesperrt sein.

haftbar: -pflichtig, (schaden)ersatzpflichtig, verantwortlich.

haften: an~, fest~, (fest)halten, (-)kleben, (an)hängen. *bürgen.*

Haftung: Haftpflicht, (Schaden) Ersatzpflicht, *Gewähr.* Verantwortung.

Hag: Hecke. Zaun.

Hagel: ~schauer. ~körner, Graupeln, Schlossen.

hager: *mager.*

Hagestolz: *Junggeselle.*

Hahn: Gockel, Gickel!

Hain: *Gehölz.*

haken: hängen

Haken: Angel(haken).

halb: zur Hälfte; halb-, unterwegs; auf ~em Wege, ~er Strecke; auf der Mitte. *ungefähr. leidlich.* nur halb (und halb): *teilweise.*

halber: *wegen.*

halbgar: halb gekocht. *unreif.*

halbieren: hälften; halbpart machen; (in zwei Hälften, zwei)*teilen.*

Halbzeit: Pause.

Halde: (Ab)*Hang.*

Hälfte: *halb.*

Hall: *Schall.*

Halle: (*Vor*)*Raum.*

Hallo: *Geschrei.*

Halm: Schaft, Rohr, *Stiel.*

Hals: *Schlund*, Gurgel, Kehle, Speiseröhre. Kropf. Nacken.

Halsabschneider: *Wucherer.*

halsbrecherisch: (toll)*kühn.*

halsstarrig: *störrisch.*

Halt: *Stütze. Anhalt. Aufenthalt.* Einhalt, *Schluß.*

halt: aus, genug; bis hierher (und nicht weiter); amen, stop, basta, Punkt(um).

haltbar: unverderblich. *fest.*

halten: *fassen.* heben, stützen. haben. *haften.* haltmachen, stehenbleiben, an~, ein~, inne~, stoppen. *glauben*, (be)*urteilen. veranstalten. erfüllen.* sich ~: be*stehen*bleiben; sich behaupten. sich *benehmen.* zu einem ~, stehen; einem die Stange ~; *unterstützen.*

Halter: *Griff.*

Haltestelle: Station, Bahnhof.

haltlos: *schwach. triebhaft. liederlich.* unbewiesen.

Haltung: *Stellung*, Pose. *Verhalten. Fassung. Standpunkt.* Stil.

Halunke: *Lump.*

hämisch: *boshaft*, schadenfroh, gehässig, *höhnisch.*

Hammel: *Bock. dumm.*

hämmern: *schlagen.*

hampeln: *zappeln.*

hamstern: *sammeln.*

Hand: *Pfote!* Pfötchen. Werkzeug. Macht. ~schrift, Klaue! *Stil. Helfer.*

Handarbeit: Nadelarbeit, Stickerei, Häkelei, Klöppelei.

Handbuch: Leitfaden, Kompendium.

Handel: ~sverkehr, Warenaustausch, -verkehr, Tauschhandel, -verkehr, Markt, Geschäft, (*Ver*)*Kauf*. Schacher. *Angelegenheit*.

Händel: *Streit*. ~ stiften: *stänkern*.

handeln: tätig sein; tun, unternehmen. *verfahren*. Handel treiben; hausieren, *verkaufen*. aus~, ver~, *feilschen*. ~ von: *erzählen*. sich ~ um: *betreffen*.

handfest: *greifbar*. *kräftig*.

handgemein, Handgemenge: tätlich, handgreiflich; *raufen*.

handgerecht, -lich: griffig, bequem.

handgreiflich: *greifbar*. *schlagend*. *handgemein*. *eindeutig*.

Handhabe: *Mittel. Griff. Anhalt.*

handhaben: anfassen, bedienen, tätigen, *gebrauchen*.

Handlanger: *Helfer*.

Händler: *Kaufmann*. Altwaren~, Trödler. Hausierer, Tandler.

handlich: handsam, -gerecht, handig, griffig, bequem, praktisch.

Handlung: *Tat. Geschehen*. ~sweise, *Verhalten. Fabel. Geschäft.*

Handschrift: Klaue! Pfote! *Stil*.

Handvoll, eine: *wenig*. *einige*.

Handwerk: *Gewerbe, Beschäftigung.*

hanebüchen: *grob. unerhört.*

Hang: Ab~, Halde, Böschung, Lehne, *Gefälle, Neigung.*

hängen: haken. auf~, er~, aufknüpfen, henken, hinrichten. schweben, baumeln, bammeln, schlappen, schlottern. ~, *kleben* an. *lieben.*

hänseln: *necken.*

Hanswurst: *Narr, albern.*

hantieren: *umgehen.*

hapern: *mangeln.*

Happen: *Stück. Kleinigkeit. Imbiß.*

happig: *gierig. stark, sehr. heikel.*

Harke: *Rechen.*

Harlekin: *Narr.*

Harm: *Leid.*

härmen, sich: sich *grämen, sorgen.*

harmlos: *arglos, dumm*, unschuldig,

treuherzig, unbefangen. *einfach, ungefährlich*, unverfänglich.

Harmonie: Gleichklang, -gewicht, *Ebenmaß. einig. Friede.*

Harnisch: Panzer, Rüstung. in ~ geraten: sich *erzürnen*. geharnischt: *scharf*.

harren: warten. *hoffen*.

hart: stein~, steinern, felsen~, felsig, knochen~, knochig, verknöchert, -härtet, glas~, stahl~, stählern, eisern, ehern, *fest*, zäh, abgehärtet, spröde, steif, starr. *grob, streng, scharf, grausam*, ~herzig, *gefühllos, harthörig, verstockt, schwierig. unbillig.*

härten: *stärken*. (ver)stählen.

hartgesotten: *verstockt.*

harthörig: schwerhörig, *taub. verschlossen.*

hartköpfig, -mäulig: *eigensinnig.*

hartnäckig: *beharrlich, stur*, verbissen, erbittert, fanatisch.

harzig: *klebrig.*

haschen: nachlaufen, jagen, *fangen, greifen*. Häscher, Verfolger.

Hasenfuß: *Feigling.*

haspeln: wickeln. winden. sich *mühen*. hastig gehen, arbeiten, reden.

Haß: *Feindschaft*, Groll, *gehässig.*

hassen: *verabscheuen*; nicht leiden, ausstehen, riechen können.

häßlich: unschön, verunstaltet, mißgestaltet, ungestalt, *Scheusal, scheußlich*, fratzenhaft. reiz-, geschmacklos.

Hast: Eile, *Unrast*, -gestüm, *Ungeduld, überstürzen.*

hasten: *eilen.*

hastig: ungestüm, jäh, kopfüber, hitzig, *fieberhaft, aufgeregt, ungeduldig*, (vor)eilig.

hätscheln: (lieb)*kosen, verwöhnen.*

Hatz: *Hetze.*

Haube: Kappe, Helm. *Kuppel.*

Hauch: Atem, *Luft*~. Wind~. Duft. *Kleinigkeit.*

hauchen: *blasen.*

hauen: hacken, *schlagen, prügeln.*

Haufen: Stapel, Stoß. *Schober*. Berg, *Menge, Schar.*

häufen: an~, auf~, zusammen~, *sammeln. schichten*, türmen. *vergrößern.*

haufenweise: (dicht)gedrängt, knüppeldick. *viel(e)*.

häufig: *viel-*, mehrmalig, *ständig*, wiederholt, *oft*(malig), öfter(s); nicht selten, nicht wenig.

Haupt: *Kopf. Oberhaupt.*

Hauptsache: das Wichtigste, Entscheidende, A und O; worauf es ankommt; worum es geht; worum sich alles dreht; Angelpunkt, *Wesen.*

hauptsächlich: *besonders, wesentlich, großenteils, vorherrschend.*

Hauptteil: *Mehrheit.*

Haus: *Gebäude.* Villa. *Hütte. Unterkunft.* (Eigen)*Heim.* ~wesen, Häuslichkeit, *Haushalt. Sippe. Betrieb.*

hausbacken: *gewöhnlich. nüchtern.*

hausen: *wohnen*, wirtschaften. übel ~: wüten.

Hausgehilfin: -angestellte, (Haus-, Dienst-, Stuben-, Zimmer)Mädchen. Dienstspritze! -bolzen! *Dienerin.*

Hausgenosse: Mitbewohner, (Zimmer-, Flur-, Wohnungs)Nachbar.

Haushalt: -stand, -wesen, (-)Wirtschaft. Haus, Herd. Budget.

haushalten: haushälterisch, sparsam wirtschaften, umgehen; *sparen.*

Hausherr: Herr des Hauses; *Wirt.*

hausieren: *handeln. werben.*

Hausierer: Händler.

häuslich: privat, persönlich, innerer.

Hausrat: -gerät, Gerätschaften. (Wohnungs)Einrichtung, Möbel.

Haut: *Fell.* Schale, Pelle! *Hülle.* ~gewebe. ~farbe, Teint.

häuten: abbalgen, -häuten, -streifen, -ziehen, schälen, pellen.

Hebel: Schalter, Griff.

heben: halten. an~, *auf~,* er~, (auf)*nehmen*, (-)lesen, (-)raffen, lüpfen, lüften, stemmen. erhöhen, wölben. *hoch*bringen, fördern, (ver)*bessern, vergrößern.* einen ~: *trinken.*

hecheln: durch~, *klatschen.*

Hecke: Hag, *Busch.*

hecken: zur Welt bringen; *erzeugen.* aus~, *erdenken.*

Heer: bewaffnete Macht; ~esmacht, Armee, Truppe. *Menge.*

Heft: Schreib~, (Schreib)Kladde. Notizheft, -buch. *Griff.*

heften: *binden, befestigen.*

heftig: gewaltig, -sam, krampfhaft, stark, wuchtig, *grob*, massiv, unsanft, -gestüm. *ungeduldig.* lebhaft, stürmisch, rasend, wild, verbissen, erbittert. *maßlos, unbändig*, -beherrscht, *leidenschaftlich.* scharf, jäh, *grell.* hitzig, hitzköpfig, Heißsporn, cholerisch, (jäh)*zornig*, aufbrausend, *aufgeregt. empfindlich, sehr.*

hegen: *pflegen*, hüten. um~, umgeben. *enthalten, haben,* huldigen.

hehr: *erhaben, heilig.*

heikel: anspruchsvoll, verwöhnt, wählerisch; schwer zu befriedigen; Feinschmecker, Leckermaul. *empfindlich.* delikat, *bedenklich*, happig! *genau.*

Heil: Rettung. *Glück.*

heil: gesund, wohl(behalten), unversehrt, -verletzt, -beschädigt, ganz.

heilen: aus~, (aus)kurieren, wiederherstellen; gesund machen. (Schaden) *beheben. gesunden.* vernarben.

heilig: geheiligt, weihevoll, ehrwürdig, erhaben, hehr, *göttlich. fromm.*

heiligen: weihen.

heillos: gottverlassen. *verdorben, ruchlos. unglaublich.*

heilsam: -kräftig, *bekömmlich*, wohltätig, -tuend. *nützlich.*

Heim: *Haus*, Zuhause; vier Wände; (eigenes) Nest. *Anstalt, Kinderheim.*

heim...: zurück...

Heimat: ~land, Vaterland, Geburtsort. Ur~. *Ursprung.* ~lich, *heimisch.*

Heimchen: (Haus)Grille.

heimelig: *gemütlich.*

heimisch: beheimatet, heimatberechtigt, ein~, inländisch, *ansässig*, bodenständig, hiesig, *gebürtig, daheim.* heimatlich, *angeboren, eigen. vertraut.*

Heimkehr: *Rückkehr.*

heimleuchten: *zurechtweisen.*

heimlich: *unmerklich, verborgene,* schleichend. verkappt, geheim; im geheimen; insgeheim, *innerlich*, verstohlen; ohne Aufsehen; still (und leise); im stillen; unter der Hand; auf Schleichwegen; hintenherum, *vertraulich.*

heimsuchen: *bedrängen. strafen.* (be)*treffen,* schlagen.

Heimweh: *Sehnsucht.*

heimzahlen: *rächen.*

Heirat: Hochzeit, Vermählung, Ehe (schließung), Verehelichung.

heiraten: ehelichen; sich vermählen, verehelichen; Ehe eingehen, schließen.

heiratsfähig: *erwachsen.*

Heiratsgut: *Mitgift.*

heischen: *fordern.*

heiser: rauh, krächzend, belegt, stimmlos.

heiß: glühend(~), brennend(~), siedend(~). *warm, Hitze.* ~blütig, *leidenschaftlich. heftig.*

heißen: (be)*nennen. befehlen.* lauten. *bedeuten.* Fahne ~: *flaggen.*

Heißsporn: *heftig.*

heiter: *froh,* munter, unbeschwert, gut gelaunt, aufgeräumt, -gekratzt (still-, seelen)vergnügt. (feucht)fröhlich, *übermütig, lustig. hell.*

heizen: an~; Feuer machen; ein~; (das Feuer) schüren; feuern. (er)wärmen.

Heizung: Heizmaterial, (Haus)Brand. Zentral~, Heizanlage. Ofen~, Öl~, Warmwasser~, Etagen~, Strahlungs~.

Held: Recke. *tapfer, Kerl.*

helfen: zu Hilfe kommen; Hilfe leisten; behilflich sein; einen Gefallen tun; beistehen, -springen, zugreifen; an die, zur Hand gehen; zur Seite stehen; (be)raten; unter die Arme greifen; *unterstützen,* entlasten, mit~, mitarbeiten, -wirken; sich nützlich machen; *nutzen,* guttun. aus~, einspringen. auf die Beine ~: retten; mit durchziehen. sich ~: sich be~, fort~. *zusammenhalten.* sich ~ lassen: *zuziehen.*

Helfer: Beistand, Retter, Wohltäter. Assistent, Famulus, Mitarbeiter, Diener, Gehilfe, -selle, Handlanger; rechte Hand. ~shelfer, Komplice.

hell: tag~. licht. wolkenlos, sonnig, heiter. *glänzend,* rein, *klar,* wasser~, wäßrig. *grell,* lichterloh. *Licht.* nüchtern. *klug.* ~ werden: *tagen.*

hellhörig: *aufmerksam.*

Helm: Haube, Kappe.

hemmen:(be)*hindern,bremsen,*unterbrechen. gehemmt, unfrei.

Hemmung(en): *Bedenken.*

hemmungslos: *triebhaft. maßlos. gierig. unbedenklich.*

Henkel: *Griff.*

henken: *hängen.*

Henker: Scharf-, Nachrichter, ~sknecht, *Scherge.*

Henne: Huhn, Glucke.

herab: *abwärts.*

herablassen, sich: sich *herbeilassen.*

herablassend: *gnädig. hochmütig.*

herabputzen, -reißen: *herabsetzen.*

herabsehen: *verachten.*

herabsetzen: (herab-, ver)*mindern,* erniedrigen, senken, (er)*mäßigen,* herunterdrücken, -gehen, schwächen, *beeinträchtigen,* entwerten, verkleinern, herabziehen, -reißen, -putzen; herunter-, verächtlich machen; herabwürdigen, *schmähen.* ~d: *verächtlich.*

heran: -bei, bei, zu.

heranmachen, sich: sich *nähern.*

heranziehen: *zuziehen. erwähnen.*

heran-, heraufziehen: *kommen.*

heraus: aus..., vor..., hervor...

herausbekommen, -bringen, (-)finden, -kriegen: *erfahren,* -gründen, -forschen, -raten, entdecken, -rätseln, erkennen, aufklären, treffen, (auf)lösen. zutage fördern.

herausfordern: reizen. *trotzen.*

herausgeben: herausrücken, *übergeben. veröffentlichen.*

herausgreifen: *herausnehmen.*

herausholen: -schlagen, *erreichen.*

herausklauben: *herausnehmen.*

herauskommen: *erscheinen;* offenbar werden. dabei ~: sich *ergeben.*

herausnehmen: (heraus)schöpfen. herausziehen, -greifen, -klauben, -suchen. sich ~, *anmaßen.*

herausrücken: heraus-, *übergeben. offenbaren.*

herausschlagen: -holen, *erreichen.*

herausstellen: *zeigen.*

herausstreichen: *hervorheben.*

heraussuchen: -kramen, klauben, -fingern. (aus)*wählen.*

herb: *bitter.* würzig. *sauer. streng.* *spröde.*

herbei: heran, herzu.

herbeiführen: *bewirken.*

herbeilassen, sich: belieben; sich bereit finden; sich bequemen, herablassen; geruhen; es beliebt, gefällt. *nachgeben.*

herbeischaffen: *beschaffen.*

Herberge: *Unterkunft.*

herbergen: *wohnen.*

Herd: Küchen~, Kohle~, Gas~, Elektro~, Kocher. *Mitte*(lpunkt), Sitz. *Ursprung. Haushalt.*

Herde: Rudel, *Schar.*

hereinfallen: Pech haben; sich blamieren; aufsitzen; in die Falle gehen; *Mißerfolg.*

hereinlegen: *hineinlegen.*

hereinplatzen: *überraschen.*

Hergang: *Geschehen.*

hergebracht: *herkömmlich.*

herhalten: *dienen. verantworten.*

herkommen: (-)*stammen, Ursprung. Brauch.*

herkömmlich: -gebracht, konventionell, gewöhnlich, eingebürgert, -gewurzelt, angestammt.

Herkunft: *Ursprung.*

herleiten: *ableiten, folgern.*

hernach: *nachher.*

Herr: *Besitzer. Oberhaupt.*

herrichten: *zurichten.*

herrisch: gebieterisch, befehlshaberisch. *stolz.*

herrlich: *prächtig,* wundervoll, göttlich, *erlesen,* kostbar, *köstlich, entzückend.*

Herrschaft: *Macht.* Regierung(s-gewalt), Regime. Knute! Fuchtel!

herrschaftlich: freiherrlich, gräflich. aristokratisch, feudal. hoch~, (hoch) vornehm.

herrschen: be~, *gebieten,* regieren, *walten,* schalten. *bestehen.*

Herrscher: *Oberhaupt,* Souverän. Regent, Landesherr, -vater, Monarch, Fürst, König, Kaiser, Zar, Sultan. Gewalt~, Despot, Tyrann, Diktator.

herrühren: (-)*stammen.*

herstellen: (an-, ver)fertigen, *erzeugen,* machen, produzieren, fabrizieren, bauen, basteln, zimmern, arbeiten, gestalten, (zu)bereiten, verarbeiten.

herum: umher.

herumfahren: *schwenken.*

herumkommen um: (ver)*meiden.*

herumkriegen: *überreden.*

herumlaufen: (-)*strolchen. suchen.*

herunter: *abwärts.*

herunterbringen: -wirtschaften, zugrunde richten; ruinieren, verderben, zerrütten, *schwächen.*

herunterdrücken: *herabsetzen.*

heruntergehen: *sinken.*

herunterkommen: *zurückgehen. verkommen. abgewirtschaftet.*

heruntermachen: *herabsetzen.* herunterputzen; *schelten.*

heruntersehen: *verachten.*

herunterwirtschaften: *herunterbringen; Mißwirtschaft* treiben.

hervor: vor..., aus..., heraus...

hervorbrechen: *hervorkommen.*

hervorbringen: *erzeugen.*

hervorgehen: *folgen, entstehen.*

hervorheben: heraus-, unterstreichen, *rühmen. betonen,* -kräftigen. verdeutlichen. einschärfen.

hervorkommen: *erscheinen,* hervorbrechen, -quellen.

hervorragen: -treten, -stechen. an der Spitze stehen. sich erheben über, *auszeichnen; übertreffen.*

hervorragend: *gut,* (vor)trefflich, vorzüglich, ausgezeichnet; über alles Lob, jeden Tadel erhaben; außerordentlich, großartig, *bedeutend, -sonder, ungewöhnlich,* -erreicht, -übertrefflich, -übertroffen, *unvergleichlich, erlesen, wertvoll,* hochwertig, erstklassig, vollkommen, meisterlich, -haft, *mustergültig, tadellos, prächtig,* bewundernswert, bewunderungswürdig, *erstaunlich. durchschlagend.* über dem Durchschnitt. *sehr.*

hervorrufen: *erzeugen.*

hervorstechen, -treten: *hervorragen.*

hervortun, sich: sich *auszeichnen.*

Herz: *Seele, Gemüt. Neigung.* ~lichkeit, ~enswärme. ~stück, *Mitte.* beherzt, *tapfer.*

herzen: ans Herz drücken; *kosen.*

89   **Hinsicht**

herzhaft: *tapfer. tüchtig.*

herziehen: *klatschen.*

herzig: *lieblich.*

herzlich: *liebevoll,* zärtlich, (herz)
innig, warm, (Herzens)Wärme.

herzlos: *gefühllos. böse.*

Hetze: Hatz, (Hetz)Jagd, Wettlauf,
-rennen, *Unrast.*

hetzen: *jagen.* schüren, wühlen, *stänkern! aufhetzen.* sich ab~, *mühen.*

heucheln: *vortäuschen.* ge-, erheu-
chelt, gespielt, -macht, -wollt, verstellt,
unnatürlich.

Heuchler: Gleisner, *falsch,* scheinheilig, -fromm, *Betrüger.*

heuer: dieses Jahr; in diesem Jahr.

heuern: chartern, anwerben.

heulen: jaulen, *schreien,* weinen. tönen.

Heuschrecke: -hüpfer, -springer,
-pferd, Grashüpfer.

heute: heutigentags, heutzutage, *jetzt,
Gegenwart, modern.*

Hexe: Zauberin.

hexen: zaubern.

Hexerei: *Zauber.*

Hieb: *Schlag.* Seiten~, Stich(elei).

hier: an, auf dieser Stelle; da; bei
uns. hie(r) und da: *manchmal;* an einigen, verschiedenen Stellen; stellenweise;
da und dort.

hierauf: *nachher. dazu.*

hierher: nach hier.

hiesig: *(ein)heimisch.*

Hilfe: Bei~, Mit~, Beistand, *Mitarbeit,* Unterstützung, Dienst. Stütze,
Zuflucht. Nach~, Förderung, Beitrag.
Ab~, Aus~, *Mittel.* ~ruf, Notruf. mit
~: *mittels.* zu ~ holen: *zuziehen.*

hilflos: hilfsbedürftig. schutz-, *wehrlos,* schwach. ungeschickt, -selbständig,
verlegen.

hilfreich: hilfsbereit, *gefällig, gütig,
selbstlos.*

Himmel: ~sgewölbe, Sternenge-
wölbe, -szelt. ~reich; Reich Gottes;
Paradies, (ewige) Seligkeit, *Jenseits.*
~sstrich, *Land,* Klima.

himmlisch: überirdisch, göttlich,
selig. reizend.

hin: *fort. kaputt,* hinüber! *erledigt. tot.*

hinab: *abwärts.*

hinabsehen: *verachten.*

hinauf: *aufwärts.*

hinausschieben, -zögern: *verzögern.*

hinauswerfen: -schmeißen! an die
Luft setzen; *entlassen.*

Hinblick: *Hinsicht.*

hinderlich: *lästig.* ungünstig, nach-
teilig. *Hindernis.*

hindern: im Wege stehen; sperren.
ab-, zurück-, *aufhalten;* in den Arm fallen; hemmen, steuern. be~, *stören, beengen,* -einträchtigen, ver~, *abhalten,*
(-)schrecken. vereiteln. ausschließen.

Hindernis: Hemmung, Hemmnis,
Hemmschuh, Bremse. Störung. *Widerstand.* Hürde, *Wall.* Fessel.

hineinlegen: (he)reinlegen, fangen!
überlisten, -tölpeln, -vorteilen; übers
Ohr hauen; *narren, betrügen.*

hinfällig: *schwach. ungültig.*

hinfort: *künftig.*

Hingabe: Eifer. Liebe, *Begeisterung.*
(Auf)Opferung, Opfer(mut, -wille, -freu-
dig), *selbstlos.*

Hingang: *Tod.*

hingeben: (auf)opfern; sich ~, aufgehen in; sich widmen, ergeben; frönen.
~d, *selbstlos.*

hingegen: *aber.*

hinhalten: ausstrecken. entgegenstrek-
ken. verzögern. ausweichen.

hinken: humpeln, lahmen.

hinkriegen: *bewerkstelligen.*

hinlänglich: *genug. zulänglich.*

hinnehmen: *dulden,* einstecken,
schlucken! ertragen, *verschmerzen.*

hinreichen: *reichen.* ~d: *zulänglich,
triftig.* annähernd.

hinreißen: *begeistern.*

hinrichten: enthaupten, (er)*hängen,*
erschießen, töten.

Hinsicht: Richtung. in ~ auf; im,
beim Hinblick auf; mit Rücksicht auf;
in Anbetracht; unter Berücksichtigung;
in Verbindung mit; in, im Zusammenhang mit; im Verhältnis zu; hin-,
rücksichtlich; *angesichts, wegen, bezüglich.* in jeder ~: *ganz.* in mancher ~:
teilweise.

hinstrecken: hinhalten, entgegenhalten, -strecken. *niederschlagen.*

hintansetzen: *vernachlässigen.*

hinten: am *Ende; zuletzt.* rückwärts.

hintenherum: *mittelbar. heimlich.*

hinter: nach. ~ sich lassen: *überholen,
-treffen. ablegen.*

hinterbringen: zutragen, *verraten.*

hintergehen: *betrügen.*

Hintergrund: Tiefe. *Umgebung.* Voraussetzung. hintergründig, vieldeutig,
-sagend, geheimnisvoll, tief.

Hinterhalt: *Falle.* Versteck.

hinterhältig: *Tücke. hinterrücks.*

hinterher: *nachher. zurückbleiben.*

hinterlassen: nach-, zurücklassen,
vermachen. Erbe.

Hinterlist: *Ränke, Tücke, falsch.*

Hintermann: *Auftraggeber.*

Hintern: *Gesäß.*

hinterrücks: aus dem Hinterhalt;
von hinten; hinterhältig, tückisch,
meuchlings. unversehens.

Hinterseite: *Kehrseite.*

hintertreiben: *vereiteln.*

Hintertüre: Schleich-, *Ausweg.*

hinüber: auf die andere Seite. *hin.*

hinüberhelfen: hinweghelfen über;
überbrücken.

hin und her: *auf und ab.*

hin und wieder: *manchmal.*

hinunter: *abwärts.*

hinuntersehen: *verachten.*

Hinweis: *Wink. Auskunft.* Vergleich.
(hin)weisen auf; *zeigen;* aufmerksam
machen; *sagen,* anspielen, -deuten;
durchblicken lassen; zu verstehen geben;
betonen. sich *beziehen.* Verweis.

hinziehen: lang-, in die Länge ziehen;
(aus-, hin)dehnen. *verzögern.* reichen,
(ver)laufen; sich erstrecken. *dauern.*

hinzufügen: -geben, -tun, (hin)zu-
setzen, anfügen, -gliedern, -reihen, -hän-
gen, -flechten, -flicken, -setzen, -stük-
keln, *verbinden.* beilegen, -fügen, -geben,
-rühren, -mengen, -mischen; versetzen
mit. *ergänzen, Zusatz.*

hinzukommen: sich *anschließen.*

hinzurechnen: -zählen, (mit) *einschließen.* noch berücksichtigen.

Hirn: Gehirn(masse). *Kopf.*

Hirngespinst: *Trug.*

hissen: *flaggen.*

Hitze: Glut~, Fieber(~), *Feuer,*
(Weiß)Glut, *heiß,* Wärme, Schwüle.
Erregung, Wut.

hitzig: *heftig, leidenschaftlich. hastig.*

hobeln: *glätten.*

hoch: haus~, turm~, erhaben. *groß.*
vornehm. aufwärts. oben. ~gradig, *sehr.*

hochbringen (*hoch*): heben. *erzürnen.*

hochfahrend: *hochmütig.*

hochfliegend: *ehrgeizig.*

Hochgefühl: *Stolz,* geschwellte Brust;
hochgemut, froh.

hochgehen: *steigen. platzen.*

hochgemut: *froh, stolz.* Hochgefühl.

hochherzig: *großmütig.*

Hochmut: Stolz, Hoffart, Dünkel,
Überhebung, Einbildung, Anmaßung,
Übermut.

hochmütig: -näsig, -fahrend, -tra-
bend, *stolz. selbstgefällig, prahlerisch,*
überheblich, dünkelhaft, *eingebildet.* von
oben herab; schnippisch, herablassend,
verächtlich, arrogant.

hochnehmen: *ärgern. drillen.*

hochrappeln, sich: sich *erholen.*

hochschlagen: *umstülpen.*

hochschrauben: *steigern.* sich ~,
erheben; in die Höhe steigen.

höchst: höchlichst; im höchsten
Grade; denkbar, äußerst, *sehr.* das
Höchste: *Gipfel,* Inbegriff. Gipfel-,
Höchst-, Spitzen-, Meisterleistung,
Höchstmaß. Glanzpunkt.

Hochstapler: *Betrüger.*

höchstens: im höchsten, besten Fall;
höchsten-, *allenfalls.*

hochtönend, -trabend: *hochmütig.
prahlerisch, schwulstig.*

hochtreiben: *steigern.*

Hochwasser: *überschwemmen.*

hochwertig: *hervorragend.*

Hochzeit: *Heirat.*

hochziehen: raffen, schürzen.

Hocke: *Schober.*

hocken: kauern, knien, sitzen.

Hocker: *Sitz*(~).

Höcker: *Buckel.*

Hof: *Anwesen. Herrscher~.* den ~ machen: *schmeicheln.*

Hoffart: *Hochmut.*

hoffen: harren, er~, *erwarten;* sich versprechen; sich in Hoffnungen ergehen, in Hoffnung wiegen; sich Hoffnung(en) machen; träumen. *vertrauen.* wünschen.

Hoffnung: *Zuversicht. Ahnung. Trost. Ausweg,* -sicht, Möglichkeit. in Hoffnung: *schwanger.*

hoffnungslos: aussichts-, ausweg-, trostlos. unrettbar, -heilbar, -verbesserlich, eingefleischt. verzweifelt, *unglücklich,* pessimistisch. *unmöglich.* Sackgasse. *unweigerlich.*

hoffnungsvoll: *zuversichtlich. günstig.*

höflich: *artig,* anständig, manierlich, verbindlich, *liebenswürdig, gefällig,* aufmerksam, ritterlich, galant. *Anstand, Takt,* Schliff! guter Ton.

Höhe: *Gipfel,* Buckel, *Kamm. Hügel. aufwärts. oben. Ausmaß.*

Hoheit: Majestät, *Würde.*

Höhepunkt: *Gipfel,* Blüte(zeit).

hohl: *leer,* taub. *dumpf.*

Höhle: *Vertiefung. Unterkunft.*

höhlen: *graben.*

Hohn: ~gelächter, *Spott.*

höhnen: hohnlachen, -lächeln, *spotten. schmähen.*

höhnisch: *spöttisch. verächtlich.* hämisch, schadenfroh.

Hokuspokus: *Gaukelei. Unsinn.*

hold: *wohlwollend. lieblich.*

holen: *bringen. nehmen.*

Hölle: Inferno, Unterwelt, Höllenpfuhl, Abgrund. *Qual.*

höllisch: *teuflisch. sehr.*

holpern: rattern, rumpeln, stoßen.

holprig: *uneben, rauh.*

Holz: *Gehölz.*

hölzern: *steif. trocken.*

Honigmonat: *Flitterwochen.*

hoppeln, hopsen: *springen.*

hörbar: *vernehmlich.*

horchen: hin-, zuhören, lauschen.

Horde: (wilde) *Schar.*

hören: an~, zu~, lauschen. vernehmen, *wahrnehmen,* erfahren; zu hören,

zu Ohren, Wind bekommen; mitbekommen, -kriegen, aufschnappen. *gehorchen. vernehmlich.*

Hörer: Zu~. *Schüler.*

hörig: leibeigen, Sklave. *abhängig. unterwürfig.* ~ werden: verfallen.

Horst: Nest. horsten, *wohnen.*

Hort: *Schatz. Schutz, Stütze,* Trost. *Kindergarten.*

horten: *aufbewahren.*

Hörweite: *Nähe.*

hübsch: bild~, *reizend. niedlich.* wohlgeformt, -gebildet, -gestalt, -gewachsen.

hudeln: *pfuschen,* stümpern.

Hügel: Buckel, (An)Höhe, (Boden) Erhebung.

Huhn: Henne, Glucke.

Huld: *Gunst.*

huldigen: (ver)ehren. *schmeicheln. frönen,* der Ansicht ~, sein: die Ansicht haben, hegen, für richtig halten.

Hülle: Umhüllung, -schlag, (Ver) Packung, *Hülse,* Gehäuse. Schutz~, Be-, Überzug, *Haut, Äußeres.* Be-, Verkleidung, Maske. sterbliche ~: *Leib.*

hüllen: ein~, ver~, ein-, vermummen, (ver)bergen. *packen.* um~, *umgeben.*

hüllenlos: *nackt.*

Hülse: *Hülle,* Schale, Mantel, Kapsel, Futteral, *Behälter.*

Humbug: *Unsinn. Betrug.*

Humor: Spaß, Witz. *Laune.* Galgenhumor. ~voll, ~ig, ~istisch, *lustig.*

humpeln: *hinken.*

Hund: Rüde, Hündin. Köter! Kläffer! Dackel, Spitz, Pudel, Dogge u. a. *Lump.*

hündisch: *unterwürfig.*

Hüne: *Riese.*

Hunger: Heiß~, Wolfs~, Bären~. Appetit, Kohldampf! *Gier.* ~snot. hungrig, ausgehungert. *gefräßig.*

hungern: fasten. (ver)schmachten, *darben. gieren.*

hüpfen: *springen.* Hüpfer, *Sprung.*

Hürde: *Zaun, Hindernis.*

Hure: Dirne, Metze, Nutte, Schneppe! Straßen-, Freudenmädchen, Flittchen, Prostituierte.

hurtig: *schnell.*

huschen: fliegen. gleiten. wischen. sich bewegen.

husten: hüsteln; sich räuspern. bellen! ~ auf: *ablehnen.*

Hut: Kopfbedeckung, Filz(~), Strohhut, Deckel! Bibi! Melone, Zylinder. Ob~,*Aufsicht,*Gewahrsam,*Schutz,Pflege.*

hüten: weiden. *aufpassen,* betreuen, *verwahren,* warten, hegen, bergen, *schützen.* Hüter, *Wächter.*

Hütte: Bude, (Bretter)Verschlag, Häuschen, -lein, Kate, Unterkunft, Schutz~, Berg~, Baude, Alm~, Senn~.

hutzelig: *faltig.*

I

Ich: Selbst, Subjekt, Person, Persönlichkeit. Inneres.

Ichsucht: *Selbstsucht.*

Ideal: *Inbegriff.* (Hoch)Ziel, Leit-, Wunsch-, *Vorbild,* Leitstern.

ideal: *vollkommen. edel.*

Idee: *Bild. Gedanke, Einfall, Plan. Kleinigkeit.* fixe ~: Zwang(svorstellung).

Idiot: *irr. dumm.*

Illusion: Vorspiegelung, (Selbst) Täuschung, Wunschbild, Luftschloß, *Traum, Trug.*

Imbiß: Bissen, Happen, (kleine) Stärkung, Kleinigkeit, (kleine) Mahlzeit.

immer: jeder-, all(e)zeit, allemal, stets, *ständig,* unaufhörlich; tagaus, tagein; jeden Tag; alle Tage; Tag und Nacht; jahraus, jahrein; ~zu, ~dar, ~fort; ~ wieder; *oft.* für ~, ewig; auf die Dauer; zeitlebens. jedesmal.

immerhin: *freilich, jedenfalls, zuletzt.*

imstande: *fähig.*

in: inmitten, zwischen, unter.

Inbegriff: das *Ganze.* Wesen, Vorbild, Ausbund, *Ideal,* das *Höchste.*

inbegriffen: *einschließlich.*

Inbrunst: *Leidenschaft. inständig.*

indem: dadurch daß. weil. *gleichzeitig, während.*

indes(sen): *gleichzeitig, indem. doch.*

individuell: *besonder.*

infolge: *wegen.*

infolgedessen: *folglich.*

Inhaber: *Besitzer.*

Inhalt: Inneres, Gehalt, Kern, Eingeweide, Ladung, *Füllung. Gegenstand,* Wortlaut.

inhaltlos: *leer.*

inländisch: (ein)*heimisch.*

innehalten *(halten)*: *aufhören;* sich unterbrechen. *zögern.*

innen: im Innern; innerhalb, inner (lich), inwendig, zuinnerst.

inner: inwendig, enger, häuslich.

Innereien: *Eingeweide.*

Inneres: *Inhalt. Seele, Ich.*

innerhalb: *innen.* binnen, innert; im Verlauf; im Laufe von; in der Zeit; während.

innerlich: *innen.* in der *Seele;* seelisch. *heimlich.*

Innerstes: *Kern.*

innewerden: *wahrnehmen.*

innewohnen: *enthalten*

innig: eng, *fest.* (ver)*traulich. herzlich. andächtig. leidenschaftlich. inständig.*

Innung: Gilde, Zunft, *Verein.*

Insasse: Bewohner. *Fahrgast.*

Inschrift: Aufschrift, Bezeichnung.

Insel: Eiland.

inständig: inbrünstig, eindringlich. innig, *flehentlich.* leidenschaftlich.

instand setzen: ausbessern, *flicken;* den Schaden *beheben;* wieder richten, in Ordnung bringen; wiederherstellen, reparieren, überholen, erneuern.

Instrument: *Gerät. Mittel.*

intelligent: *klug.*

interessant: *fesseln, reizen, unterhalten, bemerkenswert, eigen*(artig), un*gewöhnlich.*

Interesse: *Teilnahme. Neigung. Wißbegierde. Belang. Nutzen.*

interesselos: *gleichgültig.*

inwendig: *innen,* inner(lich).

inzwischen: einstweilen, mittlerweile, unterdessen; bis dann, dahin; solange, *vorläufig. gleichzeitig. seitdem.*

irdisch: diesseitig, weltlich, *endlich.*

irgendeiner, -wer: *jemand,* ein (gewisser); ein Herr Soundso.

irgendwie: auf irgendeine Weise; ich weiß nicht wie.

Ironie: *Spott,* Sarkasmus.

irr(sinnig): wirr, verwirrt, -stört, wahnsinnig, geisteskrank, -gestört, umnachtet, Idiot, *verrückt, blöde.*

irreführen: *täuschen.*

irregehen: sich *(ver)irren.*

irremachen: *beirren.*

irren, sich: irregehen, *fehlen;* sich versehen, -tun, -hauen, -rechnen, -zählen. verwechseln. *mißverstehen;* falsch auslegen; sich täuschen.

irre werden: das Vertrauen verlieren; zweifeln.

Irrgang: *Abweg.*

irrig: *falsch. irrtümlich.*

Irrlicht: Irrwisch, *Trug*(bild).

Irrsinn: *Wahnsinn.*

Irrtum: Mißverständnis. Verwechslung. *Fehler.* Täuschung.

irrtümlich: *falsch.* ~erweise, irrigerweise, fälschlich, versehentlich, aus Versehen; unabsichtlich.

Irrweg: *Abweg.*

Irrwisch: Irrlicht, *Trug*(bild).

isolieren: *trennen, vereinzeln.*

J

ja: (~)wohl; (~) doch; aber ~; nun ~; na ~; o ~; ach ~; ei ~; gewiß, selbstverständlich, (~) natürlich; *jedenfalls, immer*(hin); (~) *freilich; einverstanden,* gern. (~) *sogar.* Ja(wort), Zustimmung. ~ sagen, *billigen.*

Jacke: Rock, Kittel, Joppe, Janker.

Jagd: Pirsch, Weidwerk, Jägerei. Treib~. *Hetze.* ~bezirk, (~)Revier.

jagen: pirschen. treiben, hetzen, scheuchen, verfolgen, haschen, nach~. fort~, *vertreiben.* eilen, sich ab~.

Jäger: Weidmann. Verfolger.

jäh: *steil,* abschüssig, schroff, scharf, *plötzlich,* hastig, *heftig,* ~lings.

Jahr: dieses ~; in diesem ~; heuer.

Jahrbuch: Kalender, Almanach.

Jammer: *Klage. Leid. Elend.*

Jammerlappen: *Schwächling.*

jammern: *klagen.* greinen, *weinen.*

jammervoll: *traurig.*

Janker: Jacke, Joppe, Kittel, Rock.

japsen: schnappen. *atmen.*

jauchzen: *jubeln.*

jaulen: *heulen,* winseln.

jedenfalls: in jedem, auf jeden Fall; auf alle Fälle; unter allen Umständen; mit aller Gewalt; auf Biegen und Brechen; so oder so; um jeden Preis;

unbedingt, grundsätzlich, durchaus, sicher(lich), (höchst)wahrscheinlich, *zweifellos,* immerhin, *ja.*

jeder(mann): jeder einzelne; *alle.*

jederzeit, jedesmal: *immer.*

jemand: (irgend)einer, (-)wer.

je nachdem: *entsprechend.*

jenseits: auf der anderen Seite; drüben, ~ des Grabes; in der anderen Welt. Ewigkeit. Himmel. jenseitig, über-irdisch. ins ~ befördern: *töten.*

jetzig, jetzt: im, in diesem Augenblick; augenblicklich, Moment(an), (so) eben, (nach)gerade, nun, derzeit, (für) diesmal; zur Zeit, Stunde; *vorerst, heute,* heutig, *Gegenwart.* jetzt nicht: *später.*

jeweilig: jeweils, zeitweilig, augenblicklich; gerade *anwesend.* entsprechend.

johlen: *schreien.* Gejohle, *Geschrei.*

Joppe: Jacke, Janker, Rock, Kittel.

Jubel: *Freude,* Freuden-, Jubelgeschrei, ~geheul, ~ruf, Beifall(ssturm). Begeisterung.

jubeln: jubilieren, jauchzen, *frohlocken;* vor Freude schreien.

jucken: kitzeln, kribbeln, krabbeln, prickeln, *reizen.* beißen, beizen, ätzen, brennen, *kratzen.*

Jugend: ~zeit, ~jahre, Kinder-,

Knaben-, Flegel-, Jünglings-, Mädchen-, Backfischjahre. Jugendliche; junges Volk, Blut, Gemüse; Nachwuchs, Heranwachsende, Halbwüchsige, -starke.

jung: blut~, jugendlich, (jugend)frisch, unreif, heranwachsend, halbwüchsig, kindlich, -haft, jungen-, knaben-, mädchenhaft.

Junge: Knabe, Bub, Bursche, *Bengel*, Jüngelchen, Knirps. Sohn.

Jünger: Schüler, Anhänger.

jungfräulich: unberührt, *keusch. unerschlossen.*

Junggeselle: *ledig*, Hagestolz! Alleingänger, Einspänner.

Jüngling: Bursche; junger Mann; junger Herr; *Jugend.*

jüngst: *neulich.*

just: *eben.*

Jux: *Scherz.*

K

Kabel: Draht, (Draht)Seil. Schnur, Leitung, Verbindung.

kabeln: *mitteilen.*

Kachel: Fliese, (Stein-, Ton-, Keramik)Platte.

Käfig: Vogelkäfig, (Vogel)Bauer.

kahl: *nackt, leer.* unbehaart, haarlos, Kahlkopf, Glatze.

Kahn: *Boot.*

Kaiser: *Herrscher.*

Kaldaunen: *Eingeweide.*

Kalender: Jahrbuch, Almanach.

kalt: eis~, bitter ~, frostig; tiefe Temperatur; eisig (~), frisch, kühl. feucht~, klamm, verfroren, *frieren. tot. ausdruckslos.* nüchtern, *gefühllos. unfreundlich, Abneigung. gelassen, kaltblütig.*

kaltblütig, -schnäuzig: *gelassen.* überlegt. *tapfer, frech.*

Kamerad: *Freund.*

Kamin: Esse, Rauchfang, Schornstein, Schlot. Abzug, Luftschacht.

Kamm: Grat, Rücken, Scheitel, *Höhe.*

kämmen: strählen, frisieren.

Kammer: Boden~, Dach~. Speise~, Vorrats~. Rumpel~. Schlaf~. Mädchen~. *Raum.*

Kampf: Schlacht, Strauß, Gefecht, Plänkelei, Scharmützel, Fehde, *Streit, Krieg*, Ringen. *Mühe.*

kämpfen: fechten, *ringen, streiten.* be~, befeinden, -fehden, -kriegen; an~, angehen, -rennen gegen; entgegentreten, *angreifen,* -feinden.

Kämpfer: Fechter, Streiter, *Soldat.*

kämpferisch: kampflustig, kriegerisch, streitbar, -lustig, Kampfhahn, Draufgänger.

Kanone: Geschütz.

Kante: *Rand. Ecke.* kantig, *scharf.*

kapern: aufbringen, *erobern.*

Kapital: *Vermögen.*

Kaplan: *Priester.*

Kappe: Käppi, Mütze, Kopfbedeckung, Helm, Haube.

kappen: *beschneiden,* um-, *abschlagen.*

Kapsel: *Behälter, Hülse.*

kaputt: entzwei, zerbrochen, futsch! hin! *schadhaft. müde.*

karg: kärglich, *gering, dürftig.*

kargen: *geizen.*

Karneval: Fastnacht, Fasching(szeit).

Karre(n): (Hand)*Wagen.* Schub~ Schieb~. karren, *fahren,* schieben.

Karte: Plan. Land~, See~, Wander~, Auto~, Straßen~. Spiel~, Blatt. Post~, Ansichts~. (Fahrt)Ausweis, Fahr~, Fahrschein, Billett. Eintritts~. Visiten~, Besuchs~. Speise~. Getränke~, Wein~.

Karton: Pappe. (Papp)*Schachtel.*

käsig: (käse)*bleich.*

Kasse: Einnahme.

kassieren: *einnehmen. einziehen.*

Kasten: *Behälter.* Kleider~, (Kleider)Schrank. *Block.*

Katastrophe: *Unglück. Untergang.*

Kate: *Hütte.*

Kater: *unwohl.*

Kathedrale: *Kirche.*

kauen: *beißen,* mampfen! manschen!
schmatzen! knatschen! (fr)essen.

kauern: *hocken, liegen.*

Kauf: An~, Ein~, Anschaffung,
Erwerb(ung), Bezug, Ab-, Übernahme.
Handel.

kaufen: *erwerben,* -stehen, -handeln,
anschaffen. an~, ab~, ein~, auf~, (ab-,
über)nehmen; sich eindecken; beziehen.
einlösen.

Käufer: *Kunde.*

käuflich: *feil.*

Kauflust: *Nachfrage.*

Kaufmann: Geschäftsmann, Händler, Krämer.

kaufmännisch: *geschäftlich.*

kaum: schwerlich, knapp, (nur) *wenig*;
fast (gar) nicht; so gut wie gar nicht; so
gut wie nie; noch nicht ganz; *eben* (erst).

Kauz: *Sonderling.*

keck: munter, mutwillig, *frech.*

Kehle: *Hals.*

Kehraus: Abschluß, Ausgang, *Ende.*

Kehre: Wende.

kehren: *wenden, drehen. putzen.*

Kehricht: Abfall, Müll, Dreck, Schutt.

Kehrseite: Gegen-, Hinter-, Rück-,
Ab-, Schattenseite. andere, linke Seite.

keifen: zetern, schreien. *schimpfen.*

keilen: *schlagen.* werben.

Keim: ~zelle, Same(n), Knospe,
Auge, Trieb, Ansatz, *Ursprung.*

keimen: auf~, *wachsen, entstehen.*

keiner: *niemand.*

keinesfalls, -wegs: *nein, nicht.*

Kelch: Pokal, Becher, (~)Glas, Gefäß.

Kelle: *Löffel.*

Kellner: Aufwärter, Ober(~), Bedienung, Aufwartung, Steward.

kennen: *wissen*; sich aus~; (sich)
verstehen (auf); über*blicken.*

Kenner: *fachkundig.*

Kenntnis: *Wissen, Bekanntschaft,* Erfahrung. kenntnisreich: *kundig.*

Kennwort: *Losung.*

Kennzeichen: *Zeichen. Merkmal.*

kennzeichnen: anstreichen, unterstreichen, markieren, *bezeichnen,* charakterisieren. vermerken, notieren. ~d, eigentümlich, charakteristisch, wesentlich.

kentern: (um)*kippen.*

kerben: ein~, einschneiden, (-)schnitzen, *ritzen.*

Kerker: *Gefängnis.*

Kerl: Mann(s~), (Kraft)Mensch,
Riese(n~), Bulle! ein ganzer ~;
Mords~, Teufels~, Pracht~, Held.
Bursche. Flegel. Lump, Scheiß~!

Kern: *Inhalt,* Substanz, *Mitte,* Mark,
Rückgrat, Stamm, *Wesen*; das Innerste,
Tiefste; (Lebens)Nerv.

kernig: markig, *fest.*

Kerze: *Licht.*

keß: *flott. frech,* schnoddrig.

Kessel: *Becken.* Behälter, Tank.

Kette: *Reihe. Zusammenhang.*

ketten: *fesseln. verbinden.*

keuchen: (schwer) schnaufen, atmen.

keusch: *schamhaft, sittsam,* züchtig,
enthaltsam. *unschuldig,* -berührt, jungfräulich, *rein.*

kichern: *lachen.*

Kiepe: (Trag)Korb.

Kies: Geröll. Kiesel(stein), Stein. *Geld.*

Kind: Klein~, Wickel~, Säugling,
Baby, Neugeborenes, Kleines, Wurm,
Balg! Knirps, (Hemden-, Hosen)Matz.
Mädchen, Junge. Range! *Nachkomme.*
Schul~. Pflege~.

Kindbett: Wochenbett, -stube.

Kinderei: *Unsinn.*

Kindergarten: -heim, -hort.

kinderlos: unfruchtbar; ohne Erben.

Kinderspiel: *leicht.*

Kindheit: *Jugend.*

kindisch: *albern, Unsinn.*

kindlich: *jung, schlicht.*

Kino: Lichtspiele, Lichtspieltheater,
Lichtspielhaus, Film(Theater).

Kippe: Müll~, Schuttabladeplatz.
(Zigaretten)Stummel.

kipp(e)lig: *bedenklich.*

kippen: um~, (um)*drehen,* (-)stürzen.
umwerfen. aus~, leeren, hinunterstürzen. umschlagen, -werfen, kentern.

Kirche: Bet-, Gotteshaus, Basilika,
Dom. Kirchlein, Kapelle. *Gottesdienst.*
Bekenntnis. Priesterschaft.

Kirchendiener: Küster, Mesner.

Kirchhof: *Friedhof.*

kirchlich: geistlich, klerikal. ~ gesinnt, kirchentreu.

Kirchweih: Kirmes.

kirre: *zahm.* kirren: *locken.*

Kiste: *Behälter.*

Kitsch: geschmacklos, abgeschmackt, unecht, *süßlich,* Schund, Schmarrn, Schnulze, Hausgreuel.

Kittel: ~schürze, Haus~. *Jacke.*

kitten: *kleben, verbinden.*

Kitzel: *Begierde. Reiz.*

kitzeln: krabbeln, *jucken.*

kitzlig: *empfindlich. bedenklich.*

Kladde: (Schreib)Heft.

klaffen: auf-, offenstehen, gähnen; sich öffnen, auftun.

kläffen: *bellen.*

Klage: Weh~, Jammer, Seufzer, Gestöhn, Gewimmer. *Beschwerde.*

klagen: weh~, *trauern,* seufzen, *stöhnen,* quengeln, *weinen,* zetern. sich be~, beschweren; murren, *nörgeln.* an~, ver~; klagbar werden; Klage vorbringen, einreichen, anhängig machen; einen Prozeß anhängig machen; den Rechtsweg beschreiten; prozessieren.

kläglich: *traurig. dürftig.*

klaglos: *ergeben, zufrieden.*

Klamauk: *Lärm.*

Klamm: *Schlucht.*

klamm: (feucht)*kalt.*

Klammer: *Verbindung.*

klammern: sich fest~, (fest)krallen, (fest)halten.

Klang: Ton. ~farbe. *Schall.*

klanglos: *unmerklich. unrühmlich.*

Klappe: Deckel, Verschluß, Ventil-(~). Umschlag(~). *Mund.*

klappen: *schlagen, fallen. gelingen.*

klappern: scheppern, rappeln, *rasseln.* schnattern, *lärmen.*

Klaps: *Schlag.*

klar: ungetrübt, sichtig, *hell,* glas~, kristall~, durchsichtig, *rein. deutlich, anschaulich,* (unmiß)*verständlich,* übersichtlich, geordnet. *offenbar. schlüssig.* ~heit, Licht. Einsicht.

klären: läutern, reinigen, abschäumen. bereinigen. *lösen.* analysieren, *aufklären. regeln,* vereinfachen.

klarlegen, -machen: *erklären.*

Klasse: *Gattung. Rang.* Stand, Kaste.

Klatsch: *Gerede.*

klatschen: schlagen, p(l)atschen, panschen. prasseln. schwatzen, tratschen! herziehen, lästern, (durch)hecheln, durchziehen, nachsagen, *verraten.*

klauben: *pflücken.*

Klaue: Kralle, Fang. *Pfote.* Hand.

klauen: *stehlen.*

» **Klausel:** *Bedingung.*

kleben: leimen, kleistern, kitten, pappen, *verbinden.* zu~, *schließen. haften,* backen; kleben-, hängenbleiben.

klebrig: harzig, pappig, schleimig. zäh, hartnäckig. unangenehm.

kleckern: *klecksen.* sich läppern.

Klecks: Flecken. (be)klecksen, (be)*schmieren,* (be)sudeln, (-)kleckern.

Kleid: ~ung, Bekleidung, Gewand, Anzug, Tracht, Kostüm, Dreß, Schale! Kluft, Aufzug, Putz, Staat, Rock, Robe. *Hülle, Äußeres.* ~er: Garderobe.

kleiden: an~, ein~; sich ~, *anziehen.* (gut) stehen, passen. kleidsam.

klein: *gering. winzig. kleinlaut.*

kleingläubig: *zweiflerisch.*

Kleinigkeit: etwas, *wenig;* nicht der Rede wert; *Stück*(chen), Bruchteil, Tropfen, Körnchen, Gran, Quentchen, Stäubchen, Anflug, -deutung, Hauch, Spur, Idee. Dreck! Quark! Klacks! Nichtigkeit, Pappenstiel, Kleinkram, Bagatelle, Lappalie, *unwichtig. leicht.*

kleinkriegen: *unterkriegen.*

kleinlaut, -mütig: *mutlos. verlegen.*

kleinlich: *genau. Pedant. engherzig.*

Kleinod: *Schmuck, Schatz.*

Kleister: Klebstoff, Papp, Bindemittel. *Brei.*

kleistern: schmieren, *kleben.* zusammen~: *verbinden.*

Klemme: *Not.*

klemmen: quetschen, drücken, zwängen, kneifen, zwicken. *einengen. stehlen.* sich dahinter~, bemühen.

Klepper: *Pferd.*

Kleriker, Klerus: *Priester*(schaft).

Klette: *Schlinggewächs.*

klettern, klimmen: kraxeln, *steigen.*

klingeln: schellen, bimmeln, *läuten.*
klingen: *tönen.*
Klinke: Türklinke, -drücker, -griff.
Klippe: Felsen(~), Riff. Gefahr.
Kloben: Klotz, *Block.*
klobig: *plump.*
klopfen: *schlagen.*
Kloß: *Klumpen,* Klunker. Knödel.
Klotz: Kloben, *Block,* Stock, Knorren, Knubben, Stumpf. *Grobian.*
klotzig: *plump.*
Kluft: *Spalte, Schlucht,* Abgrund, *Graben.*
klug: (auf)geweckt, gewitzt; nicht dumm; nicht auf den Kopf gefallen; begabt, fähig, gelehrig, geschickt, verständig, -nünftig, weise, lebens~, intelligent, gescheit, gelehrt, kundig, scharfsinnig, geistreich, genial, hell, wach, anschlägig, findig, erfinderisch, praktisch, *schlau, umsichtig,* wohlweislich.
Klumpen: *Brocken.* Masse. *Kloß.*
Klüngel: *Bande.*
knabbern: *beißen. essen.*
Knabe: *Junge. Jugend.*
knacken: beißen, *(auf)brechen.* krachen, knirschen. Knacks, *Bruch.*
Knall: *Schall,* Krach. *Tick. ~ig, grell.*
knallen: ballern, *schlagen. schallen. schießen.*
knapp: *eng, stramm,* be-, eingeschränkt, *gering. kurz.* genau. *kaum.*
knarren: schnarren, knarzen, ächzen, stöhnen.
knattern: rattern, prasseln, lärmen.
Knäuel: Garn~, Woll~. Ge~, *wirr.*
Knauf: Knopf, Griff.
Knauser: *Geizhals. ~n: geizen.*
knebeln: *fesseln, unterdrücken.*
Knecht: *Diener.*
knechten: *unterdrücken.*
knechtisch: *unterwürfig.*
Knechtschaft: *abhängig.*
kneifen: kneipen, drücken, *zwicken,* klemmen. zurück-, *ausweichen. ausreißen.*
Kneipe: *Schenke.*
kneipen: *kneifen. zechen.*
kneten: *drücken.*
Knick: *Bruch, Falte.*
knicken: *brechen, falten. zerdrücken.*

Knicker: *Geizhals.*
kniefällig: *flehentlich.*
knien: kauern, hocken. nieder~.
kniepig: *geizig.*
Kniff: *Falte.* Kunstgriff, Trick, Dreh, Pfiff, Masche, Mätzchen! Finte, *List.* Kniffe, *Ränke.*
knifflig: *schwierig,* kompliziert.
knipsen: *fotografieren. schalten.*
Knirps: *Zwerg. Junge.*
knirschen: knacken, mahlen.
knistern: *rascheln.* prasseln.
knittern: knüllen, knautschen. ver~, zer~, *falten. faltig.*
Knochen: (Ge)Bein, Skelett. knochig: *mager. hart.*
Knopf: Knauf. Schalter.
Knorren: *Klotz.* knorrig: *derb.*
Knospe: Blüten~. Sproß. *Keim.*
knospen: sich *entfalten.*
knoten: *(ver)binden. Schlinge.*
knuffen: *stoßen.*
knüllen: (zusammen)*ballen. knittern.*
Knüller: *Schlager.*
knüpfen: *(ver)binden.*
Knüppel: *Stock. ~n, schlagen.*
knurren: murren, brumme(l)n, brutteln, *nörgeln.* grollen. fauchen.
Knute: *Peitsche. Herrschaft.*
Knüttel: *Stock. ~n, schlagen.*
kochen: sieden. (auf)*wallen,* brodeln, dampfen.
ködern: *locken.*
Koffer: *Gepäck.*
Kohl: ~kopf, Kraut(kopf). *Lüge.*
kokett: *eitel,* verführerisch.
Koller: *Wut*(anfall).
kollern: *rollen.* grollen, *poltern.*
komisch: *drollig. seltsam.*
Kommando: *Befehl.*
kommen: *gelangen. heran~,* näher~, (heran)nahen; sich nähern, heranbewegen; (her)anrücken; näher rücken; anmarschieren; im Anzug sein; heran-, heraufziehen; an~, anlangen, einlaufen, -treffen; sich einstellen, -finden; zuströmen. anrollen, -tanzen! *erscheinen. bevorstehen.* angegangen, -gelaufen, -geflitzt, -gewetzt! -gefahren, -geflogen, -gestochen! -gewalzt, -getanzt, -gerollt,

-gewackelt! -gezottelt! kommen. ~, geraten, verfallen auf; anschneiden.

Komödie: Lustspiel, Posse, Schnurre, Ulk, Burleske, Farce.

kompliziert: *verwickelt*, umständlich, *schwierig.*

Konferenz: *Zusammenkunft.*

Konfession: *Bekenntnis.*

König: *Herrscher.*

können: vermögen; fähig sein; die Macht haben; *dürfen.* (sich) verstehen (auf); *meistern.* es steht in meiner Macht.

Könner: *fachkundig*, Meister.

Kontrolle: *Aufsicht. prüfen.*

Kopf: Haupt, Schädel, Hirn(schale, -kasten!), Dach! Birne! Kürbis! Oberstübchen! Schopf, Scheitel. Spitze. *Oberhaupt. Verstand.*

Kopfbedeckung: *Hut, Kappe.*

Kopfhänger: *Schwarzseher.*

kopflos: *zerstreut. unbesonnen.* den Kopf verloren haben: *fassungslos.*

kopfüber: den Kopf voran; mit dem Kopf voraus. *hastig, unbedenklich.*

Kopfzerbrechen: Nachdenken, Mühe.

Kopie: *Abbild, -schrift, -zug.*

koppeln: *verbinden.*

Korb: Trag~, Kiepe.

Kordel: *Schnur.*

Kork(en): *Stopfen.*

korken: ver~, zu~, verschließen.

Korn: Samen~. *Getreide~.* Gran; ein Körnchen: *Kleinigkeit.*

Körper: *Leib. Gestalt.*

körperhaft, körperlich: *leibhaftig, greifbar,* sinnlich, stofflich.

körperlos: *wesenlos.*

Körperschaft: *Vereinigung.*

korrigieren: *berichtigen.* durch-, nachsehen. *wiedergutmachen.*

kosen: zärtlich sein; schmusen! lieb~, streicheln, tätscheln, hätscheln, herzen, schmeicheln, schnäbeln.

Kost: Speise, Essen, Verpflegung, *Nahrung, beköstigen.*

kostbar: *wertvoll, herrlich, erlesen.*

kosten: *versuchen,* schmecken, nippen, (sch)lecken, naschen. (aus)machen; zu stehen kommen; sich stellen, belaufen auf. *brauchen.*

Kosten: *Preis.* Un~, Gestehungs~, Werbungs~. Aufwand, -wendungen, Ausgabe(n), Auslagen, Reise~, Spesen.

kostenlos: *unentgeltlich.*

Kostgänger: *Gast.*

köstlich: *schmackhaft,* delikat, pikant, *reizend, angenehm,* wonnig, *herrlich.*

kostspielig: *teuer.*

Kot: *Mist, Dreck.*

Köter: *Kläffer,* Hund.

kotzen: *speien.*

krabbeln: *kriechen. wimmeln.* kribbeln, *jucken.*

Krach: Knall, *Lärm.* Donnerwetter, Auftritt, Szene, *Streit.*

krachen: *knacken. schallen.*

krächzen: *heiser* schreien.

Kraft: *Stärke,* Gewalt, Wucht, *Schwung,* Energie, Nachdruck, Tat~, Arbeits~, Lebens~. Schlag~, Wirkung.

kräftig: kraftvoll, -strotzend, sehnig, markig, (hand)*fest, stark,* rüstig, robust. *laut,* grell. herzhaft, saftig, würzig. *wirksam, gehörig.*

kräftigen: *stärken,* abhärten, ertüchtigen.

kraftlos: *schwach. fade.*

Krakeel: *Lärm. Streit.*

Kralle: *Klaue, Pfote.*

krallen, sich: sich *klammern.*

Kram: *Plunder. Habe.*

kramen: suchen, stöbern.

Krämer: *Kaufmann.*

Krampf: Verzerrung, (An)Spannung. ~haft, verbissen, fieberhaft, *heftig.* verkrampft, *unnatürlich.*

krank: tod~, sterbens~, leidend, elend, fiebrig, bettlägerig, kränklich, siech, *unwohl,* wund. ~haft, *ungesund, unnatürlich. erkranken.*

kranken: kränkeln, dahinsiechen, leiden. lahmen.

kränken: *verletzen.* Unbill. *ärgern.*

Krankheit: Erkrankung. *Leiden.* Seuche, Epidemie.

kraß: *grell.*

Krater: *Vertiefung.*

kratzbürstig: *störrisch.*

kratzen: *schaben,* scharren, schrammen, *graben,* schürfen, *ritzen. jucken.*

Kratzer: Schramme, Riß.
krauchen: *kriechen.*
kraus: in Falten. *wirr.* ~ ziehen,
krausen, *rümpfen.*
kräuseln: locken, wellen.
Kraut: *Kohl.* ins ~ schießen: *wuchern.*
kraxeln: *klettern.*
kregel: *munter.*
Kreis: Ring, Runde, *Gruppe. Bund.*
~*rund. Bereich.*
kreischen: schrillen, *schreien.*
kreisen: sich *drehen.*
Krempe: (Hut)Rand, Aufschlag.
Krempel: *Plunder.*
krempeln: stülpen, *umstülpen.*
kreuzen: über~, (über)queren, (über)
schneiden. *verbinden.* begegnen. durch~,
durchqueren. *stören.*
Kreuzweg: Wegekreuz, Scheideweg,
Schnittpunkt. *Wahl.*
kribbelig: *unruhig. ungeduldig.*
kribbeln: krabbeln, *jucken,* prickeln.
kriechen: krabbeln, krauchen, (auf
den Knien) rutschen; *gleiten,* dahin~,
(dahin)schleichen; sich hinschleppen;
langsam. sich *ducken. unterwürfig.* scharwenzeln! katzbuckeln! *Schmeichler.*
Krieg: *Feindschaft,* Feindseligkeiten,
Kampf.
kriegen: *bekommen.*
Krieger: *Soldat.* kriegerisch: kriegs-
lustig, *kämpferisch.*
Krise, Krisis: Entscheidung, Spannung, Zuspitzung, *Wendepunkt.* Gefahr;
es steht auf der Kippe, auf des Messers
Schneide.
Kritik, kritisieren: *prüfen. Urteil.*
besprechen. Tadel. kritteln, *nörgeln.*
Kritiker: (Kunst)Richter, Tadler,
Nörgler, Kritikaster, Lästerer.
kritisch: *mißtrauisch. bedenklich.*
kritzeln: *schreiben, zeichnen.*
Krone: Wipfel, Spitze.
krönen: *vollenden.*
Kropf: *Hals.*
Kröte: Unke.
Krug: Kruke, Gefäß. *Gasthaus.*
Krume: Acker~, Erd~, Brot~, Brosame, Brösel, Krümchen, Krümel.
krumm: gekrümmt, -schweift, -wun-
den, ge-, verbogen, verdreht, -zogen,
-zerrt, *schief.* bucklig, verwachsen.
~nehmen, *übelnehmen.*
krümmen: *biegen.*
Kruste: *Schale,* Borke, Schorf.
Kübel: Eimer, Kessel, *Gefäß.*
Kugel: Ball, Sphäre. Geschoß, Pa-
trone, (blaue) Bohne. (~)*rund,* kugelig,
~förmig, knollig.
kugeln: *rollen.*
kühl: *kalt.* herb.
Kuhle: *Vertiefung.*
kühlen: ab~, aus~; kalt stellen.
(ab)schrecken. erfrischen. *beruhigen.*
kühn: *tapfer,* (wage)mutig, waghalsig,
verwegen, -zweifelt, toll~, halsbrecherisch, *gefährlich, forsch, frech, unter-*
nehmend. abenteuerlich, Draufgänger.
unbedenklich.
kullern: *rollen.*
Kultur: *Anbau.* Sitte, Gesittung,
Lebensform, Zivilisation. *Bildung.*
Kummer: *Leid. Ärger. Sorge.*
kümmerlich: *dürftig. mühevoll.*
kümmern: be~, (be)*drücken,* be-
unruhigen, anfechten, plagen. sich ~,
sorgen, grämen.
Kumpan: *Freund.*
Kunde: *Nachricht. Wissen.*
Kunde: Käufer, Abnehmer, Klient,
Gast. Kundschaft, ~nkreis.
Künder: Seher, Prophet.
kundgeben: *verkünd(ig)en.*
kundig: unterrichtet, gebildet, kenntnisreich, belesen, -schlagen, -wandert,
sattelfest, *fachkundig,* tüchtig, *erfahren,*
lebens~, reif.
kündigen: aufsagen, abbestellen.
entlassen.
künftig: von *jetzt* an; ~hin, *weiter*
(hin), hinfort, fortan. zu~, bevorstehend,
angehend, *bald(ig), später.* (der)einst; in
Zukunft; eines Tages; einmal; über kurz
oder lang; nächstens, demnächst.
Kunst: ~richtung, *Stil.* ~form,
~gattung, ~zweig.
kunstgerecht: nach allen Regeln
der Kunst; schulgerecht, gekonnt, *tadel-*
los, meisterhaft, mustergültig.
Kunstgriff: *Kniff.*

künstlich: er-, gekünstelt, unecht, *unnatürlich.*

kunstlos: *schlicht.*

kunstvoll: *sinnreich.*

kunterbunt (*bunt*): *wirr.*

Kuppe: *Gipfel.* Fingerkuppe, -spitze. Wölbung.

Kuppel: *Gewölbe*, Haube, Dom.

kuppeln: ver~, *verbinden.*

kurbeln: *drehen.*

kurieren: *behandeln. heilen.* herum~, herumdoktern, quacksalbern, pfuschen.

kurios: *seltsam.*

Kurs: *Richtung.*

kurz: verkürzt, (ab)gekürzt, zusammengefaßt, (in) gedrängt(er Form), knapp. ~lebig, flüchtig, *vorübergehend, vergänglich,* augenblicklich. ~erhand;

ohne weiteres; ohne Umschweife; (~ und) bündig; ~ und gut; rundweg.

kürzen: ver~, ab-, *beschneiden,* (ver)*mindern.* zusammenziehen, -streichen; Abstriche machen.

kürzlich: (so)eben (noch, erst); gerade eben, erst; (vor)gestern; *neulich.*

kurzsichtig: *unbesonnen. beschränkt.*

Kurzweil: *Vergnügen.*

kurzweilig: *munter*, unterhaltend, anregend.

kuscheln, sich: sich *schmiegen.*

kuschen: *ducken.*

Küste: ~nsaum, *Ufer.*

Küster: Kirchendiener, Mesner.

Kutsche: Droschke, Wagen.

kutschieren: *fahren.*

Kutteln: *Eingeweide.*

L

labberig: *fad.*

labbern: *schlürfen. reden.*

laben: er~, erquicken, -frischen. sich : *genießen.*

Labsal: *Genuß.* Erholung, Stärkung, Wohltat, Balsam, Trost, Lichtblick.

Lache: *Pfütze.*

lächeln: schmunzeln.

lachen: in Lachen, Gelächter ausbrechen; los-, herausplatzen, -prusten; wiehern! sich tot~. kichern, grinsen. (be)lächeln, *spotten.* ver~, aus~.

lächerlich: lachhaft, *drollig, albern. gering.*

Lade: *Behälter.* Schieb~, Schub~, Schubfach.

Laden: Fenster~. (~)Geschäft, ~lokal, Verkaufsraum, (-)Stand, Bude.

laden: ver~, (ver)stauen, (-)*packen.* auf~, be~, ein~. vor~, *bestellen, be-*~*fen*; zu sich bitten; ein~.

Ladenhüter: *Ramsch.*

Ladung: Last, Fracht, Inhalt.

Laffe: Geck, Fant, (Zier)Bengel, Stutzer, (eitler) Affe.

Lage: Ort. Stellung. Pack~, Schicht.

Stand der Dinge; Situation, *Sachverhalt. Zustände.* in der ~: *fähig.*

Lager: Liege, Pritsche, *Bett.* Nacht~, Schlafgelegenheit. *Unterlage.* Rollen~, Kugel~. Ferien~, Zelt~, Camp(ing-platz). Feld~, Kriegs~, Heer~. Gefangenen~, Konzentrations~. Lagerstatt. -stätte, Flöz. *Vorrat*(s~), Speicher, Schuppen, ~haus, Waren~, Niederlage, Magazin. *Gruppe.*

lagern: aufbewahren, (auf)speichern, (-)stapeln, ein~, einkellern. *liegen.* sich ~: kampieren, zelten.

Lagerung: *Gefüge.*

lahm: gelähmt, *schwach*, müde, *langsam. ruhen.*

lahmen: hinken, humpeln, kranken.

lähmen: lahmlegen, betäuben, *schwächen, hindern, unterdrücken.*

lallen: b(r)abbeln, *stammeln.*

Lamm: (Jung)Schaf. *geduldig.*

Lampe: Licht, Laterne, Leuchter, Lüster, Ampel, Hänge~, Wand~, Steh~, Taschen~, Straßen~, Bogen~.

Land: (fester) Boden, Grund, *Erde*; Fest~, Binnen~ Kontinent. *Ufer.*

~schaft, *Gegend*, Gelände, Gefilde. *Natur. Liegenschaft.*

landen: an Land setzen; ausschiffen, -booten. an Land gehen; ankommen, *gelangen.* etwas *erreichen.*

Landeskinder: *Volk.*

Landjäger: *Polizei.*

landläufig: *gewöhnlich.*

ländlich: *bäuerlich.*

Landschaft: *Gegend*, Gefilde.

Landstreicher: Stromer, Tippelbruder, Tramp, Vagabund, Zigeuner, Strolch, Herumtreiber.

Landwirt: Bauer, Land-, Ackersmann, Farmer.

Landwirtschaft: Ackerbau und Viehzucht; Bauerntum.

lang: länglich, ~gezogen, ~gestreckt, ausgedehnt, ~fristig, ~ dauernd, ~wierig, zeitraubend, Stunden(~), Tage(~), Wochen(~), Jahre(~), *endlos.* ~atmig. *umständlich.* lange, geraume Zeit.

langen: *greifen, reichen.* geben. eine Ohrfeige ~: *schlagen.*

längen: *dehnen.*

Langeweile: Einerlei. langweilen: ermüden, einschläfern, anöden. langweilig: öde, *eintönig, leer, fad*, steif, *trocken,* uninteressant, stumpfsinnig, *langsam, umständlich,* zum Auswachsen! *Pedant.*

langlebig: *dauerhaft.*

Langmut: *Geduld.*

längs: *entlang.*

langsam: *träge*, ruhig, *sacht.* schleppend, *zögernd,* lahm, schwerfällig, langweilig, tranig, gemächlich, -lassen, -mütlich, bedächtig. allmählich. Schnekke. bummeln. kriechen.

Lappen: *Lumpen.* Fleck, Flicken.

läppern: sich ~; kleckern.

läppisch: *albern.*

Lärm: Schall, Geräusch, Krach, Knall, Tumult, Donner, Gedröhn, -polter, -töse, *Geschrei*, Krakeel! Radau! Rabatz! Klamauk! Krawall! Spektakel! Aufruhr, Unruhe. *lärmen.*

lärmen: *schreien,* kreischen, schrillen. *schallen,* dröhnen, *toben,* tosen, brausen. poltern, rattern, knattern, rasseln, klappern, scheppern.

Larve: *Maske. Gesicht.*

lasch: *lässig.*

lassen: *aufhören, -geben,* unter~; nicht tun; *ablassen* von; sein, bleiben-, stehen-, liegen-, fahren-, fallen~; ablegen, meiden; sich fernhalten; *verzichten;* an den Nagel hängen; sich abwenden; los~, frei~, freigeben; gehen~; los~. auf sich beruhen ~; es dabei bewenden ~; tun, machen, gewähren ~; erlauben; nicht hindern. *fort~, streichen.*

lässig: *schlaff,* lax, *lasch, lau.* bequem, zwanglos. *träge,* nach~.

Last: Belastung, *Gewicht,* Bürde, Joch, Fron, *Mühe.* Ladung, Ballast. Gepäck. zur ~ legen: *vorwerfen.*

lasten: *drücken.*

Laster: Fehler, Sünde. Unsitte, -tugend, Sucht. Unzucht, Ausschweifung, Sittenverfall, (-)Verderbnis. ~haft, verderbt, -dorben, -worfen, *schlecht.*

Lästerer: Lästerzunge, *Kritiker.*

lästerlich: *ruchlos.*

lästern: *schmähen, schimpfen. klatschen.* ver~, *verleumden.*

Lästerung: Schmähung, Schmährede. Frevel. Gottes~.

lästig: beschwerlich, drückend, *mühevoll,* hinderlich, störend, *unangenehm,* widerwärtig, aufdringlich.

Laterne: *Lampe.*

latschen: schlurfen, *gehen.*

Latte: *Stange. Brett.*

lau: ~warm, überschlagen, *mild. schal. lässig,* gleichgültig.

Laub: Blätter. ~dach.

lauern: schielen. warten. auf der Lauer, im Hinterhalt liegen; *spähen,* spionieren. auf~, be~, *beschatten,* -spitzeln, -obachten, nachstellen, -schnüffeln.

Lauf: *Strom. Bahn. Richtung,* Linie, Gang. Ab~, Ver~, (Ab)*Folge.* im Lauf: *innerhalb.*

Laufbahn: Beruf. Werdegang.

laufen: sich *bewegen, drehen.* traben, trappeln, rennen, *eilen. gehen. fließen.* sich *hinziehen.* ~d, ständig.

Lauge: Lösung, *Flüssigkeit.*

Laune: (gut, schlecht) gelaunt, aufgelegt. *Stimmung*, Humor, Anwandlung, Einfall, Grille, Schrulle, Mucke! Nucke! Nücke! Zicke! *Lust, Willkür.*

launenhaft: launisch, *unbeständig. eigensinnig.*

lauschen: (hin-, zu)hören. horchen.

lauschig: *gemütlich.*

Laut: Ton, Schall, Geräusch.

laut: ~hals, kräftig, geräuschvoll, *lärmend,* ohrenbetäubend, -zerreißend, *grell, vernehmlich.*

laut: *gemäß.*

lauten: *tönen.* heißen.

läuten: *klingeln. tönen.*

lauter: *rein. rechtschaffen. nur.*

läutern: *klären. bessern.*

lautlos: *still.*

lax: *lässig.*

leben: atmen, *bestehen.* zehren, sich (er)nähren. *wohnen,* walten.

Leben: ~shauch, -flamme, -funke. Dasein, Seele, Atem, Blut, Puls. ~szeit, Erdentage, -weg. ~slauf, -geschichte, -beschreibung, -abriß, Biographie. ~sinhalt, -sinn, -zweck. ~serhaltung, -weise, -art, -form, -wandel, *Benehmen.*

lebendig: belebt, -seelt, atmend, *leibhaft(ig),* prall, *lebhaft, farbig, anschaulich, unauslöschlich.*

Lebensart: *Sitte.*

Lebensform: *Kultur.*

lebensgefährlich: *tödlich.*

Lebewohl: *Abschied*(sgruß).

lebhaft: beweglich, *schnell,* lebendig, temperamentvoll, quecksilbrig, zappelig, *unruhig. munter,* quick, *rege, angeregt. heftig, nachdrücklich.* ~igkeit, *Unruhe.*

leblos: *tot, starr.*

lechzen: *gieren.*

Leck: Loch. *undicht.*

lecken: lutschen. *schlürfen. kosten.* ein Loch haben; rinnen.

lecker: *schmackhaft. reizend.*

Leckerbissen: *Genuß.*

Leckermaul: *heikel. Genießer.* naschhaft, genäschig, Naschkatze.

Leder: *Fell.*

ledern: *zäh. trocken, langweilig.*

ledig: bar, bloß, *frei, los* (und ~). *allein.* ~lich, *nur.* ehelos, einspännig,

einschichtig, unverheiratet, -vermählt, -verehelicht, -beweibt, *Junggeselle,* -frau, alte Jungfer.

leer: ohne Inhalt; inhaltlos, hohl. kahl. *nichtig. nichtssagend,* langweilig, *fad,* nüchtern, unausgefüllt. ~stehend, verlassen, unbewohnt, *einsam.* Leere, Nichts, Abgrund. *Mangel.*

leeren: leer machen; aus~, ent~, ausgießen, -schütten. (aus)räumen, auspacken, erleichtern, *entladen,* (aus)kippen, austrinken, -essen, -löffeln.

legen: *setzen.* betten, packen. lehnen. sich ~, *beruhigen.*

Lehne: Arm~, Rücken~. Stütze. *Hang.*

lehnen: an~, (an)legen, (-)stellen, (-)setzen. neigen. stützen. anliegen.

Lehrbuch: Fibel, Unterrichtswerk, Leitfaden.

Lehre: *Rat,* (Er)*Mahnung, Vorschrift.* Zucht, Schule. Lehrgebäude. Wissenschaft, Dogma, Doktrin, System. Erfahrung. *Folgerung.*

lehren: be~, anleiten, *anlernen,* einweihen, *zeigen,* unterrichten, -weisen, (aus-, heran)bilden, beibringen, schulen, abrichten, *üben, einprägen,* gewöhnen, erziehen, befähigen. *vortragen.*

Lehrer: Schulmann, Lehr-, Schulmeister, Jugendbildner, Pädagoge, Magister, Pauker!

lehrhaft: belehrend, bildend, erzieherisch. (ober)lehrerhaft, schulmeisterlich.

Lehrherr: *Meister.*

Lehrling: Lehrjunge, -bub, Stift. *Anfänger.* in den Lehrjahren.

lehrreich: belehrend, *bemerkenswert.*

Leib: Körper, Rumpf, *Bauch.* Organismus, Fleisch; sterbliche Hülle.

leibeigen: hörig, Sklave.

leibhaftig, leiblich: körperlich, -haft, *lebendig, greifbar,* wirklich.

Leiche: Leichnam. *tot.*

leicht: gewicht-, schwerelos, feder~; nicht schwer. luftig, flüchtig, beschwingt. unbeschwert. ungezwungen, *unbehindert, lose,* locker, *zart.* unschwer, einfach, mühelos, bequem, kinder~, spielend, spielerisch, Kinderspiel, Kinderei, Spielerei, Kleinigkeit; kein Kunststück. *oberflächlich.*

leichter: *besser.*

leichtfertig: *leichtsinnig,* gedankenlos, oberflächlich, flatterhaft, *liederlich. unbedenklich,* -verantwortlich, gewissen-, verantwortungslos, frivol.

leichtgläubig: *arglos.*

leichthin: *flüchtig. unbedenklich.*

leichtlebig: flott, *liederlich.*

leichtsinnig: sorglos, oberflächlich, *unbesonnen,* -vorsichtig, *verwegen, achtlos,* fahrlässig, *leichtfertig,* windig!

Leid: Gram, Kummer, Harm, *Qual, Schmerz,* Jammer, Trauer, Trübsal, Betrübnis, Kümmernis, Bedrängnis, *Elend, Last, Unglück.* leid tun: (be)*dauern. Mitleid* erregen. leid sein: *überdrüssig.*

leiden: er~, (er)*dulden,* mit-, durchmachen, ausstehen, -halten, (er)tragen, *erleben. kranken.* sich *grämen. büßen. zulassen.*

Leiden: Krankheit, *Gebrechen,* Übel, Schmerzen, *Plagen,* Beschwerden.

Leidenschaft: Inbrunst, *Begeisterung,* Fanatismus, *Feuer,* Rausch, Raserei, *Begierde, Liebe.* Affekt.

leidenschaftlich: heiß(blütig), hitzig, *heftig,* (in)brünstig, innig, *schwärmerisch,* abgöttisch, überschwenglich, maßlos, feurig, begeistert, fanatisch, besessen. inständig, *sehnlich.*

leidenschaftslos: *ruhig, gleichgültig, nüchtern.*

leider: ~ Gottes; zu meinem Bedauern, Leidwesen; bedauerlich(erweise); schade.

leidig: *unangenehm.*

leidlich: erträglich, annehmbar; zum Aushalten; (mittel)*mäßig.* einigermaßen, halbwegs, notdürftig; so eben; soso, lala; eben noch; (so) ziemlich; schlecht und recht. *verhältnismäßig.*

leidvoll: *traurig,* dornig.

leiern: *drehen.* dudeln, singen. ab~, herunter~, ab-, herunterhaspeln.

leihen: borgen, pumpen! aus~, ver~, aushelfen, -legen, vorschießen, -strecken. ent~, entlehnen, aufnehmen; Schulden machen. anzapfen!

leimen: *kleben, verbinden. betrügen.*

Leine: *Seil,* Strippe. Riemen, Zügel.

Leinen: Leinwand, Linnen, Weißzeug, (~)Gewebe.

leise: *still, ruhig,* lind, gedämpft, schwach; kaum *vernehmlich; flüsternd.*

leisten: verrichten, *vollbringen.* sich ~, *erlauben.*

Leistung: Vollzug. Arbeits~. (Helden)Tat, *Meisterleistung. Erzeugnis.* Dienste, (Dienst)Leistungen.

Leitbild, -stern: *Ideal. Führer.*

leiten: *lenken. vorstehen.*

Leiter: *Oberhaupt.* Versammlungs~, Betriebs~, Organisator, Direktor, Manager, Regisseur.

Leiter: Tritt~, Stufen~.

Leitfaden: *Anleitung.* Hand-, Lehrbuch, Fibel, Unterrichtswerk.

Leitsatz: *Losung.*

Leitung: *Aufsicht,* Gängelband! Führung, Spitze, *Oberhaupt.* Regie, An~, Anweisung. Zu~, Verbindung, *Kabel.*

Leitwerk: *Steuer.*

lenken: leiten, steuern, richten, führen, dirigieren, regieren, gängeln, zügeln, beeinflussen. *fahren.* gelenkt, *planmäßig.*

lernen: (ein)studieren, üben; sich aneignen, *einprägen;* (Schul)Aufgaben machen; pauken! ochsen! büffeln! *begreifen. Wißbegierde.*

lesbar: leserlich; zu *lesen.*

Lese: Ernte.

lesen: entziffern, buchstabieren, schmökern! vor~. *ernten.*

letzt: *endgültig;* am Schluß; der (aller)letzte; hinterst, spätest, höchst, niedrigst, äußerst.

letzthin: *neulich.*

leuchten: strahlen, scheinen, *glänzen,* blenden, *funkeln, glühen, flammen.*

Leuchte(r): *Lampe.* Arm~, Wand-, Kronleuchter.

Leuchtkraft: *Licht.*

leugnen: ab~, ver~, *verneinen,* ausschließen; in Abrede stellen; von sich weisen; nicht wahrhaben wollen; nicht gelten lassen; *bestreiten.* widerrufen.

Leumund: *Ruf.*

Leute: Menschen, *Volk.*

leutselig: *liebenswürdig, gnädig,* zugänglich, umgänglich.

liberal: frei(heitlich). frei(sinnig). ~istisch. *duldsam.*

Licht: Helle, Helligkeit, Leuchtkraft. ~quelle. ~punkt. ~flut, ~meer, Gefunkel, -flimmer. Tages~, Sonnen~, Himmels~. Glanz, (~)Schein, (~)Schimmer, (~)Strahl, ~kegel. Beleuchtung, *Lampe,* Kerze. Klarheit.

Lichtbild: *Foto.*

Lichtblick: *Labsal.* Hoffnung.

lichten: *aufhellen.* (ver)*mindern.*

lichtscheu: *finster. zweifelhaft.*

Lichtspiele: *Kino.*

Lichtung: Rodung, (Kahl)Schlag, Schneise.

lieb: geliebt, -schätzt, verehrt, angebetet, teuer. ~enswert, *angenehm. liebevoll.*

liebäugeln: *liebeln.*

Liebe: (Zu)*Neigung, Leidenschaft.* ~sverlangen, ~sglut, ~slust, *Hingabe. herzlich. Gefälligkeit.* sich *verlieben.*

Liebelei: *Liebschaft,* Flirt.

liebeln: liebäugeln, flirten, kokettieren, scharwenzeln, *spielen.*

lieben: lieb-, gern haben; (gern) mögen; schätzen. *verehren;* anhänglich, zugetan sein; hängen an.

liebenswert, -würdig: *freundlich, höflich, leutselig,* nett, gewinnend, einnehmend, *reizend,* sympathisch.

Liebenswürdigkeiten: *Schmeichelei.* Schimpfworte! *schimpfen.*

lieber: eher, *besser, vorziehen.*

liebevoll: *herzlich,* zärtlich, liebreich, *gütig,* mütterlich, väterlich, brüderlich, schwesterlich, freundschaftlich.

liebgewinnen: sich an-, befreunden.

Liebhaber: Anbeter, Verehrer, Bewunderer, Freund, *Geliebter.*

Liebhaberei: *Neigung.* liebste Beschäftigung; Lieblingsbeschäftigung, Schwarm, Steckenpferd, Hobby.

lieblich: allerliebst, hold(selig), herzig, *anmutig, reizend.*

Liebling: Günstling, Abgott, Schwarm, Schatz, Augapfel, Gold-,

Schoß-, Herzenskind, Herzchen, Herzblatt. *Geliebte(r).*

lieblos: *gefühllos, unfreundlich,* stiefmütterlich, *böse.*

liebreich: *liebevoll.*

Liebschaft: Liebelei, *Verhältnis,* Techtelmechtel.

Liebste(r): *Geliebte(r).*

Lied: Gesang, Volks~, Kinder~, Chor~. Song, Chanson. *Schlager.*

liederlich: *nachlässig,* unordentlich, -solid, verschwenderisch, leicht(sinnig), leichtfertig, -blütig, -lebig, *lose,* ausschweifend, zucht-, zügel-, haltlos, *unsittlich,* schlecht, wüst; Leichtfuß, Windhund, Hallodri, Bruder ~; Hans ~; Liederjan; leichtes Blut; *Taugenichts.* Luder-, Lotterleben, -wirtschaft.

liefern: zustellen, (ins Haus) *bringen; senden.*

Liege: Lager, Ruhebett, Sofa, Couch, Ottomane. ~stuhl.

liegen: lagern, kauern, *ruhen,* da~; sich *befinden.*

Liegenschaft: Grund(stück, -besitz, -eigentum); Grund und Boden; Land (besitz), Immobilie.

lila: veilchenblau, -farbig, violett.

lind: *mild. leise.*

lindern: *mildern,* erleichtern, bessern, versüßen, -zuckern. trösten, beruhigen.

Linie: *Strich, Ader.* Zeile, *Reihe. Bahn.* Lauf Neben~, Seiten~.

linkisch: *ungeschickt.*

links: linker Hand; zur Linken, linksseitig. ~ liegenlassen: *meiden.*

linsen: *blicken.*

lispeln: *flüstern.*

List: *Täuschung, Falle, Kniff,* Betrug. *Tücke. schlau.*

Litze: *Band,* Schnur.

Lob: (~)Preis, ~lied, ~rede, *Ruhm, Beifall.* ~hudelei!

loben: *rühmen,* anerkennen, *würdigen;* Lob, Beifall spenden, zollen; ein Loblied singen; in den Himmel heben; lobhudeln! empfehlen. auszeichnen, *aufmuntern.* ich lobe mir; *schätzen. wohlwollend.*

lobenswert: -würdig, löblich, rühmlich, anerkennenswert, dankens-, schätzenswert, verdienstlich.

lobhudeln: loben, *schmeicheln.*

Loch: *Öffnung,* Öse, Auge. *Lücke,* Leck. *Vertiefung,* Schlupf~, *Zuflucht,* Höhle. Durchschlupf, *Ausweg.*

löcherig: *leck.*

locken: *kräuseln.* an~, ködern, *angeln,* kirren, (herbei)rufen, einladen, (an)ziehen, anmachen, (-)*reizen.* ab~, ent~. ver~, schmeicheln, *verführen.*

Locken: *Haar(~).*

locker: *leicht. lose,* mürbe. nicht lockerlassen: *beharrlich.*

lockern: lösen.

lodern: *flammen.*

Löffel: Schöpf~, Kelle, Schöpfer.

logisch: *vernünftig. folgerecht,* überzeugend, zwingend.

Lohe: *Flamme.* lohen, *flammen.*

Lohn: *Ertrag. Erfolg.* Dank. *Entgelt, Einkommen,* Gehalt.

lohnen: be-, entlohnen, ent-, *vergelten,* anerkennen, vergüten, (be)zahlen, löhnen. *nützen,* (sich) rentieren.

lohnend: rentabel, *vorteilhaft.*

Los: *Schicksal.*

los: ab, *frei, ledig,* quitt. drauf~, *vorwärts,* marsch, ab, *fort.*

losbrechen: sich *entladen.*

löschen: aus~, ausmachen, -blasen, *abschalten. tilgen,* ersticken. ab-, auswischen. *entladen.*

lose: (ab-, auf-, los)gelöst, *frei,* locker, aufgelockert, leicht, *dünn.* brüchig, wackelig. *schlaff. zusammenhanglos, einzeln.* unverpackt. ~er Vogel; *frech,* durchtrieben, *liederlich.*

lösen: ab~, los~, ab-, auf-, frei, losmachen, entfesseln, befreien, (auf)lokkern. (ab-, auf)*trennen.* ab-, auf-, los*binden,* -knöpfen, -haken, -schrauben, -ziehen, -reißen, -brechen, *entfernen, aufheben. abnehmen.* auf~, aufdröseln, entwirren, *klären. zersetzen. herausbekommen. bewältigen.* aus~. sich ~, *abwenden.* sich ab~: abgehen, -blättern, -fallen, -bröckeln, -springen, -splittern, -platzen, -reißen, -brechen. sich (auf)~: sich verflüchtigen; *schmelzen, zerfallen.*

losgehen: *aufbrechen. anfangen. angreifen. platzen.*

loskommen: sich *entledigen.*

loslegen: *anfangen.*

losmachen: *lösen.*

lossagen, sich: sich *abwenden.*

losschlagen: *angreifen. verkaufen.*

Losung: ~s-, Kenn-, Stichwort, Zeichen, Parole, Schlachtruf. Leitsatz, Motto, Devise.

Lösung: Lauge, Flüssigkeit. Auf~, Ergebnis, Resultat. *Aufschluß.* Regelung, *Austrag.* Entspannung, Ausgleich.

loswerden: *verlieren.* sich *entledigen.*

losziehen: -gehen, *aufbrechen.*

loten: (die Tiefe) *messen.*

lotrecht: *senkrecht.*

lotsen: *führen.*

Lotterleben, -wirtschaft: *liederlich.*

Lücke: *Abstand. Loch.* Bresche, *Spalte,* Blöße, Mangel, *Verlust. Ausweg.*

lückenhaft: *unvollständig.*

lückenlos: *geschlossen, vollständig.*

Luder: *Aas.* ~leben, *liederlich.*

Luft: *Wind,* Hauch, Atem. *Zug.* ~hülle, Äther. Klima, *Gegend. Platz.* wie ~ behandeln: *meiden.*

lüften: aus~, durch~. lüpfen, *heben.*

luftig: windig, zugig. *leicht.*

Lüge: (Lug und) Trug, Betrug, *Schwindel,* Geflunker, Flunkerei, Flausen, Märchen, Fabel, Jägerlatein. Not~. unwahr. Kohl!

lugen: *blicken.*

lügen: *flunkern,* kohlen, fabeln, erfinden, schwindeln, *betrügen,* an~, be~, vor~, (vor)*täuschen.*

lügenhaft: *falsch.*

Lügner: *Betrüger.*

Luke: Fenster~, Dach~, Boden~, Speicher~, Keller~. *Öffnung.*

Lümmel: *Flegel.* sich lümmeln, *flegeln.*

Lump: ~enkerl, Lumpen~, Schweinehund, Aas; schlechter Kerl; Halunke, *ehrlos, Schuft, Gauner, Strolch, Taugenichts. Gesindel.*

lumpen: bummeln; *liederlich* leben. sich nicht ~ lassen: *freigebig.*

Lumpen: Lappen, Fetzen, Hadern, *Plunder.*

Lumperei: *Niedertracht.*
lumpig: *schäbig.*
lungern: *faulenzen.* strolchen.
Lunte: (Fuchs)Schwanz. ~ riechen: *wittern.*
lüpfen: lüften, *heben.*
Lust: *Wollust, Freude, Genuß. Neigung, Verlangen, Laune. Willkür. Eifer.*
Lustbarkeit: *Fest.*
Lüster: *Lampe.*

lüstern: *gierig.* sinnlich. *unsittlich.*
lustig: *heiter, munter,* fidel, vergnügt. vergnüglich, ergötzlich, belustigend, humorvoll, -ig, spaßig, witzig, *drollig.* spaß-, scherz-, schalkhaft, schelmisch, neckisch, *ausgelassen.*
Lüstling: *Genießer.*
lustlos: unlustig, *abgeneigt. flau.*
Lustspiel: *Komödie.*
lutschen: saugen, suckeln. (sch)*lecken.*

M

Mache: *Getue,* Mätzchen, *Täuschung.*
machen: tun, treiben. *unternehmen, vollführen, erledigen. bereiten, erzeugen, herstellen, bilden. ausmachen.* sich ~: sich *ausnehmen.* sich *fügen.*
Machenschaft(en): *Ränke,* Mätzchen, Quertreiberei(en).
Macht: Stärke, Gewalt, Einfluß, Arm, Hand. *Gewicht. Herrschaft. Vollmacht. Können. Allmacht.*
mächtig: macht-, kraftvoll, *stark,* gewaltig, *groß, stattlich,* massig, kolossal. *gewichtig,* einflußreich, Macht-, Gewalthaber. *wirksam,* beträchtlich, erheblich, *sehr, gehörig.*
machtlos: *schwach.*
Mädchen: Mädel, Dirn(e), Gör(e), Backfisch, Krabbe, Pute. *Jugend;* Tochter. *Hausgehilfin.*
Magd: Haus~, Stall~. *Gesinde.*
mager: hager, fleischlos, knochig, *dürr,* unterernährt, ver-, ausgehungert, abgemagert, -gezehrt, ausgemergelt, eingefallen, schwindsüchtig; nur (noch) Haut und Knochen; dünn, schmal, schmächtig, *schlank. dürftig.*
Mahd, mähen: *Ernte, ernten.*
Mahl(zeit): *Essen,* Gast-, Festmahl, Gelage, Bankett. *Imbiß.*
mahlen: zer~, (zer)reiben, (-)schroten, *zerkleinern.* knirschen.
Mähne: *Haar.*
mahnen: er~, erinnern; aufmerksam machen; einschärfen, beschwören, predigen, auffordern, *ermuntern,* (an)trei-

ben, anhalten. *zureden.* ver~, rügen, warnen. Wink, Lehre, Rat, Denkzettel.
Mähre: *Pferd.*
Majestät: Hoheit, *Würde, erhaben, stolz,* ~isch.
Makel: Fleck(en). Schuld.
makellos: *tadellos, sauber.*
mäkeln: *nörgeln.*
Mal: *Zeichen.* Wund~, *Wunde.*
malen: (an-, be-, aus)~, (-)pinseln, (an-, be)*streichen,* (-)*schmieren, färben.* zeichnen, vorstellen. *Gemälde. bunt.*
Mama: *Mutter.*
mampfen: *kauen.*
manch: ~erlei, verschieden(erlei), *allerhand.* ~es, etwas, gewisse, einige(s).
manchmal: manches Mal; einigemal; einige, etliche Male; zu verschiedenen Malen; öfters, bis-, zuweilen, zuzeiten, mitunter, gelegentlich, zeitweilig, zeit-, stellenweise, dann und wann, ab und zu, ab und an, hie und da, hin und wieder, da und dort; in Abständen; mit Unterbrechungen. nicht selten; nur ~: *selten.*
Mange(l): Wäsche~, Rolle.
Mangel: Abwesenheit. Fehlbetrag, Defizit, Lücke. Leere, Ebbe. *Armut,* Entbehrung, Gebrechen, *Fehler.* Übel (stand). Nachteil. *Schwäche.*
mangelhaft: fehlerhaft, unvollkommen, minderwertig, *schlecht. ungenügend.*
mangeln: *fehlen,* abgehen, gebrechen, hapern. Mangelware.
mangels: *ohne.*

Manier: *Weise, Art.*

Manieren: *Benehmen.*

Mann: männliches Wesen; Manns-bild! *Kerl! Gatte.* der Alte!

mannbar: *erwachsen.*

mannhaft, männlich: *tapfer. unbeugsam.* eines Mannes würdig.

mannigfach, -faltig: *viel(fältig).*

Mannschaft: Bemannung, -satzung, -dienung, Garnison.

Mansch: *Matsch.*

manschen: *mischen. planschen.* (herum)wühlen. *kauen.*

Mantel: *Hülse.*

Mappe: Tasche.

Märchen: Mär, Fabel, *Lüge.* ~haft, *wunderbar.*

Mark: *Kern.* (Ge)Markung, Dorf~, Feld~, (Dorf)Flur. *Grenze.*

Marke: *Zeichen.* Sorte. Brief~, Frei-~, Postwertzeichen.

markig: kernig, *kräftig.*

Markt: Handel(splatz), Umschlagplatz, Basar, Jahr~, Messe.

markten: *feilschen.*

marschieren: *gehen.* vorwärts, *los.*

Marter: *Folter.*

Masche: *Schlinge.* Lauf~. ~n, Netz. die ~!: *Kniff.* (günstige) *Gelegenheit.*

Maser(ung): Ader, Coäder.

Maske: Larve, Maskerade, Maskierung, *Hülle,* Schein.

maskieren: *verbergen.*

Maß: ~stab, Meter~, Längen~, Eich~, Vers~. *Regel. Ausmaß.* ~gabe, Verhältnis.

Masse: Klumpen, Teig(~), *Stoff. Gewicht, Ausmaß, viel.* Bestand, Komplex. Menschen~, breite ~, *Volk, Pöbel! Mehrheit.*

Maßgabe: *Bedingung.* Verhältnis.

maßgebend, -geblich: tonangebend, richtungweisend, *wesentlich,* einflußreich. amtlich, *zuständig.*

maßhalten: sich *mäßigen.*

massig: *dick. schwer. viel.*

mäßig: gemäßigt, niedrig, erschwinglich, billig; nicht übertrieben; *gering, bescheiden.* enthaltsam. *leidlich,* mittel~, durchschnittlich. ruhig.

mäßigen: *herabsetzen. mildern.* bremsen, zügeln. sich ~: maßhalten; sich zurückhalten, *beherrschen.*

massiv: *fest. heftig.*

maßlos: un-, übermäßig, unbegrenzt, *außerordentlich, ungeheuer,* enorm, *unbändig,* -ersättlich, hemmungslos, ausschweifend, *heftig, leidenschaftlich. üppig,* übertrieben, -steigert. *sehr.*

Maßnahme: -regel, Regelung, Einrichtung, Vorgehen, -bereitungen, -kehrungen, Anstalten, Schritt(e), Mittel, *Vorsorge. Tat.*

Maßregel: *Regel.* Verhaltungs~, Vorsichts~. *Maßnahme.*

maßregeln: *tadeln.*

maßvoll: mäßig, *ruhig.*

mästen: nähren, füttern, (voll)stopfen, nudeln.

Materie, Material: *Stoff.*

Matsch: Mansch, Patsche. *Brei, Mischung.*

matt: glanzlos, trübe, stumpf, *blaß. schwach, müde.*

Matte: (Berg)Wiese. *Teppich.*

Mätzchen: Kniff.Wippchen, *Machenschaften. Getue.*

Mauer: Gemäuer, Wand. *bauen.*

Maul: Schnauze. *Rachen, Mund.*

maulen: *aufbegehren. nörgeln.*

Maulheld: *Prahler.*

mausen: *stehlen.*

mausern, sich: sich (ver)*ändern.*

mechanisch: maschinenhaft, -mäßig, maschinell, technisch. *selbsttätig.* unbewußt, *tot.*

meckern: *nörgeln.*

Meer: die (hohe) See; Ozean; das große Wasser; der große Teich.

Meerbusen: *Bucht.*

mehr: größer, höher, besser.

mehren: ver~, vervielfachen, -vielfältigen, -doppeln, -dreifachen, *vergrößern.*

mehrere: *einige.*

mehrfach, -mals: *oft.*

Mehrheit: -zahl, Überzahl, -macht, Masse, Hauptteil, *vorherrschend.*

meiden: (zu) ver~ (suchen); fliehen, scheuen, fern-, davonbleiben; die Finger davon lassen; sich fernhalten, drücken;

schwänzen! *ausweichen*; herumkommen um. links liegenlassen; wie Luft behandeln; schneiden. sich *abschließen. lassen.*

meineidig: wortbrüchig.

meinen: denken, finden, erachten, *glauben. bedeuten. sagen.*

meinetwegen: *einverstanden.*

Meinung: Ansicht, Auffassung, Annahme, Anschauung. Überzeugung, *Gedanke,* Glaube(n), Dafürhalten, Erachten, -messen, Gutdünken, *Urteil. Standpunkt,* Theorie. ∼en, *Denkweise.*

Meinungsaustausch: *Gespräch.*

meißeln: *schlagen. formen.*

meist(ens): zumeist, meisten-, *großenteils;* fast immer; *gewöhnlich.*

Meister: Lehrmeister, -herr, Werk-, Obermeister; der Alte! *Oberhaupt.* Könner.

meisterhaft: *hervorragend.*

Meisterleistung: -stück, -werk.

meistern: *bewältigen, -zwingen, -herrschen, können, vollbringen,* schmeißen! gewachsen sein.

melden: *mitteilen.* ver∼, anzeigen.

Menge: *Zahl,* Posten, *Ausmaß,* Un∼, (Un)Masse, Quantum, Quantität. *viel, Fülle,* Häufung, *Haufen,* Heer. *Gewühl.*

mengen: *mischen.*

Mensch: Person! *Kerl!* ∼en, *Leute.*

menschlich: human, menschenwürdig. -freundlich, *gütig, barmherzig.*

merken: *wahrnehmen, wittern. achten.* sich ∼, *einprägen;* behalten, *beherzigen;* sich rot anstreichen, hinter die Ohren schreiben; nicht vergessen. *ankreiden.*

merklich: spür-, fühl-, sicht-, hör-, *greifbar, deutlich, auffallend,* empfindlich, *einschneidend, beträchtlich, sehr.*

Merkmal: Eigenschaft, -heit, -tümlich, Besonderheit, (An-, Kenn)*Zeichen,* Zug, Wesens∼, Charakter, Kriterium.

merkwürdig: *bemerkenswert. seltsam.*

Mesner: Kirchendiener, Küster.

Messe: Markt, (∼)*Schau. Gottesdienst.*

messen: ab∼, ver∼, loten. er∼, *(be) urteilen, vergleichen. betrachten.* lang, groß, breit, hoch, tief sein; (um)*fassen.*

Methode: *Weise, System.*

Metze: *Hure.*

Metzger: *Fleischer.*

meucheln: *morden.*

meuchlings: *hinterrücks.*

Meute: *Schar.*

meutern: sich *auflehnen. streiken.*

Miene: ∼nspiel, Mimik, *Gesicht.*

mieten: pachten.

Mieter: Hausmieter, (Haus)Bewohner. Unter∼, Zimmerherr.

milchig: weiß(lich), bleich. neblig, undurchsichtig.

mild: *lau,* (ge)lind, *sanft,* zart, schonend, schonungsvoll, weich, mäßig. *gütig. wohltätig.*

Milde: Sanftmut, *Güte, Nachsicht.*

mildern: *lindern, mäßigen,* schwächen, abstumpfen.

minder: *geringer,* schlechter. *tiefer.*

minderjährig: unmündig.

mindern: ver∼, verringern, (-)*kürzen,* abziehen, schmälern, lichten, *beschränken, herabsetzen,* abbauen. sich (ver)∼: geringer werden; *abnehmen.*

minderwertig: *mangelhaft. wertlos.*

mindestens: *wenigstens.*

mischen: ver∼, (ver)mengen, mixen; zusammengießen, -schütten, -brauen; (-)manschen, schütteln. verdünnen, -setzen, strecken, *panschen. verbinden,* durcheinander-, zusammen-, in einen Topf werfen. verwirren. gemischt, *zwiespältig. ungleich.*

Mischmasch: *Mischung. wirr.*

Mischung: Gemisch, -menge, Gemengsel, *zusammensetzen,* Legierung. Mittel-, Zwischending. Brei, Mansch, Matsch, Mischmasch.

mißachten: gering-, unterschätzen, verkennen; nicht ernst, nicht für voll nehmen; nicht als voll ansehen; sich nichts daraus machen; in den Wind schlagen; nicht hören auf; übergehen; pfeifen auf! *vernachlässigen,* -achten. -schmähen, geringachten.

Mißbehagen: *Unlust.*

mißbilligen: *tadeln.*

mißbrauchen: ausnutzen. *überanstrengen. schänden.*

mißdeuten: *mißverstehen.*

missen: *entbehren.*

Mißerfolg: -lingen, -griff, Fehl-, Rückschlag, *Niederlage,* Enttäuschung, Reinfall, Pech, Fehlgeburt! Schlappe, Pleite! Panne! Zusammen-, Schiffbruch, Fiasko, verfehlt, fehlgeschlagen, *mißlungen,* -glückt, danebengegangen, *vergebens.*

Missetat: *Verbrechen.*

mißfallen: *ekeln,* widerstehen, -streben, abstoßen, *verletzen, -drießen;* unangenehm berühren; einen schlechten Eindruck machen; auf die Nerven, gegen den Strich gehen. *Abneigung. Tadel. unzufrieden.*

mißfällig: *abfällig.*

Mißgebilde, -gestalt: *Scheusal.*

Mißgeschick: *Unglück.*

mißgestimmt: Unmut, *Mißmut.*

mißglücken: *mißlingen.*

mißgönnen: *neiden.*

Mißgriff: *Fehler. Mißerfolg.*

Mißgunst: *Neid, neiden, neidisch.*

mißhandeln: *quälen. prügeln.*

Mißhelligkeiten: *mißlich. Zwist.*

Mißklang: -ton, -stimmung, Disharmonie, *Zwiespalt.*

mißleiten: *verführen.*

mißlich: *bedenklich. ungünstig,* übel, *unangenehm.* Mißhelligkeiten.

mißliebig: *unbeliebt.*

mißlingen: -glücken, -raten, fehlgehen, -schlagen, daneben-, schiefgehen, scheitern, verunglücken; schlecht ausgehen. vermurkst, -korkst. *Mißerfolg.*

Mißmut: *Unlust,* -behagen, *Ärger,* mißgestimmt, -vergnügt; schlecht gelaunt, aufgelegt; verdrossen, -drießlich, -stimmt, *mürrisch, unzufrieden.*

mißraten: *mißlingen.*

Mißstand: *Übel.*

Mißstimmung, -ton: *Mißklang,* Spannung. *Mißmut.*

mißtrauen: *zweifeln. Verdacht.*

mißtrauisch: argwöhnisch, stutzig, *vorsichtig, bedenklich,* kritisch.

mißvergnügt: *Mißmut.*

Mißverhältnis: *Gegensatz.*

mißverständlich: *unklar.*

Mißverständnis: Irrtum, Verwechslung. *Fehler.*

mißverstehen: verkennen, mißdeuten; falsch auslegen; sich *irren.*

Mißwirtschaft: *liederliche* Wirtschaft; herunterwirtschaften. Korruption. Verschwendung.

Mist: Dung, Dünger, Kompost. Kot, *Dreck. Schund. Plunder.*

mit: (~)samt. zusammen~, an Hand.

Mitarbeit: -wirkung, Teilnahme, Hilfe. *helfen.* ~er: *Helfer.* Kollege.

mitbekommen: *hören, begreifen.*

Mitbewerber: Nebenbuhler, *Gegner.*

miteinander: *zusammen.*

mitempfinden, -erleben, -fühlen: *teilnehmen, mitleiden.*

Mitfahrer: *Fahrgast.*

mitgeben: *ausstatten.*

Mitgefühl: *Mitleid,* Sympathie.

mitgehen: begleiten. sich *beteiligen.*

Mitgift: Brautschatz, Heiratsgut, Aussteuer, (Braut)Ausstattung.

Mitglied: Glied, *Teilnehmer.*

mithin: *folglich.*

mitkommen: *begleiten. begreifen.*

mitkriegen: *hören. begreifen.*

mitlebend: Zeitgenosse.

Mitleid: -empfinden; -gefühl, (An)Teilnahme. Nachsicht, Erbarmen, *barmherzig. mitempfinden;* Anteil nehmen; bemitleiden, -dauern, -klagen, -jammern. mitfühlend, gut-, weichherzig, -mütig, gerührt, *teilnahmsvoll, barmherzig, nachsichtig.*

mitleidlos: *streng.*

mitmachen: sich *beteiligen.* (er)*leiden.* nicht ~: abseits stehen. nicht mehr ~: *abfallen.*

mitnehmen: *nehmen. schwächen,* belasten. beschädigen.

mitrechnen: (mit) *einschließen.*

mitreißen: *begeistern.*

mitspielen: sich *beteiligen.* Teilnahme. eine Rolle spielen.

Mitte: Mittel-, Brenn-, Schwerpunkt, Zentrum, Zentrale; *Kern*(-), Herz(stück), Nabel, Herd, Sitz.

mitteilen: *sagen,* angeben, *äußern,* eröffnen, -klären, *verkünd(ig)en, offen-*

baren, verraten, anvertrauen, berichten, melden, *erzählen,* beibringen. Nachricht geben, Anzeige machen, Bescheid sagen, in Kenntnis setzen, benachrichtigen, wissen lassen; unterrichten, einweihen, verständigen, schreiben, drahten, kabeln, funken, telegrafieren, telefonieren, übermitteln, bestellen, ausrichten.

mitteilsam: *offen*(herzig), gesprächig, *redselig.* umgänglich.

Mittel: Rüstzeug, Hilfs∼, Behelf(s∼), (Hilfs)Quelle, *Hilfe, vermitteln. Ausweg,* Möglichkeit, Weg, Wege (und ∼), Handhabe, *Werkzeug. Maßnahme. Geld*(∼), *Vermögen. Arznei. Durchschnitt.*

mittelbar: auf Umwegen; hintenherum, indirekt.

Mittelding: Mitte. *Mischung.*

mittellos: *arm.*

Mittelpunkt: *Mitte.*

mittels: ver∼, vermöge, dank, durch, mit Hilfe, Unterstützung.

Mittelsmann: (Ver)Mittler, *Vertreter, Bote.* Strohmann.

Mittelweg: *Ausgleich.*

mittlerweile: *gleichzeitig.*

mittun: *sich beteiligen.*

mitunter: *manchmal.*

Mitwelt: Mit-, Nebenmenschen, Mitlebende, Zeitgenossen.

mitwirken: *sich beteiligen. helfen.*

mitzählen: (mit) *einschließen.* eine Rolle spielen.

mixen: *mischen.*

Mob: *Pöbel.*

Mode: (Tages-, Zeit)Geschmack; der letzte Schrei. *Brauch.*

Modell: *Muster.* modeln, *formen.*

Moder: ∼geruch. *faul*(*en*). *dumpf*(ig).

modern: (neu)modisch, *neu*(zeitlich), zeitgemäß, -genössisch, *jetzig.*

mogeln: *betrügen.*

mögen: *wollen. lieben, gefallen.*

möglich: ausführ-, durchführ-, gang-, *erreichbar,* offen; denkbar, erdenklich, angängig; nicht ausgeschlossen; ∼erweise, *vielleicht.* ∼keit, Gelegenheit, *Mittel, Hoffnung.* ∼st, tunlichst, wenn (irgend) möglich.

mollig: weich. *dick. behaglich.*

Moor: *Sumpf,* Morast. Bruch, *Ried.*

Morast: *Sumpf, Schlamm.*

Mord: Ermordung. Bluttat, -vergießen, Meuchel∼, Raub∼. das Morden; Gemetzel, Metzelei, Blutbad, Massen∼.

morden: *töten.* meucheln.

mörderisch: *schrecklich.*

Morgen: *Frühe.* Vormittag.

Morgengabe: *Mitgift.*

morsch: mürbe, brüchig, baufällig, (alters)*schwach,* verbraucht, -morscht.

Motor: *Antrieb.*

Mucke: *Laune.*

Mucker: *Frömmler,* Heuchler.

muck(s)en: sich *bewegen. aufbegehren.*

müde: matt, schlapp, *lahm,* ab(gespannt), ermattet, -schöpft, entkräftet, abgehetzt, -gearbeitet, -geschafft, -gemattet, mitgenommen, zerschlagen, *erledigt,* fertig, halbtot, kaputt. *schläfrig.* übermüde(t), übernächtig, *überdrüssig.*

Müdigkeit: Mattigkeit, *müde, ermüden,* Abspannung, *Schwäche.*

muffe(l)n: *kauen.* muffig, *dumpf* riechen. muffig, *mürrisch* sein.

Mühe: Mühsal, Beschwerde, Strapaze. Not, *Plage, Last,* Fron. Umstände. Arbeit, Schinderei! Plackerei! Kampf. *Kopfzerbrechen.*

mühelos: *leicht.*

mühen, sich: sich anstrengen, ab∼, (ab)plagen, (-)placken, (-)schinden, aufreiben, abhaspeln, -arbeiten; (sich ab)rackern, (-)hetzen, (-)schuften; sich *bemühen,* (-)*streben,* Mühe geben. *arbeiten.*

mühevoll: mühsam, -selig, schwer, schwierig, beschwerlich, kümmerlich, dornig, steinig. *ermüdend.*

Mulde: *Becken, Gefäß. Vertiefung.*

Müll: Abfall, Kehricht, Dreck.

mulmig: *bedenklich.*

Mumm: *Mut, Schwung.*

Mumpitz: *Unsinn. Unfug.*

Mund: Schlund, Schnabel! Schnute! Rachen! Maul! Schnauze! Gosche! Klappe! Rand! Fresse! ∼werk. *Sprache.*

munden: *schmecken.*

münden: *eingehen,* -treten, ein∼; fließen in. *enden.*

mundfertig: *redegewandt.*

mündig: *erwachsen.*
mündlich: gesprächsweise. *persön-lich,* unmittelbar.
mundtot machen: den Mund, das Wort verbieten: zum Schweigen brin-gen; *unterdrücken.*
munkeln: *Gerede.*
Münster: *Dom.*
munter: *wach.* anstellig, *lebhaft,* auf-geweckt, flink, forsch, kregel, keck. *frisch,* gesund. *heiter,* lustig, kurzweilig, unterhaltend, unterhaltsam.
Münze: *Geld*(stück).
mürbe:locker, weich, *morsch, schwach.*
Murks: *Pfusch.*
murmeln: *flüstern.*
murren: *knurren. klagen. aufbegeh-ren.* ohne Murren, Widerrede.
mürrisch: *mißmutig,* grämlich, Gries-gram, Murrkopf, sauer(töpfisch), brum-mig, grantig! finster, unwirsch, *un-freundlich,* muff(l)ig, Miesepeter.
Mus: *Brei.*
musizieren: spielen, geigen, blasen.
Muß: *Zwang. Pflicht.*
Muße: *Ruhe, beschaulich.* Muße-stunden; freie Zeit; Freizeit. *Nichtstun.*
müssen: sollen; nicht anders, nicht

umhinkönnen; keine (andere) Wahl haben; es geht nicht (ab) ohne; gezwun-gen sein, werden; sich gezwungen sehen, *zwingen.*
müßig: *untätig,* geruhsam. *nutzlos.*
Müßiggang: *Nichtstun.*
Muster: Entwurf. *Probe*(stück). Vor-lage, Modell, Schnitt(~), Form, Schema, Schablone. (Schul)Beispiel, Typ(us), *Vorbild.* Zeichnung, Verzierung.
mustergültig, -haft: beispielhaft, vorbildlich, *vollkommen, hervorragend.*
mustern: *besichtigen, -trachten;* unter die Lupe nehmen; *untersuchen.*
Mut: Wage~, Helden~, *tapfer,* Courage, Schneid. Mumm! Traute! *Zu-versicht,* Verwegenheit.
mutlos: *ängstlich,* verängstigt, -zagt, -zweifelt, gebrochen, enttäuscht, -mu-tigt, niedergeschlagen, -geschmettert, kleinlaut, -mütig, *traurig.*
mutmaßen: *vermuten.*
Mutter: Mama, Mami, Mutti, Mutter-herz. Muttertier. die Alte! mütterlich, *liebevoll.* werdende ~: *schwanger.*
Muttersöhnchen: *Schwächling.*
Mutwille: *Übermut.* keck.
Mütze: *Kappe.*

N

Nabel: *Mitte.*
nach: gegen, um, zu ... hin. hinter (drein). *gemäß.* nach und nach: *allmäh-lich.* nach wie vor: *weiterhin.*
nachäffen, -ahmen: -machen, -ei-fern, -streben, -beten, imitieren, *absehen,* nach-, gleichtun; sich zum Vorbild neh-men; folgen, wiederholen, *Abbild.*
nacharbeiten: *nachholen.*
Nachbar: Anwohner, -lieger, -rainer. (an)*grenzen.* Flur~, Zimmer~, *Haus-genosse.* Nebenmann. ~schaft, *Um-gebung,* nebenan.
nachbeten: *nachahmen.* nach*reden.*
nachdem: als.
nachdenken (*denken*): Kopfzerbre-chen, Mühe.

nachdenklich: gedankenvoll; in Ge-danken vertieft, verloren, -sunken; sei-nen Gedanken nachhängen; *besinnlich.*
Nachdruck: Ton, *betonen, Gewicht,* Kraft, Schärfe, *Ernst.* Schwerpunkt.
nachdrücklich: dringend, (ein)dring-lich, lebhaft, *unauslöschlich,* angelegent-lich, entschlossen, -schieden, gebiete-risch, bestimmt, -tont, ausdrücklich, ernst(lich), streng; mit Nachdruck; *tüchtig,* energisch, kategorisch.
nacheifern: *nachahmen.*
nacheinander: hintereinander; der *Reihe* nach; zusammenhängend.
Nachen: *Boot.*
Nachfahr: *Nachkomme.*
Nachfolge(r) (*r*): *Erbe.*

Nachfrage: *Bedürfnis,* Zuspruch, Kauflust.

nachfühlen: *verstehen.*

nachfüllen: *ergänzen.*

nachgeben: (zurück)weichen; weich werden; *willfahren,* erhören; sich ergeben; sich erweichen lassen. einlenken, (klein) beigeben; zu Kreuz kriechen; sich *fügen.* sich *herbeilassen.* nicht ~: *fest bleiben.*

nachgehen: (ver)*folgen;* auf den Grund gehen; sich *beschäftigen* mit.

nachgeraten: *gleichen.*

nachgiebig: *geschmeidig, weich, schwach;* ohne Widerstand zu leisten; widerstandslos, *willig,* entgegenkommend. gutmütig, *friedlich.*

Nachhall: *Echo. Wirkung.*

nachhaltig: *dauern. stark,* wirksam.

nachhängen: folgen, sich überlassen. anhängen, *nachwirken.*

nachher: da-, hernach, hier-, darauf, dann, hinterher, -drein, anschließend; in der Folge; nachmals, -träglich, *später.*

nachhinken: Rückstand, Verzug.

nachholen: -lernen, -arbeiten, aufholen, einholen, -bringen.

Nachkomme: -fahr, Abkomme, -kömmling, Sproß, Sprößling, (Leibes) Erbe, Kind, Sohn, Tochter. Enkel(in), Kindeskind. ~nschaft: Nachwuchs, Kinder(segen), Brut!

nachkommen: *folgen.* willfahren.

Nachlaß: Ermäßigung, Preis~, Rabatt. *Erbe.*

nachlassen: ab-, erlassen. *hinterlassen.* abnehmen, -flauen, *abfallen,* abverebben, -klingen, *weichen, einschlafen,* sich *beruhigen; ermüden,* -schlaffen, abbauen; schwächer werden. erkalten, *versiegen,* -sickern, stocken, *enden.* nicht ~: *durchhalten.*

nachlässig: *unaufmerksam, oberflächlich, sorglos,* fahrlässig, pflichtvergessen, säumig, salopp, liederlich, schlampig, Schlamperei, Schlendrian. *träge.*

nachlaufen: *haschen. verfolgen.*

nachlernen: *nachholen.*

nachmachen: *nachahmen.*

nachmalig: *später, nachher.*

nachmessen, -rechnen: *prüfen.*

Nachrede: *Gerede.*

nachrennen: *verfolgen.*

Nachricht: *Bescheid,* Botschaft, Kunde, Gerücht, *Schreiben. mitteilen.*

Nachrichter: Scharfrichter, Henker.

nachrücken: (nach)*folgen.*

nachsagen: -plappern. *klatschen.*

nachschlagen: *durchsehen. gleichen.*

nachsehen: *untersuchen, durchsehen,* sich vergewissern. *zulassen. verzeihen.*

nachsetzen: *verfolgen.*

Nachsicht: Schonung, Duldung, Duldsamkeit, *Geduld,* Toleranz, Rücksicht, *Mitleid,* Milde, Gnade, Vergebung, -zeihung. Mantel der (Nächsten)Liebe.

nachsichtig: *gnädig,* mitleidig, tolerant, langmütig.

Nachspiel: *Folge.*

nachspüren: (nach)*forschen,* nachgehen, verfolgen.

nachstehen: unterlegen sein; nicht gleichkommen. *zurückbleiben,* -stehen.

nachsteigen: *folgen.*

nachstellen: *verfolgen.* (auf)*lauern.*

nächstens: demnächst, *bald. künftig.*

nachstreben: *nachahmen.*

nachsuchen: sich *bewerben. bitten.*

Nacht: in der ~; nachts, nächtens, nächtlicherweile, zu nachtschlafender Zeit. nächtliches *Dunkel.*

Nachteil: *Verlust, Schaden, Mangel, ungünstig.*

nächtigen: übernachten, schlafen.

Nachtrag: *Ergänzung.*

nachtragen: *übelnehmen, zürnen.*

nachträglich: *nachher*(ig).

nachtun: *gleichtun.*

Nachwehen: *Folge.*

nachweisen: *beweisen,* überführen.

Nachwelt: *Zukunft.*

nachwirken: *wirken,* nachhallen, -klingen, -zittern, Echo. nicht vergessen werden; nicht in Vergessenheit geraten; unvergessen bleiben; *nachhängen.*

Nachwuchs: *Nachkommen, Jugend.*

nachzählen: *nachprüfen.*

nachziehen: zur *Folge* haben.

Nacken: Genick, Hals.

nackt: nackend, splitter~, entblößt,

-hüllt, -kleidet, ausgezogen, unbekleidet, hüllenlos, bloß, blank. *offen, kahl.*

Nadel: Näh~, Häkel~, Steck~, Sicherheits~. Fichten~, Tannen~. Spitze. Stift.

Nadelarbeit: *Handarbeit.*

Nagel: (Draht)Stift. Finger~, Zehennagel.

nageln: klopfen, schlagen, hämmern.

nagen: *beißen, zehren.*

nahe: unweit, -fern, benachbart, umliegend, (an)grenzen; in der Nähe; gleich nebenan, dabei; nahebei; dicht beisammen; einen Katzensprung weit. *vertraut. baldig.*

Nähe: Reich-, Ruf-, Hör-, Sichtweite. *Umgebung.*

nahegehen: *treffen.*

nahelegen: *raten.*

nahen: sich nähern; *kommen.* drohen, sich zusammenziehen, -ballen, -brauen.

nähen: flicken. ver~, zu~, zusammen~, schließen.

nähern, sich: *nahen.*

nahestehend: *verwandt.*

nahezu: *fast.*

nähren: er~, *füttern*, speisen; einlöffeln. stillen. *mästen.* sich nähren: *leben. (fr)essen.*

Nahrung: *Kost, Ernährung.* Futter! Fraß! Fressen!

Naht: ~stelle, Fuge.

naiv: *arglos.* einfältig. natürlich.

Name: *nennen*, Benennung. Wort. guter Name, *Ruf.*

namenlos: unbekannt. *unsagbar.*

namentlich: mit Namen. *besonders.*

namhaft: *bedeutend, berühmt, angesehen.* ~ machen: nennen.

nämlich: das ist, heißt, bedeutet; damit ist gemeint, soll gesagt sein; genau gesagt; *gewissermaßen*; zum *Beispiel.*

Napf: Schüssel, *Gefäß.*

Narr: Hanswurst, Harlekin, (Zirkus) Clown, Spaßmacher, Possenreißer, Affe, Verrückter, *dumm.*

narren: zum Narren, zum besten halten, haben; an der Nase herumführen; an-, nasführen; *äffen*, foppen, *täuschen, hineinlegen*, überlisten; ein

Schnippchen schlagen; lächerlich machen. *necken.*

Narrheit: *Unsinn.*

närrisch: *albern*, toll, *verrückt.*

naschen: schnuppern. *kosten.* schnabulieren, essen. naschhaft, genäschig. Naschkatze, Leckermaul. Näscherei, Naschwerk, Leckerei, *Süßigkeit.*

Nase: Riecher! Zinken! Gurke! *Geruch. Witterung.* Zacke.

naseweis: *vorwitzig.*

nasführen: *narren.*

naß: pudel~, tropf~, triefend(~), regen~, klitsch~, klatsch~, durchnäßt, -weicht. betaut, tauig, (ange)feucht(et). regnerisch, verregnet.

nässen: naß machen, durch~, (be) *netzen, durchdringen.*

Natter: *Schlange.*

Natur: *All. Wesen.* Mutter ~; Mutter Grün; ins Grüne; im Grünen; Feld und Wald, Land(schaft).

natürlich: naturnah, -getreu, naturalistisch. *echt.* unbewußt, naiv, pflanzenhaft. *zwanglos. schlicht*, unverdorben, -verbildet, -verbogen, erdhaft, -nah, -verbunden, natur-, triebhaft. *selbstverständlich.*

naturwidrig: *unnatürlich.*

Nebel: *Dampf*, Rauch.

nebelhaft: neblig, milchig, dunstig, *trübe. unklar.*

neben: ~an, ~bei, ~her, da~, *seitwärts*, längs, außer.

nebenbei: -her, *außerdem.* übrigens, beiläufig; am Rande; unter der Hand; *gelegentlich.*

Nebenbuhler: *Gegner.*

nebeneinander: beieinander, *zusammen. grenzen.*

nebeneinanderhalten: *vergleichen.*

Nebengebäude: *Anbau.*

Nebenmann: Nachbar.

Nebenmenschen: *Mitwelt.*

Nebensache: *unwichtig.* geringfügig. nebensächlich, beiläufig.

necken: *scherzen.* aufziehen, foppen, frotzeln, hänseln, uzen, *narren*, (ver) *spotten, reizen.* neckisch. *lustig.*

nehmen: *greifen. raffen.* ent~, schöp-

fen; sich an-, zueignen, *bemächtigen.*
mit~; mitgehen heißen. kaufen. fort~,
(fort)holen, (-)führen, entziehen, -wen-
den, -eignen, (be)rauben. *einnehmen.*

Neid: Ab-, Mißgunst, Eifersucht,
Scheelsucht.

neiden: be~, mißgönnen; nicht gönnen; scheel sehen.

neidig, neidisch: eifersüchtig, ab-,
mißgünstig, scheel(süchtig), giftig.

neigen: lehnen, senken. ver~, (ver)
beugen. geneigt sein; einen Hang haben.
sich ~: *sinken.* sich *bücken.*

Neigung: *Gefälle.* Hang, Tendenz,
Interesse. *Lust,* (Vor)Liebe, *Liebhaberei.*
Gunst, Sympathie, Zu~, Schwärmerei,
Verlangen, Herz, Zug, Drang, Richtung.
Schwäche, Sucht, *Trieb, Anlage.*

nein: keinesfalls, -wegs, *nicht;* in
keiner Weise; in keinem, auf keinen Fall;
unter keinen Umständen; keine Spur,
kein Gedanke (daran); mitnichten, weit
entfernt, kommt nicht in Frage; *nie, unmöglich. bestreiten. ablehnen.*

nennen: be~, heißen, rufen, taufen.
Name, bezeichnen, -titeln, *anreden.* namhaft machen; *erwähnen,* aufstellen, vorschlagen.

neppen: *übervorteilen.*

nervös: *empfindlich, unruhig.*

Nest: Horst. *Heim.* wohnen.

nesteln: *binden.*

nett: *niedlich, gefällig, reizend, liebenswürdig.* ~igkeit: *Schmeichelei.*

Netz: Fischer~, Fang~, Hand~, Ein-
kaufs~, Haar~. *Geflecht,* Garn. *Falle.*

netzen: be~, an-, befeuchten, (be)
spritzen, nässen.

neu: (funkel)nagel~, ungebracht,
-getragen, *frisch,* erstmalig; noch nie
gesehen, dagewesen; ~artig, *fremd*
(artig), *ungewöhnlich.* Neuerung, Neuheit, Neuigkeit. Fortschritt.

neuerdings: *neulich. wieder.*

neugestalten: *erneuern.*

Neugier(de): Wißbegier, Schnüffelei!
Vorwitz, *Ungeduld,* gespannt, -spitzt,
Andrang.

neulich: jüngst, kürzlich, unlängst,
letzthin; in letzter Zeit; vor kurzem,

kurzer Zeit; dieser Tage; neuerdings.

Neuling: *Anfänger.*

neutral: parteilos, unbeteiligt, gleichgültig, indifferent, *sachlich.*

Neuzeit: Moderne. ~lich, *modern.*

nicht: ~ im mindesten, geringsten;
~ die Spur; durchaus, beileibe, bestimmt, ganz und gar ~; *nein, nie.*

nichtig: ungültig, hinfällig, wertlos.
eitel, leer, seicht, wesen-, *grundlos, unbedeutend, Kleinigkeit.*

nichts: (rein) gar ~; nicht das min-
deste, geringste; kein bißchen; keine
Spur; kein Funke. null. Leere, Auf-
lösung, Ende. ~ als: *nur.*

Nichtskönner: *Stümper.*

Nichtsnutz: *Taugenichts.*

nichtssagend: ausdrucks-, farb-,
charakter-, beziehungslos, allgemein,
leer, unbedeutend.

Nichtstun: *Muße.* Müßiggang, -gän-
gerei, *untätig,* Nichtstuer, faulenzen;
blaumachen; feiern, bummeln, herum-
lungern.

nichtswürdig: *schändlich, gemein.*

nicken: *bejahen.* grüßen.

nie: ~mals, nimmer(mehr), ~ und
nimmer; zu keiner Zeit; (im Leben)
nicht; nein.

nieder: *abwärts.*

niederbrennen: *verbrennen.*

niederdrücken: *entmutigen.*

Niedergang: Abstieg, Entartung,
Verfall, Degeneration. *Abnahme.*

niedergeschlagen: *traurig, mutlos.*

niederhalten: *unterdrücken.*

niederholen: *einziehen.*

niederkommen: *gebären. Geburt.*

Niederkunft: *Geburt.*

Niederlage: *Abfuhr, Mißerfolg. Lager.* Zweigstelle, Filiale.

niederlassen, sich: sich *setzen.* seßhaft werden; sich anbauen; (sich an)
siedeln, (An)Siedlung, Gründung, Kolo-
nie. *Ort.*

niederlegen: *abtragen. aufzeichnen.*

niedermachen: *töten.*

niedermähen: *umwerfen.*

niedermetzeln: *töten.*

niederreißen: *abtragen.*

niederschießen: *erschießen.*

Niederschlag: *Regen,* Tau, Reif. *Wirkung.*

niederschlagen: zu Boden schlagen; hin-, niederstrecken. einstellen. *unterdrücken. entmutigen. mutlos.* sich ~, setzen, ablagern.

Niederschrift: Akt(e), Protokoll, *Urkunde.*

niederstechen: *erstechen.*

Niedertracht: Lumperei, Gaunerei, Lumpen-, Bubenstück; *boshaft.*

niederwerfen: *umwerfen.* unterdrükken, niederschlagen.

niedlich: *nett, fein, hübsch,* putzig.

niedrig: tief(liegend, -stehend). *seicht,* flach. *mäßig. gemein.* niedriger: *unterhalb. minder.*

niemand: keiner; nicht einer; kein Mensch; nicht eine Seele; keine Menschenseele; kein Aas!

niesen: prusten.

Nießbrauch: *Nutzung.*

Niete: *Versager.*

nimmermüde: *rastlos.*

nimmersatt: *gierig.*

nippen: *kosten.*

nirgends, nirgendwo: an keiner Stelle; auf keinem Fleck der Erde.

Nische: *Vertiefung.*

nisten: *wohnen.*

noch: *außerdem. wieder.* ~ einmal: *wiederholen.* ~ jetzt, ~ immer: *weiterhin.* ~ und ~: *oft.* ~ nicht: *später.*

Nonne: Ordensfrau, Klosterschwester.

nörgeln: *tadeln,* mäkeln, meckern, maulen, raunzen, *knurren,* quengeln, kritteln, herum~, (sich be)klagen; an allem etwas auszusetzen haben; ewig *unzufrieden* sein; stänkern! Nörgler, ewiger Kritiker. Kritikaster.

Norm: *Regel, Gesetz.*

normal: *gewöhnlich.*

Not: *Elend, Armut,* Unglück. ~lage, Zwang(slage), Druck, Bedrängnis, Drangsal, Klemme! Tinte! Patsche! aufgeschmissen! Verlegenheit, Schwierigkeiten, Mühe. Qual. Last, *Übel.*

notdürftig: *dürftig. leidlich.*

Notfall, im: *allenfalls.*

notgedrungen: *zwangsweise.*

notieren: *aufzeichnen.*

nötig: *notwendig.*

nötigen: ab~, erpressen, (-)*zwingen,* auf~, (auf)*drängen.*

Notlösung: *Behelf*(slösung).

Notruf, -schrei: Hilferuf.

notwendig: nötig, vonnöten, Bedarf. *erforderlich, wichtig,* wesentlich, *dringend,* zwingend, *Zwang, unbedingt,* -entbehrlich, -abkömmlich, -erläßlich, -abdingbar, -umgänglich, -vermeidlich, -ausbleiblich, -abwendbar, -ausweichlich, -entrinnbar, -abweisbar, -abweislich, -erläßlich. Schicksal.

Notzucht: *schänden.*

Nu: *Augenblick.*

nüchtern: noch nichts gegessen, getrunken haben; ungegessen, -gefrühstückt; mit leerem, auf leeren Magen. leidenschafts-, schwunglos, *trocken, kalt,* hell, unbestechlich, *sachlich.* hausbacken, *fade.* prosaisch, *langweilig.*

nudeln: *mästen.*

null: *nichts.*

nun: *jetzt. dann.* so.

nur: niemand, nichts (anderes) als; bloß, einzig, allein; einzig und allein; ausschließlich, lediglich, lauter. *kaum.*

Nutte: *Hure.*

nutzen, nützen: aus~, be~, *gebrauchen;* sich zunutze machen; Nutzen ziehen; wahrnehmen. helfen, *fördern;* zugute, zustatten kommen; frommen, fruchten, *dienen; nützlich* sein; sich als nützlich erweisen; Wert haben; sich lohnen, auszahlen.

Nutzen: *Gewinn,* Vorteil, Interesse. *Genuß. Wert.*

nützlich: von Nutzen, Wert; *günstig, vorteilhaft,* zweckmäßig, *brauchbar,* heilsam, *wertvoll.* behilflich, förderlich.

nutzlos: unnütz, -brauchbar, *unfruchtbar, wertlos.* unwirksam, wirkungslos, zweck-, *sinnlos,* müßig. überflüssig, *vergeblich.*

Nutzung: Be~, ~srecht, Nutznießung, Nießbrauch, Genuß.

O

Obdach: *Unterkunft.*

oben: droben, ~auf, (dar)auf, (dar) über, oberhalb; hoch ~; in der Höhe; auf der *Spitze.*

obendrein: *dazu.*

obenhin: *oberflächlich.*

Ober: (~)*Kellner.*

Oberfläche: *Äußeres.*

oberflächlich: äußerlich. *seicht.* leicht-, obenhin, flüchtig, *ungenau, nachlässig, leichtfertig.*

oberhalb: *oben.*

Oberhaupt: Haupt, Kopf, Chef, Herr(scher), Gebieter, Meister, Leiter, *Leitung,* (An)Führer, (Ober)Befehlshaber, Vorgesetzter, Vorstand. Häuptling. Boß. der Alte!

obgleich: *obschon.*

obliegen: die *Aufgabe* haben.

Obrigkeit: Staat(sgewalt), Regierung, Behörden, Ämter.

obschon, -wohl, -zwar: obgleich; ob auch; wenn auch; wenngleich, wiewohl. trotz(dem), *doch.*

ochsen: *lernen.*

öde: *einsam, leer,* wild, unwirtlich, wüst, verödet, -wildert, unfruchtbar. *langweilig, traurig,* tot.

Odem: *Atem.*

oder: beziehungsweise. vielmehr. *sonst.*

offen: auf, geöffnet, ~stehen, aufstehen, *klaffen,* unverschlossen. aufgeschlagen, -geklappt. unverhüllt. *nackt. öffentlich.* unabgeschlossen, ungelöst, *unentschieden.* frei, zugänglich, unbesetzt, *möglich. aufgeschlossen, mitteilsam. zwanglos,* ~herzig, freimütig, -weg; frei heraus; geradezu, -heraus; *arglos,* ohne Scheu; frisch von der Leber weg; *aufrichtig, deutlich,* unverhohlen.

offenbar, -kundig, (-)sichtlich: sichtbar, ersichtlich, -kennbar, fühl-, spür-, ruchbar, bekannt. *deutlich,* augenscheinlich; zutage liegen. *greifbar,* erwiesen, *klar.* ~ werden, herauskommen.

offenbaren: enthüllen; ans Licht bringen; an den Tag bringen, legen;

offenlegen, *eröffnen,* entdecken, *zeigen;* erkennen lassen; *verraten,* herausrücken, *verbreiten,* ausplaudern, -posaunen, bekennen, *gestehen, mitteilen, äußern.* weissagen, wahrsagen.

offenhalten: *vorbehalten.*

öffentlich: offen; vor Zeugen; vor aller Augen. allgemein. amtlich. ~keit, Publikum, Gesellschaft.

öffnen: er~, entriegeln, aufschließen, -sperren, -reißen, -ziehen, -schieben, -schlagen, -stoßen. aufstechen, -schneiden. aufmachen, -tun. aufdrehen. *aufbrechen, entfalten,* erschließen. sich ~: *aufgehen. klaffen.*

Öffnung: *Loch, Luke,* Fenster(~), Tür(~), Tor, Pforte, *Durchlaß,* Aus-, Eingang, Zugang, -tritt.

oft: mehrere, viele Male; mehr-, viel-, oftmals: viel-, mehrfach; alle naslang! immer wieder; noch und noch; wie manches Mal; *häufig.* ziemlich ~; öfter(s); des öfteren; *manchmal.*

ohne: außer, sonder, ausgenommen, ausschließlich; mit Ausnahme, Ausschluß; abgesehen von; bis auf. mangels; in Ermangelung von. *abzüglich. abziehen.*

ohnedies, -hin: sowieso.

ohnegleichen: *unvergleichlich.*

ohne weiteres: *geradezu,* anstandslos, kurzerhand, unbesehen, *sofort;* ohne Umschweife, Umstände.

Ohnmacht: *Unvermögen, schwach,* Erschöpfung. besinnungs-, bewußtlos. in ~ fallen; ohnmächtig werden; schlappmachen; zusammenbrechen, umsinken.

Ohr: Gehör. Lauscher! Löffel! übers ~ hauen: *hineinlegen.*

Ohrenschmaus: *Genuß.*

ohrfeigen: eine herunterhauen, langen! schmieren! watschen! *prügeln.*

ölen: *schmieren.*

ölig: fettig, *schmierig. glatt.*

Opfer: (~)Spende. *Hingabe, Verzicht. Verlust.* Leidtragender, geschädigt, betroffen, -trogen.

opfern: auf~, hin~, darbringen,

weihen, *schenken.* dran-, her-, hin-, *preis-geben*; draufgehen lassen. sich ~, *hin-geben*; das Opfer bringen.

ordentlich: geordnet, -regelt, in Ordnung, aufgeräumt. *sorgfältig. gehörig.*

ordinär: *gewöhnlich, ungebildet.*

ordnen: regeln, an~, auf-, zusammenstellen, aufbauen, *gliedern.* sichten, reihen, in Ordnung bringen; aufräumen. *einordnen.* organisieren. zurechtlegen. geordnet: *regelmäßig.* übersichtlich.

Ordnung: An~, Einteilung, Gliederung, *Gefüge*, (~s)Schema, System, Organisation, Zusammenhang. *Gattung.* Rang, *Folge*, Regel. *Zucht.* wieder in ~ bringen: *instand setzen.*

Ort: Stelle, Stätte, Stand(~), (Stand) Platz, Gegend, Punkt, Sitz, Aufenthalt, Lage, Örtlichkeit. ~schaft, *Niederlassung*, Fleck(en), Weiler, Dorf, *Stadt*, Gemeinde. Nest! Kaff!

Otter: *Schlange.*

P

paar, ein: *einige.*

paaren: *verbinden.*

pachten: mieten.

Pack: *Bande, Gesindel.*

packen: ein~, einwickeln, -schlagen, (-)*hüllen*, zusammen~, zusammenlegen, -binden, bündeln, ver~, (ver)schnüren, (-)*laden*, stopfen. (er)greifen. an~, bewerkstelligen. aufregen, *fesseln.* sich ~, *davonmachen.*

Packen: Bündel, Paket, Ballen, Sack und Pack. Posten.

Packung: *Hülle*, Ver~. Wickel, Umschlag, Verband. Packlage(r).

paffen: *rauchen.*

Paket: *Packen.*

pampig: *frech.*

Panier: *Fahne.*

Panne: *Mißerfolg.*

panschen: *planschen.* mischen, verfälschen, -wässern; mit Wasser verdünnen.

Pantoffelheld: *Schwächling.*

Panzer: Harnisch, Rüstung, ~kleid, ~hemd, Schuppen~, Ring~, Ketten~, Stahl~. ~fahrzeug, Tank. *waffnen.*

Papa: *Vater.*

Papier: *Blatt. Schein.* Schreib~, Brief~. zu ~ bringen: *schreiben.*

Papp: *Brei*, Kleister. ~ig, *klebrig.*

Pappe: Karton.

päppeln: *füttern.*

pappen: *kleben.*

Paradies: *Himmel.* Garten Gottes.

Park: *Garten. Anlage.*

parken: *unterstellen.*

Parlament: Abgeordneten-, Stände-, Ober-, Unterhaus, Kammer, Land-, Bundes-, Reichstag; Hohes Haus.

Partei: Gruppe, Sekte. parteilich, -isch, voreingenommen, befangen, einseitig, ungerecht, -sachlich. Anhänger, ~genossen. ~los, *neutral.*

Partner: *Teilnehmer.*

passen: sitzen. zusammenpassen, -gehen, (-)*stimmen*; sich vereinbaren, verein(ig)en lassen; *taugen. gefallen. kleiden.* ~d: *geeignet, sinnvoll, entsprechend, genau.*

passieren: *durchqueren. überschreiten. geschehen.*

Pastor: *Priester.*

Pate: Patin, Gevatter(in), Patenonkel, -tante, Tauf~, Taufzeuge. Firm~. ~nkind. ~nschaft, Patronat.

Patsche: (Fliegen)Klatsche. *Matsch. Not.* ~n, klatschen, schlagen.

patzig: *prahlerisch. frech. grob.*

pauken: *üben. lernen.*

Pause: *Rast*, Stillstand, Aufschub, Atem~, Frühstücks~, Mittags~, Vesper, Werk~, Freizeit. Halbzeit.

Pech: *Mißerfolg. Unglück.*

Pedant: genau, kleinlich, Kleinigkeits-, Umstandskrämer, Langweiler, *Schulmeister*, Haarspalter, Wortklauber, Silbenstecher, Rechthaber.

peilen: an~. *zielen. blicken.* die Lage ~, untersuchen.

Pein: *Qual.* peinigen: *quälen.*
peinlich: *unangenehm, sorgfältig.*
Peitsche: Geißel, Fuchtel, Knute.
peitschen: schlagen. (an)~, (an)
treiben. auf~, *erregen.*
Pelle: Schale, Haut.
Pelz: *Fell.*
pendeln: *schwanken.*
pennen: *schlafen.*
perlen: *sprudeln.*
Person: Ich. Mensch.
Personal: Haus~, *Gesinde.* Dienst~,
Belegschaft.
persönlich: eigen(händig), *selbst,*
individuell. mündlich, unmittelbar.
häuslich, *privat.*
Persönlichkeit: Individuum, Charak-
ter. (reifer) Mensch; (wichtige) Person.
Pessimismus: Lebensverneinung.
hoffnungslos. Schwarzseher.
petzen: *zwicken. verraten.*
Pfad: *Weg.* ~los, *unwegsam.*
Pfaffe: *Priester.*
Pfahl: *Pfosten,* Stange.
Pfand: Unter~, *Gewähr.* Geisel.
Pfarrer: *Priester.*
pfeffern: *würzen. werfen. schießen.*
Pfeife: Flöte. Tabaks~, Knösel!
pfeifen: *blasen.* quietschen.
Pfeil: Geschoß.
Pfeiler: Eck~, Trag~, Stütz~,
Strebe(~), Säule. Wand~, Pilaster.
Pfosten. Stütze.
Pferd: Roß, Gaul, Klepper, (Schind)
Mähre! Vollblut, -blüter. Schimmel,
Rappen, Fuchs, Bleß. Hengst. Stute.
Pfiff: *Kniff.* pfiffig, *schlau.*
Pflanze: Gewächs. Baum. Busch,
Strauch, Staude, Stock. Kraut. Gras.
Blume.
pflanzen: an~, setzen, stecken, zie-
hen, züchten, kultivieren. *gründen. er-
zeugen.* Pflanzung, Plantage.
Pflege: Behandlung, (Für)Sorge,
(Ob)Hut.
pflegen: betreuen, (um-, ver)sorgen,
(um)hegen, warten, hätscheln. in Ord-
nung halten. *haben.* die Gewohnheit
haben; gewohnt sein.
pfleglich: *sorgfältig.*

Pflicht: Schuldigkeit, Verbindlich-
keit, -pflichtung, Muß, *Aufgabe.*
Pflichtgefühl: -bewußtsein, Verant-
wortung(sgefühl), Verantwortlichkeit,
Gewissen(haftigkeit), (Pflicht)Treue.
pflichtbewußt, -eifrig, -getreu, -schuldig.
pflichtvergessen: *nachlässig.*
pflücken: (ab)brechen, (-)*rupfen,*
(-)klauben, *ernten.*
pflügen: *furchen.*
Pforte: *Öffnung.*
Pfosten: Pfahl, Pfeiler, Strebe, Balken. Tisch~, Zaun~.
Pfote: Tatze, Pratze, Pranke, Kralle.
Klaue. Hand(schrift).
Pfriem: Ahle.
pfropfen: auf~, setzen, veredeln.
zu~, zu-, verkorken. *stopfen.*
Pfuhl: *Sumpf, Teich.* Laster~, Sün-
den~, Höllen~.
Pfusch: Murks, *Stümper.* hudeln,
schludern, (herum-, zusammen)pfuschen,
(-)stümpern, (-)schustern, (-)wursteln.
verpfuschen, (ver)patzen. *sudeln.* herum-
kurieren. betrügen. spicken.
Pfütze: Lache, *Teich.*
phantastisch: *wunderbar, unglaublich, seltsam. überschwenglich.*
Phrase: *Redensart. Schlagwort. Gerede.* leeres Stroh dreschen.
picheln: *zechen.*
picken: hacken, *stechen.*
piep(s)en: zwitschern, zirpen, ziepen.
piesacken: *quälen.*
pik(s)en: *stechen.*
pilgern: wallfahren, *wandern.*
Pilz: Schwamm(erl), Pfifferling,
Champignon.
pimpelig: *empfindlich.*
pingelig: *genau.*
Pinsel: Haar~, Borsten~, Quast,
Einfalts~, *dumm.* ~ig: *kleinlich.*
pinseln: *malen.*
Pirsch: *Jagd.* ~en, *jagen.*
placken, sich: sich *mühen.*
Plage: *Qual, Mühe,* Last, *Elend,*
Übel, Kreuz, Geißel, Ärger(nis), Verdruß,
-drießlichkeit, Ungemach, -gelegenheit,
Widerwärtig-, Unannehmlichkeit. beschwerlich. ~n, *Leiden,* Unbilden.

plagen: *quälen.*

Plan: *Ebene.* Zeichnung, *Entwurf,* Idee, Übersicht, Karte, Auf-, Grundriß, Bau~, *Anlage,* Disposition, ~ung, (Vor) Anschlag, *Absicht.*

plan: *flach.* ~ieren: (ein)ebnen, glätten.

planen: entwerfen, *überlegen. erdenken.* vorbereiten, *beabsichtigen.*

Planke: *Brett.*

Plänkelei: Gefecht, *Kampf,* Streit.

planlos: ziellos, sinnlos, *unbesonnen.* ungeordnet, *wirr.*

planmäßig, -voll: geplant, überlegt, durchdacht, gezielt, -lenkt, wohlerwogen, zielbewußt.

planschen: panschen, manschen, spritzen, *verschütten.* klatschen.

plappern: *sprechen.*

plärren: *schreien. weinen.*

platschen: *planschen, klatschen.*

platt: *flach.* gewöhnlich, *fade. fassungslos.* Plattheit, Platitüde.

Platte: Tafel, Brett. Teller. *Kachel. Ebene.* Schall~.

plätten: bügeln.

Platz: *Ort. Rang.* (Spiel)Raum, Fläche. (Spiel-, Zwischen)Raum, Luft; (freies) Feld, ~ machen, (beiseite, zusammen)rücken.

platzen: auf-, zer~, aufgehen, (-)brechen, auf-, zerspringen, (-)reißen, (zer)bersten, krachen, hoch-, los-, in die Luft gehen, explodieren, auffliegen. *aufbrausen. scheitern.*

plaudern: *reden,* aus~, *verraten.* Plaudertasche, *redselig.*

Pleite: *Bankrott,* Zusammenbruch, *Mißerfolg. abgebrannt.*

plinke(r)n: *blinzeln.*

plötzlich: auf einmal; mit einemmal; mit eins; *jäh*(lings), überstürzt, sprunghaft, *schnell,* blitz-, ruck-, schlagartig, augenblicklich, *unerwartet,* -versehens, -vermittelt; aus heiterem Himmel; Knall und Fall; von heute auf morgen; Hals über Kopf; im Handumdrehen. ur~.

plump: *unförmig,* klobig, klotzig, schwer(fällig), *grob*(schlächtig), ungeschlacht, vierschrötig, *ungeschickt, -zart.*

plumpsen: *fallen.*

Plunder: Tand, Trödel, Kram, Krempel, Krimskrams, Wust, Gerümpel, Schrott, *Mist,* Zeug, Lumpen, Gelumpe, Bettel. *Habe.*

plündern: aus~, brandschatzen, ausnehmen, -rauben, die Taschen leeren.

Pöbel: *Volk*(shaufe), Masse, Plebs, Mob, Gesindel. ~haft, *Unart.*

pochen: *schlagen. bestehen* auf.

Pokal: *Kelch.*

polieren: schleifen, *glätten.*

Polizei: Schutz~, Polizist, Schupo, Gendarm(erie), Land~, Landjäger, Wachtmeister. ~widrig: *verboten.*

polken: stochern.

polstern: *füttern.*

poltern: *lärmen, schimpfen, holpern,* kollern, rumpeln.

Pomp: *Pracht.*

porig: *durchlässig.*

Posse: *Komödie.*

Possen: Streich, Schabernack, *Scherz. Unsinn.* ~reißer, *Narr.*

possierlich: *drollig.*

Posten: Stoß, Packen, Menge. *Betrag. Wache, Stellung.*

Pracht: Prunk, Gepränge, Pomp, Glanz, Aufwand, Fülle, Reichtum. ~entfaltung, (Auf)*Putz.*

prächtig: prachtvoll, prunkhaft, *großartig,* herrlich, blendend, glänzend, glanzvoll, stattlich, *üppig, stolz, hervorragend, wunderbar,* schön, schmuck.

prägen: stempeln, *formen.*

prahlen: protzen, *prunken,* aufschneiden, angeben, flunkern, schwadronieren, renommieren; den *Mund* vollnehmen; große Töne spucken! Sprüche, Wind machen; großtun, (sich) dick(e)tun; *übertreiben,* sich rühmen, brüsten, spreizen, (auf)blähen, *aufspielen;* stolzieren.

Prahler: Prahlhans, Großhans, -tuer, -sprecher, -maul! -schnauze! Maulheld, Wichtigmacher, -tuer, Schaumschläger, Angeber, Aufschneider.

Prahlerei: Windbeutelei.

prahlerisch: großspurig, -kotzig, aufgeblasen, patzig. *hochmütig, schwulstig,* hochtönend, -trabend, ruhmredig.

praktisch: *brauchbar, handlich. geschickt. tatsächlich.* so gut wie; fast.

prall: *dick. stramm. gedunsen.*

prallen: *stoßen.* springen. ~ gegen: *zusammenstoßen.*

prangen: *prunken.*

Pranke: *Pfote.*

prasseln: knistern, knattern, rasseln, klatschen. trommeln.

prassen: schlemmen, schwelgen, *(fr)essen,* saufen, Völlerei, *Gelage.*

Pratze: *Pfote.*

predigen: *vortragen, mahnen.*

Preis: (Gegen-, Tausch)Wert, Entgelt. *Betrag,* (Un)*Kosten,* Zoll, Tribut. Kauf~, Einkaufs~, Laden~. *Lob. Erfolg.* ~steigerung, Teuerung.

preisen: lob~, lobsingen, *rühmen.* an~, *anbieten, werben* für.

Preisgabe: Aufgabe, *Verrat.*

preisgeben: verloren geben; fahren-, im Stich lassen; *aufgeben,* opfern, über Bord werfen; sich *entledigen, abwenden.* aussetzen, bloßstellen, *verraten.*

Preistreiberei: Wucher.

preiswert: *billig.*

prellen: *stoßen. betrügen.*

preschen: *eilen.*

pressen: *drücken.*

prickeln: *jucken. sprudeln.* ~d, spritzig.

Priester: Geistlicher, Kleriker, Pfarrer, Pastor, Kaplan; Diener Gottes, der Kirche; Seelsorger, Seelenhirt, Schwarzrock! Pfaffe! Götzen~, Zauber~, Schamane. ~amt, ~tum, ~würde, ~weihe. ~schaft, Klerus, Klerisei, Kurie, Kirche.

Prise: *Beute.*

Pritsche: Lager. Narren~, Klapper.

privat: *persönlich,* außerdienstlich.

Probe: *Versuch.* ~stück, Muster. ~n, *üben.* probieren, *versuchen.*

Problem: *Thema, Frage, schwierig.* ~atisch, *zweifelhaft.*

Prophet: Warner, Mahner, Seher, Künder.

prophezeien: *weissagen.*

Protest: *Einspruch.*

protzen: *prahlen.*

Prozeß: *Geschehen. Entwicklung.* (Gerichts)Verfahren, (-)Verhandlung, Rechtshandel, (-)Streit, Streit-, Klagesache, Zivil~. Straf~, Kriminal~, Strafsache. *klagen.*

prüde: *zimperlich.*

prüfen: erproben, auf die Probe stellen; *ver-, untersuchen,* testen, *vergleichen, beurteilen.* Examen, Kontrolle. sich vergewissern, über~, nach~, nachmessen, -rechnen, -zählen.

Prügel: *Stock.* Tracht ~; Schläge, Hiebe, Haue! Keile! Senge! Abreibung!

prügeln: (durch-, ver)prügeln, (durch-, ver)hauen, (-)walken, (-)wamsen, (-)wichsen, (-)bleuen, (-)bimsen, versohlen, (ver)dreschen, (das Fell) gerben; knüppeln, knütteln, mißhandeln, züchtigen. *ohrfeigen.* sich prügeln, *raufen.*

Prunk: *Pracht.*

prunken: prangen, glänzen, strotzen, *prahlen.*

prunklos: *schlicht.*

prusten: niesen, schnauben, blasen. los-, heraus~, *lachen.*

Publikum: Zuschauer, *öffentlich.*

puffen: *stoßen.*

Puls: ~schlag, Herzschlag.

pumpen: *stoßen. leihen.*

Punkt: *Fleck*(en). *Ort. Ende, halt.*

pünktlich: *rechtzeitig,* zuverlässig.

purzeln: *fallen,* stolpern; Purzelbaum schlagen; sich überschlagen.

pusten: *blasen.*

Putsch: *Aufstand.*

Putz: Ver~. Auf~, Staat, Schmuck, Pracht, *Äußeres.* putzen.

putzen: *schmücken.* zurichten, reinigen, säubern, ab~, aus~, weg~, (ab-, aus)fegen, (-)kehren, (-)bürsten, (-)scheuern, (-)schrubben, (-)waschen, (-)wischen, abseifen. ab-, ausklopfen, -stauben, blank reiben, *wichsen.* striegeln.

putzig: *niedlich, drollig.*

putzsüchtig: *eitel.*

Q

quabbelig: wabbelig, *weich.*
Quacksalber: (Kur)Pfuscher, herumkurieren, -doktern.
quaken: quarren, schnarren.
Qual: Pein, *Plage, Folter, Schmerz, Leid*(en), *Last,* Not, Hölle, Fegefeuer.
quälen: peinigen, plagen, mißhandeln, schinden, piesacken! zwiebeln! schurigeln, triezen, schikanieren, belästigen, auf die Nerven gehen; *zehren, bedrücken, ängstigen. ärgern.* sich ~, *grämen.*
Qualität: *Beschaffenheit,* Güte.
Qualm: Dunst, Rauch(schwaden), Schwaden, schwelen.
quarren: schnarren, quaken.
Quark: ~käse; Weißkäse; Topfen. *Unsinn. Kleinigkeit. Dreck.*
quasseln: *reden.*
Quast: Pinsel.

Quaste: Troddel.
Quatsch: *Unsinn.* ~en, *reden.*
Quelle: *Wasser. Ursprung.* Fundort. Hilfs~, *Mittel.*
quellen: *fließen,* sickern, hervorbrechen. auf~: (an)*schwellen.*
quengeln: *klagen.* nörgeln.
Quentchen: *wenig.*
quer: *schräg,* überzwerch. *ungelegen,* in die Quere kommen; *stören.* ~en, *kreuzen.* überqueren, -schreiten.
querschießen: *stören.*
Querschnitt: *Durchschnitt, Übersicht.*
quetschen: *klemmen. zerdrücken.*
quick: *lebhaft.*
quieken: quietschen, pfeifen.
Quirl: *unruhig.* ~en: rühren. wirbeln.
quitt: *los.* glatt.
quittieren: *bescheinigen.* (be)*antworten. vergelten.* den Dienst ~, verlassen.

R

Rache: Genugtuung. Abrechnung. Blut~. Rachgier, -sucht.
Rachen: *Schlund,* Maul, *Mund.*
rächen: ahnden, *vergelten,* heimzahlen. eintränken! abrechnen.
rachsüchtig: rachedurstig, -schnaubend, nachtragend.
Racker: *Schelm.*
rackern: sich *mühen.*
Rad: Reif. Tret~. Fahr~. Motor~. Lauf~. Mühlen~.
Radau: *Lärm.*
Raffel: *Reibe.*
raffen: reffen, zusammenziehen. reißen, *nehmen.* auf~, auf*heben,* schürzen. zusammen~, *sammeln.*
ragen: *auf~, auf*steigen, -streben; sich erheben, (auf)türmen.
Rahm: Sahne, Schmand!
rahmen: *umgeben.*
Rahmen: (Ein)Fassung. *Umgebung* Schauplatz.
räkeln, sich: sich *strecken,* flegeln.

rammen: anfahren, -rennen, (-)stoßen, *zusammenstoßen.*
Rampe: Auffahrt, Lade~. *Bühne.*
Ramsch: Ausschuß(ware), Schleuderware, Ladenhüter, Schund.
Rand: Bord, Kante, Saum, Einfassung. (Hut)Krempe. Abschluß, Grenze. *Umgebung.*
randen, ländern: *umgeben.*
Rang: *Stelle,* Platz, Stand, *Stellung,* (~)*Ordnung,* (~)Klasse, (~)Stufe. *Bedeutung.* Würde, Grad. den ~ ablaufen: *übertreffen.*
Range: *Bengel.* Gör(e). ~n, Kinder.
rank: *schlank.*
Ranke: Schlinggewächs. *Zweig.* ranken, *winden.*
Ränke: Schliche, Kniffe, Umtriebe, Machenschaften, Hinterlist, Intrigen, Manöver.
Ranzen: Ränzel, Rucksack. *Bauch.*
Rappel: *Wut. aufgeregt. verrückt.*
rappeln: *klappern, rumpeln.*
rar: *selten.*

rasch: *schnell.*

rascheln: *rauschen.* knistern. zischeln.

rasen: stürmen, brausen, *eilen. wüten.*
~d: *heftig.* Raserei: Wut.

Rasen: ~platz, ~teppich, Wiese.

Raspel: Feile. *Reibe.*

Rasse: Blut. *Sippe. Art.* rassig, *edel.*

rasseln: *rattern.* klappern, prasseln.

Rast: (Atem)Pause, *Aufenthalt,* Ruhe.

rasten: (aus)*ruhen,* aufatmen, Atem
schöpfen; (sich) verschnaufen, -pusten.

rastlos: *unruhig.* nimmermüde, unermüdlich, rege, *beharrlich.*

Rat: ~schlag, Vorschlag, Anregung,
Wink. Lehre, Mahnung, *Regel.* ~sver-
sammlung. zu ~e ziehen: *zuziehen.*

Rate: (An)Teil, Teilbetrag, Quote.
in Raten: ratenweise, *allmählich.*

raten: an~, zu~, *empfehlen,* vorschlagen, nahelegen. be~, Rat geben;
ermuntern, helfen. Rätsel. erraten.

Ratgeber: Berater, Beirat.

rätlich: ratsam, geraten, angebracht,
-gemessen, -gezeigt, tunlich, empfehlenswert, *zweckmäßig.*

ratlos: *verlegen.*

ratschlagen: (sich) *beraten.*

Rätsel: (~)Frage. *unbegreiflich.* (herum)raten, (-)rätseln.

rattern: rasseln. *lärmen. holpern.*

Raub: *Beute.*

rauben: aus~, (aus)*plündern. nehmen, benehmen.*

Räuber: Bandit, Raubmörder, Busch-
klepper, Schnapphahn, *Verbrecher.* See-
räuber, Freibeuter, Pirat.

räuberisch: raub-, beutegierig, raub-,
beutelustig.

Rauch: *Qualm.* Nebel.

rauchen: qualmen, *schwelen.* paffen,
schmauchen.

Rauchfang: *Kamin.*

rauchig: räucherig, verräuchert.

raufen: *rupfen.* balgen, ringen; sich
~, prügeln; handgreiflich, handgemein,
tätlich werden; *streiten.* Rauferei, Prü-
gelei, Handgemenge, Streit.

rauh: *grob,* rissig, (st)ruppig, stoppe-
lig, stachlig, borstig, haarig, zottig. nar-
big, holprig. derb, scharf, *streng. heiser.*

Raum: *Platz. Bereich. Gegend,* Ge-
lände. Räumlichkeit, Innen~, Wohn~,
Aufenthalts~, Gemach, Salon, Zimmer,
Stube, Kammer, Zelle. Gelaß. Bude!
Stall! Loch! Saal, Halle.

räumen: aus~, leeren. *verlassen.*
forträumen, -bringen, -schaffen.

raunen: *flüstern.*

raunzen: *nörgeln.*

Rausch: Räuscherl, Schwips, Affe!
sich *betrinken. betrunken. Schwindel.
Aufregung, Leidenschaft, Wollust.*

rauschen: *brausen.* rascheln. säuseln.

räuspern, sich: husten, hüsteln.

Rechen: Harke.

Rechenschaft: Abrechnung. *Bericht.*
sich *rechtfertigen,* zur ~ ziehen: *belangen.*

rechnen: kalkulieren, *schätzen.* be~,
überlegen. wirtschaften. ~ auf, mit: *vertrauen. erwarten.*

Rechnung: Be~. Faktur. Zeche.
Bilanz. ~ tragen: *berücksichtigen.*

Recht: Natur~, Menschen~. *Gesetz.
berechtigen.* An~, Anspruch, (~s)Titel,
Vor~, Vergünstigung, Freibrief, Privileg.
zu ~: mit (Fug und) Recht; füglich;
von Rechts wegen; *gerecht.*

recht: *richtig. angenehm, gelegen. sehr.
gerecht. leidlich.*

rechten: *streiten.*

Rechtens: *gerecht. eigentlich.*

rechtfertigen: *entschuldigen,* -lasten,
rein-, weißwaschen, verteidigen. verantworten. begründen, -stätigen; als berechtigt erweisen. sich ~: Rechenschaft
ablegen.

Rechthaberei, rechthaberisch: *Eigensinn.* Besserwisser, *Pedant. zänkisch.*

rechtlich: juristisch. *gesetzlich. gerecht. rechtschaffen.*

rechtlos: entrechtet, schutzlos, ge-
ächtet, *unfrei.*

rechtmäßig: *gesetzmäßig.* gerecht,
unbestreitbar. *zulässig.*

rechts: rechter Hand, steuerbord.

rechtschaffen: rechtlich(denkend),
redlich, ehrlich, lauter, *ehrenhaft,* bieder,
brav, *anständig,* unbescholten, -tadelig,
-sträflich. *zuverlässig.*

Rechtsprechung: Gericht(sbarkeit, -ordnung, -wesen), Rechtswesen, -gebaren, Justiz.

Rechtsstreit: *Prozeß.*

rechtswidrig: gesetzwidrig, widerrechtlich, *ungesetzlich*, -gerecht, un*zulässig, verboten.*

rechtzeitig: *zeitig*, im rechten Augenblick; zur rechten, vereinbarten Zeit; pünktlich, fristgemäß, -gerecht.

Recke: Held. *Riese.*

recken: *dehnen.*

Rede: Ansprache, Vortrag, Worte. *Sprache. Gespräch.*

Redefluß, -schwall: Wortschwall.

redegewandt: sprachgewandt, -gewaltig, *beredsam*, mund-, zungen-, schlagfertig.

reden: sagen, erzählen, (be)*sprechen*; sich unterhalten; plaudern, schwatzen, klönen, tratschen! schnattern! faseln! quaken! quatschen! sabbeln! lab(b)ern!

Redensart: (Rede)Wendung, *Ausdruck*, Phrase.

Redeweise: *Sprache.*

Redewendung: Redensart, *Ausdruck*, Phrase, Wendung.

redlich: *rechtschaffen, ehrlich*, gewissenhaft, *treu.*

redselig: *mitteilsam.* wortreich, geschwätzig, schwatzhaft, Plaudertasche.

reffen: *raffen.*

Reform: *erneuern. verbessern.*

Regal: Gestell, Ständer, Stellage, (Ge)Fach, Bord.

rege: *lebhaft*, geschäftig, rührig, reg-, betriebsam, tätig. *eifrig, unternehmend.* rastlos, unermüdlich.

Regel: Satzung, *Gesetz*, Maß~, Grundsatz, Rat, *Richtlinie*, Maß(stab), Norm, *Vorschrift*, Ordnung, *Brauch.* Durchschnitt. Menstruation, Tage.

regellos: *wirr.*

regelmäßig: *gleich(mäßig)*; in gleichen Abständen; *stetig.* immer wieder; *gewöhnlich.* geordnet, -regelt.

regeln: ordnen, klären, regulieren.

Regelung: *Lösung. Maßnahme.*

regelwidrig: *falsch.*

regen: *bewegen.*

Regen: (~)Guß, (~)Schauer, Sprüh~, Land~, Gewitter~, Platz~, Wolkenbruch. ~wetter. Niederschlag(smenge).

Regent: *Herrscher.*

regieren: *herrschen, lenken,* verwalten.

Regierung: *Herrschaft, Regime, Obrigkeit,* Verwaltung; die Behörden, Ämter. *Verfassung.*

Region: *Gebiet.*

reglos: *regungslos.*

regnen: nieseln, rieseln, plätschern, pladdern, gießen, schütten, strömen, triefen, tropfen. sprühen.

regnerisch: *naß.*

regsam: *rege.*

Regung: (Gemüts)Bewegung, Anwandlung, (Auf)Wallung, *Erregung.*

regungslos: unbeweglich, -bewegt. bewegungs-, reglos, steif, starr, *still.*

Reibe: Reibeisen, Raspel, Raffel.

reiben: schaben, kratzen, scheuern, wetzen. bürsten, rubbeln, frottieren. *wischen.* blank ~: *putzen.* zer~, zermahlen, auf~, zermalmen. sich ~: *streiten.*

Reibung: *Widerstand.* ~en: *Zwist.*

reibungslos: *glatt.*

reich: begütert, -mittelt, vermögend, vermöglich, wohlhabend, stein~. ~haltig, über~, *üppig, ergiebig*, umfang~, *umfänglich, groß*, gehaltvoll. *reichlich, vielfältig, Reichtum.*

reichen: an~, dar~, hin~, über~, zu~, *geben*, langen, bieten. aus~, hin~, zu~, ausgeben, -kommen, (-)langen, genügen. *genug.* sich *hinziehen.*

reichlich: *reich. genug*, ausgiebig, gut, *viel.*

Reichtum: Wohlstand, -habenheit, Glücksgüter, *Besitz. Fülle. Pracht.*

Reichweite: *Tragweite. Nähe.* in ~: erreichbar. *möglich.*

Reif: Frost. Niederschlag.

reif: (aus)gereift, fertig, fähig, bereit. *mündig.* lebenskundig, (-)erfahren; *alt* genug. spruchreif! fällig! dran!

reifen: reif werden; (heran)*wachsen.*

Reif(en): Rad, Ring, Stirn~, Arm~.

Reifezeit: *Entwicklung*(speriode).

reiflich: *sorgfältig.*

Reigen: Reihen, Tanz.

Reihe: Zeile. Linie. *Folge, nacheinander,* Kette, Satz, Serie, (An)Zahl, Gruppe. Sitz~.

reihen: an~, ein~, aneinander~, hintereinander~, *ordnen.*

rein: lauter, klar, gediegen, geklärt, -reinigt, -läutert, natur~, unvermischt, -versetzt, -verfälscht, -getrübt, -berührt, *sauber. keusch. hell. bar.*

Reinfall: *Mißerfolg. hereinfallen.*

reinigen: *klären. putzen,* waschen.

'reinlegen: *hineinlegen.*

reinwaschen: *rechtfertigen.*

reinweg: *völlig.*

Reis: *Zweig.*

Reise: (Bahn)Fahrt, *Ausflug.* Auto~, Schiffs~, See~, Geschäfts~, Urlaubs~, Ferien~, Erholungs~

reisen: eine Reise tun; sich begeben; fahren. ab~, fort~, ver~.

Reisender: Gast, Fremder. *Fahrgast.* Handlungs-, Geschäfts~, Vertreter.

reißen: *ritzen. ziehen, rupfen.* raffen. zer~, entzwei~, auseinander~, trennen. *platzen.* sich ~, *bemühen, streiten,* drängen. an sich ~: sich *bemächtigen.*

Reißer: *Schlager.*

reißerisch: aufreizend, zugkräftig.

reiten: traben, galoppieren. *sitzen.*

Reiz: ~ung, Sinnes~, Sinnen~, Kitzel, Wollust. Anregung, -trieb, Anziehung(skraft). Annehmlichkeit, Lieb~, Zauber, *Anmut.*

reizbar: *empfindlich. zänkisch.*

reizen: an-, *auf-, erregen, jucken,* zwicken! *necken,* triezen, herausfordern, (auf)*hetzen, erzürnen.* (an-, ver)*locken, veranlassen,* an~, auffordern, -stacheln, *ermuntern,* (an)*treiben. gefallen.*

reizend: reizvoll, (ver)*lockend,* anziehend, -sprechend, angenehm, köstlich, lecker, *anmutig, lieblich,* süß, goldig, himmlisch, *prächtig, schön, gefällig,* schmuck, nett, fesch, schick, apart, (bild)hübsch, wundervoll, zauberhaft, *bezaubernd, liebenswürdig.*

reizlos: *fade,* einförmig. häßlich.

rekeln, sich: sich *strecken, flegeln.*

Religion: *Bekenntnis.* religiös: *fromm.*

rempeln: *rammen,* (an)*stoßen.*

rennen: laufen, *eilen.*

Rente: Kriegs~, Angestellten~, Invaliden~, Unfall~, Ruhegeld, -gehalt, Pension, (Alters)Versorgung. *Ertrag.* (sich) rentieren, sich *lohnen.*

reparieren: *instand setzen.* Schaden ~, *wiedergutmachen,* beheben.

reservieren: belegen. *zurücklegen.*

Rest: Überrest, -bleibsel, *Rückstand,* Abfall, -hub, *übrig.* Rumpf. Ende. Trümmer, Scherben. Abglanz.

restlos: *vollständig.*

retten: er~, *befreien. bergen, schützen,* sicherstellen, helfen. Rettung, Heil.

Retter: Helfer, Wohltäter.

Reue: Gewissen(sbisse), Bedauern, Schmerz, Scham, Beschämung, Einkehr. Katzenjammer. *bereuen.*

reuig: reumütig, reuevoll, zerknirscht, beschämt, bußfertig, schuldbewußt, *bereuen.*

Revolution: *Aufstand,* Umwälzung, -sturz, (ver)*ändern, Wechsel.*

richten: *lenken.* gerade~. Recht sprechen; zu Gericht sitzen; (ab-, ver) *urteilen. anrichten.* wieder ~: *instand setzen.* sich ~ nach: *beachten.* abhängen, *folgen.*

Richter: Amts~, Land~, Untersuchungs~, Straf~, Zivil~. Schieds~. Gericht(shof). Kritiker.

richtig: fehlerfrei, -los. recht, *echt. wahr,* einleuchtend, überzeugend, *unwiderlegbar. geeignet, zweckmäßig,* sach-, fachgemäß, *vernünftig,* gut.

richtiger: *besser.*

richtigstellen: *berichtigen.*

Richtlinie, -maß, -satz, -schnur: *Regel.*

Richtung: *Bahn,* Kurs, (Ver)*Lauf, Ziel,* Tendenz, *Neigung. Hinsicht.* Zeit~, Mode~, (Zeit-, Mode)Strömung, Zeitstil. *Seite.*

richtungweisend: *maßgebend.*

riechen: *schnüffeln, wittern.* duften. übel ~: stinken.

Ried: *Rohr.* Röhricht, Sumpf, Schilfdickicht, *Moor.*

Riegel: *Sperre.* Verschluß. *schließen.*

Riemen: *Gurt.* Ruder.

Riese: Hüne, Recke, *Ungetüm*, (~-n-) Kerl, -bursche, -mannsbild.

rieseln: *fließen. regnen.*

riesig: riesenhaft, -groß, haus-, turm-hoch, gigantisch, kolossal, *ungeheuer.*

Riff: Fels(en), Klippe.

rillen: *ritzen.*

Rinde: Borke, Schorf. *Schale.*

Ring: *Reif, Kreis.* Finger~, Verlobungs~, Ehe~. *Vereinigung.*

ringeln: *winden.*

ringen: *kämpfen. raufen;* sich be-mühen. sich ~, reihen: *umgeben.*

rings: ~um(her), rundum, allseitig; auf, von allen Seiten; *überall.*

Rinne: *Graben.* Rinnstein, Gosse.

rinnen: *fließen. sickern. lecken.*

Rinnsal: *Bach.*

Rinnstein: Rinne, Gosse.

Risiko: *Wagnis, Gefahr.*

Riß: Bruch, Sprung, (*Zwie*)*Spalt.*

rissig: *rauh,* zerklüftet, *faltig.*

ritterlich: *edel, höflich.*

Ritz(e): *Spalt(e).*

ritzen: reißen, kratzen, schürfen, kerben, furchen, rillen.

Rock: *Jacke. Kleid.*

roden: urbar machen; ausreißen. Rodung, *Lichtung.*

roh: ungekocht, -bearbeitet, -behauen. ungebildet, -gesittet, wild. *Unmensch,* tierisch, *grob, grausam, gefühllos.*

Rohr: Schilf(~), Binse, *Halm.* Röhricht, *Ried.* Röhre.

Rolle: Spule. *Walze.* (Wäsche)Mange(l). *Überschlag.* Maske, Figur. Bedeutung. eine ~ spielen: *darstellen. wichtig.* aus der ~ fallen: *entgleisen.*

rollen: *drehen,* kugeln, kullern, kollern, wälzen, *wickeln.* sich *bewegen.* kopf-über ~: sich *überschlagen.*

röntgen: *durchleuchten.*

rosa: rosig, rosenrot, -farbig, hell-, blaß-, mattrot.

Rosine: Weinbeere, Sultanine, Zibebe.

Roß: *Pferd.*

rösten: dörren. braten, schmoren, brennen, bräunen.

rostig: verrostet. rostfarben, -rot.

rot: hell~, *rosa,* erdbeer~, ziegel~, zinnober~, rost~, indisch~, wein~, kirsch~, feuer~, krebs~, karmin~, scharlach~, rubin~, purpur~, blut~, dunkel~. fuchs~, fuchsig, rötlich.

Rotte: *Schar.*

ruchbar: *bekannu.*

ruchlos: verrucht, frevelhaft, freventlich, verbrecherisch, *schändlich, gemein,* infam, *teuflisch,* gottlos, (gottes)lästerlich, heillos, *sündhaft.*

Ruck: *Stoß.* einen ~ geben; rucke(l)n, zucken. ~artig: *plötzlich.*

Rückblick: *Überblick, Erinnerung.*

ruck(s)en: gurren, girren.

rücken: *schieben,* fort~, ver~, versetzen. (sich) *bewegen; kommen.* beiseite ~, zusammen~; Platz machen.

Rücken: Buckel, *Kamm.*

Rückfahrt: *Rückweg.*

Rückfall: Wiederholung(sfall). un-verbesserlich. *zurückfallen.*

Rückgabe: *erstatten.*

Rückgang: -schritt, *Abnahme,* rückgängig, -läufig, *zurückgehen.*

rückgängig machen: ungeschehen machen. *absagen.*

Rückgrat: *unbeugsam. Kern.*

Rückhalt: *Stütze,* Unterstützung, *Schutz,* ohne ~, rückhaltlos, *aufrichtig.*

Rückkehr: Umkehr, *Rückweg,* -kunft, Heimkehr. *Wiederholung. zurückkehren.*

Rücklage: *Vorrat. sparen.* Sparpfennig, Notgroschen, eiserner Bestand.

rückläufig: *Rückgang.*

Rucksack: Ranzen.

Rückschau: *Erinnerung. Überblick.*

Rückschlag: *Mißerfolg.*

Rückseite: *Kehrseite.*

rucksen: *gurren.*

Rücksicht: *Hinsicht.* ~nahme, *Nachsicht, Achtung.*

rücksichtslos: ohne Rücksicht; *willkürlich, unbekümmert,* -bedenklich. *frech. hart, streng, grob. Selbstsucht.*

Rücksprache: *Gespräch.*

Rückstand: *Rest,* Asche, Schlacke, (Boden)Satz. Verzug. nachhinken.

rückständig: *veraltet.*

Rücktritt: *abdanken.*

rückwärts: zurück, rückläufig, Krebsgang. hinten(an), auf der Rückseite.

Rückweg: Rück-, Heimkehr, -fahrt, -reise, Nachhauseweg.

Rückzug: Rückzieher, Verzicht.

Rudel: *Schar.*

Ruder: Riemen. *Steuer(~).*

Ruf: Aus~, *Schrei.* Zu~, Auf~, Appell. *Aufgabe. Nachricht, Ruhm. Ansehen,* Achtung, Leumund, Name, Ehre, Stellung. *gelten.*

rufen: *schreien.* an~, zu~. *nennen. berufen. locken.*

Rüffel: *Tadel.*

Rufweite: *Nähe.*

rügen: mahnen, *tadeln.*

Ruhe: Stille, (Still)Schweigen. Stillstand, *Rast, untätig.* Gleichgewicht. Friede. *Schlaf.* Seelen~, Gemüts~, *gelassen. unbekümmert.*

Ruhegehalt: *Rente.*

ruhelos: *unruhig, Unrast.*

ruhen: *rasten,* aussetzen, stocken, stillstehen, (ver)weilen; brach-, lahm-, ungenutzt *liegen.* schweigen. sitzen, stehen. sich aus~; ausspannen, sich entspannen, erholen. *beruhen* auf.

ruhig: leise, *still,* sanft, sacht, *langsam, geruhsam, -lassen,* entspannt, *gleichmäßig,* eintönig, *friedlich,* maßvoll, beherrscht, leidenschaftslos, gemessen, -setzt, *besinnlich.*

Ruhm: Welt~, (Welt)Ruf, Weltgeltung, (Volks)Gunst, Ehre, Glanz, Glorie, Nimbus. *Lob. berühmt.* Nachruhm, *Erinnerung.*

ruhmbegierig: *ehrgeizig.*

rühmen: (an-, hoch-, lob)*preisen,* feiern, verherrlichen, besingen, -wundern, *loben,* herausstreichen, *hervorheben,* nach~. sich ~: *prahlen.*

rühmlich: *ehrenvoll, lobenswert.*

ruhmlos: glanzlos, unbeachtet.

ruhmredig: *prahlerisch.*

ruhmvoll: ruhm-, glorreich, ehrenvoll, rühmlich, glänzend.

rühren: an~, be~, bewegen, *ergreifen,* -weichen; Mitleid erregen. her~, *stammen.* sich ~: gären. *Unruhe.* sich *bewegen,* tummeln; etwas tun; *geschehen.* quirlen.

rührig: *rege.*

rührselig: *gefühlvoll.*

Ruine: *Trümmer.*

ruinieren: *herunterbringen, zerstören.*

Rummel: *Trubel.* Betrieb.

rumpeln: *holpern,* rappeln, rütteln, poltern, kollern.

Rumpf: *Leib. Rest.*

rümpfen: *kraus* ziehen; die Nase ~: *verachten.*

rund: gerundet, ei~, kreis~, kreisringförmig, kugel~. ~lich, *dick,* voll. *ungefähr.* ~um, *rings(um).*

runden: *wölben.* ab~, *ergänzen.*

rundheraus, -weg: *durchaus, kurz* (und gut), *unmißverständlich.*

Runzel: *Falte.* runzlig, *faltig.*

Rüpel: *Flegel.* ~ei, *Unart.*

rupfen: ab~, aus~, *reißen,* raufen, zupfen, pflücken. *schröpfen.*

ruppig: *grob, ungezogen.*

Ruß: Sott. ~en: *blaken.*

rüsten: zu~, vorbereiten. aus~, *waffnen, ausstatten.*

rüstig: *gesund, kräftig.* (gut) zuwege.

Rüstung: Auf~. *Panzer.*

Rüstzeug: *Ausrüstung. Mittel.*

Rute: *Zweig. Schwanz.*

rutschen: kriechen, *gleiten.* (ab) sacken. rutschig, *glatt.*

rütteln: schütteln, *stoßen. rumpeln.*

S

Saal: *Raum.* Vor~. Fest~. Tanz~.

sabbeln: geifern. *reden.*

Sache: *Ding. Fall,* Angelegenheit. *Tatsache, Sachverhalt. Prozeß.* ~n, *Habe.*

sachkundig: *sachverständig.*

sachlich: unpersönlich, *nüchtern,* verstandes-, geschäftsmäßig, objektiv, neutral, vorurteilslos, -frei, voraussetzungslos, unbeeinflußt, -befangen, -bestechlich, -voreingenommen, *gerecht.*

sacht: unmerklich, *langsam. sanft.*
Sachverhalt: (Sach)Lage, Tatbestand, Umstand, -stände, *Sache,* Fall.
sachverständig: *fachkundig.*
Sachwalter: *Anwalt.*
Sack: *Beutel.* Säckel. Hosen~.
sacken: *sinken,* rutschen.
Sackgasse: ausweg-, *hoffnungslos.*
säen: aus~, (aus)streuen, *verbreiten.*
den Keim legen zu- *erzeugen.*
Saft: *Flüssigkeit.*
saftig: saftstrotzend, *kräftig.*
saftlos: *trocken. fade.*
sagen: *reden,* (sich) ausdrücken, (aus)
sprechen, bemerken, *äußern,* meinen,
erwähnen, andeuten, (darauf) hinweisen; geltend machen; *mitteilen, erzählen.*
aus~, *erklären,* behaupten, *versichern,*
angeben, *vorbringen. gestehen.*
sagenhaft: *wunderbar.* mythisch,
legendär.
Sahne: Rahm, Schmand! Schlagobers!
salbadern: *schwatzen.*
Salbe: Krem, Balsam. ~n: *schmieren.*
salbungsvoll: *feierlich.*
salopp: *zwanglos, nachlässig.*
Salz: *Würze.* ~los: *fade.*
Same(n): Keim, *Ursprung.*
sammeln: zusammenbringen, -nehmen, -tragen, -fassen, -scharren, -raffen,
-ziehen, -ballen, *häufen,* scheffeln, auf-,
zusammenlesen, erfassen. ein~, *einheimsen,* hamstern, speichern, *aufbewahren.* versammeln,-einigen, konzentrieren;
um sich scharen. sich ~: sich *besinnen.*
sich an~: zusammenkommen, sich zusammenläppern!
Sammelsurium: *wirre* Sammlung.
Sammlung: *sammeln. Besinnung.*
samt: mit(~). ~ und sonders: *ganz.*
sämtlich: *alles.*
sanft: sacht, *mild,* weich. *ruhig,*
Sanftmut, (lamm)fromm, *zahm, friedlich.*
Sarg: (Toten)Schrein. Sarkophag.
Satan: *Teufel.*
satt: gesättigt, über~, *voll*(gefressen)!
zufrieden. genug. überdrüssig, -sättigt.
sattelfest: *kundig. zuverlässig.*
sättigen: satt machen; *nähren.*
sattsam: *genug.*

Satz: *Sprung. Rückstand. Reihe.* ~gebilde, ~aussage, *(Aus)Spruch.* Lehr~.
Satzung: *Regel.* Statut.
Sau: *Schwein.*
sauber: *rein*(lich), flecken-, makellos,
blitz~, (blitz)blank, *frisch* (gewaschen),
schmuck.
säubern: *putzen.*
sauer: säuerlich, unreif, herb, *mürrisch. unwillig.*
saufen: *trinken.* Sauferei: *Gelage.*
saugen: ein~, auf~, *trinken.* lutschen. suckeln!
säugen: stillen, nähren.
Säugling: (Kleinst)*Kind.*
Säule: *Pfeiler, Stütze.*
Saum: *Rand.*
säumen: *umgeben.* bummeln, trödeln;
sich Zeit lassen; Zeit vergeuden; zögern.
säumig: saumselig, faul, *träge, nachlässig.* im Verzug.
säuseln: *flüstern.* rauschen. wehen.
sausen: *brausen.* eilen.
schaben: *kratzen,* schuppen, *reiben.*
Schabernack: *Possen.*
schäbig: abgeschabt, -genutzt, -gegriffen, -getragen, -gerissen, lumpig, zerlumpt, verschlissen, fadenscheinig, *dürftig.* schofel. *geizig.* schlecht, *gemein.*
Schacher: *Handel. feilschen.*
Schachtel: Papp~, Karton, *Behälter.*
schade: bedauerlich, *leider.*
Schädel: *Kopf.*
schaden: schädigen, *beeinträchtigen;*
Schaden zufügen; Unheil anrichten,
stiften; Abbruch tun; eins auswischen;
beschädigen. geschädigt: *Opfer.*
Schaden: Nachteil. *Verlust. Übel.
Fehler. Gebrechen.*
schadenfroh: *hämisch.*
schadhaft: beschädigt, verletzt, be-,
angestoßen, mitgenommen, fadenscheinig, defekt, kaputt.
schädlich: verderblich, ungesund,
Gift. *ungünstig.*
schadlos halten: *entschädigen.*
Schaf: Schnucke. Lamm. (~)*Bock.
dumm.*
schaffen: *arbeiten.* er~, *erzeugen. vollbringen. befördern.*

Schaft: *Stiel*, Halm. Stamm. *Griff*.

Schäker: *Schalk*. ~n, *scherzen*.

schal: · abgestanden, -geschmackt, lau, *fade*.

Schale: *Becken*. Schüssel, Teller, Gefäß. Hülle, Hülse, Pelle! Rinde, Kruste, Kapsel, Äußeres, *Kleid*.

schalen: ver~, aus~, ein~, aus-, umkleiden, täfeln.

schälen: *häuten*.

Schalk: Schelm, Schäker, *Spaßmacher*. Eulenspiegel. ~haft, *lustig*.

Schall: *Ton*, (Wider)Hall, Knall, Donner, *Lärm*.

schallen: hallen, gellen, tönen, *dröhnen*, krachen, knallen, schmettern, *lärmen*.

schalten: *herrschen*. verfügen. drehen, knipsen. *begreien*.

Schalter: Schiebefenster. Auskunfts-~, Post~, Bank~, Fahrkarten~, Ausgabe. Licht~, Hebel, Knopf.

Scham: ~gefühl, ~röte, Beschämung, *Reue*. ~teile, Geschlecht(steile).

schämen, sich: schamrot werden; (vor Scham) erröten, -glühen, in die Erde versinken; sich scheuen, genieren. bereuen.

schamhaft: *keusch*, schämig, verschämt. Zartgefühl. *schüchtern*, zimperlich. scham-, hochrot, errötend.

schamlos: *unsittlich. frech*.

Schande: Schmach, Unehre, Schimpf, Verruf. Schandfleck, -mal, Skandal.

schänden: entehren, -weihen, -heiligen, -würdigen, *verunehren, beschmutzen, schmähen*. mißbrauchen, vergewaltigen, notzüchtigen.

schändlich: schandbar, verwerflich, wüst, abscheulich, nichtswürdig, *würdelos, gemein, schmählich*, ehrlos, *schlecht*.

Schandtat: *Verbrechen*.

Schankstube: *Schenke*.

Schanze: *Wall*. ~n: *graben*.

Schar: Gruppe, Rotte, Truppe, Haufen, Meute, Horde, *Herde*, *Bande*, Schwarm. in ~en, ~enweise, *viele*.

scharen: *sammeln*.

scharf: (~) geschliffen, zugespitzt, haar~, schneidend, ~kantig, eckig,

zackig, nadel~, spitz(ig), stachelig, stechend, durchbohrend, -dringend. hart, *grell, heftig*, geharnischt, grimmig, grausam, *streng, bitter*, beißend, brennend, ätzend, *bissig. jäh. gierig*.

Schärfe: Schneide. Strenge. *Nachdruck, nachdrücklich*.

schärfen: scharf machen; schleifen, wetzen, dengeln, abziehen, (zu)feilen, (an-, zu)spitzen.

scharfmachen: *aufhetzen*.

Scharfrichter: Nachrichter, Henker.

Scharfsinn: *Verstand*. sinnreich, *klug*, spitzfindig.

Scharlatan: *Betrüger*.

Scharm: *Anmut*.

Scharmützel: Plänkelei, *Gefecht*.

Scharnier: *Gelenk*.

scharren: *kratzen, graben*.

Scharte: *Einschnitt*. schartig, *stumpf*.

scharwenzeln: *schwänzeln, kriechen. schmeicheln. liebeln*.

Schatten: Kern~, Schlag~. Dämmer~, (Halb)*Dunkel*. Schein. ~haft, *unklar*. gespenstisch, *wesenlos*. in den ~ stellen: *übertreffen*.

schattieren: *stricheln. färben*. Schattierung: *Tönung, Unterschied*.

Schatulle: *Behälter*.

Schatz: Hort, *Besitz*. kostbar, Kleinod. *Liebling*.

schätzen: ab~, ansetzen, veranlagen, (ver)anschlagen, rechnen, beziffern, taxieren, ein~, (be)*urteilen*. überschlagen, *vermuten*. hoch~, (hoch)achten, *lieben*; ich lobe mir. geschätzt, *wertvoll, lieb*, ~swert, *angenehm, lobenswert*. schätzungsweise, *ungefähr*.

Schau: Aus-, *Vorstellung*. Muster~, Messe~; (Muster)Messe. *Standpunkt*. ~fahrt, *Auffahrt*.

Schauder: Grausen. *Ekel*. (*Angst*) Schauer, Gänsehaut, Zähneklappern, ~haft, *scheußlich. Abscheu*.

schau(d)ern: schütteln. frösteln, erschauern, *zittern*, frieren; zurück~; sich ekeln; gruseln.

schauen: *blicken*.

Schauer: Regen. Angst~, Gruseln. *zittern*. Fieber~

schauerlich: gruselig, unheimlich, *schrecklich.*

schaufeln: *graben.*

schaukeln: *schwanken.*

Schaum: Gift, Geifer. Seifen~.

schäumen: *wallen,* über~, (auf)*brausen,* sprudeln, *branden.*

Schaumwein: *Sekt.*

Schauplatz: Bühne, Theater, Szene(rie), Arena, Rahmen.

schaurig: *schrecklich.*

Schauspiel: Theater(stück), (Bühnen)Stück, (-)Werk, Drama, Trauer-, Lustspiel, Tragödie, Komödie, Posse, Schwank. (Schau)Stück, *Vorstellung.*

Schauspieler: *Darsteller. Betrüger,* schauspielern, *vortäuschen.*

Schausteller: Gaukler.

scheckig: gescheckt, *bunt*(~), *fleckig.*

scheel: *schief. neidisch.*

scheffeln: *sammeln.*

Scheibe: Schnitte, *Stück.* Fenster~, Glas(~). Dreh~. Schieß~, Ziel~.

Scheide(linie): *Grenze.*

scheiden: *trennen, sieben. fortgehen,* -fahren. auseinandergehen; *Abschied* nehmen; sich verabschieden, empfehlen; *sterben, Tod.* sich ~, *unterscheiden.*

Scheidewand: *Schranke.*

Scheideweg: *Kreuzweg.*

Schein: *Licht.* An~, Augen~, *Äußeres.* Maske, *Trug.* Schatten, Andeutung. Fahr~. Geld~, Banknote. Papier, Ausweis, Urkunde.

scheinbar: an-, vorgeblich, täuschend, vorgetäuscht, fälschlich, trügerisch. Vordergrund, Fassade.

scheinen: *leuchten.* vorkommen, (be)dünken; den *Anschein* haben, erwecken, machen; *aussehen* nach, wie.

scheinheilig: *Frömmler. Heuchler.*

Scheitel: *Kopf. Kamm. Gipfel.*

scheitern: Schiffbruch leiden; stranden, *zugrunde gehen;* zu Fall kommen; *mißlingen,* platzen! pleite! *straucheln.*

schellen: *klingeln.*

Schelm: *Schalk,* Wicht, Racker, *Bengel,* (Galgen)Strick, Spitzbube, Strolch.

schelten: (aus-, be)*schimpfen,* (aus)zanken, anfahren, -fauchen, (-)schnauzen! abkanzeln, *tadeln*; den Kopf waschen; den Marsch blasen! zusammenstauchen!

Schema: *Muster. Ordnung*(sschema).

Schemel: (Fuß)Bank, Fußbänkchen.

Schenke: Schank-, Schenk-, Trink-, Bier-, Weinstube, Ausschank, Krug, Kneipe, Wirtschaft, Quetsche! Spelunke! Kaschemme! Schnapsbude!

schenken: be~, bescheren. ver~, (hin)geben, spenden, *opfern, widmen,* stiften, zuwenden, *vermachen,* -ehren, -leihen, bedenken, -gaben. *gewähren. überlassen.* zum *Geschenk* machen.

scheppern: klappern, *lärmen.*

Scherbe: Splitter, Bruchstück; ~n, Trümmer, Reste.

scheren: stutzen, (ab-, be)schneiden, ab~, rasieren.

Scherflein: *Beitrag.*

Scherge: Büttel, Henkersknecht.

Scherz: Spaß, Ulk, Jux, Witz. ~en, spaßen, *schäkern, Possen* treiben; (sich) necken, *tändeln.* ~haft, *lustig.*

Scheu: *Bedenken, Angst. Ehrfurcht.* ohne ~: *offen.*

scheu: *ungesellig.* flüchtig. *schüchtern.* kopfscheu machen: *verstören.*

scheuchen: ver~, fort~, (ver)*jagen.* schrecken.

scheuen (sich): er-, zurückschrekken. *fürchten. meiden.* sich schämen.

Scheuer: Scheune, (Lager)Speicher.

scheuern: *reiben, putzen.*

Scheune: Scheuer, Schuppen, Stadel.

Scheusal: Fratze, Mißgestalt, -gebilde, *häßlich.* Ekel; widerlicher Mensch; Aas, Biest, *Ungeheuer, Unmensch.*

scheußlich: abscheulich, *widerwärtig, unangenehm,* schauder-, *ekelhaft,* wüst, garstig, *häßlich,* Greuel, *schrecklich.*

Schicht: Lage. Schutz~, Überzug.

schichten: auf(einander)~, übereinanderschichten, -setzen, -stellen, (-)stapeln, (-)türmen, (-)*häufen.*

Schichtung: *Gefüge.*

Schick: Geschmack, Eleganz; *reizend,* todschick! *Takt.*

schicken: *senden.* sich ~: sich *fügen.* sich *gebühren.*

schicklich: geziemend, *angemessen,* -gebracht. *sittsam. Takt.*

Schicksal: Geschick, Fügung, Vorsehung, Bestimmung, Los, Zufall, Schickung, Verhängnis; die Sterne; das sollte, mußte so sein, kommen.

schieben: *stoßen,* bewegen, *rücken, drücken.* (ab)~ auf; zu~, verantwortlich machen; (ab)wälzen, *aufbürden.*

Schiebung: Betrug.

schief: schiech, wind~, *schräg. krumm.* ~äugig, schielend, *scheel.* ~gewickelt! *falsch, einseitig,* verzerrt. ~getreten, abgetreten.

schiefgehen: *mißlingen.*

schielen: *schief blicken; lauern. zielen.*

Schienen: Geleise.

schier: *fast.*

schießen: feuern, *knallen,* pfeffern! treffen, erlegen. *flitzen.*

Schiff: (Wasser)Fahrzeug, Segel~, *Segler.* Dampf~, *Dampfer.* Motor~. Handels~, Kriegs~. Küsten~, Küstenfahrer. Kasten! Seelenverkäufer! *Fähre.* Leichter. Prahm. *Boot.* Schiffe, Flotte.

Schiffer: *Seemann.*

schikanieren: *quälen.*

schildern: *zeichnen, darstellen,* beschreiben, wiedergeben, *erzählen.*

Schilf: ~gras, *Rohr.*

schillern: *glänzen.* wechseln. *bunt.*

schimmeln: *verderben.*

Schimmer: *Glanz. Färbung.* schimmern, *glänzen.*

schimmlig: *dumpfig.*

Schimpf: *Schande. schmählich.*

schimpfen: lästern, fluchen, poltern, keifen, geifern, *wettern,* eifern. be~, *schmähen.* aus~, *schelten.* sich be~, Schimpfworte geben, Bosheiten, Beleidigungen, Anzüglichkeiten, *Schmeicheleien* an den Kopf werfen.

schinden: *quälen. drillen.* sich ~, (ab)*mühen.*

schirmen: *schützen.*

schirren: *spannen.*

schlabbern: *schlürfen.*

Schlacht: *Kampf.*

schlachten: *töten.*

Schlachter: *Fleischer.*

schlackern: *schwenken, flattern.* wakkeln, rappeln, klappern.

Schlaf: Schlummer. Halb~, Dusel, Nickerchen, Ruhe. ~en, dösen! pennen! nächtigen, übernachten, ruhen.

schlaff: schlapp, schlotterig, *lose, weich,* lässig, entspannt. *schwach, müde.*

Schlafgelegenheit: (Nacht)Lager, Bett(statt), etwas zum Schlafen.

schläfrig: schlaftrunken, -bedürftig, *müde.* Schlafmütze, *träge, unaufmerksam.*

Schlag: Hieb, Klaps. *Streich.* Schläge *Prügel. Stoß.* Lichtung. ~anfall, Herz~, ~fluß, Gehirn~. *Unglück.* (Wagen)Tür *Schlinge. Art.* ~artig, *plötzlich.*

Schlagbaum: *Schranke.*

schlagen: hauen, klappen, klapsen. pochen, trommeln, klopfen, hämmern, nageln, bosseln, meißeln, keilen, *stoßen,* beuteln, walken, peitschen, schmettern, *knallen,* klatschen, patschen, eins versetzen, auswischen; *prügeln. fällen.* (be) *siegen, übertreffen.* ticken, pulsieren. sich ~: *streiten.*

schlagend: durch~, überzeugend, zwingend, *unwiderlegbar, stichhaltig.* handgreiflich, schlagkräftig.

Schlager: *Lied,* Gassenhauer. Erfolg, Treffer, Reißer, Knüller, Erfolgs-, Zugstück. zugkräftig.

schlagfertig: *witzig. redegewandt.*

Schlagwort: Gemeinplatz, Phrase.

Schlamm: *Brei. Dreck.* Schlick, Mutt, Morast, *Sumpf.*

schlampen: schlürfen. schlampig, *nachlässig* sein. Schlamperei, Schlendrian, *unordentlich,* Schlampe. *schmutzig.*

Schlange: Reptil, (Ringel)Natter, Otter, Viper.

schlängeln, sich: sich *winden.*

schlank: *schmal, mager,* rank; gerten~, knaben-, mädchenhaft (~); geschmeidig, grazil. ~weg, *geradezu.*

schlapp: *schlaff.* ~machen: *ermüden,* versagen, zusammenbrechen, *ohnmächtig* werden; mir wird flau. ~schwanz, *Schwächling.*

Schlappe: *Mißerfolg.*

schlappen: schlottern, *hängen.*

schlau: listig, pfiffig, verschmitzt,

-schlagen, bauern~, raffiniert, gerissen, -wiegt, -witz(ig)t, -schickt, berechnend, *klug.* ~kopf, ~berger, ~meier, Fuchs, Pfiffikus.

schlauchen: *drillen. anstrengen.*

Schlawiner: *Taugenichts.*

schlecht: nicht gut; ungünstig. *elend,* erbärmlich, *mangelhaft, schäbig.* übel, *böse,* sündhaft. *schändlich. verdorben, liederlich, berüchtigt. unwohl.*

schlechterdings, schlechthin, -weg: *durchaus, wirklich, geradezu.*

schlechtmachen: *verleumden.*

(sch)lecken: lutschen. *kosten.*

schleichen: *kriechen. gehen.* sich ~, stehlen. ~d, *heimlich.*

Schleichwege: Schliche.

Schleier: Vorhang. Dunst(schleier).

schleierhaft: *unklar.*

Schleife: *Schlinge. Schlips.*

schleifen: *schärfen. ziehen. glätten.* geschliffen: *glatt.* scharf. *drillen. gleiten.*

Schleim: *Brei,* Glibber. ~ig, *glatt.* klebrig. *dickflüssig.*

schlemmen: prassen, *genießen.*

schlendern: *gehen.*

Schlendrian: Bummelei, *Schlamperei.*

schlenkern: *schwenken,* zappeln.

schleppen: *ziehen.* tragen. *langsam.*

schleudern: *werfen.*

Schleuderware: *Ramsch.*

schleunig(st): *bald.*

Schleuse: Siel. ~nkammer, ~ntor.

Schliche: Schleichwege, *Ränke.*

schlicht: *einfach,* -fältig, kindlich. unscheinbar, -ansehnlich. gerade, *natürlich,* ungekünstelt. kunst-, schmuck-, prunklos, glatt.

schlichten: (ein)*ebnen,* ausgleichen, vermitteln, -söhnen, beilegen.

schliddern: *gleiten.*

Schliere: Streif(en).

Schließe: Schnalle.

schließen: ab~, be~, ver~, zu~, (ab-, ver-, zu)sperren, (-)riegeln, zumachen, -ziehen, -*schlagen,* ver-, zunähen, -kleben, -korken. zuknöpfen, -schnallen. *beend(ig)en.* stillegen. Vertrag ~, eingehen. ver-, geschlossen. zu. *folgern.* ~ lassen: *andeuten.*

schließlich: *endlich, zuletzt.*

Schliff: Politur. *höflich. Drill.*

schlimm: arg, *schlecht, übel, elend, unangenehm.*

schlimmstenfalls: *allenfalls.*

Schlinge: Schleife, Masche, Auge, Dohne. Knoten. Stich, Stek, Schlag.

Schlingel: *Bengel.*

schlingen: *winden, binden. schlucken.*

schlingern: *schwanken.*

Schlinggewächs, -pflanze: Ranke, Klette, Liane.

Schlips: Binder, Krawatte, Plastron, Schleife, Fliege.

schlittern: *gleiten.*

Schlitz: *Spalt(e).*

schlitzen: *schneiden, reißen, spalten.*

Schloß: Tür~, Sicherheits~, Vorhänge~. Verschluß. Palast.

Schlossen: *Hagel*(körner).

Schlot: *Kamin.*

schlotterig: *schlaff.*

schlottern: schlappen, baumeln, bammeln, flattern. *zittern.*

Schlucht: Kluft, Klamm, (Fels) Spalte, Tiefe, Abgrund.

schluchzen: *weinen.*

Schluck: Zug.

schlucken: schlingen, würgen. *einnehmen, essen, trinken. auf-, hinnehmen; begreifen.*

schludern: *pfuschen.*

Schlummer: *Schlaf.*

Schlund: Rachen, *Hals. Mund,* Maul. *Tiefe.*

schlupfen, schlüpfen: *gleiten.*

schlüpfrig: *glatt. unanständig.*

schlürfen: (sch)labbern, schlappen, schlapfen, schlarpen, schlampen, lecken, trinken. schlurfen. schleichen, gehen.

Schluß: *Ende. halt. Folgerung,* Urteil.

Schlüssel: *Aufschluß.*

schlüssig: beweisend, zwingend, bündig, *unwiderlegbar,* logisch. (sich) ~ werden; sich *entschließen.*

Schmach: *Schande. schmählich.*

schmachten: *hungern,* gieren. welken.

schmächtig: *mager. zart.*

schmackhaft: wohlschmeckend, lekker, appetitlich, *köstlich, angenehm.*

schmähen: höhnen, (be)*schimpfen*, beleidigen, verunglimpfen, lästern, schmälen, *herabsetzen, verleumden, schänden.*

schmählich: schmachvoll, *schändlich*, erbärmlich, beschämend, unwürdig, -rühmlich, entehrend, *ehrlos*, schimpflich. elend, kläglich, jämmerlich.

schmal: dünn, eng, *mager, gering.*

schmälen: *schmähen.*

schmälern: *mindern.*

Schmalz: Fett. ~ig, *süßlich.*

Schmarotzer: Nassauer, Schnorrer, Drohne, Mitesser, Parasit. schmarotzen, nassauern; auf Kosten anderer leben.

schmatzen: *kauen.*

schmauchen: *rauchen.*

Schmaus: *Essen. Fressen. Genuß.*

schmecken: *kosten.* munden, *gefallen.*

Schmeichelei: Artigkeit, Höflichkeit, Nettigkeit, Liebenswürdigkeit, Aufmerksamkeit. Lobhudelei!

schmeichelhaft: schmeichlerisch, einschmeichelnd, *angenehm. ehrenvoll.*

schmeicheln: huldigen; hofieren, den Hof machen; beweihräuchern; Weihrauch streuen; lobhudeln, schöntun, um~, umwerben; um den Bart gehen; Süßholz raspeln; scharwenzeln. sich an~, ein~, anbiedern, (an)schmiegen; kosen, *locken.*

Schmeichler: Schmeichelzunge, -kätzchen, Augen-, Liebediener, Höfling, Lobhudler, -redner, Schönredner, Speichellecker! Kriecher! Schranze!

schmeißen: *werfen.* meistern.

Schmelz: Zahn~. Glasur, Email, Glanz. *Anmut.*

schmelzen: verflüssigen, auf-, erweichen, (auf)tauen, aus-, zerlassen, (auf)lösen. zergehen, -laufen, -rinnen (lassen). *vergehen. abnehmen.* geschmolzen, flüssig.

Schmerz: Weh, *Qual, Folter.* Wunde. *Leid. Reue*(~).

schmerzen: weh tun; brennen, bohren, *beißen,* kneifen, stechen, zwicken. *verletzen. betrüben. bedauern.*

schmerzlich: *traurig, bitter.*

schmettern: *werfen. schlagen. schallen.* blasen.

schmiegen, sich: sich kuscheln. sich anpassen, sich *schmeicheln.*

schmiegsam: *geschmeidig.*

schmieren: *streichen,* malen, klecksen, kleistern, *sudeln.* ein~, (ein)ölen, (-)fetten, (-)salben, (-)kremen, einreiben. bestechen. eine ~!: *ohrfeigen.*

schmierig: *fettig,* seifig. *schmutzig.*

schminken: *färben.*

Schmiß: Schramme, Schmarre, Kratzer. *Narbe.* Schwung. schmissig, *schneidig.*

Schmöker: *Buch.* ~n, lesen.

schmollen: *zürnen.* trotzen.

schmoren: *dünsten,* braten, rösten, *schwitzen.*

Schmuck: Zier(de), Zierat, Verzierung, Schnörkel! *Putz.* Geschmeide, Kleinod. Glanz, Flitter.

schmuck: *fein, gefällig, prächtig.*

schmücken: (ver)zieren, verbrämen, verschönern, *ausstatten,* (auf-, heraus) putzen, behängen; schön-, fein-, hübschmachen. zurichten. verschnörkeln!

schmucklos: *schlicht.*

schmunzeln: *grinsen, lächeln.*

Schmus: Gerede. schmusen, *kosen.*

Schmutz: *Dreck.* Unflat, ~ig, unrein, -sauber, -gewaschen, -gepflegt, verdreckt, -staubt, staubig, beschmutzt, -fleckt, -sudelt, fleckig, schmierig, schmuddelig, speckig. garstig. Schmutz-, Dreckfink! -liese! Schlampe! *Schwein!* *unanständig.*

Schnabel: Schnute, Schnauze, *Mund.* Tülle. Ausguß.

schnabulieren: *naschen.*

Schnack: *Gerede. Unsinn.*

Schnalle: Schließe.

schnallen: *binden.*

schnalzen: schnippen. schmatzen.

schnappen: japsen. *greifen. fangen.*

Schnaps: *Branntwein.*

schnarren: *quarren. knarren. surren.*

schnattern: *zittern. schwatzen.*

schnauben: *blasen, fauchen.* sich schneuzen, die Nase putzen.

schnaufen: (schwer) *atmen.*

Schnauze: Maul, *Mund. Gesicht.*

schnauzen: *schelten.*

Schnecke: Schraube, Spirale.

Schneid: *Mut.*

Schneide: Schärfe.

schneiden: schnitze(l)n, kerben. schlitzen. *scheren.* (ab-, zer)*trennen.* zerkleinern. *ernten. kreuzen. meiden, verleugnen.* ~d, *scharf.*

schneidig: schnittig, *fesch, forsch,* schwungvoll, schmissig. stramm. zackig!

Schneise: *Lichtung.*

schnell: rasch, *eilig,* geschwind, hurtig, flott, zügig, flink, behend, fix, *lebhaft,* stürmisch. *bald(ig), sofort(ig), plötzlich,* eilends; im Handumdrehen; ohne Aufenthalt; *zusehends;* prompt. ~füßig. ~laufend. Schnelligkeit, *Tempo.*

schnellen: schnicken, schnippen, *werfen,* springen, federn, wippen.

schneuzen, sich: die Nase schneuzen, schnauben, putzen.

schnippen: schnalzen. *schnellen.* schnippisch, spitzig, frech, *hochmütig.*

Schnipsel: *Schnitzel.*

Schnitt: (~)Wunde. Trennung(slinie). *Ernte. Durchschnitt.* (~)*Muster.* Zu~, *Form.* schnittig, *schneidig.*

Schnitte: Scheibe, *Stück.*

Schnittpunkt: *Kreuzweg.*

Schnitzel: Schnipsel, *Fetzen.*

schnitze(l)n: schneiden, schnibbeln, kerben, *formen.*

Schnitzer: *Fehler.*

schnoddrig: keß, *frech.*

schnöde: *verächtlich, erbärmlich. gefühllos, gemein.* undankbar.

Schnörkel: *Schmuck.*

schnorren: *betteln. Schmarotzer.*

Schnucke: Schaf.

schnüffeln: schnuppern, *riechen.* spionieren, *belauern. Neugier.*

Schnulze: *Kitsch.*

schnuppern: *schnüffeln,* naschen.

Schnur: Bindfaden, Kordel, *Band, Strick,* Litze.

schnüren: *binden, packen,* ver~, zu~.

Schnurre: *Komödie.* schnurrig, *drollig.*

schnurren: *surren.*

Schnute: (Schnabel, Schnauze, *Mund.*

Schober: (Heu)Haufen, Feime, Hocke.

Schock: Stoß, Erschütterung, Nerven~, *Schreck.* ~ieren: *Anstoß* erregen.

schofel: *schäbig.*

Scholle: Erd~, *Erde.*

schon: bereits, (~) längst. allein, einzig. ohnedies, -hin, sowieso. wohl, zwar.

schön: bild~, wohlgeformt, -gestaltet, formvollendet, *prächtig.* (lieb)*reizend, anmutig, gefällig.* sich ~machen, *schmükken.* einverstanden.

schonen: ~d, behutsam *behandeln;* ver~, (be)*schützen. sparen.* Nachsicht üben; Rücksicht nehmen.

schonungslos: *streng.*

schonungsvoll: *mild.*

Schönredner: *Schmeichler.*

schöntun: *schmeicheln.*

Schopf: (Kopf)*Haar,* Haar~. *Kopf.*

schöpfen: ent-, heraus*nehmen.*

Schöpfer: *Löffel. Urheber.*

schöpferisch: fruchtbar, produktiv. erfinderisch, genial.

Schöpfung: Erschaffung. *Erzeugnis.* Welt. (Welt)*All.*

Schorf: Rinde, Borke, Kruste. Grind.

Schornstein: *Kamin.*

Schoß: Mutter~. ~kind, Liebling.

Schößling: *Sproß.*

schraffieren: *stricheln.*

schräg: *schief, quer,* diagonal. geneigt, abschüssig, -fallend, -gedacht, -geoohrägt, an-, aufsteigend, -strebend. *Gefälle.*

Schramme: Kratzer, Riß, Ritzer, Schrunde, Wunde.

schrammen: *kratzen.*

Schrank: (Kleider)Kasten. Spind.

Schranke: Sperre, *Grenze,* Schlagbaum. Hindernis, Scheidewand, *Graben.*

schrankenlos: unbeschränkt, -umschränkt, -eingeschränkt, *unbegrenzt, frei.* allgewaltig.

Schranze: *Schmeichler.*

Schraube: Schnecke, Spirale.

schrauben: *drehen.* hoch~, *steigern.*

Schreck(en): Entsetzen, Bestürzung, Panik, Schock. *Gespenst.*

schrecken: ab-, zurück-, *erschrecken.* scheuchen. *ängstigen.* abbringen, *entmutigen, hindern. kühlen.*

schrecklich: fürchterlich, furchtbar, -erregend, entsetzlich. gräßlich, grauenhaft, -voll, grausig, greulich, ungeheuer (lich), schauerlich, schaurig, *scheußlich*, haarsträubend, mörderisch. *sehr*.

Schrei: Auf~. Wehruf, Schmerzens~. (Aus)Ruf. Jubel~, Freuden~. Schreie, Geschrei, -heul, -brüll, -johle.

schreiben: zu Papier bringen; auf~, nieder~, notieren, be-, vermerken, (auf-, ver)zeichnen, kritzeln! sudeln! *verfassen. mitteilen*. sich ~: brieflich verkehren; korrespondieren. Schreiben, Brief, Schriftstück, Zuschrift, Zeilen, Nachricht, Wisch! Schrieb!

Schreiber: *Verfasser. Schriftsteller.*

Schreibweise: -art, Ausdruck, *Stil*, Feder.

schreien: rufen, krähen, kreischen, *keifen*, brüllen, johlen, grölen, lärmen, krakeelen. plärren, *heulen*. ~d, *grell*.

Schrein: *Behälter*. Toten~, Sarg.

schreiten: *gehen*.

Schrieb: *Schreiben*.

Schrift: (~)Werk, Druck~, Broschüre, Veröffentlichung, *Buch. Zeitschrift*. Text. Hand~. (hand)schriftlich, schwarz auf weiß.

Schriftsteller: Autor, Verfasser, Schreiber, Literat, *Dichter*, Lyriker, Erzähler, Roman~, Romancier, Theater~, Bühnen~, Dramatiker.

Schriftstück: *Schreiben*, Aktenstück, *Niederschrift*.

schrill: laut, *grell*.

schrillen: kreischen, *lärmen*.

Schritt: Tritt. *Gang. Maßnahme*. ~weise, *allmählich*.

schroff: *steil. jäh. streng. grob*.

schröpfen: zur Ader lassen; Blut abzapfen. *ausbeuten*, -saugen, -nehmen, -ziehen, rupfen; scheren.

schroten: *zerkleinern*.

Schrott: Alteisen. *Abfall. Plunder, wertlos. Trümmer*.

schrubben: *putzen*.

Schrulle: *Laune*. ~nhaft, schrullig, verschroben, -stiegen, abwegig, *seltsam, verrückt*.

schrumpeln, schrumpfen: ein~, zusammen~, zusammenfallen, sich zusammenziehen, verkleinern. eingehen,

-laufen. verhutzeln. *abnehmen. vergehen*. schrumplig: *faltig*.

Schrunde: (Haut)Riß, Schramme. Spalte, Kluft, Schlucht, Abgrund.

Schub: *Stoß*. ~kraft. *Fracht. Gruppe*.

Schubs: *Stoß*.

schüchtern: *ängstlich*, scheu, zaghaft, verzagt. befangen, *verlegen*, blöde, unbeholfen. bescheiden, demütig, verschämt, schämig.

Schuft: Erz~, (Erz)Schurke, Schurkenseele, *Lump*(enhund), (Spitz)Bube, Strolch, *Verbrecher, gemein*.

schuften: sich (ab)*mühen, abhetzen*.

Schuld: *Fehler*, Makel, Flecken. *Verbrechen*, Sünde. ~igkeit, *Pflicht*. ~enlast, Verschuldung, Verpflichtung(en), -bindlichkeit(en). ~en machen: Geld *leihen*. sich zuschulden kommen lassen: *verstoßen*.

schuldbewußt: *reuig*.

schulden: schuldig sein; zu zahlen haben. *verdanken*.

Schuldgefühl: böses *Gewissen*.

schuldig: schuldhaft, -beladen, sündig, verantwortlich. *Sünder*.

Schuldigkeit: *Pflicht*.

schuldlos: unschuldig; ohne Schuld.

Schule: (Bildungs)*Anstalt*, -stätte, Pennal, Penne! Volks~, Hilfs~, Mittel~, Ober~, Real~, Handels~, Fach~, Berufs~, Haushaltungs~, Frauen~, Gymnasium. Schulhaus, -gebäude. *Lehre*.

schulen: *lehren*. Schulung, Übung.

Schüler: Hörer, Zögling, Gymnasiast. Pennäler. *Anfänger*. Jünger, Anhänger, Nachfolger, die Schule.

schulgerecht: kunstgerecht, *tadellos*.

Schulmeister: *Lehrer*. Zuchtmeister. Magister, *Pedant*, Besserwisser.

schummern: *stricheln. dämmern*.

Schund: *Kitsch*. Ausschuß, Ramsch, Mist, Dreck, Plunder.

Schupo: *Polizei*.

schuppen: *schaben*.

Schuppen: *Lager*(~), *Scheune*.

schüren: stochern. (ein)*heizen. hetzen*.

schürfen: *kratzen. graben*.

schurigeln: *quälen*.

Schurke: *Schuft, Verbrecher*.

Schurz: Schürze. ~fell, Lenden~.
schürzen: hochziehen, (-)raffen. einen
Knoten ~, binden.
Schüssel: Napf, Schale, Kump,
Kumme, Satte, Terrine. Becken, Gefäß.
schusselig: schußlig, fahrig.
schustern: pfuschen.
Schutt: Kehricht. Geröll. ~haufen,
~abladeplatz, (Müll)Kippe. in ~ und
Asche legen: zerstören.
schütteln: stoßen. mischen, durch-
einander~, rütteln, beuteln. schaudern.
schütten: gießen. regnen.
schütter: dünn.
schüttern: stoßen.
Schutz: Sicherheit, (Ob)Hut, Hort,
Rückhalt, Zuflucht. (~)Schild, (~)
Schirm, (~)Damm, (~)Wall. Fittiche.
Geleit. ~schicht, (~)Hülle.
schützen: be~, feien, (ab-, be)schir-
men, wappnen, sichern, (ab-, be)decken,
behüten, -wahren, verschonen, ersparen,
retten, verteidigen; in Schutz nehmen.
schutzlos: hilflos. rechtlos.
Schutzmann: Polizei.
schwach: schwächlich, kraftlos, entkräftet, matt, müde, lahm, hinfällig,
schwindsüchtig, gebrechlich, elend, hilflos, machtlos, ohnmächtig. unsicher,
wackelig. willens~, nachgiebig, weich,
mürbe; ohne Halt, Rückgrat; halt-,
willen-, energielos. alters~, morsch. gering. dünn, zart. leise. anfecht-, angreifbar; schwache Stelle. anfällig.
Schwäche: Schwachheit; schwache
Stelle; Blöße. Gebrechen. Neigung.
schwächen: entkräften, erschöpfen,
auspumpen, mitnehmen, ermüden, lähmen, herabsetzen, herunterbringen. ab~,
mildern.
Schwächling: Weichling, Muttersöhnchen, Wasch-, Jammerlappen,
Jämmerling, Pantoffelheld, Schlapp-
schwanz! Feigling.
Schwachsinn: blöde.
Schwaden: Dampf, Qualm.
schwadronieren: prahlen.
Schwalch: Qualm.
Schwall: Flut, Fülle. Rede~, Wort~,
Redefluß.

Schwamm: Mauer~, Haus~, Pilz.
Bade~, Gummi~.
schwammig: weich. ungenau.
schwanen: ahnen.
schwanger: gesegneten Leibes; in
Hoffnung; guter Hoffnung; in (anderen)
Umständen; ein Kind (unter dem Herzen) tragen; Mutter werden; werdende
Mutter. trächtig!
Schwank: Komödie.
schwanken: wanken, schaukeln, pendeln, schwingen, wippen; sich wiegen;
wogen, tanzen, taumeln, zittern, wakkeln, bammeln, baumeln; schlingern,
rollen. sich bewegen. zögern. zweifeln.
~d, unsicher, -schlüssig, -beständig.
Schwankung: Bewegung, Zittern,
Ausschlag.
Schwanz: Schweif, Sterz, Steiß, Stoß,
Bürzel, Rute, Lunte. Anhang, Ende.
schwänzeln: scharwenzeln.
schwänzen: meiden. versäumen.
Schwäre: Wunde. schwären, eitern.
Schwarm: Schar. Leidenschaft. Liebhaberei. Liebling.
schwärmen: streifen. träumen. sich
begeistern; verehren. Schwärmerei, Neigung, Überschwang.
schwärmerisch: träumerisch, trunken, leidenschaftlich, entzückt, entrückt.
Schwarte: Fell. Speck~. Buch.
schwarz: schwärzlich, geschwärzt,
das Schwarze, die Schwärze, dunkel.
unheilvoll. ~ auf weiß: schriftlich.
schwarzmachen: verleumden.
Schwarzseher: Kopfhänger, Pessi-
mist, Miesmacher; alles grau in grau
sehen; schwarzsehen; trübe in die Zukunft blicken; unken.
schwatzen: schwätzen, reden, salbadern. schnattern! klatschen. Gespräch.
Schwätzer: Zungendrescher.
schwatzhaft: redselig. Schwatzliese.
schweben: fliegen, gaukeln. hängen.
schwimmen. ~d, unentschieden.
Schweif: Schwanz.
schweifen: biegen. streifen. ziellos.
schweigen: still~; den Mund halten,
nicht auftun; stumm bleiben; für sich
behalten; ver~, geheimhalten; reinen

Mund halten; dichthalten. Ruhe geben; verstummen. ruhen.

schweigsam: schweigend, *stumm*, wortkarg, einsilbig, maulfaul! verschwiegen. *verschlossen.*

Schwein: Borstenvieh, Wild~, Keiler, Eber, Sau, Bache, Mutter~, (Span) Ferkel, Frischling. *Glück.* ~ehund, *Lump.* ~igel, *schmutzig.* Drecksau!

schweinemäßig: schweinisch, saumäßig! säuisch! *schmutzig. unanständig.*

Schweinerei: Schweinigelei, Zote, *Schmutz.* Schweinestall.

schweißen: *verbinden.*

schwelen: rauchen, blaken, rußen, *qualmen. glühen.*

schwelgen: prassen, *genießen.*

schwelgerisch: genießerisch, *üppig.*

schwellen: an~, auf~, *blähen,* bauschen, vergrößern, aufschwemmen. (auf) quellen, aufgehen; sich vollsaugen. *wuchern.* sich wölben; dick werden; ~d, *üppig. gedunsen. Geschwulst.*

schwemmen: *spülen.*

schwenken: schwingen, schlenkern, schlackern, fuchteln, herumfahren. *drehen.* ein~, einlenken, nachgeben. um~, sich drehen; die Richtung ändern.

schwer: blei~, bleiern, gewichtig, ~wiegend, wuchtig, massig. ~fällig, unbeweglich, *langsam, plump. drücken. mühevoll. Gewicht.*

Schwergewicht: *Schwerpunkt.*

schwerhörig: harthörig, *taub.*

Schwerkraft: *Anziehung*(skraft).

schwerlich: *kaum.*

Schwermut: Trübsinn, Trauer, Melancholie, Weltschmerz.

Schwerpunkt: -gewicht, Nachdruck. *Mitte.*

Schwester: Pflegerin, Kranken~, Rotkreuz~, Säuglings~, Kinder~, Fürsorge~, Laien~. *Nonne.*

Schwiemel: *Schwindel.*

schwierig: *mühevoll,* hart(e Nuß), ungünstig, spröde. *verwickelt,* -trackt, -zwickt, knifflig. *bedenklich,* kritisch, Krise, Bedrängnis. schwer verständlich; schwer zugänglich; Problem(atisch), kompliziert.

schwimmen: baden, kraulen. *strömen*; schweben.

Schwindel: Schwiemel, Taumel, Rausch. *Ausrede, Lüge, Betrug. Unsinn. vortäuschen.* schwindlig, wirbelig.

schwinden: dahin~, *abnehmen.* erlöschen, *vergehen,* -fallen, -siegen, ab-, verebben. sich verflüchtigen, (ver)*mindern.* ausfallen, -gehen.

schwindsüchtig: *schwach, mager.*

Schwinge: *Flügel.*

schwingen: *schwenken. schwanken.*

Schwips: *Rausch.*

schwirren: surren, *fliegen, brausen, flimmern.*

schwitzen: (aus)dünsten, dampfen, *schmoren; beschlagen.*

schwören: be~, beeiden, -zeugen; einen Eid leisten; Gott zum Zeugen anrufen. geloben; sein (Ehren)Wort geben, verpfänden; *versichern, -sprechen.*

schwül: warm, heiß, *dumpf,* drückend.

Schwulst: Bombast. ~ig, geschwollen, *übertrieben, unnatürlich,* hochtrabend, *prahlerisch.*

Schwund: *Abnahme.* Abgang.

Schwung: (~)*Kraft,* Wucht, Bewegung, Begeisterung, Mumm! Elan. schwungvoll, schmissig, schneidig.

schwunglos: *nüchtern.*

Schwur: *Eid.*

See: Meer. ~gang, Wellen.

Seele: Inneres, Innenleben, *Geist, Gemüt,* Herz, Atem, *Wesen.*

seelenlos: *tot.*

seelenvoll: beseelt, *gefühlvoll.*

seelisch: innerlich, psychisch, geistig.

Seemann: -fahrer, Schiffer, Matrose, Teer-, Blaujacke, Seebär!

segeln: schiffen, fahren. *fliegen.*

Segelschiff, -boot (*Schiff*): Segler. Kutter, Schaluppe, Ewer, Logger, Lugger, Dschunke, Brigg, Schoner, Klipper, Vollschiff, (Zwei-, Drei-, Vier-, Fünfmast)Bark, Zwei-, Dreimaster usw., Kogge, Galeere, Galeone, Karavelle, Korvette, Fregatte.

Segen: Segens-, *Glück*wunsch. Gnade, Weihe. *Erfolg.* (Gottes)Gabe.

segnen: *weihen. beglücken.*

sehen: (*er*)*blicken. besichtigen.* beobachten. *erkennen.* ~ lassen: *zeigen.* sich ~: *zusammenkommen.*

sehenswert, -würdig: *beachtlich.*

Seher: Künder, Prophet.

Sehne: Strang, Faser.

sehnen, sich: er~, *wünschen,* streben, gieren; sich *verzehren;* vor Sehnsucht vergehen; *vermissen.*

sehnig: *kräftig,* zäh.

sehnlich: sehnsüchtig, sehnsuchtsvoll, *leidenschaftlich, inständig.*

Sehnsucht: Sehnen, *Verlangen,* Ungeduld. Heimweh. ~svoll, *sehnlich.*

sehr: überaus, erheblich, beachtlich, -trächtig, ziemlich; (ganz) besonders, gehörig; recht, *merklich;* nicht wenig; ausnehmend, *ungewöhnlich,* außerordentlich, *hervorragend,* gewaltig, mächtig, stark, heftig; in hohem Maße; hochgradig, *höchst, maßlos;* über und über; *unsagbar,* -gemein, -geheuer, *schrecklich,* arg, happig! lausig! *verflucht,* höllisch, sündhaft, aasig. *ja.*

Seiber: *Geifer.*

seicht: *flach,* niedrig, untief. *oberflächlich, nichtig, fade.*

seifig: *glatt, schmierig.*

seihen: *sieben,* filtrieren.

Seil: Strick, Strang, Tau, Leine, Trosse, Schnur, Kabel, Strippe.

sein: es gibt; vorliegen, *bestehen;* sich *befinden. stammen. geschehen.* bilden, ausmachen.

seinerzeit: *einst.*

seit(dem): seit damals; seither, später, inzwischen; in der Zwischenzeit.

seitab: *seitwärts.*

Seite: Richtung, Gegend. Flanke, Flügel. *Wange.* seitens, von (seiten).

Seitensprung: *Abstecher.*

Seitenstück: Gegenstück, *Abbild.*

seitlich, -wärts: -ab, abseits, beiseite, *neben*(an).

Sekt: Champagner, Schaumwein.

Sekte: *Bekenntnis-,* Bruder-, Brüder-, Gesinnungs-, Glaubens-, Religionsgemeinde, -gemeinschaft. Partei.

selber, selbst: eigenhändig, persönlich, *ich.* aus eigener, durch eigene Kraft;

ohne fremde Hilfe. *sogar.* von ~; von allein; *zwangsläufig.*

selbständig: unabhängig, -gebunden; sein eigener Herr; autonom. Eigenart. selbstsicher, eigenwillig, *eigenmächtig.* unbeaufsichtigt. von selbst; automatisch.

selbstbewußt: ichbewußt, *stolz.* selbstsicher, *selbstgefällig.* ~sein, Selbstgefühl, -vertrauen, -achtung.

selbstgefällig, -gerecht: selbstbewußt, -zufrieden, *eitel, hochmütig.*

selbstgewählt: freiwillig.

selbstherrlich: *eigenmächtig.*

selbstisch: *Selbstsucht.*

selbstlos: -verleugnend, hingebend, aufopfernd, uneigennützig, hilfsbereit, großmütig, *Hingabe.*

Selbstmord: Freitod. ~ begehen: sich das Leben nehmen; seinem Leben (selbst) ein Ende machen; freiwillig aus dem Leben scheiden; von eigener Hand sterben; Hand an sich legen; sich (selbst) *töten,* entleiben, richten!

selbstsicher: -bewußt, selbständig.

Selbstsucht: Ich-, Eigensucht, Selbst-, Eigenliebe, Eigennutz, Egoismus, selbstisch, rücksichtslos.

selbsttätig: von selbst, selber, allein. zwangsläufig, automatisch, mechanisch.

selbstverständlich: -redend; versteht sich; natürlich, *zweifellos, ja, anstandslos, gern.*

selbstzufrieden: *selbstgefällig.*

selig: *himmlisch,* paradiesisch, wonnig, wonnevoll, *glücklich, froh,* verzückt, *Freude.* verstorben, *tot.*

selten: rar, *einmalig, wenig,* gesucht, *ungewöhnlich, erlesen. seltsam.* Rarität, Ausnahme. nicht oft, häufig; dünn gesät; fast gar nicht; fast nie; *manchmal,* ausnahmsweise; alle Jubeljahre; ~er Vogel! weißer Rabe. nicht ~: *häufig.*

seltsam: sonderbar, absonderlich, befremdend, -lich, *fremd*(artig), eigen (artig, -tümlich), merkwürdig, *ungewöhnlich,* wunderlich, grotesk, bizarr, verdreht, *schrullig,* komisch, kurios(um). Kuriosität, Original.

senden: (ab-, ver-, zu)senden, (-)schicken; übermitteln, -weisen; zu-

leiten; zugehen, -kommen lassen; liefern;
verfrachten, -schiffen. Transport, (Brief-,
Fracht)Sendung, Brief, Fracht, Paket.
ent~: *abordnen.*

sengen: an~, ver~, (an-, ver)brennen.

Senke: *Vertiefung, Graben, Tal.*

senken: *herabsetzen. neigen.* sich ~:
sinken.

senkrecht: auf-, lotrecht, vertikal.

Serie: *Reihe.*

Sessel: Arm~, Ohren~, Lehn~,
Großvater~, Sitzschale, Klub~, Pol-
ster~, Korb~, Leder~, Sitz.

seßhaft: *ansässig.* sich *niederlassen.*

setzen: *stellen, lehnen.* legen, stapeln,
schichten, stülpen. *pfropfen. wetten.*
Fahne ~: *flaggen.* sich ~: sich *niederschlagen.* Platz, einen Stuhl nehmen;
sich hin~, niederlassen.

Seuche: *Krankheit,* Epidemie.

seufzen: ächzen, stöhnen, *klagen.*

sicher: tod~, gefahrlos, -sichert,
-feit, -schützt, -borgen, behütet, unbe-
droht, -gefährdet, -angreifbar, -verwund-
bar. heimisch. getrost, zuversichtlich,
sorglos. fest, bestimmt, ausgemacht, entschieden, gewiß. überzeugt. sicherlich,
offenbar, zweifellos, unfehlbar, -trüglich,
-weigerlich. *zuverlässig.* verbürgt. *jedenfalls. ja.*

Sicherheit: *Schutz, Gewähr,* Gewißheit. *sicher.*

sichern: sicherstellen. *schützen,* wahren, erhalten, bewahren, -wachen. (ver)
bürgen. *stützen,* verankern.

Sicht: *Aussicht. Standpunkt.*

sichtbar: *offenbar, merklich.* ~
machen: *zeigen.*

sichten: *sieben.* ordnen. *erblicken.*

sichtig: *klar.*

sichtlich: zusehends, *schnell. offenbar.*

sickern: rinnen, *tropfen,* quellen.

sieben: seihen, filtern, sichten, sondern, (aus)scheiden, (-)*wählen.*

siech: *krank.*

siedeln: sich *niederlassen.*

sieden: *kochen.* ~d: *heiß.*

Sieg: Triumph, *Erfolg.* ~reich, ~ge-
krönt, ~haft, erfolgreich.

siegen: Sieger werden, bleiben; als

Sieger hervorgehen; (die Oberhand) gewinnen; be~, ob~, schlagen, *bezwingen.
durchdringen. übertreffen.*

Siel: (Deich)Schleuse.

Signal: *Zeichen.*

Simpel: *dumm.Tölpel.* simpel, *einfach.*

singen: trällern. summen, brummen.
leiern! grölen! flöten, *zwitschern.*

sinken: (ab)sacken, *versinken,* (ab-,
ver)*fallen, abnehmen.* sich senken, neigen; heruntergehen.

Sinn: *Begriff,* Bedeutung, *Wesen,*
Geist. *Zweck. Gemüt, Gesinnung, Gefühl.*

Sinnbild: *Gleichnis.*

sinnen: träumen, sinnieren, *grübeln.*

sinnfällig: *anschaulich.*

sinngemäß: (-)*entsprechend,* analog.

sinnig: *sinnvoll.*

sinnlich: *körperhaft.* geschlechtlich,
triebhaft, *lüstern. Wollust.*

sinnlos: *unsinnig,* -gereimt. *unverständlich, dumm,* hirnverbrannt, absurd,
nutzlos. planlos.

sinnreich: scharfsinnig, kunstvoll,
ausgeklügelt, raffiniert.

sinnvoll: *vernünftig.* sinnig, *passend.*

sinnwidrig: *falsch.*

Sippe: Sippschaft, *Verwandt*schaft,
Geschlecht, Brut! Blut, Familie, Ange-
hörige, Haus. *Gattung. Gesellschaft.*

sirren: flirren. surren.

Sitte: *Brauch.* gesellschaftliche Form;
Lebensart, Anstand. Moral.

sittenlos: *unsittlich.*

Sittenverfall: *Laster.*

sittig: *sittsam.*

sittlich: *tugendhaft.*

sittsam: sittig, gesittet, *artig,* bescheiden. züchtig, *ehrbar,* schicklich,
anständig, keusch.

Situation: *Lage, Zustand.*

Sitz: ~gelegenheit, ~möbel, (~)Bank,
(~)Hocker, Schemel, *Stuhl, Sessel. Aufenthalt,* Herd.

sitzen: hocken, kauern. ruhen, sich
befinden. reiten. *passen.* in *Haft* ~.
~lassen: im *Stich* lassen. *verlassen.*

Sitzung: *Zusammenkunft.*

Skandal: Ärgernis, *Schande.*

Skizze: *Zeichnung.*

Skrupel: *Bedenken.*

so: solch, solcherart, -maßen; derart, -gestalt, -maßen; in der Weise; folgendermaßen; auf folgende Weise; nun. *folglich. zuletzt.* eben~; so wie; *gleich.* so oder so; *jedenfalls.*

sobald, -fern: *wenn.*

Sockel: Fuß, *Unterteil, Grundlage.*

sofort: (so)gleich, augenblicklich; im Nu, Augenblick; auf der Stelle; umgehend, ungesäumt, -verzüglich, -verweilt; ohne Verzug, Säumen, Aufenthalt; *ohne weiteres;* auf Anhieb. flugs, (schnur)stracks, *schnell,* frischweg, brühwarm, alsbald. fristlos; Knall und Fall.

Sog: *Strömung.*

sogar: ja (~), (ja) auch; selbst.

Sohle: Grund. Fuß~, Schuh~.

Sohn: *Junge. Nachkomme.*

solange: *inzwischen. während.*

solch: *so.*

Soldat: Krieger, Streiter, Waffenträger, (Front)Kämpfer, Front~, Landser. Marine~. Matrose.

Soll: *Schuld. Pflicht.*

sollen: *müssen.*

Sommer: *warm. Gipfel.*

sonder: ohne. *eigen.*

sonderbar: *seltsam.*

sonderlich: *besonders.*

Sonderling: Eigenbrötler, Außenseiter, Einzelgänger, Original, Kauz.

sondern: *trennen, sieben.*

sondern: *aber.*

sonnig: *hell.*

sonst: andernfalls, oder. *früher.* sonstig, anderweitig, ~wo, *anderswo.*

sooft: jedesmal wenn; immer (dann) wenn; wann auch immer.

Sorge: Besorgnis, -denken, Grillen, Unruhe, *Angst,* Kummer, Gram. Für~, *Pflege.*

sorgen: *achten.* sich annehmen; *versorgen.* sich ~, (be)*kümmern, grämen.* besorgt sein, *fürchten.*

sorgenfrei, -los: *glücklich.*

sorgfältig: -sam, (für)sorglich, pfleglich, *behutsam,* aufmerksam, gewissenhaft, überlegt, ordentlich, gründlich, reiflich, peinlich, *genau.*

sorglos: *sorgenfrei.* unbesorgt, -beschwert, *unbekümmert, nachlässig, leichtsinnig, unbedenklich, zuversichtlich,* beruhigt, *sicher.*

sorgsam: *sorgfältig.*

Sorte: Marke, *Art.*

Soße: Tunke. *Saft.*

Sott: Ruß.

sowieso: ohnehin, -dies, schon; auf jeden Fall; überhaupt.

sozusagen: *gewissermaßen.*

spähen: *blicken.* spitzen, *lauern.*

Spalt(e): Ritz(e), Riß, Fuge, Schlitz, Lücke. Kluft, Schrund(e), *Schlucht.*

spalten: *trennen.* spleißen, *zerkleinern.* schlitzen. *Zwiespalt.*

Spange: Fibel; Haar~, Arm~.

Spann: Rist.

Spanne: Spannweite. *Strecke.* Zeit.

spannen: *dehnen,* straffen, strammen; *strammziehen;* (an)ziehen, *fesseln.* aufregen. schirren.

Spannung: An~, Druck, Krampf, Erregung, *Ungeduld,* Vorfreude. Miß-, Verstimmung, gereizt, feindselig. *Gegensatz,* Krise.

sparen: er~; beiseite- zurücklegen; *aufbewahren;* auf die Seite, die hohe Kante legen; erübrigen. schonen, haushalten; haushälterisch umgehen; (*sparsam*) *wirtschaften;* die Sachen zusammenhalten; *bescheiden* leben; sich be-, einschränken; den Gürtel enger schnallen; *geizen.* Einsparung, *Ersparnis(se), Rücklage(n),* Spar(kassen)buch, Sparguthaben. sparsam, wirtschaftlich.

spärlich: *gering.*

Sparren: *Balken.*

Spaß: *Scherz,* Witz, Humor. *Vergnügen.* Gelächter, Gaudi(um). ~en, *scherzen.* ~ig, *lustig.*

Spaßmacher, -vogel: Witzbold, Possenreißer, *Schalk,* Clown, *Narr.*

spät: verspätet; höchste *Zeit; endlich.*

später: *nachher,* -malig, *seitdem;* jetzt nicht; noch nicht; ~hin, *künftig.*

spazieren(gehen): (sich er)*gehen;* (lust)wandeln, bummeln, flanieren, promenieren; einen Spaziergang machen.

Spaziergang: Promenade. *Ausflug.*

Speck: Fett. ~ig: feist. *schmutzig.*

Speichel: Wasser im Mund; Spucke! Sabber! Auswurf. Geifer.

Speichellecker: *Schmeichler.* speichelleckerisch, *unterwürfig.*

Speicher: *Lager*(~), Scheuer. (Dach) Boden. speichern: *lagern.*

speien: aus~, *spucken,* (aus)kotzen! von sich geben; (er)brechen. sich erbrechen, übergeben.

Speise: *Kost.* Gericht, Gang.

speisen: *nähren, beköstigen. essen.*

Spende: *Beitrag,* Opfer, (milde) Gabe, Almosen, Unterstützung. Geschenk.

spenden: *schenken.*

Spender: Geber, Stifter, Wohltäter.

Sperre: Riegel. *Schranke.*

sperren: *schließen. abschalten. hindern.* versperren, -bauen, -rammeln. blockieren. sich ~, *widersetzen.*

Spesen: (Un)*Kosten.*

speziell: *besonders, einzeln.*

spicken: vollstopfen, anfüllen; reichlich versehen. ab~, absehen, -gucken, -schreiben, pfuschen.

Spiegelbild: *Abbild.*

spiegeln: *wiedergeben,* zurückwerfen. *Widerschein.*

Spiel: Spielerei. Kinderspiel, *leicht.*

Spielart: *Abart.*

spielen: *tändeln. darstellen,* auf-, vorführen, geben; in Szene setzen. *musizieren.* ~d, *leicht.* spielerisch, *verspielt.* gespielt: *heuchlerisch.*

Spießer: Spießbürger, (Bildungs) Philister. Banause. Bürger, Bourgeois.

Spind: (Kleider) Schrank, (-)Kasten.

spinnen: weben. *verrückt* sein.

Spion(ieren): Spitzel(dienste leisten), *lauern, schnüffeln.*

Spirale: Schnecke, Schraube.

spitz(ig): nadelspitz, *scharf. boshaft, spöttisch,* schnippisch, anzüglich.

Spitzbube: *Gauner. Schelm.*

Spitze: Dorn, Stachel, Nadel, Zacke, Zinne, Ecke. Gipfel, Wipfel, *Kopf, oben, Leitung, führen,* Anfang.

Spitzel: Spion. bespitzeln, (be)*lauern.*

spitzen: an~, zu~, schärfen. *spähen.* die Ohren ~: *aufmerken, -passen.* (sich)

spitzen auf: *erwarten.* gespitzt, *neugierig.*

spitzfindig: überspitzt, zugespitzt, ausgeklügelt, scharfsinnig, rabulistisch. Haarspalter, Wortklauber, Silbenstecher.

Spleen: *Tick.*

spleißen: *spalten.*

Splitter: Scherbe, Stück. ~n, *brechen.*

Sporn: *Stachel.* ~en, *treiben.*

Spott: Gespött, Spöttelei, Stichelei, Hohn, Ironie, Sarkasmus, *spöttische* Reden(sarten). *Witz.*

spotten: spötteln; sich lustig machen; Schindluder treiben! aus~, ver~, (ver) *höhnen,* (-)*lachen.* sticheln, *witzeln, necken,* veralbern, verhohnepipeln! anzapfen! sich mokieren.

spöttisch: *höhnisch,* anzüglich, bissig, beißend, ironisch, sarkastisch, zynisch. spitz(ig), schnippisch.

Sprache: Zunge, Mundwerk, Rede (weise), Sprechweise, *Ausdruck*(sweise), Ausdrücke, Wort-, Sprachschatz. Mutter~, Landes~, Mundart, Dialekt. Fremd~. Sprachebene, -schicht.

sprachgewandt: sprachenkundig.

sprachlos: *stumm. fassungslos.*

sprechen: *äußern, reden.* plappern. vortragen, auf-, hersagen, deklamieren, rezitieren. die Worte setzen. das Wort nehmen, ergreifen. *flüstern. lallen!* näseln! nuscheln! schnarren.

Sprecher: Vortragender, Rezitator. Ansager. Wortführer, *Vertreter.*

spreizen: *dehnen.* sich ~: sich *widersetzen.* sich *zieren. prahlen.*

sprengen: be~, *spritzen. (auf)brechen. trennen. zerstören.*

Sprenkel: *Flecken.*

sprießen: *wachsen.*

springen: *schnellen,* prallen. hüpfen, hoppeln, hopsen, tanzen. umher~. *tollen. eilen. platzen.*

spritzen: (be)sprengen, (-)gießen, (-)netzen, (-)sprühen. planschen. eilen.

spritzig: prickelnd, witzig.

spröde: zart, zerbrechlich. gläsern, (glas)*hart. verschlossen, gefühllos,* herb, *zimperlich. schwierig.*

Sproß: Knospe, Trieb, Schößling, Ableger, *Zweig. Nachkomme.*

Sprosse: Stufe.
sprossen: *wachsen.*
Spruch: Sinn~, Wahr~, Kern~, Denk~, Lehr~, (Leit)Satz, Sentenz. Urteils~, Richter~.
sprudeln: *brausen, wallen,* perlen, prickeln, moussieren, *fließen.*
sprühen: *spritzen.* be~, bestäuben. *regnen. stieben.*
Sprung: Satz, Hopser, Hupfer, Hüpfer. *Bruch,* Riß.
sprunghaft: *plötzlich,* stürmisch. *zusammenhanglos. launenhaft.*
Spucke: Speichel.
spucken: an~. *speien.* aus~, *auswerfen.* große Töne, Bogen ~: *prahlen;* sich viel einbilden. ~ auf: *mißachten.*
Spuk: *Gespenst.*
spulen: *wickeln.*
spülen: schwemmen, treiben, *fluten.* waschen, baden.
Spur: Bahn. Fährte, Fuß~, Stapfen. *Zeichen. Wirkung. Kleinigkeit.*
spürbar: *merklich, offenbar.*
spüren: *wahrnehmen, wittern. suchen.*
Spürsinn: *findig.*
sputen, sich: *eilen.*
Staat: *Obrigkeit. Verfassung. Putz.*
Stab: Stecken, Stock, *Stütze.*
stabil: *fest.*
Stachel: Sporn, Dorn, Spitze, Borste. Ansporn. ~ig, *scharf.*
stacheln: an~, (an)*treiben.* auf~, (auf)*hetzen.*
Stadel: Heu~, *Scheune.*
Stadt: Ort. Klein~, Landstädtchen, Mittel~, Groß~, Welt~.
stählen: *stärken.*
stählern: *hart.*
staken: *stoßen. stapfen.*
Stamm: Baum~, Stumpf, Schaft. *Kern. Geschlecht.*
stammeln: stottern, *lallen.*
stammen: ab~, her~, (her)kommen, (-)rühren, zurückgehen, *entspringen.* sein. gehören.
stämmig: *stark.*
stampfen: *stoßen. treten.*
Stand: Ort. Rang. Klasse. Zustand. Verkaufs~, *Laden.*

Standarte: *Fahne,* Stander.
Ständer: Gestell, *Regal.*
standhaft: *unbeugsam. beharrlich.*
standhalten: *aushalten.*
ständig: (fort)laufend, *stetig, immer* (zu, -fort); in einem zu, fort; immer wieder; fort und fort; *unaufhörlich. häufig.* (all)*täglich.*
Standpunkt: Blick-, Gesichtspunkt, -winkel, Betrachtungsweise, Einstellung, Stellung(nahme), Haltung. Sicht, Schau, Warte, *Meinung.*
Stange: Stock, *Pfahl,* Latte, *Balken.*
Stank: *Ärger. Unfrieden.*
stänkern: *stinken. nörgeln, hetzen;* Unruhe, Händel stiften; Streit suchen; den Frieden stören; *streiten.*
stanzen: *stechen.*
Stapel: Stoß, Haufen. (auf)stapeln, *setzen, schichten, lagern.*
stapfen: staken, stelzen, gehen.
Stapfen: Fuß~, (Fuß)Tritt, Spur.
Star: ~matz. Stern, Größe, Film~, Diva, Primadonna, Held, Hauptperson.
stark: *kräftig,* stämmig, *derb,* dick, *gedrungen.* nachhaltig, *bedeutend,* ansehnlich, *mächtig, heftig.* willens~. *sehr,* happig! ~es Stück; *frech.*
Stärke: *Kraft, Macht,* Festigkeit. Dicke, *Ausmaß.* starke Seite; *Vorteil.*
stärken: ver~, (be)kräftigen, (be-, ver)festigen, stützen, (ver)steifen, härten, stählen, wappnen. be~, *aufrichten, beleben, guttun,* trösten. sich ~: *essen.*
Stärkung: *Imbiß. Labsal, Trost.*
starr: *regungslos, steif, tot,* erstarrt, *hart, unveränderlich,* -nachgiebig, -beugsam, *unduldsam, störrisch. fassungslos.*
starren: *glotzen. strotzen.*
Starrsinn: *Eigensinn.*
starten: *anfahren, anfangen.*
Station: Haltestelle, -punkt, Bahnhof. *Aufenthalt.* Abteilung. Abschnitt, Stufe.
statt: anstatt, an Stelle, *gegen,* (als Ersatz) für.
stattgeben: *willfahren.*
Stätte: *Ort.*
stattfinden, -haben: *geschehen. veranstaltet* werden.
statthaft: *zulässig.*

stattlich: *ansehnlich,* gewichtig, achtunggebietend, groß, *mächtig, prächtig, üppig,* stramm.

Staub: Fusseln, (∼)Flusen. Pulver. ∼ aufwirbeln: *auffallen.* sich aus dem ∼ machen: sich *davonmachen.*

stauchen: *drücken,* stülpen, zusammen∼, zurecht∼, *tadeln.*

Staude: *Busch.*

stauen: *aufhalten. laden.*

staunen: er∼; sich (ver)wundern; überrascht sein; *erstarren*; seinen Augen nicht trauen; Mund und Nase aufsperren; stutzen, *glotzen!* ∼ über: an∼, be∼, bewundern. *erstaunlich* finden.

stechen: stoßen, stanzen. bohren, *graben.* picken, pik(s)en, *schmerzen. scharf.*

stecken: (hin)ein∼, (-)stoßen, (-)stopfen, (-)pflanzen. ∼bleiben, *stocken.*

Stecken: Stab, *Stock.*

Steckenpferd: *Liebhaberei.*

Stecker: Stöpsel.

Steg: (Fuß)*Weg. Brücke.*

Stegreif: aus dem ∼: unvorbereitet.

stehen: aufgerichtet sein. *(be)ruhen.* zu einem ∼, *halten.* gut ∼: *kleiden.* ∼ für: *vertreten.* es steht um, mit: es verhält sich, hat die Bewandtnis.

stehlen: entwenden, stibitzen! mausen! klauen! klemmen!

steif: *starr,* hart, eckig, ungelenk, stock∼, *ungeschickt,* hölzern, *langweilig, förmlich.*

steifen: *stärken.*

Steig:(Berg-,Gebirgs)Pfad.(Fuß)Weg.

steigen: *klettern.* auf∼, aufstreben; sich *erheben*; ragen. (*schräg*) an∼. hochgehen, -schnellen. *zunehmen.* im Preis ∼: sich *verteuern.*

steigern: hochtreiben, (-)schrauben, *vergrößern;* (-)*bessern.*

steil: abschüssig, *jäh.*

Stein: Gestein, Fels(gestein), Kiesel-(∼). *Denkmal.* steinern, *hart.*

Steiß: *Schwanz. Gesäß.*

Stelldichein: *Zusammenkunft.*

Stelle: *Ort. Rang. Stellung.* Arbeitsplatz, -stelle. *da*; zur ∼; *anwesend. vorhanden.* auf der ∼: *sofort.* ∼nweise, an einigen Stellen: *hier* und da.

stellen: hin∼, ab∼, nieder∼. setzen. *lehnen.* sich ∼, den *Anschein* geben. sich ∼ auf: *kosten.*

Stellung: Haltung, Pose. Lage. *Rang.* Stelle, Posten, Amt. *Ruf.* ∼nahme, *Standpunkt.*

stelzen: auf Stelzen *gehen*; stolzieren.

stemmen: *heben,* sich stemmen gegen: *widerstreben.*

Stempel: Gepräge, Prägung, *Zeichen.*

Stengel: *Stiel,* Zweig, Reis.

sterben: sein Leben lassen, *aushauchen*; den Geist aufgeben; die Augen (für immer) schließen; ent*schlafen,* erlöschen, hinüber-, heim-, von hinnen gehen; abberufen werden, ver∼, (hin-, ver)scheiden; das Zeitliche segnen; ins Gras beißen! in die Grube fahren! abfahren! -kratzen! umkommen. letzte Stunde; *Tod.*

sterblich: *vergänglich.*

Stern: Gestirn, Himmelskörper. ∼bild. Planet, Wandel∼. Fix∼. Haar∼, Komet. *Star.*

Sterz: *Schwanz. Gesäß.*

stet(ig): *unaufhörlich,* -unterbrochen, -ausgesetzt, dauernd, pausenlos; ohne Unterlaß; in einem fort; gleichbleibend, *regelmäßig,* unveränderlich, -wandelbar, *beharrlich,* nachhaltig, dauerhaft.

stets: *immer.*

Steuer: ∼ung, (∼)Ruder, Ruder-, Leitwerk. *Abgabe.*

steuern: *lenken,* lotsen. einschlagen, *fahren.* zielen. *abhelfen.*

stibitzen: *stehlen.*

Stich: (∼)Wunde, Stoß. Stek, *Schlinge.* ∼elei, (Seiten)Hieb, Anspielung. einen ∼, *Tick* haben.

Stich, im ∼ lassen: *verlassen, preisgeben*; sitzenlassen; *versetzen.*

sticheln: *spotten.*

stichhaltig: *triftig. schlagend.*

Stichwort: *Losung.*

stickig: *dumpf.*

stieben: sprühen, *fliegen,* wirbeln.

stiefmütterlich: *lieblos*; ∼ behandeln: *vernachlässigen.*

Stiege: Treppe, Stufen.

Stiel: *Griff,* Stengel, Schaft, Halm.

stieren: *glotzen.*
Stiesel: *Tolpatsch.*
Stift: Nagel, Nadel. *Anstalt. Lehrling.*
stiften: *vermachen,* aussetzen, -werfen, *schenken.* gründen.
Stil: Darstellung(sweise), *Ausdruck* (sweise, -form), *Schreibweise,* Handschrift, Gepräge, Haltung, (∼)Art, (∼)*Form,* Weise. Kunst∼, Stil-, Kunstrichtung. *Geschmack.*
still: *ruhig,* laut-, ton-, geräuschlos, unhörbar, mäuschen∼, toten∼, (wie) tot; *regungslos. stumm.* ∼schweigend; sang- und klanglos; *heimlich.*
Stille: Ruhe, Wind∼, Flaute, Stillte.
stillegen: schließen; außer Betrieb setzen; den Betrieb einstellen.
stillen: *nähren,* sättigen, befriedigen, *beruhigen.*
stillos: *geschmacklos, unpassend.*
Stillstand: Pause, *ruhen, stocken.*
Stimme: *Zeugnis, Urteil.*
stimmen: seine Stimme (ab)geben; ab∼, wählen. *passen, zutreffen.*
stimmlos: *heiser.*
Stimmung: (Gemüts)*Zustand,* Anwandlung, Humor, *Laune. Freude.*
stinken: *faul,* übel *riechen*; stänkern; die Luft verpesten.
stippen: *tunken.*
stöbern: suchen, kramen.
stochern: *stoßen.* polken. schüren.
Stock: (Baum)Stumpf, Wurzel∼, Klotz. *Stecken, Stütze,* Stange, Prügel, Knüppel, Knüttel, Knittel. Spazier∼, Rohr∼, Krück∼. Takt∼. Zeige∼. *Stapel, Vorrat. Stockwerk.*
Stöckel: Absatz.
stocken: ins Stocken geraten; stekken-, stehen-, hängenbleiben; nicht *fortschreiten.* aussetzen, *nachlassen,* stillstehen, *ruhen.* zögern. gerinnen.
stockig: *dumpf.* dick(flüssig).
Stock(werk): (Erd-, Ober)Geschoß, Etage; Dachgeschoß, Mansarde.
Stoff: Grund∼, Element, Substanz, Materie, Masse, Material, Werk∼, Roh-∼. *Gewebe. Thema.*
Stoffel: *Tölpel.*
stofflich: materiell, körperhaft, -lich.

stöhnen: ächzen, knarzen. *klagen.*
Stollen: Gang, Tunnel. *Kuchen.*
stolpern: *straucheln, fallen,* taumeln. purzeln.
Stolz: Würde, Ehre, Ehrgefühl, -liebe. *selbstbewußt,* hochgemut, vornehm, majestätisch. *herrisch, unbeugsam. prächtig,* üppig, übermütig. sich fühlen; *Hochgefühl. Hochmut.*
stolzieren: *stelzen. prahlen.*
stop: *halt.*
stopfen: ver∼, zu∼, (ab)dichten, schließen, *flicken. füttern,* aus∼, voll∼, (aus)*füllen,* (voll)packen, (-)pfropfen, (-)stecken, (-)spicken, *mästen.*
Stopfen: Stöpsel, Pfropfen, Kork(en), Zapfen, Spund, Verschluß.
Stoppeln: *Borsten.*
stoppen: (an)*halten,* bremsen. *unterbrechen.*
Stöpsel: *Stopfen.* Stecker. *Zwerg.*
stören: (be)*hindern,* beeinträchtigen, -unruhigen, -lästigen, verwirren, (durch) kreuzen, dazwischentreten, -funken! querschießen; in die Quere kommen. unterbrechen.
störrisch: *starr,* halsstarrig, *Eigensinn, verstockt,* bockig, bockbeinig, verbockt, trotzig, *widerspenstig, unbändig,* -verträglich, kratzbürstig.
Stoß: Schlag, Puff, Knuff, Schub(s), Stups, Tritt. Stich. An-, Aufprall, Aufschlag. Ruck, Schock. An∼. Stapel, Packen, Posten, Haufen. *Schwanz.*
stoßen: an∼, (an)stupfen, (-)stupsen, (-)tippen, (-)rempeln. schlagen, prallen, prellen, boxen, puffen, *rammen,* stampfen. *zusammenstoßen.* stechen, stecken, stochern, staken. schieben, *treiben,* pumpen. *treffen.* schütteln, schüttern, rütteln, werfen. holpern. sich ∼: *Anstoß.*
stoßweise: *zusammenhanglos.*
stottern: stammeln, *lallen, abzahlen.*
stracks: *sofort.*
strafbar: sträflich, verbrecherisch, *verboten.*
Strafe: *Buße.* Strafvollzug. Geld∼, Haft∼, *Gefängnis*∼. Denkzettel.
strafen: be∼, ahnden, züchtigen, heimsuchen.

straff: *stramm*. ~en: *spannen*.

sträflich: *strafbar*.

straflos: straffrei, unbestraft, -geschoren. ungesühnt, -gerächt.

Straftat: *Verbrechen*.

Strahl: *Licht*. Sonnen~, Feuer~, Wasser~. strahlen: *leuchten*. sich *freuen*.

strählen: kämmen, frisieren.

Strähne: Strang. Haarbüschel.

stramm: *fest*, straff, (straff) gespannt, *knapp*, prall. *stattlich*, *schneidig*.

strammen: *spannen*.

strampeln: *zappeln*.

Strand: Ufer, Gestade, Küste, *Land*.

stranden: *scheitern*.

Strang: *Seil*. Faser. Sehne. Strähne.

Strapaze: *Mühe*. strapazieren: (über) anstrengen. verbrauchen.

Straße: Gasse, *Weg*.

sträuben: aufrichten, -stellen. sich ~: zu Berge stehen. sich *widersetzen*.

Strauch: *Busch*.

straucheln: *stolpern*, ausgleiten. entgleisen, scheitern. einen Fehltritt tun.

Strauß: Blumen~, *Bund*, Bukett. *Kampf*.

Strebe: Pfeiler, Pfosten.

streben: an~, er~, trachten, (zu erreichen) suchen; absehen, (ab)*zielen*, ausgehen auf; darauf aus sein; *beabsichtigen*. sich *bemühen*. *greifen*, drängen *steigen*. sich *sehnen*.

Streben: Bestrebung(en), Wille, *Verlangen*, Ehrgeiz, Absichten.

strebsam: *eifrig*, zielbewußt, ehrgeizig, wißbegierig. Streber!

Strecke: *Teil*(~), *Stück* (Wegs), Weg~, Spanne.

strecken: *dehnen*, spannen. *verdünnen*. sich ~, räkeln, rekeln, aalen.

Streich: *Schlag*. *Tat*. kühner ~: Hand~, Gewalt~. übler ~: Buben~, Schelmen~, Schurken~. dummer ~: Knaben~, Jugend~, Studenten~, Narren~, Schwaben~, Schildbürger~. *Dummheit*. Zicken, *Possen*.

streicheln: (lieb)kosen, *streichen*.

streichen: an~, be~, (an-, be)*schmieren, malen*. wischen, fahren, *streifen*, streicheln. ab~, Abstriche machen; (fort)

lassen, durch~, *kürzen*. ausmerzen, *tilgen*.

Streif: Streifen, Strich, Bahn, Band, Gürtel. Stück. Schliere.

streifen: berühren. *streichen*. umher~, (-)*gehen*, (-)*wandern*, (-)streichen, (-)schweifen, (-)schwärmen, (-)*strolchen*. (-)irren.

Streifzug: *Ausflug*.

streiken: die Arbeit niederlegen; in den Ausstand treten; *aussetzen*, meutern. (Lohn-, Hunger)Streik.

Streit: Zank, Gezänk, Hader, *Feindschaft*, *Kampf*, Polemik, Konflikt, Auseinandersetzung, Streitigkeiten, *Zwist* (igkeiten), Händel, *Zusammenstoß*, Rauferei, *raufen*, *Krach*, Wort~, Wortwechsel, -gefecht. ~frage. Wett~, Wettkampf. *Rechtsstreit*.

streitbar: *kämpferisch*.

streiten: *kämpfen*. zanken, hadern, rechten; sich reiben; disputieren, debattieren. *stänkern*. sich ~: sich reißen um. sich schlagen, *raufen*; sich in die Haare geraten, in den Haaren liegen.

Streiter: Kämpfer. *Soldat*.

streitig: *strittig*. streitig machen: *verwehren*, *bestreiten*.

streitlustig: *kämpferisch*, *zänkisch*. *stänkern*.

streng: ge~. hart, grausam, *unbedingt*, -nachsichtlich, -erbittlich, erbarmungs-, schonungs-, gnadenlos, *einschneidend*, *scharf*, schroff, *herb*, rauh ernst, verschlossen. *genau*.

streuen: aus~, säen. *zerstreuen*.

streunen: *strolchen*.

Strich: Feder~. Zug, Linie. Streifen.

stricheln: schraffieren, schattieren, schummern. *zeichnen*.

Strick: *Seil*. *Schelm*.

striegeln: *putzen*.

Strippe: Leine, *Seil*.

strittig: streitig, umstritten, zweifelhaft, *unentschieden*.

Strolch: *Landstreicher*, Herumtreiber, -streuner. *Lump*. *Schuft*, Verbrecher. *Schelm*.

strolchen: umher~, umherziehen, sich umhertreiben; (herum)streunen, (-)lungern, stromern, *streifen*.

Strom: *Fluß*, Fahrwasser, Flut, Lauf. Sog, Trift, Strömung, *Richtung.*

strömen: *fließen.* sich bewegen, (dahin)strömen, treiben, schwimmen.

Stromer: *Landstreicher.* stromern: *strolchen.*

strotzen: starren. *prunken. üppig.*

strubbelig: *wirr.*

Strudel: *Wirbel.* Apfel~.

strudeln: *wirbeln. schäumen. ließen.*

Struktur: *Gefüge.*

Strunk: *Stumpf.*

struppig: borstig, *rauh.*

Stubben: *Stumpf.*

Stube: *Raum.*

Stück: Exemplar. Bruch~, (Bruch) Teil, Brocken, Fetzen, Scherbe, Splitter. Schnitte, Scheibe, Happen, Bissen. *Strecke*, Ende, Endchen, Zipfel. ~chen, *Kleinigkeit. Schauspiel.*

stückeln: *teilen.* an~, *ansetzen.*

stückweise: *teilweise, einzeln.*

Stückwerk: Bruchstück. Fragment. *unfertig, -vollständig.*

studieren: *lernen. untersuchen.*

Stufe: Staffel, Tritt, Sprosse. Treppen~. Stufen: Stiege, Treppe, *Rang* Alters~, Altersklasse.

stufen: ab~, staffeln, bemessen.

stufenweise: *allmählich.*

Stuhl: Lehn~, *Schaukel~,* Küchen~, Garten~, Feld~. *Sitz.*

stülpen: setzen. stauchen. *wenden. umstülpen.*

stumm: *schweigsam,* (still)schweigend, *still,* wort-, sprachlos, unausgesprochen, ungesagt.

Stummel: Stumpf. Zigarren~, Zigaretten~, Kippe.

Stümper: Pfuscher, Nichtskönner, Anfänger, (blutiger) Laie. *ungeschickt.*

Stumpf: *Stamm,* Stummel. Baum~, (Wurzel)Stock, Stubben, Strunk.

stumpf: abgestumpft, schartig. *dumpf, unempfindlich, matt.*

Stumpfsinn: *blöde. langweilig.*

Stunde: Uhr, (Uhr)Zeit.

stunden: verlängern; *aufschieben.*

Stunk: *Ärger, Unfrieden.*

stupfen, stupsen: tippen, *stoßen.*

stur: *unempfindlich, engstirnig, verbohrt, hartnäckig, eigensinnig, störrisch.*

Sturm: Orkan, Schnee~, Wirbel~, Taifun, Hurrikan, Tornado.

stürmen: *toben,* rasen, *eilen, brausen,* wogen. *angreifen. erobern.*

stürmisch: *heftig. schnell.*

Sturz: *Fall.*

stürzen: um~, (um)kippen, *umwerfen. wenden.*

Stuß: *Unsinn.*

Stütze: Stab, Stock. Lehne. Träger, Pfeiler, Säule. Auflage(r), Stützpunkt. Anhalt, *Grundlage.* Hort, Unterstützung, *Hilfe.* Rückhalt.

stutzen: *scheren. zurichten. staunen. erschrecken. mißtrauisch,* betroffen.

stützen: ab~, unter~, *unterbauen,* tragen; (ver)*stärken.* aufrecht halten. (an)*lehnen. sichern. begründen.* sich ~: *beruhen,* sich *beziehen. vertrauen.*

Stutzer: *Laffe,* Modenarr, Elegant, Dandy.

Stützpunkt: *Stütze. Festung.*

Substanz: *Stoff.* Gehalt, *Kern.*

suchen: auf der Suche sein; *spüren, stöbern,* fahnden, ab~, abklappern, herumlaufen. auskundschaften, *forschen. streben,* wollen. *vermissen.*

Sucht: *Gier. Neigung,* Manie, *Laster.*

sudeln: *schmieren.* pfuschen. flüchtig, schlecht *schreiben.*

Sühne: *Buße,* Genugtuung, (wieder) gutmachen.

Summe: *Betrag.* das *Ganze.*

summen: brumme(l)n, surren, tönen, singen.

Sumpf: *Moor,* Pfuhl, *Schlamm.*

Sünde: Unrecht, Frevel, Fehler. *Vergehen, -brechen,* Laster, Schuld.

Sünder: der Schuldige, Bösewicht, Frevler, *Verbrecher,* Sündenbock, Galgenvogel, Armesünder. Prügelknabe.

sündhaft: sündig, unheilig, *böse,* schlecht. *ruchlos. sehr.*

sündigen: *verstoßen.*

Suppe: Brühe. *Flüssigkeit.*

surren: rattern, schnarren, schnurren, sirren, schwirren, summen.

süß   146

süß: gesüßt, zucker~, honig~, zuckrig, über-, verzuckert. *reizend. süßlich.*
süßen: ver~, (über-, ver)zuckern,
würzen.
Süßigkeit: Süßspeise, Zuckerwerk,
Konfekt. *naschen.*
süßlich: *süß,* zuckrig. geziert. *kitschig,* schmalzig.

Symbol: *Gleichnis.*
Sympathie: *Mitgefühl, Freundschaft,*
(Zu)Neigung.
sympathisch: *liebenswert. angenehm.*
Symptom: (An)*Zeichen.*
System: *Ordnung. Methode. Lehre.*
Szene: *Schauplatz. Bühne.* Aufzug,
-tritt, Bild. *Geschehen. Krach.*

T

Tabelle: *Verzeichnis.*
tacken: *ticken.*
Tadel: Vorwurf, -haltung(en), Verweis, Rüge, Rüffel, Mißfallen, -billigung,
Anwurf, Ablehnung, Kritik, Verriß.
tadellos: untadelig, -haft, -sträflich,
vollkommen, kunstgerecht, fehlerlos, -frei,
makellos, einwandfrei, unbeschädigt,
-verdorben, -verfälscht. *hervorragend.*
tipptopp!
tadeln: ver-, zurechtweisen, -stau-
chen, maßregeln, rügen, rüffeln, beanstanden, -mängeln, (-)*nörgeln,* aussetzen,
-stellen; auszusetzen haben; einwenden,
vorwerfen, mißbilligen, *abfällig* beurteilen; verurteilen, anprangern, geißeln,
brandmarken, *schelten,* verreißen.
Tafel: Brett, Platte, Tisch. *Ebene.*
tafeln: *essen.*
täfeln: aus-, um-, verkleiden. Täfe-
lung, Paneel.
Tagebuch: Chronik, Annalen.
Tagedieb: *Taugenichts.*
tagen: hell werden, dämmern, grauen;
der Tag bricht an. Tagesanbruch: *früh.*
tagen: *zusammenkommen. Zusammenkunft.*
täglich: all~, tag~, *ständig,* jeden
Tag, alle Tage, Tag um Tag, Tag für Tag,
von Tag zu Tag.
Takt: Rhythmus, *Gleichmaß.* (Fein-,
Zart-, Fingerspitzen)Gefühl, Zurück-
haltung, Schick, Geschick, *Anstand.*
taktlos: *unhöflich, plump,* geschmacklos. auf-, zudringlich.
Tal: (~)Becken, Mulde, Senke.
Talar: Amtstracht. *Priesterkleid.*

Talent: *Begabung.*
Tand: Firlefanz, Flitter, *Plunder.*
tändeln: *schäkern. spielen.*
Tank: *Behälter.* Panzer(fahrzeug).
Tanz: Reigen, Reihen.
tanzen: springen; sich drehen; walzen. *schwanken.*
tapfer: mutig, furchtlos, unerschrok-
ken, -verzagt, kaltblütig, herzhaft,
wacker, Held(enhaft, -mütig), heroisch,
brav, männlich, mannhaft, entschlossen,
kühn.
tappen: *tasten.* gehen.
täppisch: *ungeschickt.*
tarnen: *verbergen.*
Tasche: *Beutel.* Mappe.
Taschenspieler: *Gaukler.*
tasten: ab~, be~, (ab)*greifen,* fühlen,
(be)fühlen, (-)fingern, (-)fummeln! tappen. *versuchen.* an-, berühren.
Tat: Tun, Handlung, *Maßnahme,
Unternehmen,* Werk. Helden~, *Leistung,*
Verdienst. *Streich. Verbrechen.*
Tatbestand: *Tatsache. Sachverhalt.*
tatenlos: *untätig.*
Täter: Übel~, *Verbrecher.*
tätig: *rege,* fleißig, aktiv, (viel)be-
schäftigt. berufs~, erwerbs~, arbeitend,
schaffend.
Tätigkeit: Verrichtung, Betätigung,
-schäftigung, *Arbeit.* Aktion, Funktion.
Tatkraft: *Kraft. entschlossen. eifrig.*
tätlich: handgreiflich, -gemein. *raufen.*
Tatsache: *Sache,* Tatbestand, Fak-
tum, Realität, gegeben, *wirklich,* ernsthaft, *unwiderlegbar.*
Tatze: *Pfote.*

Tau: ~tropfen, *Niederschlag. Seil.*

taub: schwer-, harthörig, stock~. *unempfindlich. verschlossen. hohl.*

tauchen: ein~, unter~, versenken,
tunken. baden. *versinken.*

tauen: auf~, *schmelzen.* (auf)wärmen.

taufen: (be)*nennen. verdünnen.*

Taufzeuge: Pate, Gevatter.

taugen: passen, *dienen.* sich eignen,
bewähren; fähig sein.

Taugenichts: Tunichtgut, Nichtsnutz, *Versager,* Tagedieb, *träge, liederlich,* unverbesserlich, *Lump.*

tauglich: *geeignet.*

Taumel: *Schwindel.*

taumeln: *schwanken, stolpern.*

Tausch: Aus~, Um~, *Wechsel.*
(~)*Handel.*

täuschen: trügen, *betrügen,* irreführen, -leiten, *narren,* blenden, bluffen,
(be)lügen; hinters Licht führen; *vortäuschen.* sich ~, *irren.* ~d, *scheinbar.*

Täuschung: *Irrtum, Trug. Betrug,
List,* Finte, *Trick,* Bluff, Mache, Windbeutelei.

Technik: *Verfahren.*

Teich: Weiher, Tümpel, *Pfütze,* Pfuhl.

Teig: *Brei.* (~)Masse.

teigig: *dickflüssig.*

Teil: An~, Teilbetrag, Rate, Quote.
Bruch~, Hälfte, Drittel usw.; (~)*Stück,*
(~)Strecke, Ab-, Ausschnitt, (~)*Be-
reich.* Abteilung. Einzelheit, Einzel~.
Bestand~, Glied, Arm, Zweig, Element.
Gruppe. teilweise.

teilen: ab~, ein~, auf~, unter~,
zer~, (zer)*gliedern,* (-)stückeln, *trennen,*
hälften, halbieren, dritteln, vierteilen,
dividieren. *verteilen.* halbpart machen.

teilhaben: *teilnehmen.*

Teilhaber: Partner, Mitinhaber, Ge-
sellschafter.

Teilnahme: Anteil(nahme), *Mitleid,*
Beileid. Beteiligung, Interesse, aufmerk-
sam. *Anwesenheit.* Besuch. *Andrang.
Mitarbeit.*

teilnahmslos: *gleichgültig.*

teilnahmsvoll: teilnehmend, *mitleidig.* angelegentlich.

teilnehmen: sich *beteiligen;* teil-

haben, beiwohnen, beteiligt sein; *anwesend sein. mitempfinden,* -erleben.
Teilnahme.

Teilnehmer: Besucher, Gast, *Zuschauer,* -hörer, Anwesende, Beteiligte,
Mitwirkende, -spieler, -glied, Partner.

teils, teilweise: zum Teil; (bruch)
stückweise. nicht *ganz;* halb (und halb);
in mancher *Hinsicht.* teils, teils: eines-
teils, andernteils; einerseits, and(e)rer-
seits. halb, halb.

Teilzahlung: Ab-, Ratenzahlung.
auf ~ kaufen; auf Stottern kaufen!
abzahlen.

Teller: Platte, Schale.

Tempo: Zeitmaß, Schnelligkeit, Geschwindigkeit.

Tendenz: *Neigung, Richtung.*

Teppich: Matte, Vorlage, Vorleger,
Läufer, Brücke, Perser(~), Bettum-
randung.

Termin: *Zeit*(punkt), *Frist.*

Test: *Versuch.* ~en, *prüfen.*

teuer: kostspielig, *wertvoll,* unbezahlbar, -erschwinglich, gepfeffert! -sal-
zen! *lieb.* ~ung, Preissteigerung, -er-
höhung, -auftrieb, Inflation.

Teufel: Satan, Luzifer, Beelzebub,
Mephisto(pheles); des Teufels Groß-
mutter; der Versucher, Widersacher,
Erzfeind; das Böse; *Unmensch.*

teuflisch: satanisch, diabolisch, verteufelt, höllisch. *ruchlos.*

Theater: *Schauplatz. Bühne.*

Thema: Aufgabe, Vorwurf, *Problem,*
Angelegenheit, Gegenstand, Inhalt, Stoff.

Tick: Stich! Knall! Fimmel! Spleen
verrückt.

ticken: schlagen, pochen, klopfen,
hämmern, tacken, pulsieren. Ticktack.

tief: klafter~, knie~. abgründig,
boden-, grundlos, unergründlich. *niedrig.
voll.* gründlich, ~gründig, ~sinnig,
~schürfend, *bedeutend,* hintergründig.

Tiefe: (Ab)Grund, Schlund. *Schlucht.*
Hintergrund. in der ~: *unten.*

tiefer: *unterhalb.*

Tiegel: Topf, Napf, Gefäß.

Tier: Ge~, Vieh, Bestie! Biest! *Unmensch.* ~isch. tier-, *triebhaft.*

tilgen: ver~, auswischen, (-)radieren, (-)löschen, streichen, *beseitigen, entfernen. begleichen,* abtragen.

tippeln: gehen, *wandern.*

tippen: *stoßen. wetten.*

tirilieren: zwitschern.

Tisch: Tafel.

Titel: Anrede. *Recht*(stitel).

toben: *tollen,* rasen, *wüten, poltern,* tosen, brausen, stürmen, *lärmen.*

Tochter: Mädchen, Mädel.

Tod: (Lebens)Ende, (Ab)*Sterben,* Ableben, Hin-, Verscheiden, Hin-, Heimgang. ~esfall.

tödlich: todbringend, lebensgefährlich, unheilbar.

toll: *ausgelassen. verrückt, närrisch. unglaublich.*

Tolle: *Haar*(tolle), -schopf.

tollen: umher~, (umher)*springen,* (-)toben, sich tummeln.

Tolpatsch, Tölpel: Stoffel, Bauer, Stiesel, *ungeschickt.* Simpel, *dumm.*

Ton: *Laut, Klang, Schall.* ~fall, Betonung, Akzent, Nachdruck. *Färbung,* Schattierung. *Benehmen.* ~angebend, *maßgebend.*

tönen: lauten, er~, (er)*schallen,* (-)klingen, läuten, klingeln. summen, singen. heulen. *färben.*

tonlos: *still.*

Tonne: Faß.

Tönung: Färbung, Abschattung, (Ab)Schattierung, Abstufung, Zwischentöne, Übergang, Unterton, Anstrich, Nuance, *Unterschied.*

Topf: *Gefäß.*

Tor: Portal. Ein-, Ausfahrt. *Öffnung.*

Tor: *dumm.*

torkeln: *schwanken.*

tosen: *toben, lärmen.*

tot: (ab)gestorben, verstorben, -schieden, -blichen, (da)hin-, abgeschieden, dahin-, heimgegangen, entseelt, erloschen. leb-, seelenlos, unbelebt, -beseelt, mechanisch. mause~! hin! *Leiche. starr,* kalt, *still.* ~engleich, ~enähnlich. abgestorben, *unempfindlich. ausdruckslos. öde. vergangen. erledigt.*

töten: ums Leben bringen; umbrin-

gen, *beseitigen;* das Lebenslicht ausblasen! (er)morden, kaltmachen! abmurksen! den Rest geben; meucheln, totschlagen, niedermachen, -metzeln, erlegen; zur Strecke bringen; schlachten. *erstechen, -schießen, ersticken,* vergiften, ersäufen, -tränken. *hinrichten. abstumpfen.* sich ~: *Selbstmord* begehen.

traben: reiten, laufen. zuckeln!

Tracht: *Kleid*(ung). Tracht *Prügel.*

trachten: *streben.*

träge: faul, Faulenzer, Faulpelz, -tier, müßig(gänger), *Taugenichts,* arbeitsscheu, unlustig, bequem, (nach)*lässig, gleichgültig,* apathisch, schläfrig, *langsam,* saumselig, pomadig, Schlaf-, Nachtmütze. *untätig.*

tragen: *stützen.* schleppen. an-, aufhaben. *ertragen. einbringen.* trächtig, *schwanger* sein.

Träger: Stütze, Balken. Zeitungs~, Aus~, Koffer~, Gepäck~, Dienstmann.

Tragweite: Reichweite. *Bedeutung. Wirkung.*

trällern: singen.

trampeln: *treten.*

Träne: Zähre.

tranig: *fett*(ig). *unaufmerksam. langsam.* langweilig.

Trank: Trunk, Getränk.

tränken: zu trinken geben. durchfeuchten, *durchdringen.*

Transport: *befördern,* überführen, *senden, Fracht.*

Tratsch: *Gerede.*

trauen: (zur Ehe) zusammengeben. *vertrauen.* sich ~: *wagen.*

Trauer: *Leid. Schwermut.*

trauern: *klagen,* sich *grämen.*

träufeln: *tropfen.*

traulich: traut, *gemütlich, innig.*

Traum: ~bild, Träumerei, Zukunfts-~, Tag~, Illusion, *Wunsch.*

träumen: sich einbilden, vorstellen; schwärmen, phantasieren; *hoffen.*

träumerisch: verträumt, *unaufmerksam. schwärmerisch.*

traumhaft: *unbewußt. wunderbar.*

traurig: *elend,* unglücklich, -glückselig, -froh, freud-, *mutlos,* betrübt'

-kümmert, trostlos, untröstlich, niedergeschlagen, (-)gedrückt, weh-, schwer-
mütig, trübsinnig, -selig, melancholisch.
öde, düster, trübe, *schrecklich.* schmerzlich, bedauerlich, -trüblich, erbärmlich,
erbarmungswürdig, miserabel, jämmerlich, leid-, jammervoll, herzzerreißend,
kläglich, beschämend.

traut: *traulich.*

Treck: Zug, Wanderung.

treffen: an~, *finden*; begegnen; stoßen auf; *zusammenkommen*, sich sehen;
be~, berühren, nahegehen, *erschüttern,
verletzen.* heimsuchen, *widerfahren.* ~d:
genau. zutreffend.

Treffen: *Zusammenkunft.*

Treffer: Erfolg, *Schlager.*

trefflich: *hervorragend.*

treffsicher: *genau.*

treiben: *bewegen,* stoßen, drängen,
spülen. veranlassen. jagen, voran~, beschleunigen; Beine machen! an~, (an)
spornen, (-)stacheln, peitschen, aneifern,
-feuern; Dampf machen, dahintersetzen;
hinterher sein; auf~, *blähen. reizen.
mahnen. begeistern. entwickeln, machen.
Antrieb. Betrieb, Trubel.* (dahin)treiben,
(-)*strömen,* driften.

trennen: (ab-, auseinander)schneiden,
(-)reißen, (-)sprengen, (-)spalten. sondern, (unter)scheiden, zerlegen, (zer)
teilen. (ab-, auf)lösen, *entzweien.* entfernen, ab~, abschlagen, durch~. abschließen, -schnüren, -riegeln, sperren,
unterbrechen, -binden, isolieren, *abgrenzen.* sich ~: (sich) *scheiden.* sich
gabeln. sich *abwenden.* getrennt, *fern.*

Trennung. *Schnitt. Bruch. Zwiespalt.*

Treppe: Stiege, Stufen, (~n)Auf-
gang, ~nhaus. Frei~, Wendel~.

Tresse: *Band.*

treten: den Fuß setzen; be~, (be)
gehen; stampfen, trampeln.

treu: ergeben, anhänglich. *echt,* wak-
ker, *redlich, zuverlässig,* getreulich, *beharrlich.* ~herzig, *arglos, harmlos.*

treulos: un(ge)treu, *unbeständig, abtrünnig,* eid-, wortbrüchig, meineidig,
falsch. Verrat.

Trichter: *Vertiefung.*

Trick: *Kniff. Täuschung.*

Trieb: An~, (An)Reiz, *Verlangen.*
Natur~, Instinkt. Geschlechts~, Zeu-
gungs~, Fortpflanzungs~. *Sproß.*

Triebfeder: *Antrieb.*

triebhaft: naturhaft, sinnlich, tierisch, *unbewußt,* besessen, unbeherrscht,
hemmungs-, *haltlos.*

Triebwerk: *Antrieb.*

triefen: regnen, rieseln, tropfen. *naß.*

triezen: *reizen. quälen.*

Trift: *Strömung.* Vieh~, (Vieh)Weide.

triftig: stichhaltig, begründet, *zulänglich, unwiderlegbar.*

trinken: *schlürfen,* schlucken, *saugen.*
saufen! *zechen.* hinunterstürzen, (-)kip-
pen. sich genehmigen, hinter die Binde
gießen; einen heben! zwitschern! *Rausch.*

Trinker: Zecher, Trunkenbold, Säu-
fer! Zech-, Saufbruder! -kumpan!

Trinkgeld: Botenlohn, Almosen!

trippeln: *gehen.*

Tritt: *Stufe.* Schritt. *Stapfen. Stoß.*

Triumph: *Erfolg. Genugtuung.*

trocken: ver-, ausgetrocknet, dürr,
verdorrt, ausgedörrt, welk, verwelkt,
saftlos. wasser-, regenarm. *nüchtern,*
langweilig, ledern, hölzern, *steif. gelassen.*

trocknen: trocken-, abreiben, -wi-
schen; aus~, ein~, (ein)schrumpfen.
dörren. vertrocknen.

Troddel: Quaste.

Trödel: *Plunder.*

trödeln: *säumen.*

Trödler: *Händler.*

trollen, sich: sich *davonmachen.*

Trommel: Walze.

trommeln: *schlagen.*

tropfen: träufeln, tröpfeln. *sickern.*
triefen, *regnen.*

Troß: Bagage, Train. *Gefolge.*

Trosse: *Seil.*

Trost: Tröstung, Zuspruch, (Herz)
Stärkung. *Hoffnung,* Hort. *Labsal.*
tröstend, trostreich, tröstlich.

trösten: Trost spenden; *lindern, begütigen, ermuntern, stärken.* sich ~: sich
beruhigen; *verschmerzen.*

trostlos: untröstlich, *traurig, unglücklich, hoffnungslos.*

Trott: *Gang.* trotten: *gehen.*
Trottel: *dumm.*
Trotz: *Eigensinn, störrisch, frech.*
trotz: ungeachtet, entgegen, *obschon;* ~dem, *doch;* (nun) erst recht.
trotzen: trutzen, bocken, schmollen; Trotz, die Stirn bieten; herausfordern; die Zähne zeigen; sich auf die Hinterbeine stellen; *aufbegehren,* sich *widersetzen.*
trüb(e): *dunkel, unklar, matt, fahl, grau.* dunstig, diesig, neblig, regnerisch, wolkig, bewölkt, verhangen. *traurig,* pessimistisch.
Trubel: Treiben, Betrieb, Rummel, *Unruhe, Gewühl, Wirbel, Wirr*warr, Tumult.
trüben: um-, verdunkeln, -finstern, -düstern, um-, überschatten, umfloren. verderben, zerrütten, *beeinträchtigen.*
Trübsal: *Leid.*
Trübsinn: *Schwermut.*
Trug: (Sinnes)*Täuschung,* ~bild, Wahn(bild), Irrlicht, (An)Schein, Einbildung, Hirngespinst, Illusion, Halluzination; Fata Morgana. *Lüge.*
trügen: *täuschen.*
trügerisch: *unsicher, scheinbar. falsch.*
Trugschluß: *Fehler.*
Truhe: Kasten, *Behälter.*
Trümmer: Ruine, *Rest*(e), *Scherben.* Wrack. ~feld, Schrotthaufen.
Trunk: Trank, Getränk.
trunken: *betrunken. schwärmerisch. entzückt.*
Trupp: *Schar.*

Truppe: *Heer.* (Schauspieler)Gesellschaft, Schauspiel~, Ensemble.
Tuch: *Gewebe.*
tüchtig: *fähig. erfahren.* lebens~. gehörig, herzhaft, wacker, weidlich. *beträchtlich. nachdrücklich.*
Tücke: Heim~, Arg-, Hinterlist, Bosheit. *falsch.*
tüfteln: *grübeln.*
Tugend: Moral. Unschuld.
tugendhaft: -sam, -rein, sittlich, *fromm.*
tummeln, sich: *tollen.* sich *rühren.*
Tümpel: *Teich.*
Tumult: Lärm. *Trubel.*
tun: *machen,* handeln, *verüben,* sich *beschäftigen.*
Tünche: *Anstrich.* ~n, streichen, *färben.*
Tunichtgut: *Taugenichts.*
Tunke: Soße.
tunken: ein~, (ein)tauchen, stippen.
tunlich: *rätlich.* ~st, *möglichst.*
Tunnel: Stollen, Gang.
Tüpfel, Tupfen: *Flecken.*
Tür(e): *Öffnung.* Wagen~, (Wagen) Schlag. vor der ~: *nahe.*
Turm: Kirch~, Glocken~, Aussichtsturm, Warte.
türmen: auf~, empor~, *errichten,* (auf)*schichten,* (-)*häufen.* sich ~: *ragen.*
tuscheln: *flüstern.*
Tüte: *Beutel.*
tuten: *blasen.*
Typ(us): Charakter, *Art, Muster.*

U

Übel: *Leiden, Unglück, -heil, Not, Schaden, Plage,* Kreuz, Geißel. ~stand, Mißstand.
übel: *schlecht, elend, unwohl, schlimm, mißlich, verhängnisvoll,* arg, böse, *abscheulich, unangenehm.*
übelnehmen: verübeln, -argen, -denken, nachtragen, krummnehmen, *zürnen.* gekränkt, beleidigt sein.
Übeltat: *Verbrechen.*

üben: ein~, trainieren, (ein)pauken drillen, wiederholen, *lehren.* einstudieren, proben, vorbereiten, lernen. geübt, *gewandt,* erfahren.
über: dar~, oberhalb, *oben. überlegen. übertreffen.* mehr als.
überall: *rings*(um), allenthalben, allerwärts, -orts, -orten, -enden; weit und breit; im ganzen Land; auf der ganzen Welt; wo man auch hinsieht, hin-

kommt; auf Schritt und Tritt; bei hoch und niedrig.

überanstrengen: überfordern, -spannen, -laden, -lasten, -müden, mißbrauchen, strapazieren. sich ~, überheben, *übernehmen*.

überantworten: *übergeben*, -lassen. sich ~, *ergeben*.

überaus: *sehr*.

überbewerten: *überschätzen*.

überbieten: *übertreffen*. sich ~, überschlagen; einander zuvorkommen.

Überbleibsel: *Rest*.

Überblick: -sicht, Zusammenfassung, Querschnitt, Rückblick, -schau, Einblick, *Überschlag*.

überblicken (*blicken*): *kennen*.

überbrücken: ausfüllen. hinüberhelfen, hinweghelfen über. überleiten.

überdachen: *decken*.

überdauern: *überstehen*.

überdies: *außerdem*.

Überdruß: Ekel. überdrüssig: müde, satt, gelangweilt, angeekelt. genug, die Nase voll haben! es satt haben; es überhaben; es leid sein.

übereignen: über*geben*.

übereilen: *überstürzen*.

übereinander: *aufeinander*.

übereinkommen: *vereinbaren*. übereinstimmen.

übereinstimmen: zusammengehen, -fallen, -stimmen, -treffen; sich decken, vertragen, reimen. (sich) gleichen, entsprechen, *gleich*; (zueinander-, zusammen)*passen*, *Harmonie*, übereinkommen; *einig* gehen; *billigen*.

überfallen: *anfallen*, *überraschen*.

überfliegen: (flüchtig) *durchsehen*.

überflügeln: *übertreffen*, *überholen*.

Überfluß: ~schuß. (Über)*Fülle*.

überflüssig: *überschüssig*, entbehrlich, unnötig, *nutzlos*, sich erübrigen.

überfluten: *überschwemmen*.

überfordern: *überanstrengen*.

überführen: *Transport*. nach-, beweisen.

Überfülle: Überangebot. *Übermaß*.

überfüllen: -laden, -häufen, -sättigen, vollstopfen, (-)spicken.

Übergang: *Wandlung. Tönung.*

übergeben: *übertragen*, (-)*geben*, -bringen, -mitteln, -liefern, -antworten, weitergeben, -leiten, -reichen, anvertrauen. abgeben, -liefern, ausfolgen, -händigen, -liefern, herausrücken. sich ~: *speien*.

übergehen: -treten, *überlaufen*, desertieren, abschwenken. *fortschreiten*. sich (ver)*wandeln*.

übergehen: -springen, *auslassen*, -schließen, *vernachlässigen*, *mißachten*, übersehen, -hören, umgehen. verschweigen, -heimlichen.

Übergewicht: das ~ haben: *überwiegen. entscheiden.*

überhaben: *Überdruß*.

überhandnehmen: zu weit gehen; (über)*wuchern*.

überhängen: *vorspringen*.

überhasten: *überstürzen*.

überhäufen: -schütten, *überfüllen*.

überhaupt: sowieso. *ganz*.

überheben: *befreien*. sich ~, *überanstrengen*. überheblich: *hochmütig*.

überhin: *oberflächlich*.

überholen: zurück-, hinter sich lassen, überrunden, abhängen. *übertreffen. instand setzen*. überholt, *veraltet*.

überhören: *entgehen. übergehen.*

überirdisch: jenseitig, *himmlisch*.

überkochen: *überlaufen*.

überkommen: *befallen. überliefern.*

überladen: -lasten, *überanstrengen*; *überfüllen*, -häufen. *überschwenglich*.

überlagern: (über)*decken*.

überlassen: -antworten, abgeben, -treten, -lassen, einräumen; zukommen lassen; *schenken, verkaufen*. anheimgeben, -stellen, freistellen. sich ~: folgen, nachhängen.

überlasten: -laden, *überanstrengen*.

überlaufen: überkochen, -schäumen, -sprudeln. *übergehen*.

überleben: *überstehen*.

überlebt: *veraltet*.

überlegen: über-, bedenken, (nach)denken, grübeln, erwägen, planen, (be)rechnen, beschlafen, -trachten, *erörtern*.

überlegen: über, Übermacht. *Vorteil*.

überlegt: *umsichtig,* mit Absicht, Bedacht, Sorgfalt; *wohlbedacht. planmäßig. kaltblütig.*

überleiten: überbrücken, *verbinden.*

überliefern: *übergeben. vermachen.* überliefert, -kommen, ererbt, traditionell. Überlieferung, *Brauch.*

überlisten: *hineinlegen, narren.*

Übermacht: -legenheit, -zahl, -gewicht, Mehrheit, Masse. (Ober) Herrschaft.

übermannen: *überwältigen.*

Übermaß: Zuviel, Überfülle, Unmaß, Überschwang.

übermäßig: unverhältnismäßig, ungebührlich, *maßlos,* übermenschlich, *gewaltig. ungewöhnlich. ungesund.*

übermitteln: *übergeben,* bringen, *senden. mitteilen.*

übermüden: *überanstrengen.*

Übermut: *Hochmut. Mutwille.*

übermütig: *ausgelassen. verwegen. frech.* stolz, üppig.

übernachten: nächtigen, schlafen.

übernächtig: *müde.*

Übernahme: Antritt. Amts~.

übernatürlich: *jenseitig.*

übernehmen: *aufnehmen. folgen.* sich ~, *überanstrengen;* sich zuviel zumuten, vornehmen. zu weit gehen. *kaufen.*

überordnen: *vorziehen.*

überragen: emporragen über; *übersteigen, -treffen.* beherrschen.

überraschen: -fallen, -rumpeln, *erwischen; unerwartet* erscheinen; ins Haus fallen; hereinplatzen. erstaunen, *verwundern, auffallen.* ~d, erstaunlich. überrascht, *ahnungslos, fassungslos.*

überreden: ein-, vorreden, bereden, weismachen, beschwatzen! breitschlagen! herumkriegen! *veranlassen, verführen. überzeugen,* umstimmen.

überrennen: *überwältigen.*

überrumpeln: *überraschen.*

überrunden: *überholen.*

übersäen: über-, bedecken.

übersättigen: *überfüllen.* übersättigt, satt, *überdrüssig,* abgestumpft.

überschatten: *trüben.*

überschätzen: zu hoch *einschätzen;* überbewerten; einen zu hohen Begriff,

eine zu hohe Meinung haben; zuviel Wichtigkeit beilegen.

überschäumen: überlaufen. überschwenglich.

Überschlag: Rolle. sich überschlagen; Purzelbaum schlagen, schießen.

Überschlag, -blick: Schätzung. ~en: *schätzen. übergehen.* sich ~, *überbieten,* überstürzen.

überschnappen: *verrückt* werden.

überschneiden: *kreuzen.*

überschreiben: *vermachen.*

überschreiten: *übertreten.* übersteigen, *übertreffen.* (über)queren, übersetzen, passieren.

Überschuß: -fluß. *Gewinn.* überschüssig, -zählig, -flüssig, übrig, zuviel.

überschütten: *überhäufen.*

Überschwang: *Übermaß; übertreiben, überschwenglich,* Schwärmerei.

überschwemmen: -fluten. Hochwasser, übertreten; über die Ufer treten.

überschwenglich: -trieben, -laden, -spannt, -steigert, -spitzt, -betont, *maßlos,* verstiegen, phantastisch, schwulstig, schwülstig, *leidenschaftlich.* übersprudelnd, -schäumend, *ausgelassen.*

übersehen: -schauen, *kennen. übergehen, verleugnen. vergessen. entgehen.*

übersetzen: *überschreiten.*

übersetzen: -tragen, dolmetschen.

Übersicht: *Überblick. Plan. Verzeichnis.* ~lich, (wohl) geordnet, *klar.*

übersichtig: weitsichtig.

übersiedeln: *umziehen.*

überspannen, -spitzen: *übertreiben, -anstrengen.*

überspannt: *überschwenglich,* verstiegen, *unnatürlich. fieberhaft,* überspitzt, *spitzfindig.*

überspringen: über-, weitergreifen.

überspringen: *übergehen.*

übersprudeln: *überlaufen, überschwenglich.*

überstehen: *vorspringen.*

überstehen: -dauern, -leben; (mit heiler Haut, einem blauen Auge) davonkommen; durchkommen. aushalten, durchmachen.

übersteigen: *überschreiten. überragen.*

übersteigern: *übertreiben.* übersteigert, *überschwenglich. übertreffen.*

überstrahlen: *übertreffen.*

überstürzen: -eilen, -hasten. überstürzt, *plötzlich, voreilig.*

übertäuben: *betäuben.*

übertölpeln: *hineinlegen.*

übertragen: *übergeben, betrauen. übersetzen. anwenden. Gleichnis.*

übertreffen: -steige(r)n, -schreiten, -ragen, -strahlen, -bieten, -trumpfen, -flügeln; hinter, unter sich lassen; verdunkeln; in den Schatten stellen; über sein; *überholen,* zuvorkommen; es zuvortun; den Rang ablaufen; ausstechen, schlagen, besiegen, *hervorragen.*

übertreiben: -steigern, -spannen, -spitzen; auf die Spitze treiben; aufbauschen, -schneiden; dick auftragen; *prahlen. überschwenglich. grell.*

übertreten: *übergehen.* über die Ufer treten; *überschwemmen.*

übertreten: -schreiten, *verstoßen.*

Übertritt: *Wechsel.*

übertrumpfen: *übertreffen.*

übervorteilen: benachteiligen, *betrügen,* neppen! *hineinlegen.*

überwachen: *Aufsicht,* Kontrolle, beschatten, -spitzeln.

überwältigen: -mannen, -rennen, *bezwingen, unterkriegen.*

überweisen: *zuweisen. senden.*

überwerfen: *umhängen.*

überwerfen, sich: sich *entzweien.*

überwiegen: das Übergewicht haben; *vorherrschen.*

überwiegend: vorwiegend, besonders, hauptsächlich, vornehmlich; in erster Linie; größtenteils.

überwinden: *bezwingen. verschmerzen.*

überwuchern: überwachsen. überhandnehmen. *unterdrücken.*

Überzahl: -macht, *Mehrheit.*

überzählig: *überschüssig.*

überzeugen: -reden, bekehren, *gewinnen,* umstimmen, durchschlagen. sich ~: sich *vergewissern; begreifen.* ~d: *schlagend, richtig.* überzeugt: *sicher.*

Überzeugung: *Glaube, Meinung,* Grundsatz.

überziehen: *anziehen.*

überziehen: (be)*decken,* beziehen, verkleiden, -blenden. sich ~, *beschlagen.*

Überzug: *Hülle,* (Schutz)Schicht. Glasur. Mantel.

überzwerch: *quer.*

üblich: *gewöhnlich. Brauch.*

übrig: *Rest*(lich), (ver)bleiben, *überschüssig.* etwas ~ haben für: *gefallen.*

übrigens: *nebenbei.*

Übung: Schulung. Erfahrung, Gewandtheit, Fertigkeit. *Aufgabe. Brauch.*

Ufer: Gestade, Küste, Strand, *Land.*

Uhr: Wand~, Stand~, Taschen~. Armband~, Kirchen~, Turm~, Wasser~, Sonnen~, Sand~, Spiel~. Stunde, (~)Zeit.

Ulk: *Scherz. Komödie.* ~ig, *drollig.*

um: um... herum, ringsum, rundum. für. nach. *ungefähr. wegen.*

umarmen: in die Arme schließen; umfangen, -halsen, -schlingen.

umbauen, -bilden: *ändern.*

umbringen: *töten.*

Umbruch: *Wechsel.*

umdrängen: *umgeben,* belagern.

umdrehen: *wenden.*

umfallen: -kippen, sich *bekehren.*

Umfang: *Ausmaß.*

umfangen: (*um)fassen.*

umfänglich: (umfang)*reich,* umfassend, ausgedehnt. *groß,* dick. *gründlich.*

umfassen: -fangen, -greifen, klammern, -spannen, *umgeben.* erschöpfen. *messen.* ~d: *umfänglich. vollkommen.*

umfloren: *trüben.*

Umgang: Verkehr. *Verbindung.* Umgangsformen, *Benehmen.*

umgänglich: gesellig, *mitteilsam, liebenswürdig.*

umgarnen: *bezaubern.*

umgeben: ein-, umfassen, -spannen, -schließen, -hüllen, -kleiden, -grenzen, -zäunen, -friedigen, (ein-, um)rahmen, *begrenzen,* (um)randen, (-)rändern, (-)säumen, umstehen, -ziehen, -winden, -ranken, -ringen, -gürten, -drängen; sich drängen um. um*hegen. umstellen.*

Umgebung: Rand, Ränder. (Um) Gegend, (-)Kreis, *Bereich,* Nachbarschaft, *Nähe*. (Um)Welt, Rahmen, Hintergrund, Zusammenhang; Drum und Dran; Milieu, Atmosphäre.

umgehen: verkehren; Umgang pflegen; Beziehungen unterhalten. sich *beschäftigen*; *gebrauchen*, hantieren, behandeln, umspringen. umlaufen.(herum) geistern, (-)*gespenstern*.

umgehen: *übergehen, ausweichen*.

umgehend: *sofort*.

umgekehrt: im *Gegenteil*.

umgestalten: (ver)*ändern*.

umgreifen: *umfassen*.

umgürten: *umgeben*.

umhalsen: *umarmen*.

umhängen: umlegen, um-, überwerfen, *anziehen*.

umhauen: *fällen*.

umher: herum.

umhertragen *(tragen)*: *verbreiten*.

umhertreiben, sich: *strolchen*.

umhören, sich: sich *erkundigen*.

umhüllen: *umgeben*.

Umkehr: *Rückkehr*. Wandlung; sich *bekehren*. ~en: *zurückkehren. wenden*.

umklammern: *umfassen*.

umkleiden: um-, überziehen, verschalen, täfeln. sich umkleiden, umziehen; die Kleider wechseln.

umkommen: ein-, drauf-, zugrunde gehen, verenden, -recken! *verderben*.

Umkreis: *Umgebung*. Horizont, Blick-, Gesichtsfeld, Gesichtskreis.

umkrempeln: -schlagen. *ändern. durchsuchen*.

Umlage: *Abgabe*.

Umlauf: *verbreiten*.

umlegen: *umhängen. verteilen. fällen. beseitigen*.

umranden, -ringen: *umgeben*.

umreißen: *umwerfen*.

umreißen: *abgrenzen*, umschreiben, entwerfen, (aus)malen, (vor)zeichnen.

Umriß: *Form*.

umsägen: *fällen*.

Umsatz: -schlag, *Verkauf*.

umschichtig: (ab)wechselnd, wechselweise, -seitig, im Wechsel, *gegenseitig*.

Umschlag: Aufschlag. Klappe. *Hülle. Wickel. Wechsel. Umsatz. Markt*.

umschlagen: *umstülpen. umsetzen.* (um)kippen, umstürzen, kentern.

umschließen: -schlingen, -fassen, -greifen, *umarmen. umgeben*.

umschreiben: umreißen, *andeuten*.

Umschweife: Umwege, -stände, Verzögerungen. ohne ~: *ohne weiteres*.

umschwenken: -kehren, sich umdrehen; kehrtmachen. sich *bekehren*.

Umschwung: *Wechsel*.

umsehen *(sehen)*: sich ~: Umschau, Ausschau halten; sich umtun.

umsetzen: *versetzen*. umschlagen, *verkaufen*.

umsichtig: besonnen, *überlegt*, klug, *vorsichtig, bedächtig*, (ab)wägend, vorausschauend. *weitblickend*.

umsiedeln: umziehen, übersiedeln.

umsinken: (in *Ohnmacht*) fallen.

umsonst: ohne Entgelt; *unentgeltlich*, gratis, geschenkt, für nichts. *vergebens*.

umspannen: -fassen, *umgeben*.

umspringen: *umgehen*. sich ändern.

Umstand: *Sachverhalt*. Umstände: *Zustände. Mühe*. unter Umständen: *allenfalls*. ohne Umstände: *geradezu. einfach*. in Umständen: *schwanger*.

umständlich: *weitläufig*, langatmig, -weilig, -stielig, Umstandskrämer, *Pedant*. kompliziert. *ungeschickt*.

umstehen: umgeben. *anwesend*.

umstellen: *versetzen. ändern*.

umstellen: umgeben, -zingeln, einschließen, -kreisen.

umstimmen: *überzeugen, überreden*.

umstoßen: *umwerfen, ändern*.

umstritten: *strittig*.

umstülpen: auf-, hoch-, umschlagen, -krempeln. *wenden*.

Umsturz: *Revolution*.

umstürzen *(stürzen)*: *ändern. wenden*.

Umtriebe: *Ränke*.

umtun, sich: sich *umsehen*.

Umwälzung: *Revolution*.

Umweg: -schweife. auf ~en, *mittelbar*.

Umwelt: *Umgebung*.

umwerben: (um)*schmeicheln*.

umwerfen: *umhängen*. umstoßen, -reißen, *stürzen, fällen*, niederwerfen, -mähen, zu Boden *werfen*.

umzäunen: *umgeben.*

umziehen: um-, übersiedeln, verziehen. Umzug, Orts-, Wohnungswechsel. sich ~, umkleiden.

umziehen: *umgeben.*

umzingeln: *umstellen.*

unabänderlich: -widerruflich, *unveränderlich,* endgültig, *entschieden.*

unabdingbar: *notwendig.*

unabhängig: *selbständig, frei.*

unabkömmlich: *notwendig.*

unablässig: *beharrlich.*

unabsehbar: *unbegrenzt.*

unabsichtlich: absichtslos, *unbewußt,* -beabsichtigt, -gewollt, *unwillkürlich, zufällig.*

unabweisbar, -lich: *zweifellos. notwendig.* nicht zu *leugnen,* zu *umgehen.*

unabwendbar: *notwendig.*

unachtsam: *unaufmerksam.*

unähnlich: *verschieden.*

unanfechtbar: *zweifellos.*

unangebracht: *falsch;* nicht am rechten Ort; fehl am Platz. unzeitig. *ungehörig;* gehört nicht hierher.

unangefochten: *unbehelligt.*

unangemeldet: *unerwartet.*

unangenehm: -erfreulich, -erquicklich, -erwünscht, -gebeten, -willkommen. -gelegen, -lieb(sam), -beliebt, *widerwärtig,* leidig, ärgerlich, peinlich, verdrießlich, *mißlich,* vertrackt, haarig! übel, dumm. *traurig.* unbehaglich, -gemütlich, -bequem, *lästig;* im Magen liegen.

unannehmbar: *unmöglich.*

Unannehmlichkeit: *Plage.*

unansehnlich: *schlicht. gering. dürftig.*

unanständig: -schicklich, *anstößig, unsittlich,* -flätig, zotig, zweideutig, schlüpfrig, schmutzig, dreckig, schweinisch! gemein.

Unart: Unfug, -manier, ungezogen, -erzogen, -geraten, -gebildet, -gehorsam, -gehörig, -gebührlich, -gehobelt, *arg, flegel-,* pöbelhaft, *frech, unhöflich.* garstiges, häßliches, unschönes Betragen.

unaufdringlich: *bescheiden.*

unauffällig: *heimlich. bescheiden.*

unauffindbar: (spurlos) *verschollen.*

unaufgefordert: *freiwillig,* ungehei-

ßen; aus sich heraus; von selbst; von sich aus; aus eigenem Antrieb.

unaufgeklärt: ungeklärt. *unwissend.*

unaufgeräumt: *unordentlich.*

unaufhaltsam: *unweigerlich.*

unaufhörlich: (an-, fort)dauernd, fortgesetzt, anhaltend, *stetig, beharrlich,* fort-, *immer*während, (be)*ständig,* endlos; ohne Ende, Unterlaß; nicht enden wollend; uferlos, unendlich, ewig.

unauflöslich: *fest.*

unaufmerksam: -achtsam, -vorsichtig, *achtlos, nachlässig, gleichgültig;* nicht bei der Sache; (geistes)abwesend, zerstreut, abgelenkt, *fahrig,* schläfrig, *träumerisch,* tranig.

unaufrichtig: *falsch.*

unaufschiebbar: *dringend.*

unausbleiblich: *notwendig.*

unausgesetzt: *stetig, unaufhörlich.*

unausgesprochen: *stumm.*

unauslöschlich: -verwischbar, -vergeßlich, -verlierbar, -verwelklich, nachdrücklich, lebendig, *ewig.*

unausrottbar: -sterblich, *ewig.*

unaussprechlich: *unsagbar.*

unausstehlich: *widerwärtig.*

unausweichlich: *notwendig.*

unbändig: -bezähmbar, -gebärdig, -gezügelt, zügel-, *maßlos, heftig, ausgelassen, wild,* Wildfang. *störrisch.*

unbarmherzig: *grausam.*

unbeabsichtigt: *unabsichtlich.*

unbeachtet: *verborgen.* ruhmlos. ~ lassen: *vernachlässigen.*

unbeaufsichtigt: selbständig.

unbebaut: *unerschlossen.*

unbedacht: *unbesonnen, arglos.*

unbedenklich: bedenken-, anstands-, rücksichts-, hemmungs-, gewissen-, skrupellos; ohne weiteres; ohne Bedenken, Scheu, Zögern; ohne zu zögern, sich zu bedenken; leichten Herzens; kopfüber, *leichtfertig,* -hin, *sorglos, frech. kühn.*

unbedeutend: *gering, wertlos,* nichtig, *nichtssagend, unwichtig, gewöhnlich.*

unbedingt: bedingungs-, *zweifellos, notwendig. streng,* entschieden, bestimmt, *fest, durchaus, jedenfalls.* unverbrüchlich, *unbegrenzt.*

unbeeinflußt: *sachlich.*

unbeengt: *frei.*

unbefangen: *harmlos, unbeschwert. zwanglos. sachlich.*

unbefriedigend: *ungenügend.*

unbefriedigt: *unzufrieden.*

unbegabt: *dumm.*

unbegreiflich: *unerklärlich, -verständlich,* -erfindlich, dunkel, *geheimnisvoll,* Rätsel(haft). *unglaublich.*

unbegrenzt: grenzen-, *schrankenlos, unendlich,* -erschöpflich, -versiegbar, -absehbar, boden-, *maßlos. unbedingt.* beliebig. *viel. groß.*

unbegründet: *grundlos.*

unbehaart: *kahl.*

Unbehagen: *Unlust, Mißmut. unwohl. unangenehm.*

unbehelligt, -behindert: ungehindert, -gestört, -angefochten, -geschoren; ohne Hindernis, Zwischenfall; glatt, *frei, leicht.*

unbeherrscht: *heftig. triebhaft. gierig.*

unbeholfen: *ungeschickt.*

unbeirrbar, -beirrt: *beharrlich.*

unbekannt: *namenlos, fremd.*

unbekehrbar: *verstockt.*

unbekleidet: *nackt.*

unbekümmert: *sorglos,* seelenvergnügt, *gleichmütig,* rücksichtslos.

unbelastet: -beschwert, *frei.*

unbelebt: leblos, *tot, starr.*

unbelehrbar: *verstockt.*

unbeliebt: *unangenehm,* ungenehm, verhaßt, mißliebig, unpopulär.

unbemerkbar: *winzig.*

unbemerkt: *verborgen. entgehen.*

unbemittelt: *arm.*

unbequem: *unangenehm.*

unberechenbar: sprung-, launenhaft, unsicher, unzuverlässig, *unbeständig.*

unberechnet: *unentgeltlich.*

unberechtigt: *unerlaubt.*

unberührt: *keusch.*

unbeschädigt: *heil, tadellos.*

unbeschäftigt: *untätig.*

unbescheiden: *anmaßend.*

unbescholten: *rechtschaffen. sittsam.*

unbeschränkt: *schrankenlos.*

unbeschreiblich: *unglaublich.*

unbeschwert: -befangen, leicht, *sorglos, heiter,* flott.

unbeseelt: *tot.*

unbesehen: *getrost;* ohne weiteres.

unbesonnen: -überlegt, -bedacht, -klug, kurzsichtig, kopflos, *dumm, leichtsinnig,* voreilig, planlos.

unbeständig: wechselnd, wechselhaft, schwankend, veränderlich, unstet(ig), wandelbar, wankelmütig, wetterwendisch, *treulos,* flatter-, *launenhaft, unsicher, vergänglich,* flüchtig.

unbestätigt: *ungewiß.*

unbestechlich: nicht zu *beeinflussen; sachlich,* nüchtern.

unbestimmt: *ungewiß. unklar.*

unbestreitbar: *zweifellos. rechtmäßig.*

unbeteiligt: *gleichgültig,* neutral.

unbeträchtlich: *wenig, gering.*

unbeugsam: -erschütterlich, -gebeugt, *aufrecht,* mann-, standhaft, feste Haltung; Rückgrat; Charakter, stolz, (charakter)*fest. beharrlich,* starr.

unbeweglich: *regungslos. schwer* (fällig). unnachgiebig, -beugsam.

unbewegt: *regungslos. gleichgültig.*

unbeweibt: *ledig.*

unbewiesen: haltlos, *zweifelhaft.*

unbewohnt: *leer*(stehend). *einsam.*

unbewußt: bewußt-, gedanken-, ahnungslos, unwillkürlich, *unabsichtlich,* traum-, triebhaft, *dunkel,* blind, gewohnheitsmäßig, mechanisch, automatisch. natürlich, naiv.

unbezahlbar: *teuer.*

unbezähmbar: *unbändig.*

Unbilden: *Plagen.*

Unbill: Unglimpf, *Unrecht, kränken.* ~ig, ungerecht; (allzu)hart.

unbotmäßig: *ungehorsam.*

unbrauchbar: ungeeignet. *nutzlos.*

unbußfertig: *verstockt.*

undankbar: schnöde.

undeutlich: *unklar.*

undicht: leck, löcherig, durchlässig.

Unding: *Unsinn.* unmöglich.

unduldsam: *engherzig, starr,* fanatisch, intolerant.

undurchdringlich: undurchlässig, *dicht.* undurchsichtig: *unklar.* milchig.

uneben: holprig, bucklig. nicht ~, nicht *schlecht.*

unecht: *falsch. Kitsch.*

Unehre: *Schande.*

unehrlich: *unredlich, falsch.*

uneigennützig: *selbstlos.*

uneingeschränkt: *vollständig.*

uneingeweiht: *unwissend.*

uneinheitlich: *verschieden.*

uneinig, uneins: *zwiespältig,* gespalten, feindlich, nicht *übereinstimmen.*

unempfänglich, unempfindlich: *gefühllos, tot.* stumpf, taub, verstockt, dickfellig, -häutig, stur.

unendlich: *unbegrenzt,* -ermeßlich, -gemessen, weit, end-, *zahllos. ewig.*

unentbehrlich: *notwendig.*

unentgeltlich: unberechnet, kostenlos, *umsonst.*

unentrinnbar: *notwendig.*

unentschieden: -geklärt, *strittig, ungewiß, zweifelhaft,* offen, schwebend; in der Schwebe; dahingestellt, *unerledigt. unschlüssig, zwiespältig.*

unentschlossen: *unschlüssig.*

unentwegt: *beharrlich.*

unerbittlich: *streng, grausam. beharrlich.*

unerfahren: unreif, grün(er Junge), dummer Junge; *unwissend.*

unerfindlich: *unbegreiflich.*

unerforschlich: *unerklärlich.*

unerfreulich: *unangenehm.* ungesund, unhaltbar, unwürdig.

unergiebig: *unfruchtbar.*

unergründlich: *unerklärlich. tief.*

unerheblich: *gering. unwichtig.*

unerhört: *unglaublich, hanebüchen.*

unerklärlich: nicht zu erklären; unerklärbar, -erforschlich, -ergründlich. *unbegreiflich.*

unerläßlich: *notwendig.* nicht darum herumkommen.

unerlaubt: -zulässig, -berechtigt, -gerechtfertigt, *verboten.*

unerledigt: ausstehend, anhängig; *unentschieden.*

unermeßlich: *unendlich, gewaltig.*

unermüdlich: *rastlos. beharrlich.*

unerquicklich: *unangenehm.*

unerreichbar: *fern.* unerreicht, *hervorragend.*

unersättlich: *unzufrieden. maßlos.* gierig. nicht satt zu kriegen!

unerschlossen: -bebaut, -angebaut, jungfräulich.

unerschöpflich: *unbegrenzt.*

unerschrocken: *tapfer.*

unerschütterlich: *unbeugsam. beharrlich. gelassen.* unerschüttert, fest.

unerschwinglich: *teuer.*

unersetzlich: *wertvoll.*

unersprießlich: *unfruchtbar.*

unerträglich: *widerwärtig.*

unerwartet: -vermutet, -verhofft, -vorhergesehen, -geahnt, -angemeldet, überraschend, *plötzlich.*

unerwidert: einseitig.

unerwünscht: *unangenehm.*

unfähig: nicht imstande; *außerstande,* unvermögend, -tauglich, *hilflos.*

Unfall: *Unglück.*

unfaßbar: *unglaublich, -verständlich.*

unfehlbar: *sicher.*

unfein: gewöhnlich, *unzart.*

unfertig: -beendet, -vollendet, -vollkommen, halbfertig, unreif, *Stückwerk.*

Unflat: *Schmutz.* unanständig.

unfolgsam: *ungehorsam.*

unförmig: *plump,* ungefüge, -gestalt, -geschlacht, formlos.

unfrei: *abhängig,* unterdrückt, -jocht, versklavt, geknebelt, -knechtet. gehemmt, *verlegen.*

unfreiwillig: *widerwillig.*

unfreundlich: abstoßend, -weisend, kalt, lieblos, unhöflich, -liebenswürdig, -gefällig, -gastlich, -gesellig, *grob, mürrisch, böse.*

Unfriede(n): *Feindschaft.* Hader, Uneinigkeit, Zwietracht, *Zwist.* Stank! Stunk!

unfroh: *traurig.*

unfruchtbar: -ergiebig, -ersprießlich. steril, kinderlos. öde, *nutzlos.*

Unfug: *Unart.* Mumpitz, *Unsinn.*

ungangbar: *unwegsam.*

ungastlich: *unfreundlich.*

ungeachtet: *trotz.*

ungeahnt: *unerwartet.*

ungebahnt: unwegsam. unbegangen.

ungebärdig: *unbändig.*

ungebeten: ungefragt. unwillkommen, *unangenehm.*

ungebeugt: *unbeugsam.*

ungebildet: ungeleckt! *dumm, Unart,* ordinär.

ungebräuchlich: *ungewöhnlich.*

ungebraucht: *neu.*

ungebrochen: *unbeugsam.*

ungebührlich: *Unart.* übermäßig.

ungebunden: *frei, selbständig.*

Ungeduld: *Unrast,* Spannung, Erwartung, Neugier. *Sehnsucht.* hastig, fieberhaft, gespannt, heftig, *unruhig.*

ungeeignet: -brauchbar, *ungünstig.*

ungefähr: *ungenau.* annähernd; nicht ganz; halbwegs; halb und halb; ziemlich, beiläufig, gegen, rund, etwa, vielleicht, um, an, einigermaßen, schätzungsweise; mehr oder weniger, minder; gewissermaßen; sagen wir. *Zufall.*

ungefährlich: -schädlich, gefahrlos, harmlos, sicher.

ungefällig: *unfreundlich.*

ungefüge: *unförmig.*

ungehalten: *ärgerlich.*

ungeheißen: *unaufgefordert.*

ungehemmt: *frei.*

ungeheuchelt: *aufrichtig.*

Ungeheuer: Bestie, Drache, *Ungetüm, Scheusal, Unmensch.*

ungeheuer(lich): *riesig, maßlos, ungewöhnlich, sehr, schrecklich.*

ungehindert: *unbehindert.*

ungehobelt: *Unart.*

ungehörig: unangebracht, -schicklich, -ziemlich, unrecht. *Unart.*

ungehorsam: -folgsam, -botmäßig, *widerspenstig,* -setzlich, *aufsässig,* sich *widersetzen. Unart.*

ungeklärt: *unentschieden.*

ungekünstelt: *echt, schlicht. aufrichtig.* von Herzen; herzlich.

ungekürzt: *vollständig.*

ungeleckt: *ungebildet.*

ungelegen: *unzeitig,* -angenehm, ungünstig, *quer.* ~heit, *Plage.*

ungelenk: *steif.*

ungelöst: -abgeschlossen, offen.

ungelüftet: *dumpf.*

Ungemach: *Unglück, Plage.*

ungemein: *ungewöhnlich. sehr.*

ungemessen: *unendlich.*

ungemütlich: *unangenehm.*

ungenau: *oberflächlich,* ungefähr, allgemein, verschwommen, -blasen, -waschen, *unklar,* schwammig.

ungenügend: *mangelhaft,* (not)*dürftig,* unbefriedigend, -zulänglich, -zureichend, -vollkommen, *unvollständig.* (allzu)*gering.* nicht hinlänglich ausreichend.

ungenutzt liegen: brachliegen.

ungeordnet: *wirr.*

ungepflegt: *unordentlich.*

ungeraten: -gezogen, *Unart.*

ungerechnet: *abzüglich.*

ungerecht: unrecht, -billig, *rechtswidrig, Partei.*

ungerechtfertigt: *grundlos.*

ungereimt: *sinnlos.*

ungern: *widerwillig.*

ungerührt: *gleichgültig.*

ungesäumt: *sofort.*

ungeschehen machen: rückgängig machen; das Rad zurückdrehen.

ungeschickt: -gewandt, -beholfen, linkisch, *steif,* umständlich, tölpelhaft, tölpisch, tolpatschig, täppisch, tapsig, *plump,* stümper(haft), *hilflos, dumm.*

ungeschlacht: *unförmig. plump.*

ungeschliffen: *grob.*

ungeschminkt: *aufrichtig.*

ungeschoren: *unbehelligt. straflos.*

ungeschützt: *wehrlos.*

ungesellig: (menschen)scheu, *einsam, unfreundlich.*

ungesetzlich: verfassungs-, *rechtswidrig,* illegal, willkürlich, wild.

ungestalt: *unförmig, häßlich.*

ungestört: *unbehelligt.*

ungestüm: *heftig, hastig.*

ungesund: *krank*(haft), *schädlich,* übermäßig, unerfreulich.

ungeteilt: *ganz.*

ungetrübt: *rein.*

Ungetüm: *Ungeheuer, Riese.*

ungewandt: *ungeschickt.*

ungewiß: *unsicher,* -bestimmt, -bestätigt, *zweifelhaft,* dunkel. *unentschieden;* es steht dahin. *unschlüssig.*

Ungewitter: *Unwetter.*

ungewöhnlich: -gewohnt, -gebräuch-lich, außergewöhnlich, ausgefallen, *selten,* abseitig, unnatürlich, abnorm, *seltsam, auffallend, erstaunlich, unglaublich, hervorragend, besonder(s), beispiellos,* un-gemein, -geheuer, *übermäßig, groß, sehr.*

ungewohnt: *fremd, ungewöhnlich.*

ungewollt: *unabsichtlich.*

ungezählt: *viel.*

Ungeziefer: Geschmeiß.

ungezogen: -artig, *Unart.*

ungezügelt: *unbändig.*

ungezwungen: *zwanglos.*

Unglaube: *Zweifel.*

unglaublich: nicht zu glauben; un-glaubhaft, -beschreiblich, -vorstellbar, *ungewöhnlich,* unerhört, heillos, toll, phantastisch, haarsträubend, haarig!

ungleich: *verschieden.* ~artig, ge-mischt, zusammengewürfelt, *bunt.* ~för-mig, ~mäßig, unregelmäßig.

Unglimpf: *Unbill.*

Unglück: *Unheil,* -stern, (schwerer, Schicksals)Schlag, Katastrophe, Unfall, Mißerfolg, -geschick, Pech, Schlamassel! *Leid,* Not, Elend. *Übel,* Ungemach.

unglücklich: arm, *elend, traurig,* verzweifelt, *hoffnungslos,* un(glück)selig, *unheilvoll. unzufrieden.*

ungreifbar: *wägbar. wesenlos.*

ungültig: nichtig, hinfällig, wertlos. ~ machen; entwerten; außer Kurs setzen.

ungünstig: *geeignet,* -vorteilhaft, -zweckmäßig, -wirtschaftlich. schwierig, hinderlich, abträglich, unzuträglich, *schädlich,* widrig, widerwärtig, mißlich. beeinträchtigen. *ungelegen. abfällig.*

Unheil: -segen, Fluch, Verhängnis, -derben, *Unglück, Übel.*

unheilbar: *hoffnungslos,* tödlich.

unheilig: *sündhaft.*

unheilvoll: -bringend, -drohend, -schwanger, schwarz. verderblich, *gefährlich,* unglücklich. verhängnisvoll.

unheimlich: *beklemmend, dunkel, geheimnisvoll,* schauerlich, gruselig, *böse.*

unhöflich: *unfreundlich, -zart Unart,* grob, taktlos.

Unhold: *Unmensch, Verbrecher.*

unhörbar: *still. unmerklich.*

Unke: (Feuer)Kröte.

unken: schwarzsehen, *Schwarzseher.*

Unheil verkünden.

Unkenntnis: -wissenheit, *unwissend.*

unkeusch: *unsittlich.*

unklar: -deutlich, *ungenau,* -rein, -übersichtlich, -durchsichtig, -bestimmt, vag, verwischt, *dunkel,* trübe, schatten-nebel-, schleier-, *rätselhaft,* ungeklärt, miß-, unverständlich, zwei-, vieldeutig, problematisch. *wirr,* ziellos.

unklug: *unbesonnen.*

unkörperlich: *wesenlos.*

unkundig: *unwissend.*

unlängst: *neulich.*

unlauter: *unredlich.*

unleidlich: *widerwärtig.*

unleugbar: *zweifellos.*

unliebsam: *unangenehm.*

Unlust: Un-, Mißmut, -behagen, Mißvergnügen; schlechte Laune; *lustlos, träge. unzufrieden. Abneigung.*

unmännlich: *feige.*

Unmaß: *Übermaß.*

unmäßig: *maßlos.*

Unmensch: entmensch, *Rohling,* grausam, Unhold, -geheuer, Scheusal, Bluthund, *Verbrecher.* Barbar, Hunne, Wandale. *Tier. Teufel.*

unmerklich: -vernehmbar, -hörbar, -sichtbar, *verborgen,* unauffällig, *heimlich. sacht. winzig.*

unmißverständlich: *klar. rundweg.*

unmittelbar: *geradewegs,* direkt, *persönlich.* ursprünglich.

unmodern: *veraltet.*

unmöglich: -denkbar, -ausführbar, -durchführbar, -erreichbar, -annehmbar, ausgeschlossen, *nein. hoffnungslos*; nicht daran zu denken.

unmündig: minderjährig.

Unmut: *Ärger. mißmutig.*

unnachahmlich: *einmalig.*

unnachgiebig: -nachsichtig, -nach-sichtlich, *beharrlich. streng, starr.*

unnahbar: *erhaben.*

unnatürlich: naturwidrig, *krankhaft-widersinnig. ungewöhnlich. falsch, heuch-*

lerisch. gemacht, -wollt, -sucht, -schraubt, -wunden, -spreizt, -ziert, verkrampft, *schwülstig, überspannt, affig!* er-, gezwungen, affektiert, *künstlich.*

unnötig: *überflüssig.*

unnütz: *nutzlos.*

unordentlich: -aufgeräumt, -gepflegt, *schlampig, liederlich. wirr,* vernachlässigt.

unparteiisch: *gerecht.*

unpassend: -tauglich, *unangebracht.* stillos. *unzart.*

unpäßlich: *unwohl.*

unpersönlich: *sachlich.*

Unrast: ruhe-, rastlos, *Unruhe,* -geduld, Hast, *Hetze*(rei).

Unrat: *Dreck.*

Unrecht: *ungerecht, Sünde.* Unbill, ungehörig. unrecht haben, im ~ sein.

unredlich: -ehrlich, -lauter, *falsch. Betrüger.*

unregelmäßig: *ungleich.*

unreif: unausgereift, halbgar, grün, sauer, *unfertig, -erfahren,* schülerhaft, *jung. vorzeitig.*

unrein: *schmutzig. unklar.*

unrichtig: *falsch.*

Unruhe: Bewegung, Gärung, Erregung, Aufregung, -ruhr, *Trubel, Unrast,* lebhaft, Gezappel. *Sorge.* Lärm, Krawall. ~n, *Wirren.* Bürgerkrieg.

unruhig: *lebhaft,* bewegt, unstet, ruhe-, rastlos, zappelig, ungeduldig, fahrig, kribbelig, flackernd, nervös, *fieberhaft, aufgeregt,* ängstlich.

unrühmlich: *schmählich.*

unsachlich: *Partei.*

unsagbar, unsäglich: -aussprechlich, namenlos, außerordentlich, *sehr.*

unsanft: *heftig.*

unsauber: *schmutzig.*

unschädlich: *ungefährlich.*

unschätzbar: *wertvoll.*

unscheinbar: *schlicht. gering.*

unschicklich: ungehörig, *-anständig.*

unschlüssig: -entschlossen, -entschieden, *ungewiß,* zweifelnd, schwankend, *zögernd,* flau. verlegen.

unschön: *häßlich.*

Unschuld: Tugend. schuldlos. unverdorben, *keusch. harmlos.*

unschwer: *leicht.*

Unsegen: *Unheil.*

unselbständig: abhängig, hilflos, unsicher.

unselig: *unglücklich.*

unsicher: *ungewiß,* unzuverlässig. *zweifelhaft.* trügerisch, *gefährlich. unbeständig.* schwanken(d), unberechenbar, launenhaft, *schwach.* unselbständig, haltlos. *ängstlich. verlegen.*

unsichtbar: *heimlich, verborgen.*

Unsinn: -vernunft. *sinnlos.* Wider-, Blöd-, *Wahnsinn.* Narretei, Dumm-, Narr-, Tor-, Albernheit, Kinderei, Quark! Quatsch! Stuß! Schnack! Unding; dummes Zeug, *Gerede*; Mumpitz, Nonsens; dumme Witze; Firlefanz, Unfug, Humbug, Possen, Faxen, Hokuspokus, fauler Zauber.

Unsitte: *Laster,* Unart.

unsittlich: sittenlos, *unanständig,* -keusch, -züchtig, obszön, schamlos.

unsterblich: *ewig, unausrottbar.*

Unstern: *Unglück.*

unstet: friedlos. *unruhig. unbeständig.*

Unstimmigkeit: etwas stimmt nicht. *Unterschied. Widerspruch.*

unsträflich: *tadellos. rechtschaffen.*

unstreitig: *zweifellos.*

untadelig: *tadellos. rechtschaffen.*

Untat: *Verbrechen.*

untätig: müßig, tatenlos, unbeschäftigt, *träge,* passiv. *Muße, Nichtstun. Ruhe.*

untauglich: -geeignet, -passend, -brauchbar. *unfähig.*

unteilbar: *vollständig.*

unten: drunten; am Boden; in der Tiefe. untenan. untenher, untenhin. ganz ~: zuunterst, -tiefst.

unter(halb): weiter unten; tiefer, niedriger, *abwärts,* darunter. unter sich lassen: *übertreffen.*

Unterbau: *Unterteil, Grundlage.*

unterbauen: -mauern, *stützen.*

unterbinden: *unterbrechen. vereiteln.*

unterbleiben: fort-, wegfallen.

unterbrechen: durchbrechen, unterbinden, *trennen.* aussetzen, abbrechen, stoppen, *beenden.* das Wort abschneiden,

dazwischenreden. stören. sıch ~: innehalten; eine Pause machen.

Unterbrechung: *unterbrechen.* Zwischenfall. *Abschweifung.*

unterbreiten: vorlegen, -schlagen.

unterbringen: *anbringen. beherbergen, unterstellen.*

unterdessen: *inzwischen. gleichzeitig.*

unterdrücken: -jochen, knechten,
versklaven, unterwerfen, ducken, niederhalten, -schlagen, -werfen, -zwingen,
knebeln, *bezwingen*; (sich) verbeißen;
unterlassen, ver-, zurückdrängen; von
sich weisen, schieben. *ersticken, dämpfen. lähmen*; mundtot machen; nicht aufkommen lassen; überwuchern. *vereiteln.*

unterfangen, sich: *wagen.*

unterfassen: -haken; sich einhängen,
-henkeln; den *Arm* nehmen.

Untergang: Sturz, Verderben, Katastrophe, Ende.

untergehen: *versinken. zugrunde
gehen.* verlorengehen; übertönt werden.

untergeordnet: *unwichtig.*

untergraben: -höhlen, -wühlen. *beeinträchtigen, zersetzen, vereiteln.*

unterhalten: *haben.* aushalten. *versorgen. vergnügen,* zerstreuen; die Zeit
vertreiben. ~d, *munter.* sich ~: *reden.
Gespräch, Geselligkeit.* ~d, unterhaltsam, anregend, kurzweilig.

unterhandeln: *verhandeln.* Unterhändler, *Vertreter.*

unterhöhlen: *untergraben.*

unterjochen: *unterwerfen, -drücken.*

Unterkommen, -kunft: -schlupf,
(Ob)Dach, *Haus,* Behausung, Wohnung,
Höhle, Quartier, Bleibe, Herberge,
Gasthaus. Hütte. Zuflucht.

unterkriegen: *überwältigen.*

Unterlage: Lager, Auflage(r), Bett
(ung). *Grund(lage), Beleg.*

Unterlaß, ohne: *unaufhörlich.*

unterlassen: *lassen. versäumen, verzichten, unterdrücken.*

unterlegen: -schieben, -stellen.

unterlegen sein: *nachstehen.*

unterlaufen: *geschehen.*

unterliegen: erliegen, *verlieren.* unterworfen sein; *gehorchen.*

unternehmen: handeln, machen,
veranstalten, besorgen. *anfangen,* -fassen,
-greifen, -packen, -stellen, darangehen;
ins Werk setzen; in Angriff, in die
Hand nehmen; *vornehmen. wagen.* ~d;
unternehmungslustig, *rege. kühn.*

Unternehmen, -ung: *Tat,* Aktion,
Operation, Zugriff. *Betrieb.*

unterordnen: unterstellen, -werfen.
sich ~: sich *fügen.*

Unterredung: *Gespräch.*

unterrichten: aufklären; die Augen
öffnen; *Auskunft* geben; orientieren,
(be)*lehren. mitteilen.* unterrichtet, *kundig.*
Unterrichtswerk, *Lehrbuch.*

untersagen: *verbieten.*

unterschätzen: *mißachten.*

unterscheiden: *trennen, erkennen,*
(be)*urteilen,* sich ~: abweichen, -stechen,
auseinandergehen; *verschieden* sein; sich
entfernen, (sich) widersprechen.

unterschieben: unterstellen.

Unterschied: *Abstand,* Differenz,
Gefälle, *verschieden, Gegensatz.* (Ab)
Tönung, Abweichung, Unstimmigkeiten.

unterschiedslos: *gleich.*

unterschlagen: *vorenthalten.* veruntreuen. Unterschleife.

Unterschlupf: *Unterkunft.*

unterschreiben: *unterzeichnen,* bestätigen. *billigen.*

Unterschrift: Namenszug, *beglaubigen. Erlaubnis.*

untersetzt: *gedrungen.*

unterstehen: sich unterstellen.

unterstehen, sich: *wagen*; sich erlauben, erfrechen.

unterstellen: ab-, einstellen, parken,
unterbringen. sich ~: unterstehen.

unterstellen: -ordnen. unterlegen,
-schieben. *vorwerfen. voraussetzen.*

unterstreichen: *hervorheben.*

unterstützen: fördern, verstärken,
helfen, eintreten; zu einem *halten.* Rückhalt, *Hilfe. Spende.*

untersuchen: nach-, durchsehen,
er-, durchforschen, *mustern,* prüfen,
studieren. Analyse.

untertan: untergeben, untertänig,
botmäßig. *unterwürfig.*

untertauchen: *verschwinden.*

Unterteil: -bau, (-)Gestell, Sockel.

Unterton: *Tönung.*

unterwegs: auf dem Wege; auf Reisen. auf *halbem* Wege.

unterweisen: *lehren.*

Unterwelt: Hölle. *Gesindel.*

unterwerfen: *bezwingen, unterdrükken.* unterordnen. unterzighen. sich ~: sich *fügen.* unterworfen sein: *unterliegen.*

unterwürfig: *gehorsam, demütig,* würdelos, untertänig(st), hörig, knechtisch, sklavisch, lakaienhaft, kriecherisch, hündisch, speichelleckerisch.

unterzeichnen: *unterschreiben,* ratifizieren, quittieren.

unterzighen: unterwerfen.

untief: *seicht.* Untiefe, (Sand)Bank.

untrennbar: *fest.*

untreu: *treulos.*

untröstlich: *trostlos.*

untrüglich: *echt. sicher.*

Untugend: *Laster,* Unart.

unüberlegt: *unbesonnen.*

unübersichtlich: *unklar.*

unübertrefflich: *hervorragend.*

unumgänglich: *notwendig.*

unumschränkt: allgewaltig.

unumstößlich: *unveränderlich;* es bleibt dabei. *zweifellos.*

unumwunden: *aufrichtig.*

ununterbrochen: *stetig.*

ununterscheidbar: völlig, *gleich.*

unveränderlich: -verrückbar, *starr, stetig, fest. unabänderlich.*

unverändert: *gleich.* alt.

unverantwortlich: *leichtfertig.*

unverbesserlich: *verstockt, hoffnungslos, Nichtsnutz,* rückfällig.

unverbildet: *natürlich.*

unverbindlich: freibleibend. *zwanglos. verpflichtet* zu nichts. ohne Gewähr.

unverblümt: *aufrichtig.*

unverbraucht: *frisch.*

unverbrüchlich: *fest,* unentwegt, *unbedingt. beharrlich.*

unverderblich: haltbar.

unverdorben: *natürlich. unschuldig.*

unverdrossen: *beharrlich.*

unverehelicht: *ledig.*

unvereinbar: -verträglich; nicht zu vereinbaren; verträgt sich nicht; *gegensätzlich,* verschieden.

unverfälscht: *echt. tadellos.*

unverfänglich: *harmlos.*

unverfroren: *frech.*

unvergänglich: *ewig.*

unvergeßlich: *unauslöschlich.*

unvergleichbar, -lich: unverwechselbar, beispiellos, ohnegleichen, *einmalig, hervorragend.* unverhältnismäßig.

unverhältnismäßig: *übermäßig, unvergleichbar.*

unverheiratet: *ledig.*

unverhofft: *unerwartet.*

unverhohlen: *aufrichtig.*

unverkennbar: -verwechselbar,-mißverständlich, deutlich.

unverletzt: *heil.*

unverlierbar: *unauslöschlich.*

unvermählt: *ledig.*

unvermeidlich: *notwendig.*

unvermindert: *vollständig.*

unvermittelt: *plötzlich.*

Unvermögen: *Ohnmacht,* Versagen. unvermögend: *unfähig. arm.*

unvermutet: *unerwartet.*

unvernehmbar: *unmerklich.*

Unvernunft: -verstand, *dumm.*

unverpackt: *lose.*

unverrichteterdinge: *erfolglos.*

unverringert: *vollständig.*

unverrückbar: *unveränderlich.*

unverschämt: *frech.*

unverschlossen: *offen.*

unversehens: *plötzlich.* hinterrücks.

unversehrt: *heil.*

unversiegbar: *unbegrenzt.*

unversöhnlich: *feindlich.*

Unverstand: -vernunft, *dumm.*

unverständlich: *unbegreiflich,* -erklärlich, -faßlich; nicht zu verstehen; *unklar. sinnlos, abwegig,* fremd.

unverstellt: *aufrichtig.*

unverträglich: -vereinbar; nicht zusammen*passen. feindlich. störrisch.*

unverwechselbar: *unvergleichlich.*

unverwehrt: *erlaubt.*

unverweilt: *sofort.*

unverwischbar: *unauslöschlich.*

unverwüstlich: *fest.* nicht totzukriegen, umzubringen, kaputtzumachen.

unverzagt: *zuversichtlich. tapfer.*

unverzüglich: *sofort.*

unvollendet: *unfertig.*

unvollkommen: *ungenügend. unfertig. mangelhaft.*

unvollständig: lückenhaft, *Stückwerk. ungenügend.*

unvorbereitet: *ahnungslos.* aus dem Stegreif. *plötzlich.*

unvoreingenommen: *sachlich.*

unvorhergesehen: *unerwartet.*

unvorsichtig: *achtlos.*

unvorstellbar: *unglaublich.*

unvorteilhaft: *ungünstig.*

unwägbar: ungreifbar.

unwahr: *Lüge. falsch.*

unwahrscheinlich: *unglaublich.*

unwandelbar: *stetig, ewig.*

unwegsam: -gebahnt, -gangbar, -zugänglich, weg-, pfadlos.

unweigerlich: unaufhaltsam; mit *Gewißheit;* hoffnungslos. *sicher.*

unweit: *nahe.*

unwert: *unwürdig.*

unwesentlich: *unwichtig, gering.*

Unwetter: -gewitter; Sturm und Regen; Blitz und Donner.

unwichtig: -wesentlich, -bedeutend, -erheblich, belang-, bedeutungslos, untergeordnet, gleichgültig; nicht erwähnenswert; nicht der Rede wert; Nebensache; *Kleinigkeit.*

unwiderlegbar, -lich: *zweifellos,* richtig, *Tatsache. schlagend, schlüssig,* triftig, stichhaltig.

unwiderruflich: *unabänderlich.*

Unwille: *Zorn.* unwillig, erbost, *widerwillig,* zornig, ärgerlich, sauer!

unwillkommen: *unangenehm.*

unwillkürlich: *unabsichtlich, -bewußt,* spontan, *zwangsläufig.*

unwirklich: *Gespenst.*

unwirksam: *nutzlos.*

unwirsch: *mürrisch ärgerlich.*

unwirtlich: *öde.*

unwirtschaftlich: *ungünstig.*

unwissend: *unerfahren,* -aufgeklärt,

-eingeweiht, -kundig, -bewandert, *ahnungslos, dumm,* Unkenntnis.

unwohl: -päßlich, -behaglich, *krank.* schlecht, (spei)übel, elend, flau, verkatert; einen Kater haben.

unwürdig: *würdelos, schmählich.* unwert; verdient nicht.

Unzahl: *viel.*

unzart: *unhöflich,* -fein, -passend, *plump,* taktlos.

unzeitgemäß: *veraltet.*

unzeitig: zur Unzeit; ungelegen, -günstig. -angebracht.

unzerbrechlich, -zerreißbar: *fest.*

unzerstörbar: *ewig.*

unzertrennlich: *fest;* eng befreundet; immer zusammen; verschworen.

unziemlich: *ungehörig.*

Unzucht: *Laster, unsittlich.*

unzufrieden: unbefriedigt, unglücklich, enttäuscht, *Mißmut,* -fallen. *klagen,* nörgeln. unersättlich.

unzugänglich: *unwegsam, dicht, verschlossen. abgelegen.*

unzulänglich: *ungenügend. Mangel.*

unzulässig: *verboten.* falsch.

unzurechnungsfähig: *verrückt.*

unzureichend: *ungenügend.*

unzusammenhängend: *wirr.*

unzuträglich: *ungünstig.*

unzutreffend: *falsch.*

unzuverlässig: -berechenbar, *unsicher,* windig! vergeßlich. *launenhaft.*

unzweckmäßig: *ungünstig.*

unzweideutig: *deutlich, zweifellos.*

üppig: *reich*(lich), fruchtbar, strotzend, schwellend, wuchernd, *geil, maßlos,* verschwenderisch, schwelgerisch. *dick. prächtig,* stolz, übermütig.

urbar machen: roden, kultivieren.

Urheber: Schöpfer, Erzeuger, Vater. Erfinder. Anstifter, Rädelsführer. Verfasser. Ursache.

Urkunde: *Niederschrift,* Papier, Dokument, Zeugnis, Patent, Diplom. urkundlich, amtlich, verbrieft.

Urlaub: Ferien(∼). Erholung.

Ursache: (Beweg)Grund, *Ursprung, -heber,* Anlaß, -stoß, *Antrieb,* Motiv,

Warum, Wurzel, Nährboden, Bedingung. *Aufschluß.*

Ursprung: (ab)*stammen, entspringen,* Ab-, Herkunft, Herkommen, Stammbaum, *Geschlecht.* Vorfahren. *Heimat.* Quelle, Same, Keim, Herd, Wiege. *Ursache. Anfang.*

ursprünglich: *echt. angeboren.* unmittelbar. *anfangs.*

Urteil: (∼s-, Richter)Spruch, *Entscheidung,* Stimme, *Zeugnis.* Gutachten,

Meinung, Wertung, Kritik. Folgerung. *Verstand.*

urteilen: *richten, entscheiden,* befinden. *folgern.* beurteilen, -gutachten, prüfen, (be)werten, (ab-, ein)schätzen, würdigen, (ab)wägen, ermessen, *einordnen,* unterscheiden, ansehen, betrachten, auffassen, *denken,* halten, finden. *besprechen.*

urwüchsig: *echt. derb.*

uzen: *necken.*

V

Vagabund: *Landstreicher.*

Vater: Erzeuger, Papa; der Alte! *Urheber.* väterlich, *liebevoll.*

Vaterland: *Heimat*(land).

veilchenblau: violett.

ver...: auseinander..., zer..., zusammen...

verabfolgen: -abreichen. (aus)*geben.* aus-, ver-, zuteilen.

verabreden: *vereinbaren.* Verabredung, *Zusammenkunft.*

verabreichen: *verabfolgen.*

verabscheuen: *verachten,* -dammen, hassen. *Abneigung.*

verabschieden: *entlassen.*

verachten: hinab-, hinunter-, herab-, heruntersehen, *mißachten,* verabscheuen; die Nase *rümpfen; ablehnen.*

verächtlich: *abfällig,* herabsetzend, wegwerfend, *höhnisch, hochmütig.* schnöde, *gemein.*

veralbern: (ver)*spotten.*

veraltet: unmodern, -zeitgemäß, rückständig, (vor)gestrig, vorsintflutlich, *vergangen,* -staubt, -welkt, überholt, -lebt, aus der Mode (gekommen), alt(modisch, -fränkisch, -väterisch), zopfig, bezopft.

veränderlich: *unbeständig.*

verändern: *ändern, anders.*

verankern: befestigen, sichern.

veranlagen: *abschätzen.*

veranlassen: *Anlaß* geben; bewegen, *bestimmen, überreden,* zwingen, nötigen,

treiben, *reizen,* anregen, -stiften, *verführen. befehlen. verursachen.*

veranschaulichen: *darstellen, erklären. anschaulich* vor Augen führen.

veranschlagen: *schätzen.*

veranstalten: (ab)*halten,* begehen, durchführen, unternehmen, aufziehen, -führen. veranstaltet werden: stattfinden.

verantworten: rechtfertigen. ein-, geradestehen, herhalten.

verantwortlich: *zuständig. haftbar.* schuldig. *gewissenhaft.* ∼ machen: *vorwerfen.* (zu)*schieben, zuschreiben.*

Verantwortung: *Haftung.* Verantwortungsbewußtsein, *Pflichtgefühl.*

verantwortungslos: *leichtfertig.*

verarbeiten: *herstellen.* verdauen, -kraften; fertig werden mit; begreifen.

verargen: *übelnehmen.*

verästeln, sich: sich *gabeln.*

veräußern: *verkaufen.*

Verband: *Wickel. Verein*(igung).

verbannen: ächten. *vertreiben.* Exil.

verbauen: *sperren.*

verbeißen: *unterdrücken. verzichten.* sich ∼, *verkrallen.*

verbergen: -stecken, -hehlen, -hüllen, -schleiern, -nebeln, -wischen, -tuschen, -schweigen, -graben, *verdecken,* tarnen, maskieren, *verheimlichen,* geheimhalten; für sich behalten; vorenthalten. sich ∼, verkriechen, verschanzen, abschließen.

verbessern: *berichtigen.* vervollkommnen, -edeln, -feinern, -schönern, (weiter)entwickeln, *Fortschritt,* Reform.

verbeugen, sich: sich verneinen; dienern; einen Diener, Bückling machen; grüßen. sich bücken.

verbiestern: *verwirren.* (ver)*ärgern.*

verbieten: untersagen, *verwehren.*

verbinden: aneinander-, zusammen-, ver*binden,* (-)koppeln, (-)kuppeln, (-)ketten, (-)kleben, (-)leimen, (-)kitten, (-)schweißen, (-)weben; verschlingen, -zahnen, -schmelzen; aneinander-, zusammenfügen, -schließen, -kleistern, -setzen; anschließen, -fügen; in *Verbindung,* zusammenbringen, überleiten, -brücken; eine Brücke schlagen; *beziehen, mischen,* verquicken. (ver) ein(ig)en, verbünden, -brüdern. paaren, kreuzen. sich ~, zusammentun, einlassen, befreunden, verschwören; einen Bund schließen; *gemeinsame* Sache machen, zusammenkommen, -treffen. verbunden, zusammengehörig, eins.

verbindlich: *höflich. verpflichtend.* ~keit, *Pflicht, Schuld.*

Verbindung: *Zusammenhang,* Klammer, Band. Vereinigung. Kombination. Fusion. *verbinden. Umgang, Verhältnis,* Bekannt-, *Freundschaft. Ehe.* Leitung, *Kabel.*

verbissen: *hartnäckig,* krampfhaft, *heftig.* verkrampft, -zerrt. verbittert.

verbitten, sich: sich *verwahren.*

verbittern: *ärgern.* Groll.

verblenden: *überziehen. täuschen.*

verblüffen: *verwundern,* -wirren, -dutzen, *bestürzen.* blenden, *überraschen.* ~d, *erstaunlich.* verblüfft, *fassungslos.*

verblühen: abblühen, *vergehen.*

verbocken: *verderben.*

verbohren, sich: sich vergraben. sich verrennen. verbohrt, *stur.*

verborgen: unsichtbar, -bemerkt, -gesehen, -be(ob)achtet, geheim, *heimlich, unmerklich, verbergen.*

verboten: *rechtswidrig,*strafbar,sträflich, polizeiwidrig.

Verbrauch: Abgang. Bedarf. Konsum, Verschleiß. *ausgeben, verzehren,* *beanspruchen, abnutzen.*

verbrechen: *verüben.*

Verbrechen: Un-, Misse-, Übel-, Straf-, Schandtat. Frevel(tat). Greuel (tat). Tat. *Vergehen,* Sünde, Schuld.

Verbrecher: (Übel)Täter, *Sünder,* Rechtsbrecher. Bösewicht, Unhold, *Unmensch.* Schurke, *Schuft,* Gauner, Strolch, Dieb, Einbrecher, *Räuber, Mörder,* Mordbrenner.

verbrecherisch: sträflich, *ruchlos.*

verbreiten: ausbreiten, -senden, -strahlen, -strömen, verströmen. *zerstreuen,* (aus)säen, austragen, -streuen, -sprengen, -plaudern, herumtragen, (-)er*zählen,* verraten; unter die Leute bringen; in Umlauf bringen, setzen; weitergeben, -leiten, *verkünden. einführen.* sich ~: um sich greifen; sich verzweigen; *entstehen.*

verbreitern: *erweitern.*

verbrennen: ab-, niederbrennen, einäschern; in Flammen, Rauch aufgehen (lassen), verlodern, -kohlen; zu Asche werden; in Schutt und Asche sinken.

verbringen: *bringen.* sich *aufhalten.*

verbrüdern, -bünden: *verbinden. gemeinsam.*

verbummeln: *versäumen.*

verbürgt: *zuverlässig.*

verbüßen: Strafe ~, absitzen, abbrummen!

Verdacht: Argwohn, Mißtrauen, Zweifel, Hinweis, Andeutung, Anhalt(spunkt). *vermuten,* (be)*fürchten.* verdächtig, *zweifelhaft.*

verdächtigen: (be)argwöhnen, beschuldigen, verleumden.

verdammen: *verfluchen, -urteilen, -abscheuen.*

verdampfen: *verflüchtigen.*

verdanken: (zu) danken (haben); schulden; schuldig sein.

verdattern: *bestürzen.*

verdauen: *verarbeiten, -tragen.*

verdecken: *verbergen, -kleiden,* -hängen, *bemänteln.*

verdenken: *übelnehmen.*

verderben: -patzen, -korksen, -murksen! -masseln! -bocken! -sieben! -wursteln! verpesten, -seuchen, -giften. *ver-*

nichten, ruinieren; *entstellen, trüben, verleiden.* um-, *verkommen,* (ver)schimmeln, (-)*faulen,* verdorben: *schlecht.*

Verderben: *Unheil. Untergang,* Ruin, Abgrund.

verderblich: *schädlich, unheilvoll,* leicht verderblich.

Verderbnis: *Laster.*

verdeutlichen: *erklären. hervorheben.*

verdichten: *verstärken.*

verdienen: *erwerben, gewinnen, bekommen. gebühren.*

Verdienst: der ∼: *Einkommen. Gewinn, Lohn.* das ∼: *Werk, Tat, Leistung.*

verdienstlich: *lobenswert.*

verdorren: -trocknen, (-)welken.

verdrängen: ausstechen, vertreiben. ausbooten. *unterdrücken.*

verdrehen: -renken, *entstellen;* verdreht: *krumm. seltsam.*

verdrießen, Verdruß: *mißfallen. belasten. unangenehm. Ärger, Mißmut.*

verduften: sich *davonmachen.*

verdunkeln: *trüben. übertreffen.*

verdünnen: -wässern, taufen, strekken, *mischen.* sich ∼, verjüngen.

verdunsten: *verflüchtigen.*

verdursten: *verschmachten.*

verdüstern: *trüben.*

verdutzen: *verblüffen. fassungslos.*

verebben: *schwinden. enden.*

veredeln: pfropfen. *verbessern.* verschönen, *vergeistigen.*

verehren: anbeten, huldigen; aufsehen, -schauen zu; (hoch)*achten,* bewundern, lieben; glühen für; verherrlichen, -göttern, an-, verhimmeln, anschwärmen; in den Himmel heben. *schenken.* verehrt, *lieb.*

Verehrer: Anbeter. *Liebhaber.*

Verehrung: *Ehrfurcht.*

vereinbar: verträglich. zu vereinen.

vereinbaren: -abreden, ab-, ausmachen, beschließen, *festlegen;* sich absprechen; *Vertrag* schließen; Abrede, Absprache, Abkommen, Übereinkunft treffen; übereinkommen; sich *einigen,* verständigen; abkarten; abgekartetes Spiel treiben. sich ∼ lassen: *passen.*

verein(ig)en: *sammeln. verbinden.* zu-sammenfassen, -legen, -raffen, -bringen sich ∼ lassen: *passen.*

Verein(igung): *Verbindung,* Zusammenschluß, *Bund,* Gemein-, Gesell-, Genossen-, Körperschaft, Verband, Organisation. Gilde, Zunft, Innung, Ring, Trust, Kartell, Klub.

vereinfachen: -einheitlichen. klären. *erleichtern.* verharmlosen, -flachen, -wässern, -niedlichen. vergröbern.

vereinheitlichen: vereinfachen.

vereinzeln: *absondern. wenig.*

vereiteln: (ver)*hindern,* verhüten, hintertreiben, durchkreuzen; zu Fall bringen; *untergraben;* zuschanden, zunichte machen; *unterdrücken. abwehren.*

verekeln: *verleiden.*

verenden: *umkommen.*

verengen: *einengen.* sich ∼, *verjüngen.*

vererben: *vermachen.*

verfahren: vorgehen, handeln; sich *verhalten; bewerkstelligen. Weise,* Prozedur. *Prozeß.*

Verfall: *Niedergang.*

verfallen: *zerfallen, schwinden,* abmagern, verkommen. ablaufen; *ungültig* werden. *geraten.* hörig werden.

verfälschen: *entstellen. panschen.*

verfangen: *wirken.*

verfänglich: *bedenklich.*

verfärben, sich: *verlegen* werden; *erschrecken.* sich erzürnen.

verfassen: abfassen, *aufsetzen, schreiben,* ausarbeiten, verfertigen.

Verfasser: Urheber, Autor, Schreiber, *Schriftsteller.*

Verfassung: *Zustand.* Staats∼, Staatsordnung, Regierungsform, Grundgesetz, Konstitution.

verfassungswidrig: *ungesetzlich.*

verfechten: *verteidigen, -treten.*

verfehlen: *verpassen.* den Weg ∼: sich *verirren.* sich ∼: *verstoßen.* verfehlt, *falsch.*

verfeinden: *entzweien.*

verfeinern: *verbessern.*

verfemen: *ächten.*

verfertigen: *herstellen. verfassen.*

verfilzen: *verwickeln.* (ver)*flechten.*

verfinstern: *trüben.*
verfitzen: *verwickeln.*
verflachen: *vereinfachen.*
verflechten: *verbinden.*
verfliegen: *vergehen. verflüchtigen.*
verfließen: *vergehen.*
verflixt: *verflucht.*
verflossen: *früher.*
verfluchen: *verdammen,* -wünschen.
bereuen. verflucht, -flixt, -teufelt. *sehr.*
verflüchtigen: -dampfen, -dunsten,
sich ~: (ver)*schwinden,* verfliegen, sich
(auf)lösen.
verflüssigen: *schmelzen.*
verfolgen: nachlaufen, -rennen, -set-
zen, -stellen, (nach)*jagen.* fahnden,
nachspüren, *beschatten. bedrängen. fortsetzen.* vertreten, wahrnehmen.
verfrachten: (ver)*laden, senden.*
verfressen: *gefräßig.*
verfrüht: *vorzeitig.*
verfügbar: *bereit*(gestellt), *vorhanden,*
erhältlich.
verfügen: -hängen, *gebieten.*
Verfügung: ~sgewalt. sich zur ~
stellen: sich *erbieten.*
verführen: -suchen, -leiten, (-)locken;
in Versuchung bringen, führen; *veranlassen, überreden, bezaubern.* mißleiten.
vergaffen, sich: sich *verlieben.*
vergällen: *verleiden.*
vergangen: *früher,* alt, älter. gewesen, entschwunden, versunken, -gessen,
-jährt, -weht, -schollen, begraben, *tot,*
erledigt, abgetan, -gelebt, gestrig, *veraltet,* vorbei, -über, dahin; lange her.
~heit: *Perfekt.* Geschichte, Vorzeit.
Vorleben.
vergänglich: *zeitlich, kurz*(lebig),
sterblich, *unbeständig.*
vergeben: *verteilen. verzeihen.*
vergebens, -geblich: erfolg-, ergeb-
nis-, frucht-, *nutzlos; Mißerfolg.* umsonst; verlorene Liebesmüh.
vergegenwärtigen: *vorstellen.*
vergehen: zergehen, ver-, zerfließen,
-laufen, -rinnen, verstreichen, -fliegen,
-rauschen. dahin-, vorbei-, vorüber-,
weggehen. (ent-, hin-, ver)*schwinden,*
(v)erlös en, verlohen, -glimmen, -rau-

chen, -puffen. *verstummen, enden, ab-,
ersterben, sich auflösen, versinken,* (ver)
welken, verblühen, -wehen. schrumpfen.
schmelzen. sich ~: *verstoßen.*
Vergehen: -stoß, Fehltritt, Sünde,
Unrecht, *Verbrechen.*
vergeistigen: -innerlichen, beseelen.
veredeln. durchgeistigt.
vergelten: erwidern, entgelten, *danken,* (be)lohnen, *zurückgeben, entschädigen, ausgleichen.* quittieren. *rächen.*
vergessen: aus dem Gedächtnis verlieren; sich nicht (mehr) erinnern (können); sich nicht mehr entsinnen an, besinnen auf; (dem Gedächtnis) entfallen,
-schwinden; verlernen, -schwitzen! -sie-
ben! *versäumen,* übersehen. begraben,
verschmerzen. vergangen. sich ~: *aufbrausen,* entgleisen. nicht ~: sich
merken. nachhängen.
vergeßlich: zerstreut. unzuverlässig.
vergeuden: *verschwenden.*
vergewaltigen: Gewalt antun; *schänden, entstellen.*
vergewissern, sich: nachsehen, prüfen, feststellen. sich *erkundigen,* versichern, überzeugen.
vergiften: *töten. verderben.*
Vergleich: *Gleichnis,* Analogie. Ausgleich. im ~ zu: gegenüber; verglichen
mit. *verhältnismäßig.*
vergleichbar: *ähnlich.*
vergleichen: einen Vergleich anstellen; gegenüber-, dagegen-, nebenein-
ander-, zusammenhalten, -stellen; (ab)
wägen; aneinanderhalten, messen. prüfen. zusammenwerfen. sich ~, *einigen.*
vergleichsweise: *gleichsam,* zum
Beispiel. verhältnismäßig.
verglimmen: *vergehen.*
vergnügen: belustigen, *erfreuen, unterhalten. Genuß, Freude, Spaß,* Kurzweil, Zeitvertreib.
vergnüglich, -gnügt: *lustig.*
vergolden: -süßen, -schönen.
vergöttern: *verehren.*
vergraben: eingraben, verscharren.
verbergen. sich ~, verbohren.
vergreifen, sich: (sich ver)*fehlen.*
vergröbern: *vergrößern. vereinfachen.*

vergrößern 168

vergrößern: (-)*mehren, häufen. erweitern,* ausdehnen, auf*blähen,* steigern, erhöhen, aufstocken, bereichern, heben, verstärken, -schärfen, -gröbern. sich ∼: zunehmen, (an)schwellen. *Zunahme.*
vergucken, sich: sich *verlieben.*
Vergünstigung: (Vor)*Recht.*
vergüten: *ersetzen. zahlen. Lohn.*
verhaften: in Haft nehmen; in Gewahrsam bringen, nehmen, setzen; ins Gefängnis stecken; festnehmen, -setzen, auf-, ergreifen, ausheben, abführen; dingfest machen.
verhallen: *verstummen.*
verhalten, sich: sich *benehmen,* einstellen; eingestellt sein. *verfahren.* es verhält sich; es steht; es hat die Bewandtnis.
Verhalten: Verhaltungs-, Handlungsweise, Handlungen, Haltung, Gebaren, -haben, *Benehmen.* Reaktion.
verhalten: *zurückhaltend.* mit halber Kraft. gedämpft.
Verhältnis: *Maß*(gabe). Beziehung, *Verbindung. Liebschaft.* ∼se, *Zustände.*
verhältnismäßig: im Verhältnis, *Vergleich;* vergleichsweise, entsprechend, ziemlich, leidlich relativ.
Verhaltungsmaßregel: *Vorschrift.*
verhandeln: *verkaufen.* (sich) *besprechen;* unterhandeln. *Prozeß.*
verhangen: *trübe.*
verhängen: *verdecken. verfügen.*
Verhängnis: *Schicksal. Unheil.* ∼voll, folgenschwer, *unheilvoll,* fatal.
verharmlosen: *vereinfachen.*
verharren: *bleiben.*
verhärten: versteifen. *abhärten.*
verhaspeln: *verwickeln.*
verhaßt: unbeliebt. *widerwärtig.*
verhauen: *prügeln.* sich ∼: *irren.*
verheddern: *verwickeln.*
verheeren: *verwüsten.*
verhehlen, -heimlichen: *verbergen.*
verheißen: *versprechen. weissagen.*
verheißungsvoll: aussichtsvoll, *günstig,* (ver)lockend, vielversprechend.
verhelfen: *beschaffen,* ermöglichen.
verherrlichen: *verehren, rühmen.*
verhexen: *verzaubern.*

verhimmeln: *verehren.*
verhindern: *vereiteln.*
verhöhnen: -hohnepipeln, *spotten.*
verhökern: *verkaufen.*
Verhör: Kreuz∼. *fragen.*
verhüllen: *hüllen, verbergen.*
verhüten: *vereiteln.*
verhutzeln: *schrumpeln.*
verinnerlichen: *vergeistigen.*
verirren, sich: die Richtung verlieren; den Weg verfehlen; (vom Weg) abkommen, abirren, *abschweifen;* fehl-, irregehen; sich verlieren, -laufen, -steigen. auf *Abwege* geraten.
verjagen: *vertreiben.*
verjährt: *vergangen.*
verjubeln: *verschwenden.*
verjüngen: jünger machen. sich ∼, *verkleinern,* -engen, -dünnen.
verkappen: *verkleiden.* verkappt, heimlich, geheim, verborgen, getarnt.
verkapseln: *abschließen.*
Verkauf: -trieb, Ab-, Umsatz. *Handel,* Geschäft.
verkaufen: *überlassen.* ab-, umsetzen. *handeln* mit; vertreiben. zu Geld machen; veräußern, -klopfen! -scheuern! -schachern! -hökern! -silbern! -scherbeln! losschlagen, abstoßen, *verramschen.* andrehen! *anbieten.* verkäuflich, *gängig.*
Verkehr: Bewegung, *Betrieb. fahren. Umgang, umgehen;* sich *schreiben.*
verkehrt: *falsch.*
verkennen: *mißverstehen. mißachten.*
verklären: *erhellen.*
verkleiden: -kappen, -mummen, *verdecken, überziehen,* (aus)*füttern,* täfeln, verschalen. *Hülle, Maske.*
verkleinern: *herabsetzen.* sich ∼, zusammenziehen, verjüngen; *schrumpfen.*
verklingen: *verstummen.*
verkneifen: *verzichten.*
verkohlen: *verbrennen.* (be)*lügen.*
verkommen: entarten, herunterkommen, *zugrunde gehen, verderben,* -fallen, -lottern, -ludern, -wahrlosen, -wildern, -lumpen, -sinken, -sacken, -sumpfen -rotten, -schlampen, -sauern.
verkorksen: *verderben.*
verkörpern: *darstellen.*

verköstigen: *verpflegen.*
verkrachen: *entzweien.*
verkraften: *verarbeiten, -tragen.*
verkrampfen: *verzerren.* sich ~, ver-krallen, verbeißen.
verkriechen, sich: sich *verbergen.* sich *abschließen.* sich *davonmachen.*
verkrüppelt: *verwachsen.*
verkümmern: *eingehen.*
verkünd(ig)en: *äußern, mitteilen,* bekanntgeben, -machen, kundgeben, -tun, -machen, veröffentlichen, an-künd(ig)en, -sagen, -zeigen, -schlagen, ausrufen, verlesen, erlassen, proklamie-ren, *verbreiten. weissagen.*
verlagern: *verlegen.*
verlangen: *fordern. wünschen;* sich *sehnen;* erwarten. streben, *gieren.*
Verlangen: *Wunsch,* An-, Ersuchen, Ansinnen. Lust, Gelüst, Appetit, *Gier. Sehnen,* Streben, Drang, Trieb, *Neigung.*
verlängern: *dehnen. verzögern.*
verlangsamen: *bremsen.*
verlassen: *fortgehen.* im Stich lassen. aufgeben, räumen. *abfallen,* sich *abwen-den;* sitzenlassen. aussteigen! sich ~: *vertrauen. einsam, leer.*
verläßlich: *zuverlässig.*
verlästern: *verleumden.*
Verlauf: *Lauf,* Ablauf, *Folge.*
verlaufen: *vergehen, geschehen.* sich *hinziehen.* sich ~, *verirren.*
verlautbaren: *veröffentlichen.*
verlauten: es verlautet, geht das *Ge-rücht.* ~ lassen: *äußern.*
verlegen: verlagern, *versetzen. ver-schieben.* verkramen. *veröffentlichen.* sich ~ auf: sich *beschäftigen.*
verlegen: betreten, -troffen, ver-wirrt, rat-, hilf-, *fassungslos,* beschämt, klein(laut), *schüchtern,* unsicher, *unfrei,* gezwungen, *unschlüssig.* in Verlegenheit geraten; sich verfärben; rot werden.
Verlegenheit: *Not.*
verleiblichen: *darstellen.*
verleiden: -derben, -miesen! -gällen, -sauern, -ekeln; die Lust benehmen; *ab-bringen.* miesmachen! madig machen!
verleihen: *leihen. geben.*
verleiten: *verführen.*

verlernen: *vergessen.*
verlesen: *verkünd(ig)en.*
verletzbar, -lich: *empfindlich.*
verletzen: -wunden, -sehren, -stüm-meln, beschädigen, -einträchtigen. *miß-fallen,* schmerzen, weh tun, treffen, krän-ken; auf den Schlips treten! beleidigen, demütigen. *brechen. verstoßen* gegen. verletzt, *schadhaft.*
verleugnen: *widerrufen.* übersehen, -gehen, schneiden; nicht mehr kennen.
verleumden: -lästern, -dächtigen; schlecht-, schwarzmachen; anschwär-zen, *schmähen;* die Ehre abschneiden.
verlieben, sich: sich *vergaffen,* -gucken, -narren, -knallen! sich *begei-stern. Liebe.* verliebt, -schossen.
verlieren: loswerden, einbüßen, ver-scherzen, -wirken; verlustig gehen. drauf-, verlorengehen; abhanden kom-men. *weg.* verspielen, unterliegen. die Richtung ~: sich *verirren.* sich ~: *ver-schwinden.* sich verzetteln; *abschweifen.*
Verlies: *Gefängnis.*
verlobt: versprochen, Braut, Bräu-tigam, Zukünftige(r).
verlodern, -lohen: *vergehen.*
verlogen: *falsch.*
verloren: *erledigt. weg.* ~geben, *ver-zweifeln.* ~gehen: *verlieren.*
verlöschen: aus-, *vergehen,* -puffen.
verlosen: *auslosen.*
verlottern, -ludern, -lumpen: *ver-kommen.*
Verlust: Einbuße, Ausfall, Abgang. Fehlbetrag, Lücke. Nachteil, Schaden. Opfer. *Abnahme.*
vermachen: -erben, über-, -verschrei-ben, hinterlassen, aussetzen, stiften, *schenken.* Vermächtnis, *Erbe.*
vermählen: *Heirat.*
vermasseln: *verderben.*
vermeiden: *ausweichen, meiden.*
Vermerk: *aufzeichnen.*
vermessen: ab-, ausmessen. sich ~: *wagen. verwegen. anmaßend.*
(ver)missen: entbehren. suchen. sich *sehnen.* vermißt werden: *fehlen.*
vermißt: verschollen, unauffindbar.
vermitteln: sich ins Mittel legen;

schlichten. beschaffen. Vermittler, Mittelsmann, *Vertreter.*

vermittels, -möge: *mittels.*

vermögen: *können.*

Vermögen: *Fähigkeit, Macht. Geld*
(~), Kapital~, (Geld)Mittel, Barschaft,
(Kapital)*Besitz,* (Geld)Kapital. Werte.

vermummen: *verkleiden,* (ein)*hüllen.*

vermurksen: *verderben.*

vermuten: mutmaßen; für möglich
halten; voraussetzen; *glauben,* schätzen.
erwarten. Ahnung, Verdacht.

vermutlich: mutmaßlich, *anscheinend, vielleicht,* wohl. voraussichtlich,
wahrscheinlich.

vernachlässigen: außer acht, unbeachtet, unberücksichtigt, beiseite lassen; nicht *berücksichtigen;* hint(en)an-
setzen, *miß-, verachten;* stiefmütterlich
behandeln; *übergehen; absehen* von; *ausschließen. versäumen. unordentlich.*

vernarben: *heilen.*

vernarren, sich: sich *verlieben.*

vernebeln: *verbergen.*

vernehmbar, -lich: (unüber)hörbar;
gut zu hören, zu vernehmen; deutlich,
klar, verständlich, laut.

vernehmen: *hören. fragen.*

verneinen: nein sagen; den Kopf
schütteln; abwinken, -wehren, *leugnen.*

vernichten: *zerstören,* verderben, zugrunde richten; erledigen, *beseitigen.*
verzehren. aufreiben.

verniedlichen: *vereinfachen.*

Vernunft: *Verstand,* Einsicht, Besinnung, Logik.

vernünftig: vernunftgerecht, -gemäß,
verstandesmäßig, *klug,* sinnvoll, -reich.
logisch, *richtig,* gesund. vernunftbegabt,
verständig.

veröffentlichen: *verkünd(ig)en,* -laut-
baren. verlegen, herausgeben, -bringen,
drucken; erscheinen lassen; in die Zeitung setzen, bringen, einrücken (lassen);
publizieren; Publikation, *Schrift,* Buch.

verordnen: -schreiben, *gebieten.*

verpassen: -fehlen, *versäumen,* -schla-
fen; sich *entgehen* lassen.

verpatzen: *verderben.*

verpesten: *verderben.*

verpfeifen: *verraten.*

verpflanzen: *versetzen.*

verpflegen: -sorgen, *beköstigen. Kost.*

verpflichten: binden, festlegen, -na-
geln! *zwingen.* sich ~: *versprechen.* ~d:
verbindlich.

Verpflichtung: *Pflicht. Bedingung.*
~en, *Schuld.*

verplappern, sich: sich *verraten.*

verplempern: *verschwenden.*

verpönen: *verwerfen.*

verprassen: *verschwenden.*

verpuffen: *verlöschen.*

verpulvern: *verschwenden.*

verpusten, sich: *rasten.*

verquicken: *verbinden.* verwechseln.

verramschen: -schleudern, (aus-
verkaufen; weit unter Preis verkaufen).

Verrat: Untreue, Abfall, Treu-,
Wort-, Vertrauensbruch, Preisgabe,
treulos. Hoch~, Landes~.

verraten: Verrat üben; *preisgeben,
offenbaren, verbreiten, anzeigen,* (aus)
plaudern, (ver)pfeifen! (-)*klatschen,*
(-)petzen! (-)zinken! hinterbringen, zutragen. sich ~, versprechen, -plappern.

verrauchen: *vergehen.*

verrauschen: *vergehen.*

verrechnen: *ausgleichen.* sich ~, *irren.*

verrecken: *umkommen.*

verreißen: *tadeln.*

verrenken: *verdrehen.*

verrennen, sich: sich *verbohren.*

verrichten: aus-, durch-, *vollführen,
erledigen,* leisten.

verringern: (ver)*mindern.*

verrinnen: *vergehen.*

verrohen: -wildern.

verrotten: *verkommen,* (-)*faulen.*

verrucht: *ruchlos.*

verrückt: ver-, durchgedreht, über-
geschnappt, unzurechnungsfähig; nicht
ganz richtig im Kopf; nicht bei Trost!
spinnen! *irr,* wirr, toll, rappelig. *dumm,
blöde,* hirnverbrannt, *schrullig.* Narr,
närrisch, besessen. Tick. meschugge!

Verruf: Schande.

verrufen: *berüchtigt,* arg.

verrutschen: sich verschieben.

versacken: *versinken,* -*kommen.*

versagen: *verweigern*; nicht *erlauben*; entziehen. ausfallen, enttäuschen; sich nicht *bewähren*; schlappmachen; zusammenbrechen. sich ~: *verzichten* auf.

Versagen, -sager: *Unvermögen.* Blindgänger, Fehlschlag, Niete, Taugenichts, Flasche! Nulpe!

versammeln: *sammeln. berufen.* sich ~: *zusammenkommen.*

Versammlung: *Zusammenkunft.*

versanden: *enden.*

versauern: *verleiden. verkommen.*

versäumen: unterlassen, vernachlässigen, *verpassen*; verstreichen lassen. schwänzen. vertrödeln, -bummeln, -gessen, -sieben! -absäumen, -schlampen!

verschaffen: *beschaffen. ermöglichen.*

verschalen: aus-, um-, verkleiden, täfeln, überziehen.

verschämt: *schamhaft. schüchtern.*

verschandeln: *entstellen.*

verschanzen, sich: sich *verteidigen.* sich *verbergen.*

verschärfen: *vergrößern, -schlechtern.* sich ~, zuspitzen.

verscharren: *vergraben.*

verscheiden: *sterben.*

verscherzen: *verlieren.*

verscheuchen: *vertreiben.*

verschieben: *versetzen. aufschieben*, zurückstellen, verlegen, *verzögern.* sich ~: verrutschen.

verschieden: ~artig, unterschieden, -schiedlich, *Unterschied*, sich *unterscheiden*; zweierlei, *ungleich*, anders, *abweichend*, geteilt, unähnlich, *gegensätzlich*, uneinheitlich, *wechselnd, vielfältig, mancherlei, allerhand, einige.*

verschlafen: *verpassen.*

Verschlag: *Hütte.*

verschlagen: *falsch, schlau.*

verschlampen: *verkommen* (lassen). *versäumen.*

verschlechtern: -schlimmern, -schärfen, *beeinträchtigen.* sich ~: *abnehmen.*

verschleiern: *verbergen.*

Verschleiß: *Verbrauch, abnutzen.*

verschleppen: entführen. *verzögern.*

verschleudern: *verschwenden. verkaufen*, ramschen.

verschlimmern: *verschlechtern.*

verschlingen: *verbinden. verzehren.*

verschlissen: zerlumpt, -rissen, -schlissen, fransig, ausgefranst, fadenscheinig, schäbig.

verschlossen: geschlossen, zu. abweisend, spröde, unzugänglich, zurückhaltend, zugeknöpft, *schweigsam, streng. hart*(*hörig*).

Verschluß: *Schloß*, Riegel. Plombe. Deckel, Klappe. Stopfen.

verschmähen: *ablehnen, mißachten.*

verschmelzen: (sich) *verbinden.*

verschmerzen: *hinnehmen.* vergessen. überwinden, verwinden; darüber hinwegkommen; sich *fügen.*

verschmitzt: *schlau.*

verschnaufen, sich: aufatmen; Atem, Luft holen, schöpfen; *rasten.*

verschnupfen: *ärgern.*

verschollen: -mißt, unauffindbar, *fort.* längst *vergangen.*

verschönen: veredeln, beseelen. bereichern. vergolden, -süßen, *erheitern.*

verschönern: *schmücken. verbessern.*

verschossen: *blaß. verliebt.*

verschreiben: -ordnen. *vermachen.*

verschrien: *berüchtigt.*

verschroben: *schrullig.*

verschüchtern: *ängstigen.*

verschulden: *verursachen.*

verschütten: aus-, danebengießen, planschen. begraben.

verschweigen: *verbergen. übergehen.*

verschwenden: -schleudern, -geuden, -tun, -wirtschaften, -pulvern, -jubeln, -juxen, -prassen, -plempern, durchbringen; zum Fenster hinauswerfen; aasen mit.

verschwenderisch: *freigebig. üppig.* liederlich, ausschweifend.

verschwiegen: *schweigsam, still, heimlich*, diskret.

verschwimmen: *zerfließen.*

verschwinden: (dahin)*schwinden.* weggehen, entschwinden; sich entfernen, verlieren. aus den Augen kommen; sich *davonmachen*; untertauchen. ~d: *gering.* verschwunden, *fort, verschollen.*

verschwitzen: *vergessen.*

verschwommen: *ungenau.*

verschwören, sich: *schwören.* sich *verbinden.* verschwören, unzertrennlich: **versehen:** *ausstatten.* reichlich ~· vollstopfen, anfüllen, spicken. *ausüben.* sich ~: *erwarten.* sich *irren.*

Versehen: *Fehler, Irrtum.*

versehren: *verletzen.*

versenken: *tauchen.* sich ~, vertiefen, *beschäftigen.*

versessen: *gierig.*

versetzen: umsetzen, -stellen, (ver) rücken, -schieben, verlegen, -pflanzen. *bringen,* entrücken. *beibringen. antworten.* eins ~, *schlagen.* draufsetzen; im Stich lassen; *ausbleiben.* ~ mit: *mischen.*

verseuchen: *verderben. anstecken.*

versichern: *sagen,* beteuern, -kräftigen, -tonen. (be)*schwören. versprechen.* (Ehren)*Wort.* sich ~: *vorsorgen.* sich *vergewissern.*

versickern, -siegen: -trocknen, austrocknen. *nachlassen,* (ver)*schwinden.*

versieben: *verderben. vergessen.*

versinken: ein-, untersinken, -tauchen, untergehen, ertrinken, -saufen! versacken. *verkommen. geraten. vergehen.*

versklaven: *unterdrücken.*

versohlen: *prügeln.*

versöhnen: aussöhnen, *begütigen, schlichten.* sich ~, *einigen;* sich wieder vertragen; Frieden machen.

versöhnlich: *friedlich.*

versonnen: *besinnlich.*

-vorsorgen: sorgen für. *ausstatten. verwahren, pflegen.* er-, unterhalten, ernähren, verpflegen, aufkommen. *beschaffen.*

Versorgung: *Rente.*

verspäten, sich: zu spät kommen, sich *verzögern.*

verspielen: *verlieren.*

versprechen: zusichern, -sagen, verheißen, bieten. sich verpflichten; *schwören.* (Ehren)*Wort.* sich ~: sich verplappern, verraten. (sich er)*hoffen.*

versprengen: *zerstreuen.*

Verstand: -nunft, Geist, Intellekt, Intelligenz, Bewußtsein, Denken, Denk-, Erkenntnis-, Unterscheidungs-, Urteilsvermögen, Urteil(skraft, -fähigkeit),

Auffassung(sgabe), Verständnis, Einsicht. (Mutter)Witz, *Kopf,* Köpfchen, (Ge)Hirn, Oberstübchen! Grips! Grütze. Klugheit, Scharfsinn. *Verständnis.*

verstandesmäßig: *sachlich.*

verständig: -nünftig, einsichtig, -sichtsvoll. *klug.*

verständigen: *mitteilen.* sich ~, *einigen;* vereinbaren. *Friede.*

verständlich: begreiflich, erklärlich, einleuchtend, eingängig, faßlich, *anschaulich,* deutlich, *klar,* einfach. berechtigt, *verzeihlich.* ~ machen: *erklären.*

Verständnis: *Verstand. Gesichtskreis.* Echo, Widerhall, Resonanz.

verstärken: *stärken. vergrößern.* unterstützen, verdichten. *Zuzug.*

verstatten: *erlauben.*

verstauen: *packen,* (ver)*laden.*

Versteck: *Zuflucht.* Hinterhalt. *verbergen.*

verstehen: *begreifen,* auslegen, *erkennen,* nachfühlen, sich einfühlen. *kennen, können.* sich ~, *vertragen.*

versteifen: (ver)*stärken.*

versteigen, sich: sich *verirren. wagen.* verstiegen: *überspannt. schrullig.*

versteinern: zu Stein werden; *erstarren. fassungslos.*

verstellen: *versetzen.* versperren. sich ~, den *Anschein* geben. *heucheln.*

verstimmen: *ärgern. Mißmut. Spannung. Abneigung.*

verstockt: *hart, unempfindlich,* -bußfertig, -bekehrbar, -belehrbar, -verbesserlich, hartgesotten, *störrisch.*

verstohlen: *heimlich.*

verstören: *verwirren, bestürzen,* befremden; (kopf)scheu machen; aus dem Gleichgewicht bringen; *fassungslos.*

Verstoß: *Fehler.* Entgleisung.

verstoßen: *vertreiben,* ächten. verletzen, zuwiderhandeln, übertreten, abweichen, sündigen, freveln, (sich ver) *fehlen;* sich vergehen, -sündigen; sich zuschulden kommen lassen.

verstreichen: *vergehen.* ~ lassen: *versäumen.*

verstreuen: *zerstreuen.*

verstricken: *verwickeln.*

verströmen: *verbreiten.*

verstümmeln: *verletzen. entstellen.*

verstummen: *schweigen;* zum Schweigen kommen; ersterben, -sticken, -löschen, *vergehen,* -hallen, -klingen, sich *beruhigen.*

Versuch: Probe, Experiment, Test. Vorstoß. versuchen, (aus)probieren, (ab-, sich vor)tasten, prüfen, *kosten. wagen.* sich *bemühen. verführen,* anfechten.

versumpfen: *verkommen.*

versüßen: -zuckern, verschönen, -golden, *erheitern. lindern.*

vertagen: *verschieben.*

vertauschen: verwechseln.

verteidigen: (be)*schützen,* wahren. *abwehren.* verfechten, *rechtfertigen.* sich ~, *wehren.* sich verschanzen hinter.

verteilen: austeilen, -geben, -schütten, *verabfolgen,* vergeben, (ver)*schenken, zuteilen,* aufteilen, umlegen. *zerstreuen.*

verteuern, sich: im Preis *steigen,* aufschlagen; Preise ziehen an.

verteufelt: *verflucht.*

vertiefen: (aus)höhlen, sich ~, versenken, -graben, *beschäftigen.*

Vertiefung: Eindruck, Delle, Mulde, Senke, Kuhle, *Becken,* Grube, Loch-Trichter, Krater. Nische, Höhle, (Aus) Höhlung.

vertilgen: *vernichten, -zehren.*

vertrackt: *wirr. schwierig. unangenehm.* heikel.

Vertrag: *vereinbaren.* Pakt, Kontrakt.

vertragen: -dauen, -kraften, aushalten. *bekömmlich.* sich ~: *übereinstimmen;* sich (gut) verstehen; aus-, zurechtkommen; Frieden halten; sich *versöhnen.*

verträglich: vereinbar. *friedlich.*

vertrauen: sich verlassen, stützen auf; bauen, zählen auf; rechnen auf, mit; voraussetzen, trauen, glauben, *hoffen.*

Vertrauen: Zutrauen, *Zuversicht. Glaube(n),* Selbst~, Gott~. das ~ verlieren zu: irre werden an.

vertrauend, vertrauensvoll: *zuversichtlich,* gläubig. *zutraulich.*

Vertrauensbruch: *Verrat.*

vertrauenswürdig: *zuverlässig.*

vertraulich: *innig. heimlich,* diskret; im Vertrauen; unter vier Augen; unter uns gesagt; unter dem Siegel der Verschwiegenheit.

vertraut: geläufig, wohl~, (wohl) bekannt, (alt)gewohnt, (-)bekannt, alt, heimisch. *gewöhnlich. freund*(schaftlich). *Bekanntschaft.*

vertreiben: fort-, verjagen, -scheuchen, *verstoßen,* -bannen, -drängen, ausstoßen, -weisen, -treiben. *verkaufen.* die Zeit ~: *unterhalten.*

vertreten: an die Stelle treten; eintreten, (ein)stehen für; ersetzen, dienen. *darstellen.* verfolgen, wahrnehmen.

Vertreter: Stell~, Vertretung, Aushilfe, Ersatz(mann). *Anwalt,* Vormund. Beauftragter, -vollmächtigter, Geschäftsträger, Botschafter, Unterhändler, Mittelsmann, Strohmann! *Abgeordneter,* -ordnung, Delegation Delegierter, *Sprecher,* Repräsentant. *Reisender,* Vermittler, Makler, Agent. *Beispiel.*

Vertrieb: Handel, Verkauf.

vertrocknen: (aus)trocknen, versiegen. verdorren, (-)welken.

vertrödeln: *versäumen.*

vertun: *verschwenden.* sich ~; sich *irren; fehlen.*

vertuschen: *verbergen.*

verübeln: übel-, krummnehmen; verargen, naohtragen.

verüben: begehen, veranstalten, machen, tun, vollführen, verursachen, anrichten, -stellen, -stiften! verbrechen.

verunehren, -unglimpfen: *schänden, schmähen.*

veruneinigen: *entzweien.*

verunglücken: *mißlingen.* Unfall.

verunreinigen: beschmutzen.

verunstalten: *entstellen.*

veruntreuen: *unterschlagen.*

verunzieren: *entstellen.*

verursachen: -schulden, *verüben,* anstiften, *bewirken,* -reiten, wecken.

verurteilen: schuldig sprechen; den Stab brechen über; aburteilen; richten, verdammen, -knack(s)en! -donnern! *verwerfen, tadeln.*

vervielfachen: (ver)*mehren.*
vervielfältigen: (ver)*mehren.* abziehen, -schreiben, reproduzieren. drukken. Abzug. (-)Druck, -klatsch, Wiedergabe, Reproduktion.
vervollkommnen: *verbessern.*
vervollständigen: *ergänzen.*
verwachsen: -krüppeln, *krumm.*
verwahren: aufheben, *aufbewahren, hüten,* Gewahrsam. versorgen. sich ~: verbitten; Einspruch erheben; *ablehnen.*
verwahrlosen: *verkommen.*
verwalten: *betreuen. regieren.*
verwandt: -sippt, -schwistert, -schwägert, bluts~, stamm~, art~, geistes~, wahl~, an~. ~schaft, *Sippe.* nahestehend, *ähnlich, Zusammenhang.*
verwaschen: *ungenau.*
verwässern: *verdünnen, -einfachen.*
verweben: *verbinden.*
verwechseln: -tauschen, -quicken. sich *irren.* Verwechslung, Mißverständnis, Irrtum.
verwegen: *kühn,* vermessen, übermütig, *leichtsinnig.*
verwehen: *vergehen.*
verwehren: *verbieten, verweigern,* bestreiten, *hindern.*
verweichlichen: *verwöhnen.*
verweigern: *weigern. ablehnen, versagen, verwehren,* vorenthalten.
verweilen: *weilen.* zögern.
Verweis: *Tadel. Hinweis.*
verwenden: *gebrauchen.* sich ~: *empfehlen. bitten.* verwendbar, *geeignet.*
verwerfen: *verurteilen,* verpönen. *ablehnen,* sich *abwenden.*
verwerflich: *anstößig. schändlich.*
verwerten: *gebrauchen.*
verwesen: *faulen.*
verwickeln: -stricken, -flechten, -heddern, -haspeln, -filzen, -fitzen, -schlingen, -knäueln, -wirren. verwickelt: *wirr. schwierig.* kompliziert.
verwildern: -rohen, *verkommen.*
verwinden: *verschmerzen.*
verwirken: (das Recht) *verlieren.*
verwirklichen: in die Tat umsetzen; *wahr machen;* aus-, *durchführen.*
verwirren: *verwickeln,* -wursteln!

durcheinanderbringen, -werfen, vermischen. in Unordnung, Verlegenheit bringen; *beirren,* -unruhigen. *verblüffen,* (-)stören. verbiestern. verwirrend, erstaunlich. verwirrt: *wirr. verlegen.*
verwirtschaften: *verschwenden.*
verwischen: *tilgen. verbergen.* verwischt, *unklar.*
verwittern: zerfallen.
verwöhnen: auf den Händen tragen. verziehen, -zärteln, (-)hätscheln, -weichlichen; verwöhnt, *heikel.*
verworren: *wirr.*
verwunden: *verletzen.*
verwunderlich: *erstaunlich.*
verwundern: erstaunen, befremden, *verblüffen,* -stören; stutzig machen; überraschen; in Erstaunen setzen; wundernehmen.
verwünschen: *verfluchen.*
verwursteln: *verwirren. verderben.*
verwüsten: -heeren, *zerstören.*
verzagen: *verzweifeln.* verzagt, *mutlos.*
verzahnen: *verbinden.*
verzärteln: *verwöhnen.*
verzaubern: -wandeln. *bezaubern.*
verzehren: aufzehren, auf-, verbrauchen, (auf)*essen, fressen,* verschlingen, -tilgen, *vernichten.* aufreiben, erschöpfen. aufsaugen. sich ~: grämen, sehnen.
verzeichnen: *aufzeichnen, feststellen.*
Verzeichnis: Liste, Auf-, Zusammenstellung, *Übersicht,* Katalog, Register, Tabelle.
verzeihen: -geben, nachsehen, *Nachsicht* haben, entschuldigen. *begnadigen.*
verzeihlich: *verständlich.*
verzerren: -ziehen, -krampfen, *entstellen.* verzerrt, *schief,* grotesk.
verzetteln: -streuen. sich ~, verlieren. verzettelt, -streut, zerstreut.
Verzicht: Opfer, Aufgabe, Rückzug.
verzichten: ent-, *absagen;* sich versagen, enthalten; (unter)*lassen,* absehen, Abstand nehmen; sich abgewöhnen; (sich) verbeißen, -kneifen; sich entschlagen, aus dem Kopf schlagen. aufgeben, *ablehnen,* -danken.
verziehen: -zerren. sich ~, werfen, wellen. *krumm. verwöhnen. umziehen.*

verzögern: hinauszögern, -schieben, *verschieben*, -schleppen, -längern, hinhalten, -ziehen; in die Länge ziehen; auf die lange Bank schieben; *aufhalten.* sich ~, verspäten; *zögern.*

verzuckern: versüßen, *lindern.*

verzückt: entrückt, trunken, *begeistert*, selig; außer sich.

Verzug: Rückstand. ohne ~: *sofort.*

verzweifeln: -zagen; die Hoffnung aufgeben, sinken lassen, fahrenlassen; den Mut verlieren; (sich) verloren geben; keinen Ausweg (mehr) sehen; verzweifelt: *mut-, hoffnungslos. unglücklich.* mit dem Mut der Verzweiflung; *kühn.*

verzweigen, sich: sich *gabeln.* sich *verbreiten.*

verzwickt: *wirr. schwierig.*

Vieh: Tiere, (Ge)Tier, Bestie! Biest!

viel(e): vieles, viel-, mehrfach, *vielfältig, allerhand, reich(lich)*, massenhaft, gehäuft, haufen-, scharenweise; in Hülle und Fülle; mehr als genug; nicht wenig; eine Menge, Masse, Unzahl, *große* (An)Zahl; (in) Mengen, Massen; Dutzende, Hunderte, Tausende, Millionen, Myriaden, zahlreich, -los, unzählig, -gezählt, -zählbar. *oft.*

vieldeutig: -sagend, hintergründig.

Vielfalt: *viel*, vielfältig, -förmig, -gestaltig, *verschieden*, mannigfach, -faltig, Abwechslung(sreich), *bunt, Reichtum.*

vielleicht: möglicherweise, womöglich; unter Umständen; *allenfalls, vermutlich*, etwa; sagen wir; *ungefähr.*

vielmals: *oft.*

vielmehr: *eher.* oder, beziehungsweise; will sagen; will heißen.

vielsagend: -deutig, hintergründig.

vielseitig: allseitig.

vielversprechend: *verheißungsvoll.*

vierschrötig: *plump.*

Viertel: *Gegend.*

violett: veilchenblau, -farbig, lila.

Violine: *Geige.*

Vlies: *Fell.*

Volk: Bevölkerung, Nation; die Eingeborenen; *Einwohner*, Landeskinder. Masse; der große Haufe; *Pöbel!*

volkstümlich: *beliebt.*

voll: (an)gefüllt, rand~; über~; überfüllt, gedrängt, gesteckt, gestopft, gespickt, gerüttelt ~; gerappelt ~! zum *Platzen* ~; sich *drängen.* (~) besetzt, ausverkauft. ~gesogen, getränkt, durchtränkt, -drungen. *vollständig.* rund(lich). satt, warm, dunkel, ~tönend, tief, sonor. *betrunken.*

vollauf: *völlig. genug.*

vollaufen: sich füllen.

vollblütig: *echt, vollkommen.*

vollbringen: -führen, *bewerkstelligen*, -wirken, fertig-, zustande, zuwege bringen, *vollenden, erreichen*, schaffen, leisten, *wirken*, tun, aus-, voll-, *durchführen*, bewältigen, meistern. *gelingen.*

vollenden: *beend(ig)en*, krönen, besiegeln, entscheiden, *vollbringen. ergänzen.* vollendet, *vollkommen.*

vollends: völlig, schließlich.

Völlerei: *Prasserei.*

vollführen: *vollbringen, verrichten. verüben, machen.*

völlig: *vollständig*, -kommen, -auf, -ends, total, glatt, reinweg.

volljährig: *mündig.*

vollkommen: -ständig, -endet, *völlig, umfassend*, total, geschlossen, rund, vollwertig, *tadellos, mustergültig, hervorragend*, vollblütig, ideal.

vollmachen: *füllen.*

Vollmacht: berechtigen, betrauen.

vollständig: *voll*(zählig), unvermindert, -verringert, -gekürzt, -verkürzt, -eingeschränkt, -geschmälert, ausnahms-, rest-, *lückenlos*, erschöpfend, *alles*, komplett, (voll und) *ganz; völlig.*

vollstopfen: (über)*füllen.*

vollstrecken: *vollziehen.*

vollwertig: *vollkommen.*

vollzählig: *vollständig.*

vollziehen: -strecken, *aus-, durchführen.* Vollzug, Leistung, Abschluß.

von: ~ seiten, seitens, durch, aus.

voneinander: auseinander. einer vom andern; gegenseitig.

vonstatten gehen: *fortschreiten.*

vor: hervor, heraus. nach vorn. voran. *angesichts.* aus. gegen.

vorab: *vorerst. besonders. zuvor.*

vor allem: *besonders. zuvor.*

voran: vor..., *vorwärts. voraus.*

vorangehen: *führen.*

voraus: vor, vorher, voran, vorn(e), vorneweg; an der Spitze. *zuvor.* ~gehend, *früher.*

vorausgesetzt: *wenn.*

voraussagen: *weissagen.*

vorausschauend: *umsichtig.*

voraussetzen: den Fall setzen; zugrunde legen; unterstellen, annehmen, vermuten, darauf *vertrauen.* bedingen.

Voraussetzung: Annahme. *Bedingung.* ~slos: *sachlich.*

voraussichtlich: *vermutlich.*

Vorbau: -sprung, Anbau, Erker.

vorbauen: *vorsorgen.*

vorbedacht: *absichtlich.*

Vorbehalt: Einschränkung, *beschränken,* Ausnahme, (Vor)Bedingung; sich ausbedingen, offenhalten, reservieren; Klausel, *beanspruchen.*

vorbei: -über. *vergangen.*

vorbereiten: bereitlegen, -stellen, -halten, zurechtlegen, -machen, (sich) rüsten. *vorsorgen, planen. anbahnen. üben. Anstalten* treffen.

vorbeugen: *verhüten. vorsorgen.*

Vorbild: *Muster, Inbegriff. Ideal.* ~lich, *mustergültig.*

Vorbote: -läufer. (An)*Zeichen.*

vorbringen: *vortragen, sagen, erwähnen.* einreichen.

vordem: *früher.*

Vordergrund: *vorn. scheinbar.*

vorderhand: *vorerst.*

Vorderseite: *Gesicht.*

Vordruck: Formblatt, Formular.

voreilig: (all)zu *schnell; vorzeitig,* -schnell, übereilt, -hastet, -stürzt, *hastig, unbesonnen.*

voreingenommen: *Partei.*

vorenthalten: *verweigern,* -bergen, unterschlagen.

vorerst: -ab, -derhand, -läufig, zunächst; fürs erste; (für) jetzt; bis auf weiteres. *zuvor.*

Vorfahr: Ahn(herr, -frau). Urahn. die Altvorderen, Voreltern.

Vorfall: *Geschehen.* ~en, *geschehen.*

Vorfreude: Spannung, Erwartung.

vorführen: *zeigen, spielen.* Vorführung: *Vorstellung. Ausstellung.*

Vorgang: *Geschehen.*

vorgeben: vorschieben, -schützen; sich entschuldigen mit. *vortäuschen.*

vorgeblich: *scheinbar.*

vorgehen: voran-, vorausgehen. *verfahren, Maßnahme, geschehen.*

Vorgesetzter: *Oberhaupt.*

vorgreifen: *vorzeitig.*

vorhaben: *beabsichtigen.*

vorhalten: *vorwerfen. Tadel.*

vorhanden: da, greif-, verfüg-, lieferbar, vorrätig; am Lager; gegenwärtig. zur Stelle; zur Hand; zuhanden, -gegen.

Vorhang: Gardine, Store. Schleier.

vorher: *früher. zuvor.*

vorher: *voraus.*

vorherrschen: vor-, überwiegen. vorwalten. ~d, hauptsächlich, *Mehrheit.*

vorhin: *eben. früher.*

Vorhut: Vortrab, Spitze, Vorausabteilung.

vorig: *früher*

Vorkehrungen: *Maßnahme(n).*

vorknöpfen: *vornehmen.*

vorkommen: *erscheinen. geschehen.* sich *befinden,* existieren, Existenz. *scheinen, anmuten.*

Vorlage: *Muster.*

Vorläufer: Vorbote.

vorläufig: einst-, *zeitweilig,* vorübergehend, provisorisch. *vorerst.*

vorlaut: *vorwitzig.*

Vorleben: Vergangenheit.

vorlegen: (an)reichen. *zeigen.* unterbreiten, vorschlagen.

Vorlesung: Vortrag.

Vorliebe: *Neigung.*

vorliebnehmen: sich *begnügen.*

vorliegen: *sein.*

vorlügen: *vortäuschen.*

vormachen: *zeigen. vortäuschen.*

vormalig, -mals: *einst*(ig), *früher.*

Vormittag: *Morgen.*

Vormund(schaft): *Aufsicht.* Vertreter. bevormunden, *gängeln.*

vorn(e): davor, voraus, voran; an der Spitze; vorneweg; im Vordergrund.

vornehm: *edel,* fein, gewählt, würdevoll, *stolz,* (hoch)herrschaftlich, hoch-
stehend, -gestellt. ~ tun: *Getue.*

vornehmen (sich): angehen, -grei-
fen, -packen, -schneiden; sich beschäftigen mit; sich vorknöpfen! *wollen. unternehmen.*

vornehmlich: *besonders.*

vornherein: *zuvor.*

vorragen: *vorspringen.*

Vorrang: *Vorzug.*

Vorrat: Bestand, Lager(bestand),
Stock, Besitz, Rücklage(n), Reserve(n).
Reise~, Proviant.

vorrätig: *vorhanden.*

Vorraum: Vor-, Empfangsraum,
-zimmer, -saal, -halle, Diele, Flur.

Vorrecht: Privileg, *Vorzug.*

Vorrede: *Einführung.*

vorreden: *überreden.*

Vorrichtung: *Gerät.*

vorsagen: -sprechen, -kauen! ansagen, ein-, zuflüstern. einblasen.

Vorsatz: *Absicht, Entschluß.*

Vorschein: *erscheinen.*

vorschieben: vorgeben, *vortäuschen.*

vorschießen: *vorstrecken.*

Vorschlag: *Rat.* Gedanke. Antrag.
~en, (an)bieten. *nennen.*

vorschnell: *voreilig.*

vorschreiben: anweisen, auferlegen,
befehlen. vorgeschrieben, *erforderlich.*

Vorschrift: (Gebrauchs)Anweisung,
(-)Anleitung, Angabe, Instruktion, Gebot, *Gesetz, Regel.* Bestimmung, Verhaltungsmaßregel, *Lehre.*

Vorschub leisten: *begünstigen.*

vorschützen: *vorgeben.*

vorschweben: sich *vorstellen.*

vorsehen: *beabsichtigen,* planen. sich
~: *aufpassen,* achtgeben; sich in acht
nehmen; auf der Hut, vorsichtig sein.

Vorsehung: *Schicksal. Gott.*

vorsetzen: *auftischen.*

Vorsicht: Achtung; auf der Hut;
mißtrauisch, ängstlich. *aufmerksam, umsichtig, behutsam.*

vorsintflutlich: *veraltet.*

vorsorgen: sich versichern; vorbauen, -beugen, zuvorkommen, *Maß-*

nahmen treffen; vorbereiten. vorsorglich.
weitblickend.

vorspannen: *einspannen.*

vorspiegeln: *vortäuschen. Illusion.*

vorsprechen: *vorsagen. besuchen.*
vorstellig werden. sich *bewerben.*

vorspringen: (her)vor-, herausste-
hen, -ragen, -treten, abstehen, aus-, vor-
kragen, überstehen, -ragen, -hängen;
sich (vor)*wölben.*

Vorsprung: Ecke. *Vorbau. Vorteil.*
Ausläufer, Spitze, Zunge, Zipfel.

Vorstand: *Oberhaupt.*

vorstehen: *vorspringen.* an der Spitze
stehen; den Vorsitz führen; gebieten,
leiten, führen.

vorstellen: *darstellen,* vergegenwärtigen, vor Augen führen; (aus)*malen;* zu
bedenken geben, bekannt machen; einführen. sich ~, (aus)*denken;* sich ein
Bild machen; vorschweben; *träumen.*

vorstellig werden: *vorsprechen.*

Vorstellung: Anschauung, Bild, *Ge-
danke,* Begriff, Ahnung, *Einbildung.*
Darbietung,- stellung, Auf-, Vorführung,
Schauspiel, -stück, Schau.

Vorstoß: *Angriff, Versuch.*

vorstrecken: *ausstrecken.* vorschießen, *leihen.*

vortäuschen: -geben, -spiegeln, -gau-
keln, -machen, -schwatzen, -schwindeln,
-lügen. einreden, weismachen, fingieren,
heucheln, schauspielern, *vorgeben;* sich
den *Anschein* geben. einen Anstrich
geben. vorgetäuscht, *scheinbar.*

Vorteil: *Gewinn,* Nutzen, Interesse.
Vorzug, -sprung, Stärke, überlegen.

vorteilhaft: *günstig, nützlich,* einträg-
lich, gewinnbringend, lohnend, dankbar,
fruchtbar, ersprießlich, *zweckmäßig.*

Vortrab: *Vorhut.*

Vortrag: Rede, Vorlesung, *Bericht.*
aufsagen, rezitieren, Rezitation.

vortragen: *sprechen, vorbringen, erzählen, darlegen,* ausführen, referieren,
lehren, predigen. aufsagen, hersagen,
-plappern!

vortrefflich: *hervorragend.*

vortreten: hervortreten, *vorspringen.*

Vortritt: *Vorzug.*

vorüber: -bei, *vergangen.*
vorübergehen: -ziehen, vorbeigehen. *vergehen.* ~d: *zeitweilig, kurz, vorläufig.*
Vorurteil: *Befangenheit.*
vorurteilslos: *sachlich.* frei.
vorwalten: *vorherrschen.*
Vorwand: (Schein)Grund, *Ausrede,* Deckmantel, Aushängeschild.
vorwärts: voran, weiter, *los.*
vorwärtsbringen: *fördern.*
vorwärtsgehen: *fortschreiten.*
vorwärtskommen: es zu etwas bringen; voran-, weiterkommen; Fortschritte machen. Aufstieg, Erfolg.
vorweg: *zuvor. voraus. vorzeitig.*
vorwerfen: -halten, *tadeln, beschuldigen, unterstellen; ankreiden;* zur Last legen; in die Schuhe schieben; aufs

Brot schmieren! den Vorwurf, Vorwürfe, Vorhaltungen machen; verantwortlich machen.
vorwiegend: *vorherrschen. besonders.*
Vorwitz: Neugier(de). naseweis, altklug, vorlaut, *frech.*
Vorwort: *Einführung.*
Vorwurf: *Tadel.* Gegenstand, Thema.
Vorzeit: *Vergangenheit.*
vorzeiten: *einst.*
vorzeitig: verfrüht; zu früh; *voreilig. unreif.* vorgreifen, vorwegnehmen.
vorziehen: bevorzugen, begünstigen, auszeichnen; *lieber wählen;* überordnen.
Vorzug: *Vorteil.* Vorrang, -tritt, -recht, Privileg, *Gunst, vorziehen.*
vorzüglich: *hervorragend.* vorzugsweise, *besonders.*

W

Waage: *Gleichgewicht.*
waagrecht: eben.
wabbeln: *zittern.* wabbelig, *weich.*
wabern: *flackern.*
wach: auf, *munter. aufmerksam. klug.* ~ werden: *erwachen.*
Wache: Schutz~, Feld~, Schild~, Posten, Leib~, (Leib)Garde; Bewachung, *Wächter.*
wachsam: *aufmerksam.*
wachsen: (her)an~, auf~, groß werden; hochschießen. aufgehen, keimen, sprießen, sprossen, reifen. sich *entfalten;* gedeihen, *zunehmen.* Wachstum, *Zunahme, Entwicklung.*
Wächter: Aufseher, -sicht, *Wärter,* Schließer, *Wache.* (Feld-, Flur)Hüter.
Wachtmeister: *Polizei(~).*
wackelig: *lose, schwach.*
wackeln: *zittern,* (sch)wanken, schlakkern, zuckeln.
wacker: *tüchtig, tapfer, rechtschaffen.*
Waffe: Stich~, Hieb~, Angriffs~, Verteidigungs~, Schutz~, Wehr, *Gewehr.* Waffengattung.
waffenlos: *wehrlos.*
Waffenträger: *Soldat.*

waffnen: be~, (aus)rüsten, wappnen, panzern.
Wagen: Fuhrwerk, Fahrzeug, Gefährt, Kraft~, Last~, Droschke, Kutsche. *Karre(n),* Hand~.
wagen: aufs Spiel setzen; einsetzen, alles daransetzen; es darauf ankommen lassen; *unternehmen,* versuchen, riskieren; sich (ge-, zu)trauen, unterfangen, -stehen, vermessen, erlauben, -kühnen, -frechen, -dreisten, versteigen, *anmaßen;* den Mut, die Stirn haben; sich einfallen, beikommen lassen; sich nicht entblöden. gewagt, *gefährlich.*
wägen: (das Für und Wider) ab~, prüfen, *überlegen. vergleichen,* (be)*urteilen. umsichtig.*
waghalsig: *kühn.*
Wagnis: Wagestück, Abenteuer, Gefahr, Risiko.
Wahl: *Entscheidung.* Entweder-Oder, *Kreuzweg.* Wunsch. *Willkür.* Ausweg.
wählen: aus~, auslesen, -suchen, *sieben;* seine Wahl treffen; sich *entscheiden; vorziehen,* (aus)ersehen, er~ *berufen,* -stimmen. (ab)stimmen.
wählerisch: *heikel.*

wahllos: *willkürlich.*
wahlweise: (ab)*wechselnd.*
Wahn: Aberglaube, *Trug.* wähnen, *glauben.* Umnachtung.
Wahnsinn, -witz: Aberwitz, Irrsinn, Idiotie, *Unsinn. irr.*
wahr: richtig, *zutreffend, sicher.* ~heitsgetreu, ~haft(ig), ungelogen, *aufrichtig,* eigentlich, *wirklich, echt.*
wahren: *verteidigen. sichern.*
währen: *dauern.*
während: als, da, *indem,* wobei. ~dem, ~dessen, solange, *gleichzeitig, innerhalb.*
wahrhaben: nicht ~ wollen: *leugnen.*
wahrhaftig: *wahr, aufrichtig. wirklich. wahrlich.*
wahrlich: bestimmt, (gewiß und) wahrhaftig; in der Tat.
wahr machen: *erfüllen. verwirklichen.* ~austausch, *Handel.*
wahrnehmen: gewahren; gewahr, innewerden; (be)merken, *entdecken,* beobachten, *auffallen,* (ver)spüren, fühlen, empfinden. *erblicken. hören.* wittern. vertreten, -folgen, *nutzen.*
wahrscheinlich: *glaubhaft.* jedenfalls. *vermutlich.*
Währung: *Geld.* fremde ~: *Devisen.*
Wald: Forst, *Gehölz.* Laub~, Nadel~, Misch~. Hoch~, Ur~.
walken: *schlagen. prügeln.*
Wall: *Damm.* Schanze, Verschanzung, Bollwerk, *Festung*(swall). *Hindernis.*
wallen: brodeln, schäumen, *brausen,* sprudeln, *kochen.* wehen.
wallen: wandeln, *wallfahren.*
wallfahren: *pilgern.* Wallfahrt, Bitt-, Bußgang, -prozession.
Wallung: *Regung.*
walten: *herrschen. leben, bestehen.*
Walze: Rolle, Zylinder, Trommel, Welle.
walzen: platt~. *wandern. tanzen.*
wälzen: *rollen. schieben. durchsehen.*
Wamme, Wampe: *Bauch.*
wampig: *gedunsen.*
wamsen: *prügeln.*
Wand: *Mauer.*
Wandel: *Wende, Wechsel.* Lebens~, *Benehmen.* ~ schaffen: *ändern.*

wandeln: *ändern. verzaubern. bekehren. spazieren.* sich ~: übergehen. *fortschreiten,* sich *ändern.*
Wanderer: Wandersmann, Wanderbursch, Tippelbruder! Tourist, Pilger.
wandern: (umher-, herum)*streifen,* (-)*ziehen,* (-)*gehen,* pilgern, walzen, tippeln, trampen. *Ausflug.*
Wandlung: Übergang, (ver)*ändern. Umkehr. Wechsel.*
Wange: Backe. Seite.
wankelmütig: *unbeständig.*
wanken: *schwanken. weichen.*
Wanne: *Gefäß.*
Wanst: *Bauch.*
wappeln: *zittern.*
wappnen: *schützen. stärken.*
Ware: Handelsgegenstand, Gut, Artikel, *Erzeugnis.* ~ngattung, ~nposten. ~austausch, *Handel.*
warm: geheizt, mollig ~; durchwärmt, *lau*(~). heiß, schwül; sommerlich ~. *gütig, herzlich. voll. Feuer.*
wärmen: an~, auf~, er~, durch~, erhitzen, (ein)heizen, (auf)tauen.
warnen: *abmahnen.* drohen. Warnung, Warnruf, Schreckschuß.
Warte: Ausguck, -lug, Beobachtungsstand, (Aussichts)Turm. *Standpunkt.*
warten: *pflegen, hüten.* ab~, zu~, (aus)harren, sich *gedulden;* Geduld haben; *zögern.* lauern.
Wärter: *Wächter.*
warum: weshalb, -wegen, wieso, woher. *Grund.*
waschen: baden, spülen, *putzen.*
Waschlappen: *Schwächling.*
Wasser: Flüssigkeit. Süß~. Salz~. Grund~. Quell~. Brunnen~. Leitungs~. Wasch~. Bade~. Spül~. Mineral~, Sprudel, Selters(~). Gewässer. ~ader, ~lauf, ~weg, ~straße. Quelle, Brunnen. Gewässer: *Bach. Fluß.* See. *Meer.*
wässerig: dünn. *hell. fade.*
wattieren: *füttern.*
weben: *flechten.* spinnen.
Wechsel: Wende, Wandel, Wandlung, Umschlag, -schwung, -bruch, Revolution, Übertritt, *ändern. Tausch.* Abwechslung, *Vielfalt.*

wechseln   180

wechseln: *ändern.* aus-, ver-, um-,
(ein)tauschen. ab~, aus~, ~ gegen; ablösen, ersetzen. abwechselnd, wechselhaft, -weise, *umschichtig. verschieden,
unbeständig,* schillernd.

wecken: auf~, er~, wachrufen,
-machen; auf-, aus dem Schlaf rütteln;
aufschrecken. erregen, reizen. verursachen.

Wedel: Schwanz, Schweif.

wedeln: schweifwedeln, fächeln.

weg: *fort.*

Weg: Fahr~, Straße. Fuß~, Pfad,
Steg, *Steig. Bahn. Mittel. Weise.*

Wegekreuz: *Kreuzweg.*

wegen: aus (*Anlaß*), um, dank, infolge, halber. zwecks; um zu. auf Grund;
in *Hinsicht* auf; *weil.*

weglassen: *auslassen.*

weglos: *unwegsam.*

wegräumen, -schaffen: *beseitigen.*

Wegweiser: *Führer.*

Weh: *Schmerz. wund.*

wehen: *blasen.* winden. säuseln,
fächeln. wallen, *fliegen.*

wehleidig: *empfindlich.*

wehmütig: *traurig.*

Wehr: *Waffe.*

wehren, sich: sich zur Wehr setzen;
widerstehen, verteidigen.

wehrlos: *hilflos.* waffenlos, entwaff-
net, unbewaffnet, -geschützt.

Weib: Frau, Frauenzimmer! Weibs-
bild! Weibervolk! das schöne, schwache
Geschlecht. ~isch, weichlich.

weich: nachgebend, -giebig, *geschmeidig,* anschmiegsam, zart, *sanft,* butter~,
samten, samt~, seidig, seiden~, flaumig,
daunen~, flauschig, wollig, mollig.
schwammig, wabbelig, quabbelig. teigig.
schlaff, flau, schwach, pflaumen~! *gutmütig.* ~lich, weibisch, *empfindlich, verwöhnt.* ~ werden: *nachgeben.*

weichen: ein~. schmelzen. *ausweichen,* zurück~, nachgeben, wanken. sich
zurückziehen; zurückgehen, *nachlassen.*
nicht ~: sich *behaupten.*

Weichling: *Schwächling.*

Weide: Vieh~, (Vieh)Trift.

weiden: hüten. *grasen.* sich ~, *freuen.*

weidlich: *tüchtig.*

Weidmann: Jäger. Weidwerk, *Jagd.*

weigern: *verweigern.* sich ~: sich
widersetzen; ablehnen.

Weihe: Segen. *Würde.*

weihevoll: *heilig. feierlich.*

weihen: widmen, *opfern.* ein~, (ein)
segnen, heiligen.

Weiher: *Teich.*

weil: da, indem; auf *Grund. zumal.*

Weile: *Zeit.*

weilen: sich *aufhalten. ruhen.*

Weiler: *Ort.*

Weinbeere: *Rosine.*

weinen: flennen, greinen, heulen,
jammern, schluchzen, plärren! Tränen
vergießen; *winseln,* klagen.

Weise: *Art* (und ~), Verfahren, Weg,
Methode, Modus, Lehr~, Arbeits~,
Manier, wie. *Stil. Brauch.* in der ~: *so.*

weise: (lebens)*klug.*

weisen: *zeigen. Hinweis.* von sich ~,
abweisen. leugnen.

weislich: *absichtlich.*

weismachen: *vortäuschen, überreden.*

weiß: schnee~, kreide~, kalk~.
lilien~. schloh~, silber~. bereift. ~lich,
milchig, *bleich.*

weissagen: voraus-, vorhersagen,
verkünd(ig)en, -heißen, prophezeien,
offenbaren, Orakel.

weißwaschen: *rechtfertigen.*

Weißzeug: Wäsche.

Weisung: *Befehl.* Direktive.

weit: breit, *ausgedehnt, unendlich.
fern.* zu ~ gehen: *überhandnehmen.* sich
übernehmen; überschreiten.

weitaus: bei weitem; ganz und gar.

weitblickend: -sichtig, vorsorglich.

Weite: *Ausmaß,* Spann~. Ferne.

weiten: *dehnen.*

weiter(hin): vorwärts. *dazu. fort...*
wie bisher; noch immer; (auch) jetzt
noch; nach wie vor; auch *künftig.*

weitergeben, -leiten: *übergeben. verbreiten.* vererben, überliefern.

weitermachen: -wursteln! *fortsetzen.*

weiterreichen: *übergeben.*

Weiterung: Folgerung, *folgern.*

weitgehend: *beträchtlich.*

weitherzig: *großzügig.*

weitläufig: *ausgedehnt.* weitschweifig, ausführlich. *umständlich.*

weitsichtig: übersichtig. weitblikkend, vorsorglich, vorausschauend.

weittragend: *folgenreich.*

welche: die. *einige.*

welk: *trocken.* abgeblüht, verblüht, -welkt. *faltig. veraltet.*

welken: (ver)gilben, vergrünen, *verdorren,* (dahin-, ver)schmachten, *vergehen, altern.*

Welle: Woge. ~n, See(gang). *Walze.* Locken~, Wasser~, Dauer~.

wellen: *kräuseln.* ich ~, *verziehen.*

Welt: *All,* Schöpfung, Diesseits, *Erde. Fremde. Umgebung.*

weltlich: *irdisch. bürgerlich.* profan.

Wende: *Wechsel,* Kehre, Wendung. ~punkt, Höhepunkt, Gipfel, Markstein, Krise, Krisis.

wenden: *drehen.* um~, (um)kehren, (-)stülpen, (-)stürzen. *ändern.* (sich) ~, umdrehen, -kehren, kehrtmachen. sich ~ an: sich zu~; *ansprechen. bitten.*

wendig: *gewandt.*

wenig: nicht viel; *kaum* (etwas); *gering*(fügig), *selten,* spärlich, vereinzelt. ein (klein) ~; ein bißchen; eine *Kleinigkeit;* eine Handvoll. nicht ~: *viel. sehr.* (nur) ~e; die wenigsten; *einige.*

weniger: minder, nicht so (sehr). *abzüglich.*

wenigstens: zum wenigsten; mindestens, zumindest; zum mindesten; geringsten-, *allenfalls;* ein Mindestmaß. die wenigsten; nur wenige.

wenn falls, so-, wofern; im Falle daß; gesetzt, für den Fall daß; angenommen, vorausgesetzt. sobald. jedesmal ~: *sooft.* ~ auch, ~gleich: *obschon.*

werben: sich be~, bemühen. anhalten, freien, buhlen! Antrag machen. anpreisen, trommeln, hausieren, keilen! locken; eintreten für. Propaganda, Reklame, Kundenwerbung, -fang. Werbetätigkeit, -feldzug, -trommel. Werber, Werbefachmann.

Werdegang: *Entwicklung.* Laufbahn.

werden: *entstehen. geschehen.*

werfen: schleudern, schnellen,

schmettern, schmeißen! pfeffern! feuern! *stürzen. stoßen. gebären.* sich ~, *verziehen.*

Werk: *Tat. Betrieb. Erzeugnis. Schrift. Getriebe.* werken, *arbeiten.*

Werkstatt: -stätte, Arbeitsplatz, -stätte, Betrieb, Atelier.

Werktag: All-, Wochentag.

Werkzeug: *Gerät,* (Arbeits)Mittel. Finger, Hand, Organ.

Wert: Gegen~, *Preis.* Gut. *Güte,* Gehalt, *Bedeutung, Nutzen. lieb. gelten.*

werten: *beurteilen. Urteil.*

wertlos: minderwertig, billig, Schrott. *nutzlos. ungültig.*

wertvoll: gut, *teuer, kostbar,* (hoch) geschätzt, unschätzbar, -ersetzbar, -ersetzlich, *hervorragend, nützlich, wichtig.*

Wesen: (innere, innerste) Natur; Naturell, Charakter, Anlage, *Art.* Sinn, Geist, *Begriff, Inbegriff.* das Wesentliche; *Hauptsache,* Kern, *Seele. Gemüt,* Geistesart. *Geschöpf.*

wesenhaft, wesentlich: *wichtig,* beachtlich, erheblich, *hauptsächlich,* eigentlich, *eigen*(tümlich), kennzeichnend, charakteristisch. grundlegend, -sätzlich, *maßgebend, notwendig. groß.*

wesenlos: körperlos, unkörperlich, -greifbar, -wirklich, schattenhaft, Hirngespinst, *nichtig. Gespenst.*

weshalb, weswegen: *warum.*

Westen: Abend. nach Sonnenuntergang. *Europa.*

Wettbewerb, -eifer: -streit, -lauf, -rennen, Konkurrenz. um die Wette.

wetten: tippen. setzen.

Wetter: Witterung, ~lage, Klima. *Gewitter.*

wettern: wetterleuchten, blitzen, donnern, gewittern, donnerwettern. *schimpfen.*

wetterwendisch: *unbeständig.*

Wettlauf: *Wettbewerb. Hetze.*

wettmachen: *ausgleichen.*

wetzen: *schärfen.*

wichsen: wienern, blank reiben, *putzen,* bürsten.

Wicht: *Zwerg. Schelm.*

wichtig: *gewichtig,* ernst(haft), triftig; *wesentlich, bedeutend;* eine Rolle spielen.

Wichtigtuer

Wichtigtuer

einfluß-, *folgenreich. wertvoll. bemerkens-wert*, denkwürdig. lebens~, *dringend, notwendig, Hauptsache.* sich ~ tun, *aufspielen*; großes Aufheben, viel Aufhebens, Wesens machen; übertreiben.
Wichtigtuer: *Prahler.*
Wickel: Umschlag, Verband, Packung. Windel.
wickeln: spulen, haspeln, *rollen, binden, packen.*
Widder: Bock.
wider: (ent)gegen.
widerborstig: *widerspenstig.*
widerfahren: zustoßen, treffen, begegnen, geschehen, *befallen. erleben.*
widerhaarig: *widerspenstig.*
Widerhall: *Echo.*
widerlegen: entkräften. das Gegenteil be-, nachweisen.
widerlich: *widerwärtig.*
widerraten: *abmahnen.*
widerrechtlich: *rechtswidrig.*
widerrufen: zurücknehmen, -ziehen, umstoßen, *aufheben*, verleugnen; abrücken von.
Widersacher: Feind, *Gegner. Teufel.*
Widerschein: *Abglanz.*
widersetzen, sich: sich *wehren*, weigern, spreizen, sperren, entgegenstellen, *auflehnen. Widerstand* leisten; *widerstreben, -sprechen,* entgegentreten. *trotzen*; nicht nachgeben. *widerspenstig.*
Widersinn: *Unsinn. Widerspruch. unnatürlich.*
widerspenstig: -willig, -borstig, -haarig. *ungehorsam, störrisch.*
Widerspiel: *Gegensatz. Abbild.*
widersprechen: bestreiten; sich *widersetzen*; dagegen sein. widerstreiten; in Widerspruch stehen. ~d, *gegensätzlich.* sich *unterscheiden.*
Widerspruch: Einwand, -spruch, -wurf, -rede, Widerstand, -sinn, *Gegensatz.* ~svoll, widersprüchlich, -sinnig, unstimmig, unlogisch, inkonsequent.
Widerstand: Gegenwehr, -wirkung, -bewegung, *Widerspruch*, Opposition, Reaktion. *ablehnen. widerstehen.* Reibung(s~), *Hindernis.*
widerstandsfähig: *fest.*

widerstandslos: *nachgiebig.*
widerstehen, -streben: sich stemmen, sträuben, *wehren; Widerstand. abwehren.* sich *widersetzen. mißfallen. widerwillig. Gegensatz.*
Widerstreit: *Gegensatz.* ~en: *widersprechen. widerwärtig* sein.
widerwärtig: widrig, *ungünstig, unangenehm, scheußlich*, abstoßend, -scheulich, widerlich, zuwider, verhaßt, unausstehlich, unleidlich, -erträglich, *lästig.* ~keit, *Plage. Scheusal.*
Widerwille: *Abneigung.*
widerwillig: un(frei)willig, ungern, *widerspenstig,* -strebend; unter *Zwang*; nur mit *Unlust.*
widmen: weihen, zueignen, schenken. sich ~, *hingeben, beschäftigen.*
widrig: *ungünstig, widerwärtig.*
wie: auf welche Weise; ~so; auf welchem Weg. ~ wenn: als ob; *gleichsam.*
wieder: ~um, ~holt; ~ einmal; noch einmal; nochmalig, noch-, abermals; zum andern, zweiten Mal; neu(erdings), erneut; von neuem; von vorne; *wiederholen.* wie schon (früher, vorher, oben) gesagt, bemerkt, erwähnt.
wiederbeleben: *erneuern.*
wiedererkennen: sich *erinnern.*
Wiedergabe: *Abbild*, Darstellung. *Vervielfältigung.*
wiedergeben: *zurückgeben.* spiegeln. *schildern.*
wiedergutmachen: einrenken, (aus) *bügeln*, korrigieren; den Schaden reparieren; *ausgleichen.*
wiederherstellen: *erneuern. heilen*, instand setzen.
wiederholen: -käuen; wieder, von vorn anfangen; (wieder)aufnehmen; zurückkommen, -greifen auf; *erneuern. üben*; noch einmal. *wieder*holt: *häufig. nachahmen. Abbild, Echo.* Rück-, Wiederkehr, Rückfall. sich ~: wiederkehren.
Wiederkehr: Rückkehr, *zurückkehren. wiederholen.*
Wiege: *Ursprung.*
wiegen: *gelten.* sich ~: *schwanken* schaukeln. sich in Träumen ~, ergehen.
wienern: *wichsen.*

Wiese: ~nteppich, Gras(teppich), *Rasen*; Berg~, Matte.

wieso: *warum.*

wiewohl: *obschon.*

wild: *heftig, unbändig, roh.* **zornig.** *öde.* unbebaut. ungesetzlich.

Wille: ~nskraft, Drang, Energie. Entschluß, *Absicht, Streben,* Wunsch. *Willkür.* zu ~n sein: *willfahren.*

willenlos: *schwach.*

willens: gewillt, geneigt, gesonnen, entschlossen, bereit, (bereit)willig.

willentlich: *absichtlich.*

willfahren: *entsprechen,* nachkommen, stattgeben, *gehorchen, nachgeben.*

willfährig, willig: *willens.* dienstwillig, (-)bereit, erbötig, *gehorsam. nachgiebig. freiwillig, gern.*

willkommen: gern gesehen; *gelegen, angenehm.* (~s)Gruß. *empfangen.*

Willkür: Belieben, Gutdünken, (-)Befinden, Ermessen, Wahl, Wunsch, Wille, Laune. Willkürhandlungen.

willkürlich: beliebig, *zufällig.* wahl-, rücksichtslos. *eigenmächtig, ungesetzlich.*

wimmeln: wuseln, krabbeln; sich *bewegen*; dränge(l)n. *Gewühl.*

wimmern: *winseln.*

Wimpel: *Fahne.*

Wind: (~)Hauch, Luft, Lüftchen, (Luft)*Zug,* Brise. ~stoß, Bö, Wirbel~, Fall~, *Sturm*(~). Monsun, Passat. ~ machen: *prahlen.* ~ bekommen: *erfahren.* in den ~ schlagen: *mißachten.*

Windbeutelei: *Flausen.*

winden: ringeln, schlingen, ranken, *binden, drehen,* haspeln. gewunden, *krumm.* sich ~, schlängeln. *wehen.*

windig: luftig, stürmisch, böig. *unsicher,* unzuverlässig, *leichtsinnig. dürftig.*

Wink: *Gebärde,* Zeichen, *Hinweis,* Fingerzeig, Tip, *Rat, Mahnung.*

Winkel: Ecke. *Zuflucht.*

winken: zu~, grüßen. *bevorstehen.*

winseln: wimmern, jaulen, *weinen.*

winzig: (ganz) *klein,* **zwerg**enhaft. (ganz) *gering,* unmerklich, -bemerkbar.

Wipfel: Krone, Spitze, Gipfel.

Wippchen: Flausen, Faxen, Mätzchen. Dummheiten. Finten, Winkelzüge.

wippen: *schwanken. schnellen.*

Wirbel: Strudel, *Trubel. Aufregung.*

wirbelig: schwindlig, *Schwindel.*

wirbeln: (sich) *drehen*; strudeln, stieben, *fliegen.*

wirken: *flechten. walten. arbeiten*; sich *betätigen*; schaffen, *vollbringen.* verfangen, anschlagen, *helfen, nützen,* nach~; sich aus~; einschneiden; Eindruck machen; ankommen, einschlagen, zünden, begeistern. *nachwirken.*

wirklich: *greifbar, leibhaftig,* real, *echt, wahr*(haftig), *tatsächlich*; in der Tat. schlechterdings, bestimmt, ernsthaft; allen Ernstes. ~ sein: existieren.

wirksam: wirkungs-, eindrucksvoll, durchdringend, -schlagend, (schlag-, zug)*kräftig,* mächtig, nachhaltig, erfolgreich. *gelten.*

Wirkung: (Schlag)*Kraft.* Aus~, Ausfluß, *Folge, Ergebnis,* Niederschlag, Spur, Eindruck, Nach~, Nachhall. Tragweite. ~svoll, *wirksam.*

wirkungslos: *nutzlos.*

wirr: Wirrnis, -warr, Wust, Unordnung, Verwirrung, *Trubel,* Gewirr, -wurstel! (Ge)Knäuel, Kuddelmuddel! Mischmasch, Sammelsurium, *Chaos,* chaotisch. verwirrt, -worren, -heddert, -wickelt, -zwickt, -trackt, (viel)verschlungen, durcheinander, kreuz und quer; kunterbunt, kraus. strubbelig, zerzaust. *unklar,* -geordnet, -ordentlich, -entwirrbar, -zusammenhängend, zusammenhang-, regel-, planlos, konfus. *irr, fahrig.*

Wirren: Unruhen, Bürgerkrieg.

Wirt: Gast~, Kneip~, Herbergsvater. Gastgeber, Hausherr, -wirt.

Wirtshaus: (Gast-, Speise)Wirtschaft, (-) Lokal, Gaststätte, -hof, -haus, Speisehaus, Restauration, Restaurant, Krug, Quetsche! *Schenke.*

wirtschaften: hausen, haushalten, rechnen, einteilen, *sparen.*

wirtschaftlich: ökonomisch, rationell, *sparsam.*

Wisch: *Blatt. Schreiben.*

wischen: reiben, *putzen,* streichen, *huschen.* ab~, aus~, ver~, *löschen.*

wispern: *flüstern.*

Wißbegier(de): Wissensdurst, -drang, Lerneifer, Interesse, *Neugier.*

wissen: Bescheid ~; im Bilde sein; Kenntnis haben; sich klar darüber sein; sich bewußt sein; nicht verborgen sein; beschlagen, -wandert sein; (sich aus) *kennen.* ~ wollen: sich *erkundigen.*

Wissen: ~schaft, *Kenntnis,* Kunde. *Einsicht,* Bewußtsein. Gewißheit. Gelehrsamkeit, Gelahrtheit!

Wissenschaft: Forschung, *Lehre.*

wissentlich: *absichtlich.*

wittern: *riechen, spüren; wahrnehmen, ahnen;* Lunte riechen.

Witterung: Geruch, *Nase,* Gespür, *Ahnung.* Wetter.

Witz: *Spaß,* Kalauer, Zote! *Spott.* Humor. *Verstand,* Geist, Würze.

Witzbold: *Spaßmacher.*

witzeln: Witze reißen, machen.

witzig: geistreich, schlagfertig. *lustig.*

witzlos: *fade.*

wobei: *während.*

Wochenbett: Kindbett, Niederkunft.

Wochentag: All-, Werktag.

wofern: *wenn.*

Woge: Welle. **wogen:** sich (heftig) bewegen; *fluten. stürmen, schwanken.*

woher: *warum.*

Wohl: ~ergehen, ~fahrt, *Glück. gesund,* ~auf, *heil.* pudel~, sau~! *genießen.* Wohl und Wehe, Glück und Unglück.

wohl: *vermutlich.*

wohlbedacht, -erwogen: beabsichtigt, -rechnet, überlegt, planmäßig, umsichtig. *absichtlich.*

wohlbehalten: *heil.*

wohlerzogen: *artig.*

Wohlfahrt: -stand, *Glück.*

wohlfeil: *billig.*

wohlgeformt: *hübsch.*

Wohlgefühl: *Freude.*

wohlgemut: *froh.*

wohlhabend: *reich. Reichtum.*

wohlig: *angenehm.*

Wohlklang, -laut: *Anmut.*

wohlmeinend: *freundlich.*

wohlschmeckend: *schmackhaft.*

Wohlstand: -fahrt, *Reichtum.*

Wohltat: *Labsal.*

Wohltäter: *Spender.* Helfer, Retter.

wohltätig: *mild*(tätig), barmherzig, *gütig. heilsam. angenehm.*

wohltun: *guttun, beglücken.*

wohlweislich: *klug. absichtlich.*

Wohlwollen: *Güte, Gunst.*

wohlwollend: *freundlich, gnädig,* geneigt, -wogen, hold. lobend, anerkennend, günstig.

wohnen: hausen, herbergen; sich *aufhalten;* horsten, nisten; *leben. ansässig, Aufenthalt. Unterkunft,* Anschrift.

wohnlich: *behaglich.*

wölben: *heben, schwellen,* beulen, buckeln, wellen, ausbauchen, -buchten, runden, vor~; sich ~: *vorspringen.* Bauch, Buckel, Wulst, Kuppe, *Kuppel.*

wolkig: *trübe.*

Wolle: *Haar. Fell. Garn.* (Woll)Gewebe, Loden.

wollen: Lust haben; mögen; *willens* sein; *wünschen,* (an-, er)*streben beabsichtigen,* suchen.

Wollust: (Sinnes-, Sinnen-, Liebes) Lust, Sinnlichkeit, (Sinnen)*Reiz,* (Sinnen)Rausch, *geil!*

womöglich: möglichst. *vielleicht.*

Wonne: *Freude. selig. köstlich.*

Wort: *Ausdruck, -sage, Rede. Name.* Ehren~, Versprechen, *Eid.*

Wortbruch: Verrat, Untreue, treulos. wortbrüchig, meineidig.

Wortführer: *Sprecher.*

wortgewandt: *beredsam.*

wortkarg: *schweigsam.*

Wortklauber: *Pedant. spitzfindig.*

Wortlaut: Text.

wörtlich: wort~, wortgetreu, *genau.*

wortlos: *stumm.*

wortreich: *redselig.*

Wortschatz: Sprachschatz.

Wortwechsel: *Streit.*

Wrack: *Trümmer.*

Wucher: Preistreiberei, Nepp. ~zinsen. *Habgier.*

Wucherer: Blutsauger! Halsabschneider!

wuchern: schwellen. über~, überhandnehmen; ins Kraut schießen.

Wuchs: *Gestalt.*
Wucht: Schwung, *Kraft, Gewicht, heftig, schwer.*
wühlen: bohren, *graben,* herum~, manschen, um~, *durchsuchen.* durcheinanderwühlen, -werfen. *arbeiten. hetzen.*
Wulst: *Wölbung.*
wund: weh, krank, *Schmerz.*
Wunde: (Wund)Mal, Schnitt(~), Stich(~), *Schramme*; blutige Striemen; *verletzen.* eitrige ~ : Schwäre.
wunderbar: märchen-, zauber-, feen-, traum-, fabel-, sagen-, legendenhaft, phantastisch, *unglaublich. prächtig.*
wunderlich: *seltsam.*
wundern: *verwundern,* (er)*staunen,* sich (ver)~; erstaunt, verwundert, überrascht, *fassungslos* sein.
wundervoll: *herrlich. reizend.*
Wunsch: *Verlangen,* Begierde, -dürfnis, Herzens~, Traum, Ziel. Anliegen, *Bitte, Wille,* Interesse. Wahl, *Willkür.* ~bild: *Ideal. Illusion.*
wünschen: verlangen, begehren, *fordern, wollen,* (er)bitten, (-)hoffen; sich *sehnen.* gewünscht, *erforderlich.* ~swert, *angenehm.*
Würde: *Hoheit, Stolz,* Weihe, Ernst. Menschen~. *Anstand. Fassung.* Rang,

erhaben, vornehm, ~voll, hoheitsvoll, gemessen.
würdelos: *unwürdig, schmählich, unterwürfig.*
würdigen: *ehren, loben.* achten, berücksichtigen. *beurteilen.*
würgen: *drücken. schlucken.*
wurmen: *ärgern.*
wurmstichig: *faul.*
wursteln: herum~, schludern, weiter~, *weitermachen. pfuschen.*
Würze: Gewürz, Geschmack, Blume, Aroma, Salz. Witz.
Wurzel: *Ursache.* wurzeln, (be)*ruhen.*
würzen: salzen, pfeffern; schmackhaft machen; (ver)*süßen.*
würzig: kräftig, herb.
wuseln: *wimmeln.*
Wust: *wirr. Plunder.*
wüst: *öde. scheußlich, schändlich. liederlich.*
Wüste(nei): *Einöde.*
Wut: (Jäh)*Zorn,* (In)Grimm, Koller, Rappel, Mords~! Stink~! Toll~, Raserei, Erregung, Hitze, Fanatismus.
wüten: wutschnauben, toben, rasen, kochen, schäumen, geifern; vor Wut platzen; *aufbrausen,* zürnen, *schimpfen.* (übel) hausen. *zornig.*

Z

Zacke(n): Zinke(n), Zinne, Spitze, Nase, Zahn. Fels~.
zackig: gezackt, -zähnt, zackenförmig, *scharf. forsch.*
zag(haft): *schüchtern,* ängstlich.
zagen: sich *fürchten.*
zäh: *fest, dickflüssig, klebrig, beharrlich, dauerhaft.* sehnig, ledern, hart.
Zahl: Ziffer. *Ausmaß.* Viel~, Un~, *Menge, Reihe.*
zahlbar: fällig.
zahlen: be~, einlösen, berappen! blechen! *begleichen,* abdecken, entrichten, überweisen, vergüten. (ent)*lohnen.* zu ~ haben: *schulden.*
zählen: auf~. ~ auf, *vertrauen. gelten.*

zahllos, -reich: ungezählt, -zählbar, *unendlich*; wie Sand am Meer; *viel.*
Zahlung: Be~, Aus~. Ein~. Ab~. Nach~. Voraus~. *begleichen.*
Zahlungsmittel: *Geld.*
zahlungsunfähig: *Bankrott.*
zahm: gezähmt, -bändigt, sanft (mütig), kirre, *gehorsam. bescheiden.*
zähmen: *bändigen.* abrichten.
Zahn: Schneide~, Backen~, Reiß~, Eck~, Milch~. Zähne, Gebiß, Kauwerkzeuge. *Zacke.*
Zähneklappern: *Schauder.*
zähneknirschend: *zornig.*
Zähre: Träne.
Zank: *Streit.* ~en: *streiten. schelten.*

zänkisch: zank-, händel-, streitsüchtig, streitlustig, rechthaberisch, bissig, reizbar, katzig! Zankteufel, Giftnickel! Kratzbürste! (Haus)Drache!

zapfen: (ab-, an)∼, abfüllen, -ziehen, -lassen, entnehmen, schröpfen.

Zapfen: *Stopfen.* Tann(en)∼, Eis∼.

zappelig: *lebhaft. unruhig.*

zappeln: schlenkern, hampeln, strampeln, *zucken. gieren. Unruhe, aufgeregt.*

zart: zerbrechlich, *empfindlich*, spröde, *schwach, blaß, dünn, fein,* schmächtig. seidig (∼), duftig. leicht, *mild,* (seiden-, flaum)weich, *behutsam.*

zärtlich: *herzlich.* anschmiegsam.

Zauber: ∼ei, Magie, Beschwörung, Hexerei, Hexenwerk, ∼kunst; schwarze Kunst; Höllenkunst, *Gaukelei.* (∼)Bann, *Reiz, Anmut. bezaubern.*

Zauberer: Hexenmeister, Schwarzkünstler, Geisterbeschwörer, Wundertäter, Magier.

zauberhaft: *wunderbar. reizend.*

Zauberin: Hexe.

zaubern: hexen. Wunder tun.

zaudern: *zögern.*

Zaum: ∼zeug, Riemenzeug, Halfter, Trense. Zügel.

Zaun: Gitter, Gatter, Hürde, Um-, Einzäunung.

zausen: *ziehen.* zerzaust: *wirr.*

Zeche: Grube. Rechnung. die ∼ (be) zahlen: *büßen.*

zechen: bechern, picheln! kneipen, *trinken,* schnäpseln! süffeln!

zehren: essen, *leben.* fressen, nagen. angreifen, *schwächen. quälen. anstrengen.*

Zeichen: Marke, Merk∼, (Merk)Mal, Wahr∼, Kenn∼, Bezeichnung, *Stempel.* Erkennungs∼, Signal, Kennwort, -ziffer, Geheim∼, (Gauner)Zinke, Chiffre, *Losung.* An∼, Anhalt(spunkt), Spur, Symptom. Vor∼, Vorbote. Ausdruck, Beweis, *Wink. Gleichnis.*

zeichnen: skizzieren, *darstellen, schildern.* vor∼, *entwerfen.* be∼, kenn∼; kenntlich machen; *ankreuzen.* kritzeln, *stricheln, schreiben.*

Zeichnung: Skizze, *Entwurf,* Plan, Muster(ung). Maserung.

zeigen: (auf-, vor)weisen, *hinweisen,* deuten; sehen, erkennen lassen; sichtbar machen; (her)aus-, vorstellen; Einblick geben; auf∼, vor∼, vorlegen; zur Schau tragen, stellen; vor Augen führen; *vorführen,* (dar)bieten, dartun, -stellen, -legen, erklären, vormachen, *lehren,* demonstrieren. *anzeigen. ausdrücken, offenbaren.* er∼, be∼, er-, *beweisen.* sich ∼: *erscheinen.* sich ergeben, -weisen.

zeihen: *beschuldigen.*

Zeile: Linie, *Reihe.* ∼n, *Schreiben.*

Zeit: Uhr(∼), Stunde, Tages∼. Jahres∼. ∼punkt, *Augenblick,* Datum. (∼)Spanne, Weile, Dauer, *Frist.* ∼abschnitt, ∼raum, ∼alter, Epoche, Periode. höchste ∼: keine ∼ zu verlieren; *endlich.* spät. höchste Eisenbahn!

zeitgemäß, -entsprechend: zeitnah, *jetzig,* modern.

Zeitgenosse: Mitlebender, -welt.

zeitig: *früh,* beizeiten, *rechtzeitig, bald.*

zeitigen: *bewirken.*

zeitlebens: *immer.*

zeitlich: in der Zeit; der Zeit nach. endlich, vergänglich, *irdisch.*

zeitlos: außer der Zeit; *ewig.*

Zeitmaß: *Tempo.*

zeitraubend: *langwierig.*

Zeitschrift: Wochen-, Monatsschrift, Illustrierte, Revue, Magazin, Organ, Blätter. ∼en, Periodica.

Zeitung: Tages∼, Wochen∼, Anzeiger, Blatt, Presse.

Zeitvertreib: *Vergnügen.*

zeitweilig: *jeweilig.* eine Zeitlang; auf, für eine (gewisse) Zeit; vorübergehend, vorläufig. zeitweise, *manchmal.*

Zelle: *Raum.*

Zentrum: *Mitte*(lpunkt). das Schwarze.Sammelpunkt.zentral: innerst.oberst. wichtig(st), *wesentlich*(st), Haupt ...

zer..: ver.., auseinander.., entzwei..

zerbrechen: *brechen. zerkleinern.*

zerbrechlich: spröde, *zart.*

zerdrücken: -quetschen, -malmen, (-)knicken. zerkleinern, zerstoßen. -stampfen, -treten.

zerfahren: *fahrig.*

zerfallen: zerbrechen. *schmelzen.* sich

zersetzen; verwittern; sich (auf)lösen;
zugrunde gehen. sich gliedern. feindlich.

zerfetzen, -fledern: *zerreißen.*

zerfleischen: *zerreißen.*

zerfließen, -gehen: schmelzen, *vergehen.* verschwimmen.

zerfressen: *zersetzen.*

zergehen: *vergehen.*

zergliedern: *zerlegen.*

zerkleinern: -schneiden, -reiben, *zerdrücken,* (zer)*mahlen.* (-)spalten, (-)brechen, (-)stückeln, (klein-, zer)*schlagen.*

zerklüftet: -spalten, -rissen, *faltig.*

zerknirscht: *reuig.*

zerlassen: *schmelzen.*

zerlaufen: *schmelzen.*

zerlegen: auseinandernehmen, -machen, zergliedern, *trennen.*

zerlumpt: *verschlissen.*

zermalmen: *zerdrücken.*

zermürben, -reiben: *zerkleinern.* aufreiben, *zerrütten.*

Zerrbild: *Fratze.*

zerreißen (*reißen*): in Stücke reißen; zerfleischen, -fetzen, -fledern. trennen.

zerren: *ziehen.*

zerrinnen: *schmelzen,* vergehen.

zerrissen: *zwiespältig. verschlissen.*

zerrütten: *zerstören,* -mürben, -setzen, *untergraben. herunterbringen. Chaos.*

zerschellen: (zer)*brechen.*

zerschlagen: -brechen, -trümmern, -malmen, -schmettern, -teppern! *zerkleinern,* zerstören *müde.*

zersetzen: (auf)*lösen,* zerfressen, -stören, *zerrütten.* sich ~: *zerfallen, faulen.*

zersplittern: -spellen. *zerstreuen.*

zersprengen: *zerstreuen.*

zerstampfen: -treten. *zerstoßen.*

zerstören: *zerschlagen,* -rütten. *untergraben. vernichten, -wüsten;* in Schutt und Asche legen; ruinieren. sprengen. *abtragen.*

zerstoßen: -stampfen, *zerdrücken.*

zerstreuen: (aus-, umher-, ver) streuen, verbreiten, -teilen, -sprengen, auflösen, zersplittern, (-)teilen. ablenken, *unterhalten.* sich ~, *ausbreiten. unaufmerksam;* kopflos, vergeßlich.

Zerstreuung: *Vergnügen.*

zerstückeln: *zerreißen, -kleinern,* (zer)*teilen.*

zertrümmern: *zerschlagen.*

Zerwürfnis: *Zwist.*

zetern: *keifen. klagen. Geschrei.*

Zettel: *Blatt.*

Zeug: *Gewebe. Plunder.*

Zeuge: Augen~, Ohren~, Zuschauer. *anwesend.*

zeugen: *erzeugen.* ~ von: *beweisen.*

Zeugnis: (Zeugen)*Aussage,* Stimme, *Urteil,* Befund, -weis. Urkunde, Attest. *beglaubigen.* Schul~, Noten.

Zicke: Ziege. Zicken: *Streiche.*

ziehen: zupfen, zausen, ziepen, zerren, *reißen. entfernen.* schleifen, schleppen. *spannen, dehnen. locken. pflanzen,* auf~, heran~, züchten. aus~, fort~, um~. umher~, *wandern, strolchen!*

Ziel: End~. *Absicht, Wunsch.* Richtung, Bestimmung, Gipfel. *Ende. Frist.*

zielbewußt, -strebig, -sicher: *beharrlich,* strebsam. *planmäßig.*

zielen: aufs Korn nehmen; ab~, hin~, (hin)steuern, peilen, schielen, (an)*streben.* (gut, wohl)gezielt, *genau. planmäßig.*

ziellos: zweck-, planlos, *unklar,* (umher)schweifend.

ziemen: *gebühren.*

ziemlich: *gehörig. ungefähr, leidlich,* verhältnismäßig, vergleichsweise, relativ. *groß. sehr.* ganz; im ganzen; so ~,

ziepen: *piepsen. ziehen.*

Zier: *Schmuck.* zieren: *schmücken.*

zieren, sich: sich spreizen, haben; *Getue.* geziert: *eitel. unnatürlich.*

zierlich: *fein.*

Ziffer: *Zahl.*

Zigeuner: *Landstreicher. wandern.*

Zikade: *Grille.*

Zimmer: (Wohn)*Raum.*

Zimmerherr: (Unter)Mieter.

zimmern: *bauen.*

zimperlich: geziert, *spröde,* (alt)jüngferlich, prüde. *empfindlich.*

Zinke: Zacke, Spitze. *Gabel*(spitze). Gauner~, (Gauner)Zeichen.

zinken: *zeichnen.*

Zinne: Zacke. Mauerkrone, Brustwehr. Gipfel, Spitze, Dach.

Zins: Ertrag, *Rente.*

Zipfel: Spitze, Ecke, Zunge, Vorsprung, Ausläufer, Ende, Stück.

zirpen: *piep(s)en,* zwitschern.

zischeln: zischen, rascheln, *flüstern.*

zischen: zischeln, *fauchen. brausen.*

zittern: *schwanken,* beben, bibbern! wabbeln! wappeln! schlottern, fiebern, *schau(d)ern.* (mit den Zähnen) klappern; schnattern, Schüttelfrost. *zucken,* wakkeln, flattern, *flimmern;* fürchten, *erschrecken, aufgeregt.*

zögern: zaudern, säumen, verweilen, innehalten. (sich) zurückhalten; (ab)warten, *aufschieben;* sich Zeit lassen; auf sich warten lassen; sich verzögern; stocken. schwanken, (herum)drucksen! fackeln! sich *bedenken;* anstehen; sich nicht entschließen können. *langsam. unschlüssig.* ohne zu ~: *unbedenklich.*

Zögling: Schüler.

zopfig: *veraltet.*

Zorn: *Wut,* Unwille, *Ärger, Groll,* Erbitterung, Entrüstung, Empörung.

zornig: erzürnt, -bost, -bittert, -grimmt, grimmig, giftig! fuchtig! *heftig,* wild, böse, *ärgerlich,* gereizt, -laden, aufgebracht, empört; außer sich; wütend, wutentbrannt, -schnaubend, -verzerrt, zähneknirschend. jäh~, zorn-, hochrot.

Zote: schmutziger Witz; Schweinerei! Schweinigelei! *unanständig.*

zotteln: *gehen.*

Zottel(n): *Haar(e). Fell.*

zu: bis zu; an, nach, gegen, heran, herbei, herzu.

zu: verschlossen, geschlossen, dicht. *schließen.*

Zubehör: *Ausrüstung.*

Zuber: Bottich, *Gefäß.*

zubereiten: (an)machen, an-, zurichten, bereiten, herstellen.

zubilligen: *zugestehen.*

zubringen: sich *aufhalten.*

Zucht: Auf~, Züchtung. Mannes~, Ordnung, Disziplin. Anstand. *Lehre.*

züchten: *ziehen. erzeugen.*

Zuchthaus: *Gefängnis.*

züchtig: *sittsam. keusch.*

züchtigen: (be)strafen, *prügeln.*

zuchtlos: *liederlich.*

zuckeln: *traben. gehen.*

zucken: rucken, zappeln, *zittern, flackern,* blitzen.

zuckern: (ver)*süßen.* zuckrig, *süß.*

zudecken: *verdecken.*

zudem: *auch.*

zudringlich: aufdringlich, *frech.*

zueignen: *widmen.* sich ~: *nehmen.*

zuerkennen: -sprechen, (zu)erteilen.

zuerst: zunächst, -vörderst; als erster, erstes; *voraus. zuvor.*

Zufahrt: Zufahrtsweg, Anfahrt.

Zufall: -fälligkeit, Gelegenheit, Glück (-ssache, -sfall), Ungefähr, *Schicksal.*

zufallen: *zuschlagen. bekommen.*

zufällig: von ungefähr; *unabsichtlich, willkürlich, blind(lings). beiläufig.*

zufassen *(fassen):* *zugreifen.*

zufließen: *bekommen.*

Zuflucht: Freistatt, -stätte, ~sort, Asyl, *Schutz,* Hilfe. *Unterkunft,* Schlupfloch, -winkel, Versteck.

zuflüstern: einflüstern, vorsagen.

zufolge: folgend, gemäß, nach, laut.

zuführen: zuleiten. bringen.

zufrieden: befriedigt, *satt, glücklich, behaglich.* genügsam. klaglos. (es) ~ sein: sich *gefallen* lassen; ~stellen: *befriedigen.*

zufügen: antun, beibringen.

Zug: Strich. Auf~, Um~, Fest~, Auffahrt, Prozession. Treck, Wanderung. Flug. (Eisen)Bahn, Personen~, Eil~, Schnell~, Güter~. *Luft(~),* ~luft, Durch~. Schluck. *Neigung. Merkmal.* Züge. *Gesicht.*

Zugabe: Beilage, Zulage, *Zusatz.*

Zugang: *Eingang. Zuwachs.* zugänglich: erreichbar, *offen. leutselig.*

zugeben: *bejahen,* (ein)*gestehen,* einräumen, anerkennen, *billigen, erlauben.*

zugegen: *anwesend. vorhanden.*

zugehen: geschehen. ~ lassen: *senden.*

zugehörig: angehörig. entsprechend.

zugeknöpft: *verschlossen.*

Zügel: Leine, Riemen, Zaum.

zügellos: *unbändig. liederlich.*

zügeln: *lenken, beherrschen, bändigen,* eindämmen, *mäßigen;* im Zaum halten.

zugesellen, sich: sich *anschließen.*

Zugeständnis: *Gunst.* Konzession.

zugestehen: -billigen, *erlauben.* einräumen, zugeben.

zugetan: *lieben.*

zügig: *schnell.*

zugleich: *gleichzeitig.*

zugkräftig: reißerisch, (werbe)*wirksam. Schlager.*

zugreifen *(greifen):* Hand anlegen. zulangen, *essen.* eingehen auf; anbeißen.

zugrunde gehen: untergehen, *scheitern.* draufgehen! *verkommen. zerfallen.*

zugrunde legen: *voraussetzen.*

zugrunde richten: *vernichten. herunterbringen.*

Zugstück: *Schlager.*

zugunsten: für. zum Vorteil.

zugute: ~ halten: anrechnen, berücksichtigen. ~ kommen: *nützen.*

zuhanden: *vorhanden.*

zu Hause: daheim.

Zuhörer: *Teilnehmer.* Zeuge.

zukehren: *zuwenden.*

zukommen: *gebühren.* ~ lassen: *senden.* überlassen, zuwenden, *gewähren;* angedeihen lassen; bieten.

Zukunft: Nachwelt. *künftig.*

Zulage: *Zugabe.* erhöhen, aufbessern.

zulangen: -greifen, *essen.*

zulänglich: hinlänglich, aus-, hin-, zureichend, *triftig.*

zulassen: *aufnehmen. erlauben,* leiden, *dulden, billigen;* gewähren, geschehen, hingehen, durchgehen lassen; (mit) ansehen (können), nach-, übersehen; ein Auge, beide Augen zudrücken; durch die Finger sehen.

zulässig: erlaubt, statthaft, gestattet, -setzlich, angängig, rechtmäßig, berechtigt.

Zulauf: *Andrang.*

zulegen: *erhöhen. zuschießen.*

zuleiten: *senden.*

zuletzt: am Ende, Schluß; ganz hinten; zuhinterst; zum (Ab)Schluß; endlich, schließlich, letztlich; am, zum letzten; zu guter Letzt; zu allerletzt; letzten Endes; (und) so; im Lauf der Zeit; nach Jahr und Tag. *immerhin.*

zumachen: *schließen.*

zumal: *besonders.* sintemal! vor allem da, weil; um so mehr als.

zumessen: *zuteilen.*

zumuten: ansinnen; dás Ansinnen stellen; *fordern. frech.* sich zuviel ~ : sich *übernehmen.*

zumute sein: sich *fühlen.*

zunächst: *vorerst. zuvor. voraus.*

Zunahme: -wachs, Wachstum, *vergrößern,* Gewinn, *Entwicklung.*

zünden: *wirken. begeistern.*

zunehmen: (an)wachsen, (-)*steigen,* an-, auflaufen, ansetzen; dick werden; erstarken; sich *vergrößern.*

Zunft: Innung, Gilde, *Verein.*

zünftig: *echt.*

Zunge: *Geschmack. Sprache.* Ausläufer, Vorsprung, Spitze, Zipfel.

züngeln: *flackern.*

zungenfertig: *redegewandt.*

zunichte machen: *vereiteln.*

zuordnen: *einordnen.*

zupaß: *gelegen.*

zupfen: *rupfen. ziehen.*

zurechnen: *zuzählen. zuschreiben.*

zurechtfinden: durchkommen, -finden; sich ~, orientieren.

zurechtkommen: sich *vertragen.* fertig werden mit, bewältigen.

zurechtlegen, -machen: *vorbereiten.* ordnen. frisieren, *schönen.*

zurechtweisen: -stutzen, heimleuchten, -geigen! Bescheid sagen, stoßen! den Kopf gerade-, zurechtsetzen. *tadeln.*

zureden: bereden, -schwatzen, *ermuntern, mahnen,* zusetzen.

zureichen *(reichen):* *zulänglich, triftig.*

zurichten: -bereiten, herrichten, (auf-, zu)stutzen, aufmachen, (-)putzen, *schmücken.* bearbeiten.

zürnen: *zornig* sein; wüten, hadern, grollen, schmollen, *übelnehmen.* sich *erzürnen.*

zurück: rückwärts. rückläufig. heim..., ab..., wieder...

zurückbleiben: *abfallen,* hinterherhinken, *nachstehen.* zurückfallen.

zurückblicken: sich um*sehen.* zurückdenken. sich *erinnern.*

zurückdrängen: *unterdrücken.*

zurückfallen: zurückbleiben. rückfällig werden; wieder verfallen in.

zurückfinden: *zurückkehren.*

zurückführen: *ableiten.*

zurückgeben: wiedergeben, (wieder-, zurück)erstatten. *vergelten.*

zurückgehen: *zurückkehren.* weichen. *abnehmen,* herunterkommen, abwärts-, rückwärtsgehen; Rückschritte machen. *Rückgang.* ~ auf: *beruhen, stammen.*

zurückgezogen: *einsam.*

zurückgreifen: *wiederholen.*

zurückhalten: bei sich behalten. *abhalten,* hindern, *mäßigen.* zögern. ~d: verhalten, *verschlossen. bescheiden. Takt.*

zurückkehren, -kommen: umkehren, heim-, zurückgehen, -fahren, -fliegen, -reisen, wieder heimkehren, -kommen, heim-, zurückfinden, *Rückkehr. wiederholen.* sich *beziehen.*

zurücklassen: nach-, hinterlassen. *vermachen. überholen.*

zurücklegen: hinter sich bringen. bewältigen. *sparen.* reservieren.

zurücknehmen: *widerrufen.*

zurückrufen: *erinnern.* zurückholen, -pfeifen! abberufen.

zurückschauen: sich *erinnern.*

zurückschrecken: zurückschaudern, *erschrecken, scheuen.*

zurücksetzen: benachteiligen. nicht achten; vernachlässigen.

zurückstecken: abstreichen; Abstriche machen. ver*mindern.*

zurückstehen: *nachstehen.*

zurückstellen: *verschieben.*

zurückstoßen: *abstoßen.*

zurücktreten: zurückgehen. *abdanken.* zurückstehen.

zurückweisen: *abweisen. ablehnen.*

zurückwerfen: (wider)spiegeln.

zurückziehen: *widerrufen.* sich ~: *weichen.* sich *abwenden. abdanken.* aussteigen! sich ~, beschränken auf.

zusagen: *versprechen. gefallen.*

zusammen: an-, mit-, nebeneinander, *ver...* Hand in Hand. verein(ig)t, *gemeinsam.*

zusammenballen: (ver)*sammeln.* sich ~: (drohend) *nahen.*

zusammenbrauen: *mischen.* sich ~: (drohend) *nahen.*

zusammenbrechen: -krachen, -sakken, -fallen, einstürzen, *-fallen.* versagen, schlappmachen, ohnmächtig werden.

zusammenbringen: *verbinden. sammeln.* bekannt machen.

Zusammenbruch: *Fall. Mißerfolg.*

zusammenfahren: *erschrecken.*

zusammenfallen: -treffen, *übereinstimmen.* zusammenbrechen. *schrumpfen, abmagern.*

zusammenfassen: *sammeln, verbinden. kurz. Überblick.*

zusammengehen: *passen.*

zusammengehörig: gehört, hängt zusammen; *Zusammenhang.*

zusammengewürfelt: *ungleich.*

zusammenhalten: -stehen, sich (gegenseitig) *helfen;* die Sachen ~: *sparen.* haushalten.

Zusammenhang: zusammengehörig, *verwandt,* verbunden; sich *berühren. Umgebung. nacheinander,* Kette, *Ordnung.* Bezug, -ziehung, *Verbindung.* Einheit.

zusammenhanglos: ohne Zusammenhang; unzusammenhängend; *lose, wirr,* abgebrochen, -gerissen, -gehackt, ruck-, stoßweise, sprunghaft.

zusammenkommen: -wirken, -treffen; sich treffen, sehen; sich an-, ver*sammeln;* zusammentreten, tagen.

zusammenkrachen: *zusammenbrechen. zusammenstoßen.*

Zusammenkunft: Treffen, Versammlung, Sitzung, *Gespräch,* Tagung, Konferenz, Kongreß. Verabredung, Stelldichein, Rendezvous.

zusammenlaufen: *zusammenstoßen.* (Menschen)*Auflauf.*

zusammenlegen: *falten. vereinigen.*

zusammennehmen, -raffen, -reißen: *sammeln.* sich ~: sich *aufraffen, anstrengen, beherrschen.*

zusammenrasseln, -rumpeln: *zusammenstoßen.*

zusammenrotten, sich: *Auflauf.*

zusammensacken: in sich zusammenfallen, -sinken. *zusammenbrechen.*

zusammenscharren: *sammeln.*

zusammenschließen: *verbinden.* Zusammenschluß, *Verein(igung).*

zusammenschrecken: *erschrecken.*

zusammensetzen: *zusammenstellen, verbinden, mischen, bilden.* zusammenstückeln. sich ~: *bestehen. Gefüge.*

zusammenstehen: *zusammenhalten.*

zusammenstellen: *zusammensetzen, ordnen. vergleichen. Verzeichnis.*

zusammenstoppeln: zusammensetzen, -stückeln, (-)basteln, (-)flicken.

Zusammenstoß: Zwischenfall. *Streit.*

zusammenstoßen: -laufen, *zusammentreffen,* (an)*grenzen.* aneinandergeraten, an-, auf-, dagegen-, zusammenprallen, (an)rempeln, zusammenrasseln, -rumpeln, -krachen, auffahren, dagegenrennen, (sich) rammen.

zusammenstückeln: zusammensetzen, -stoppeln, (-)basteln, (-)flicken.

zusammentragen: *sammeln.*

zusammentreffen: *treffen. zusammenstoßen, -fallen. übereinstimmen, gleichzeitig.*

zusammentreten: -treffen, -kommen; sich treffen, versammeln; tagen.

zusammentun, sich: sich *verbinden.*

zusammenwerfen: *mischen. vergleichen.* in einen Topf werfen.

zusammenwirken: zusammenkommen, -treffen; sich *verbinden,* -stärken.

zusammenziehen: -ballen, -raffen. *sammeln. kürzen.* sich ~: *schrumpfen,* sich verjüngen. drohend *nahen.*

Zusatz: *Zugabe, -tat, hinzufügen.*

zuschanden machen: *vereiteln.*

zuschanzen: *zuschieben.*

Zuschauer: (Augen)Zeuge, Gaffer, Publikum, *Teilnehmer.*

zuschieben: -spielen, -schanzen, (ab) *schieben, aufbürden. beschaffen.*

zuschießen: -legen, -steuern, draufzahlen. sich *beteiligen.*

zuschlagen (*schlagen*): zuwerfen, *schließen.* zufallen.

zuschreiben: beimessen, -legen; *verantwortlich* machen. *zuweisen,* -rechnen.

Zuschrift: *Schreiben.*

Zuschuß: *Beitrag.*

zusehends: sichtlich, *schnell.*

zusetzen: *hinzufügen.* (be)*drängen,* einheizen. *zureden.*

zusichern: *versprechen.*

zu spät kommen: sich *verspäten.*

zuspielen: *zuschieben.*

zuspitzen, sich: sich *verschärfen.* Höhepunkt, Krise. zugespitzt: *scharf, spitzfindig.*

zusprechen: -erkennen. *essen.*

Zuspruch: *Trost. Nachfrage.*

Zustand: Beschaffenheit. Befinden, Verfassung, Gesundheits~, (Wohl)Befinden, (-)Ergehen. Gemüts~, *Stimmung.* Geistes~. Stand, Lage, Zu-, Umstände, Verhältnisse, Bedingungen.

zustande bringen: *vollbringen.*

zustande kommen: *gelingen.*

zuständig: *sachverständig, maßgebend,* befugt, verantwortlich, kompetent.

zustatten kommen: *nützen.*

zustecken: *geben.*

zustehen: *gebühren.*

zustellen: ins Haus bringen, *liefern.*

zusteuern: *zuschießen.*

zustimmen: *billigen. Ja. Beifall.*

zustoßen: *widerfahren.*

Zustrom: *Andrang. kommen.*

zustutzen: *zurichten.*

zutage: ~fördern: *herausbekommen.* ~treten: *erscheinen.* ~liegen: *offenbar.*

Zutat: *Zusatz.*

zuteilen: -messen, *zuweisen, geben, verteilen.* Zuteilung, Kontingent, Quote.

zuteil werden: *bekommen.*

zutragen: *verraten.* sich ~: *geschehen.*

zuträglich: *bekömmlich.*

Zutrauen: *Vertrauen.* sich ~: *wagen.*

zutraulich, -tunlich: anschmiegsam. vertrauensvoll, *arglos,* zahm.

zutreffen: *geschehen.* passen, stimmen; sich als zutreffend erweisen; bestätigen. *wahr, genau.*

zuverlässig: glaub-, vertrauenswürdig, verläßlich, gewissenhaft, *rechtschaffen,* erprobt, bewährt, sattelfest, *treu,* genau, sicher, verbürgt, unverdächtig, *glaubhaft, zweifellos*; pünktlich.

Zuversicht: *Vertrauen, Hoffnung.*

zuversichtlich: hoffnungs-, *vertrau-*

ensvoll, getrost, *sorglos,* mutig, unverzagt; guter Dinge; guten Mutes; optimistisch. fest, *sicher.*

zuviel: *Überschuß. übermäßig, -flüssig.* sich *übernehmen.*

zuvor: -erst, *anfänglich. früher.* vorab; im, zum voraus; vorher; von vornherein; im vorhinein; vorweg, vorneweg; vorerst, *zuerst* (einmal). vor allem, allen Dingen.

zuvorkommen: *vorsorgen. übertreffen. überbieten.* ~d: *gefällig.*

zuvortun: *übertreffen.*

Zuwachs: *Zunahme,* Zuzug, -gang.

zuwandern: zuziehen, Zuzug.

zuwege bringen: *vollbringen.*

zuweilen: *manchmal.*

zuweisen: *zuteilen,* an-, überweisen. zuschreiben, *einordnen.*

zuwenden *(wenden): schenken;* zukommen lassen. sich ~, *beschäftigen.*

zuwider: entgegen. *widerwärtig.*

zuwiderhandeln: *verstoßen.*

zuzählen: addieren. *einreihen.*

zuzeiten: *manchmal.*

zuziehen: *schließen.* bei-, heranziehen; zu Rate ziehen; zu Hilfe holen; nehmen; sich helfen lassen. zuwandern. sich ~: *bekommen.*

Zuzug: Zuwanderung, -wachs, Verstärkung, Unterstützung.

zuzüglich: *außerdem. einschließlich.*

zwacken: *zwicken. plagen.*

Zwang: Gewalt, Druck, *notwendig,* Not(lage), ~slage, ~sweise; unter ~; gezwungen, *widerwillig. zwingen.* Zwangsvorstellung; fixe Idee.

zwängen: *drängen, klemmen.*

zwanglos: ohne Zwang; formlos, ungezwungen, -verbindlich, *frei(willig),* ungeniert, natürlich, lässig, salopp, gemütlich, hemdsärmelig. unbefangen, *offen.*

zwangsläufig: unwillkürlich, *automatisch,* blind. zwangsweise, gezwungen(ermaßen), notgedrungen, notwendig; von selbst.

zwar: *gewiß, freilich.*

Zweck: *Absicht,* Sinn.

zweckdienlich: -mäßig, -entspre-

chend, *geeignet,* richtig, *vernünftig, rätlich, vorteilhaft,* nützlich, praktisch.

zwecklos: *nutzlos.*

zwecks: *wegen;* um zu.

zweideutig: doppeldeutig, -sinnig, mehrdeutig, *zweifelhaft, unklar.* anzüglich, *unanständig.*

zweierlei: *verschieden.*

zweifach: *doppelt.*

Zweifel: *Bedenken,* Mißtrauen, Skepsis, *Verdacht.* zweiflerisch, ungläubig, kleingläubig, mißtrauisch, skeptisch.

zweifelhaft: *unsicher,* fraglich, -würdig, unbewiesen, problematisch, *bedenklich,* strittig, anfechtbar, *unentschieden.* dunkel, zweideutig, gemischt, lichtscheu, verdächtig. anrüchig. *unschlüssig.*

zweifellos: unzweifelhaft, -bezweifelbar; ohne Zweifel, Frage; zweifelsfrei, -ohne, fraglos, unfraglich, -bestreitbar, -bestritten, -leugbar, -streitig, -widerlegbar, -widerleglich, -anfechtbar, -umstößlich, -abweisbar, -abweislich, -bedingt, *selbstverständlich, jedenfalls.* unzweideutig, *deutlich, offenbar.*

zweifeln: an~, be~; in Zweifel ziehen; in Frage stellen; mißtrauen; unsicher sein, werden; irre werden; ~d: *unschlüssig.*

Zweig: Ast, *Stengel,* Gerte, Rute, Ranke, Reis, *Sproß.* ~e: Geäst, Astwerk. Verzweigung. *Ader. Arm, Teil, Bereich, Fach, Gruppe.*

Zweigstelle: Niederlage, Filiale.

zweischneidig: *gefährlich.*

Zweitschrift: *Abschrift.*

Zwerg: (Berg-, Wichtel-, Hutzel-, Heinzel)Männchen, (-)Männlein; Menschlein, Wicht, Knirps, Stöpsel! Däumling, Gerngroß, Dreikäsehoch, Liliputaner. winzig, klein.

zwicken: zwacken, *kneifen,* p(f)etzen, beißen, stechen. *reizen. schmerzen.*

zwiebeln: *quälen, anstrengen, drillen.*

Zwielicht: *Dämmerung.*

Zwiespalt: Spaltung, Trennung, Entfremdung, Abweichung, Riß, Bruch, *Gegensatz, Zwist, Feindschaft.*

zwiespältig: zerrissen, gespalten,

-mischt, uneins, -einig, widerstrebend, -streitend. unentschieden, -entschlossen.

Zwietracht: *Zwist.*

zwingen: *nötigen, verpflichten, veranlassen, Zwang. müssen.* ∼d: *schlagend, schlüssig.* es ∼: bewältigen.

zwinkern: *blinzeln.*

zwirbeln: *drehen.*

Zwirn: *Garn.*

zwischen: in(mitten), unter. dazwischen, zwischendurch, -hinein.

Zwischending: Mitte(lding), *Mischung*; nicht..., nicht...

Zwischenfall: Unterbrechung. *Zusammenstoß. Geschehen.*

Zwischenraum: *Abstand.*

Zwischentöne: *Übergang,* Übergänge, Nuancen.

Zwist: *Zwiespalt,* -tracht, Entzweiung, Zerwürfnis, *Feindschaft, Streit*(igkeiten), Unzuträglichkeiten, Unstimmigkeiten, Mißhelligkeiten, Reibungen, Reibereien.

zwitschern: piep(s)en, zirpen. tirilieren, singen. *trinken.*

zynisch: *spöttisch, frech, gemein, roh.*

Bitte beachten Sie
die folgenden Seiten:

Hermann
Glaser,
Jakob
Lehmann,
Arno Lubos

Wege
der deutschen
Literatur

Eine geschichtliche
Darstellung

Ullstein Buch 34492

Die Darstellung gibt – unter
Einschluß sachlicher literar-
historischer Information –
ein anschauliches Bild vom
geschichtlichen Werden der
deutschen Literatur, wie es
sich auf die vielfältigste Weise
im Laufe der Jahrhunderte
vollzog. Entscheidend war
das Bemühen, im jeweiligen
dichterischen Beitrag gleichzeitig ein die Epoche sowie
den Dichter charakterisieren-
des Beispiel und eine allgemein – wenn auch oft nur
bedingt – gültige menschliche
Aussage zu haben.

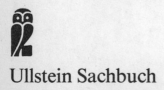

Ullstein Sachbuch

Hermann Glaser
Jakob Lehmann
Arno Lubas
(Hrsg.)

Wege der deutschen Literatur

Ein Lesebuch

Ullstein Buch 34493

Die Edition will die literarischen Entwicklungslinien innerhalb des deutschen Sprachbereichs und die vielfältigen Wege der Literatur an Textbeispielen aufzeigen. Die exemplarisch zu verstehenden Quellenauszüge spiegeln – über ihren rein geschichtlichen Aspekt hinaus – Tendenzen der Epochen und der sie tragenden Gesellschaften wider.

Die Textauswahl entspricht der *Geschichtlichen Darstellung* (Bd. 1 der *Wege der deutschen Literatur,* Ullstein Buch 34492).

[Neuausgabe]

Ullstein Sachbuch

Jean-Paul Sartre

Drei Essays

Ullstein Buch 34500

Die hier vereinigten Essays erörtern Probleme von höchster philosophischer und politischer Aktualität. ›Ist der Existenzialismus ein Humanismus?‹ gehört zu den bedeutendsten Grundtexten der Existenzphilosophie. In den beiden anderen Essays setzt sich Sartre mit der kommunistischen und der faschistischen Ideologie auseinander und bestimmt den politischen Ort seiner existentialistischen Philosophie.

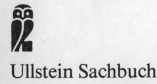

Ullstein Sachbuch

Rolf Schneider

Theater
in einem
besiegten Land

Ullstein Buch 34580

Der bekannte Schriftsteller und Dramaturg Rolf Schneider bedauert, daß so viele Impulse, die das deutsche Theater der Nachkriegszeit belebten, so »gründlich verlorengegangen« sind. In einem glänzenden Essay läßt er die damals aufgeführten Stücke der – damals! – hochgelobten deutschen und ausländischen Autoren Revue passieren. Ein Stück faszinierender Kulturgeschichte!

Ein Beitrag zur deutschen Nachkriegs-Kultur, geschrieben von einem, der an dieser Zeit teilhatte als Schriftsteller, Dramaturg, Journalist – und das sowohl im Osten als auch im Westen Deutschlands.

Ullstein Sachbuch

Roland Schacht
(Hrsg.)

Ullstein
Fremdwörter-
Lexikon

Ullstein Buch 34611

Nicht nur in der Literatur, sondern auch in der Presse und den Medien werden wir ständig mit Fremdwörtern konfrontiert, die die durchschnittliche Allgemeinbildung überfordern. Dieses handliche Fremdwörterbuch für den täglichen Gebrauch ist sowohl für Fachleute und deren spezifische Terminologien gedacht, als auch für all diejenigen, die über Bedeutung und Herkunft fremdsprachlicher Begriffe aus den wichtigsten Gebieten unseres heutigen Wissens informiert werden möchten.

Ullstein Sachbuch